本书获得江西科技师范大学教材出版基金资助

经济数学

何　鹏　主编

合肥工業大學出版社

图书在版编目(CIP)数据

经济数学/何鹏主编．—合肥：合肥工业大学出版社，2018.4
ISBN 978-7-5650-3853-2

Ⅰ.①经…　Ⅱ.①何…　Ⅲ.①经济数学—高等学校—教材　Ⅳ.①F224.0

中国版本图书馆 CIP 数据核字(2018)第 050704 号

经 济 数 学

何　鹏　主编　　　　责任编辑　李娇娇

出　版	合肥工业大学出版社		**版　次**	2018 年 4 月第 1 版
地　址	合肥市屯溪路 193 号		**印　次**	2018 年 4 月第 1 次印刷
邮　编	230009		**开　本**	787 毫米×1092 毫米　1/16
电　话	艺术编辑部：0551-62903120		**印　张**	19.75
	市场营销部：0551-62903163		**字　数**	460 千字
网　址	www.hfutpress.com.cn		**印　刷**	合肥现代印务有限公司
E-mail	hfutpress@163.com		**发　行**	全国新华书店

ISBN 978-7-5650-3853-2　　　　定价：42.00 元

内容简介

本书是在分析、总结、吸收高等职业院校经济管理类高等数学课程教学改革的经验基础上编写完成的。

本书内容分三个模块(即一元函数微积分学、线性代数、概率论与数理统计初步),共十一个项目。第一个模块为一元函数微积分学,内容包括函数、极限与连续,导数与微分,导数的应用,不定积分,定积分及其应用等五个项目;第二个模块为线性代数,内容包括行列式、矩阵、线性方程组等三个项目;第三个模块为概率论与数理统计初步,内容包括随机事件及其概率、随机变量及其数字特征、数理统计初步等三个项目。本书在项目下面又设置了若干教学任务,每个任务都安排了学习目标、工作任务、相关知识、相关实践等内容。本书根据经济管理专业教学的特点优选了教学内容,注重循序渐进的教学原则,精心配置了每个任务的例题、思考与练习题,因此不但便于教师教学,而且也有利于学生对有关知识点进行掌握和巩固。

本书适用于高等职业院校经济管理类专业、成人高等学校各专业经济数学的教学,也可供经济管理人员参考。

前　言

本书采用项目式教材体例进行编写。编者根据当前经济管理类专业数学课程的教学要求，在总结多年的教学经验的基础上编写了这本教材。在教材的编写过程中，结合了教学和教改中的成功经验的基础上，充分考虑了经济管理类专业课程的专业特点，充分体现了“以应用为目的、以必须够用为度”的教学基本原则。在课程结构设计上和教学内容安排上，力求符合经济管理类专业学生的知识需求和接受能力；力求体现数学在经济管理类专业中的应用；力求用通俗易懂的语言，深入浅出地阐述数学的基本原理，减少烦琐的数学推理；力求表现解决问题的基本步骤，体现条理化的解决问题的思路；力求在淡化理论的同时，突出数学应用技能的训练和培养，通过对基本问题的反复训练，促进学生对基本问的题解决方法的掌握。

本书内容分三个模块(即一元函数微积分学、线性代数、概率论与数理统计初步)，共十一个项目。第一个模块为一元函数微积分学，内容包括函数、极限与连续，导数与微分，导数的应用，不定积分，定积分及其应用等五个项目；第二个模块为线性代数，内容包括行列式、矩阵、线性方程组等三个项目；第三个模块为概率论与数理统计初步，内容包括随机事件及其概率、随机变量及其数字特征、数理统计初步等三个项目。本书在项目下面又设置了若干教学任务，每个任务都安排了学习目标、工作任务、相关知识、相关实践等内容。

本书由江西科技师范大学何鹏主编。在编写过程中参考了大量相关的教材及其他资料，本书也获得江西科技师范大学教材出版基金资助，在此向出版单位和资助单位表示衷心的感谢。虽然我们力求编写一本优秀教材，但限于水平和时间，不妥和疏漏之处在所难免，恳请读者不吝赐教。

编　者

2018 年 3 月

目　录

模块一　一元函数微积分学

模块二 线性代数

模块三 概率论与数理统计初步

模块一

一元函数微积分学

本模块主要讨论一元函数微积分，它以函数为研究对象；研究函数变化的基本方法是极限方法；导数概念是微积分的重要概念，它是学习一元函数微积分的基础。

项目1　函数、极限与连续

本项目主要有函数、极限的概念、极限的运算和函数的连续性四个任务.

任务1　函　数

【学习目标】

了解并掌握函数的概念、性质及几类重要函数.

【工作任务】

(1) 理解函数的概念，掌握函数概念的两要素，能正确确定函数的定义域，理解函数符号 $f(x)$ 的含义.

(2) 掌握函数的四种特性和几何意义，反函数的概念和几何意义，分段函数的概念和求值的方法.

(3) 熟悉六类基本初等函数的性质和图像，复合函数和初等函数的概念.

(4) 掌握常用经济函数的意义.

【相关知识】

初等数学中研究的对象基本上是不变的量，通常称为常量，而微积分则以变量为主要研究对象. 函数关系就是变量之间的对应关系，是微积分中的基本概念.

一、函数的概念

1. 常数与变量

在日常生活、生产活动和工程技术中，经常遇到各种不同的量. 例如：体重、气温、产量、收入成本等. 这些量可以分为两类，一类量在考察的过程中不发生变化，只取一个固定的值，我们称它为常量. 例如，圆周率 π 是个永远不变的量，某商品的价格在一段时间内保持不变，这些量都是常量. 另一些量在所考察的过程中是变化的，可以取不同的数值，我们称它为变量. 例如，一天中的气温，生产过程中的产量，都是在不断变化的，它们都是变量. 常量通常用字母 a,b,c 等表示，而变量通常用字母 x,y,z,t 等表示.

2. 函数的概念

在某个变化过程中，往往出现多个变量，这些变量不是彼此孤立的，而是相互影响和相互制约的，一个量或一些量的变化会引起另一个量的变化，如果这些影响是依据某一规律的，那么我们就说这些变量之间存在着函数关系.

例如，生产某种产品的固定成本为 4000 元，每生产一件产品，成本增加 50 元，那么该种产品的总成本 y 与产量 x 的关系为 $y=50x+4000$，当产量 x 取任何一个合理的值时，成本 y 有确定的值和它对应，我们说成本 y 是产量 x 的函数.

定义 1　设 x、y 是两个变量，D 是一个非空的数集. 如果当变量 x 在 D 内任取一数值时，变量 y 按照某种对应法则 f 总有一个确定的数值与之对应，则称这个对应法则 f 为定义在 D 上的**函数**，记作 $y=f(x)$，$x \in D$，x 称为**自变量**，y 称为**因变量**，数集 D 称为函数的**定义域**.

当自变量 x 在 D 内取定一数值 x_0，因变量 y 有一确定的值 y_0 与之对应，称 y_0 为函数 $y=f(x)$ 在 x_0 处的**函数值**，记作 $f(x_0)$ 或 $y|_{x=x_0}$，当 x 取遍定义域 D 内的所有数值时，对应的全体函数值所组成的集合

$$Z=\{y \mid y=f(x), x \in D\}$$

称为函数的**值域**. 平面直角坐标系中的点集 $\{(x,y) \mid y=f(x), x \in D\}$ 称为函数的**图像**.

有时为了叙述方便，习惯上也常用 $f(x)$ 来表示函数，函数的记号 f 也可用其他符号代替，如 g，φ，F 等，相应地，函数记作 $y=g(x)$，$y=\varphi(x)$，$y=F(x)$ 等. 有时还直接用因变量的记号来表示函数，即把函数记作 $y=y(x)$，这时字母 y 既表示因变量，又表示函数.

函数的表示法通常有三种：公式法（或解析法）、图像法和表格法，它们分别用公式、函数的图像和表格来表示函数，三种表示法各有所长.

构成函数的两要素分别为函数的定义域 D 和对应法则 f. 如果两个函数的定义域相同，对应法则也相同，那么这两个函数就是相同的，否则就是不同的. 例如，$y=\dfrac{1}{1+x}$ 和 $y=\dfrac{x}{x(1+x)}$ 是两个不同的函数，因为它们的定义域不同.

研究任何函数都要首先考虑其定义域，函数的定义域是使其有意义的一切实数组成的集合. 有一点需要注意，在实际问题中，函数的定义域由问题的实际意义决定. 例如，销售某种商品，其单价为 2 元 / 件，则销售收入 R 与销售量 q 的函数关系为 $R=2q$，这可以看作 R 为因变量、q 为自变量的函数，注意这个函数的定义域为正整数集.

求函数定义域时，一般需要考虑以下几个方面：

(1) 分式分母不能为零；

(2) 开偶次方时，被开方部分非负；

(3) 指数函数和对数函数中，底数大于零且不等于 1，对数函数真数部分大于零；

(4) 含反三角函数的 $\arcsin x$ 或 $\arccos x$，要满足 $|x| \leqslant 1$.

若函数同时含有以上几种情况，则取其交集.

把定义域分成若干部分，函数关系由不同的式子分段表达的函数称为**分段函数**. 分段函数是微积分中常见的一种函数. 需要注意的是，分段函数是由几个关系式合起来表示一个函数，而不是几个函数. 对于自变量 x 在定义域内的某个值，函数 y 只能有唯一的值与之对应. 分段函数的定义域是各段自变量取值集合的并集.

二、函数的几种特性

1. 函数的有界性

设函数 $f(x)$ 的定义域为 D，数集 $X \subseteq D$. 如果存在正数 M，使得

$$|f(x)| \leqslant M$$

对一切 $x \in X$ 均成立，则称 $f(x)$ 在 X 上**有界**. 从函数图像来看，函数 $y=f(x)$ 的图像全部在直线 $y=-M$ 和 $y=M$ 之间；如果不存在这样的 M，也就是说，对于任意正数 M，总存在 $x_0 \in X$，使得

$$|f(x_0)| > M$$

则称 $f(x)$ 在 X 上**无界**. 从函数图像来看，就是找不到一对关于 x 轴对称的平行直线，使函数 $y=f(x)$ 的图像全部落入两平行线之间.

例如，函数 $y=\sin x$ 在$(-\infty,+\infty)$上有界，因为对一切 $x\in(-\infty,+\infty)$，有 $|\sin x| \leqslant 1$ 成立. 函数 $y=\tan x$ 在$\left(-\frac{\pi}{2},\frac{\pi}{2}\right)$上无界，因为对任意正数 M，总存在 $x_0 \in \left(-\frac{\pi}{2},\frac{\pi}{2}\right)$，使得 $|\tan x_0| > M$.

需要注意的是，函数有界性与定义区间密切相关. 例如，$y=\frac{1}{x}$ 在区间$(1,2)$上有界，因为 $\left|\frac{1}{x}\right| \leqslant 1$ 对一切 $x \in (1,2)$ 成立. 但它在区间$(0,1)$上无界，因为对任意正数 M，总可取到

$$x_0 \in (0,1) \text{ 且 } x_0 < \frac{1}{M}\text{，于是} \left|\frac{1}{x_0}\right| > M$$

2. 函数的单调性

设 $a<b$，称数集 $\{x \mid a<x<b\}$ 为**开区间**，记为 (a,b)，即 $(a,b)=\{x \mid a<x<b\}$. 类似地有，$[a,b]=\{x \mid a\leqslant x\leqslant b\}$ 称为**闭区间**，$[a,b)=\{x \mid a\leqslant x<b\}$ 和 $(a,b]=\{x \mid a<x\leqslant b\}$ 称为**半开区间**，其中 a 和 b 称为区间 (a,b)、$[a,b]$、$[a,b)$、$(a,b]$ 的**端点**，$b-a$ 称为区间的**长度**.

上述四类区间都是有限区间. 从数轴上看，有限区间就是它的区间长度为有限值，与有限区间相对应的是所谓的**无限区间**，主要包括：

$$(-\infty,a]=\{x \mid -\infty<x\leqslant a\},\ (-\infty,a)=\{x \mid -\infty<x<a\}$$

$$[a,+\infty)=\{x \mid a\leqslant x<+\infty\},\ (a,+\infty)=\{x \mid a<x<+\infty\}$$

$$(-\infty,+\infty)=\{x \mid -\infty<x<+\infty\}$$

其中 a 为一实数，$-\infty$ 和 $+\infty$ 为两个记号，分别读作**负无穷**和**正无穷**.

设函数 $y=f(x)$ 的定义域为 D，区间 $I\subseteq D$. 如果对于区间 I 上任意两点 x_1 及 x_2，当 $x_1<x_2$ 时，恒有 $f(x_1)<f(x_2)$，则称函数 $f(x)$ 在区间 I 上是**单调增加**的.

如果对于区间 I 上任意两点 x_1 及 x_2，当 $x_1<x_2$ 时，恒有 $f(x_1)>f(x_2)$，则称函数 $f(x)$ 在区间 I 上是**单调减少**的.

单调增加和单调减少的函数统称为**单调函数**.

函数 $y=x^2$ 在区间 $(-\infty,0]$ 上是单调减少的，在区间 $[0,+\infty)$ 上是单调增加的，在 $(-\infty,+\infty)$ 上不是单调的.

关于函数单调性的判别方法我们将在后面的章节专门介绍.

3. 函数的奇偶性

设函数 $f(x)$ 的定义域 D 关于原点对称（即若 $x\in D$，则 $-x\in D$），如果对于任一 $x\in D$，有 $f(-x)=f(x)$，则称 $f(x)$ 为**偶函数**.

如果对于任一 $x\in D$，有 $f(-x)=-f(x)$，则称 $f(x)$ 为**奇函数**.

偶函数的图像关于 y 轴对称，奇函数的图像关于原点对称.

$y=x^2$，$y=\cos x$ 都是偶函数，$y=x^3$，$y=\sin x$ 都是奇函数，$y=\sin x+\cos x$ 是非奇非偶函数.

4. 函数的周期性

设函数 $f(x)$ 的定义域为 D，如果存在正数 T，使得对于任意 $x\in D$，都有 $f(x+T)=f(x)$，则称其为**周期函数**. T 为函数的**周期**，通常我们说到周期函数的周期 T 指的是它的最小正周期，周期函数在其定义域内每个长度为 T 的区间上，函数的图像有相同的形状.

例如，函数 $\sin x$ 和 $\cos x$ 都是以 2π 为周期的周期函数，函数 $\tan x$ 和 $\cot x$ 都是以 π 为周期的周期函数.

三、反函数

函数 $y=f(x)$ 反映了两变量之间的对应关系. 当自变量 x 在函数的定义域 D 内取定一个值时，因变量 y 便在值域 Z 内有唯一确定的值与之对应. 有时这种对应会出现这样的情况：当自变量 x 在定义域 D 内取定任意两个不同的值，因变量 y 便在值域 Z 内有两个不同的确定的值与它们对应. 即任意 $x_1,x_2\in D$，$x_1\neq x_2$，有 $f(x_1)\neq f(x_2)$. 这时对值域内每一值，便在定义域内有唯一确定的值与之对应，从而可以构成一个新的函数，这个新函数称为函数 $y=f(x)$ 的反函数. 严格定义之，如下：

定义 2　设函数 $y=f(x)$ 的定义域是数集 D，值域是数集 Z. 若对每一个 $y\in Z$，都有唯一的 $x\in D$ 满足关系 $f(x)=y$，那么就把此 x 值作为取定的 y 值的对应值，从而得到一个定义在 Z 上的新函数. 这个新函数称为 $y=f(x)$ 的**反函数**，记作 $x=f^{-1}(y)$. 这个函数的定义域为 Z，值域为 D. 相对于反函数 $x=f^{-1}(y)$ 来说，原来

的函数 $y=f(x)$ 称为**直接函数**.

我们可以用示意图(图1-1-1)形象地表示直接函数 $y=f(x)$ 与反函数 $x=f^{-1}(y)$ 的关系.

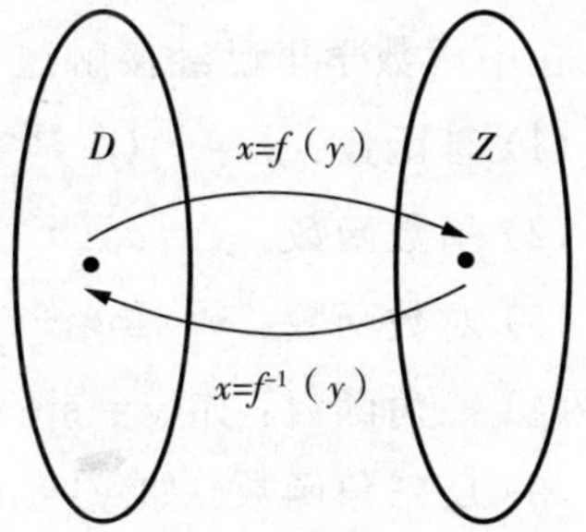

图1-1-1　直接函数 $y=f(x)$ 与反函数 $x=f^{-1}(y)$ 的关系

由反函数的定义可以看出,反函数的自变量 y 是直接函数的因变量,而反函数的因变量 x 是直接函数的自变量. 因为习惯上我们用 x 来表示自变量,用 y 来表示因变量,因此常常对调反函数 $x=f^{-1}(y)$ 中的 x 和 y,把它改写为 $y=f^{-1}(x)$. 这时,直接函数与反函数的图像关于直线 $y=x$ 对称. 今后提到反函数,一般指经过改写后的反函数.

四、复合函数

定义3　设 y 是 u 的函数 $y=f(u)$,$u\in U$,而 u 是 x 的函数 $u=g(x)$,$x\in D$,且 $u=g(x)$ 的值域 Z 含在 $y=f(u)$ 的定义域之内,即 $Z\subseteq U$,则 y 通过 u 成为 x 的函数,这个函数称为由函数 $y=f(u)$ 和 $u=g(x)$ 复合而成的**复合函数**. 记作 $y=f[g(x)]$,称 x 为**自变量**,u 为**中间变量**.

对于复合函数 $y=f[g(x)]$,习惯上称 f 为**外函数**,g 为**内函数**.

复合函数 $y=f[g(x)]$ 的对应法则如图1-1-2所示.

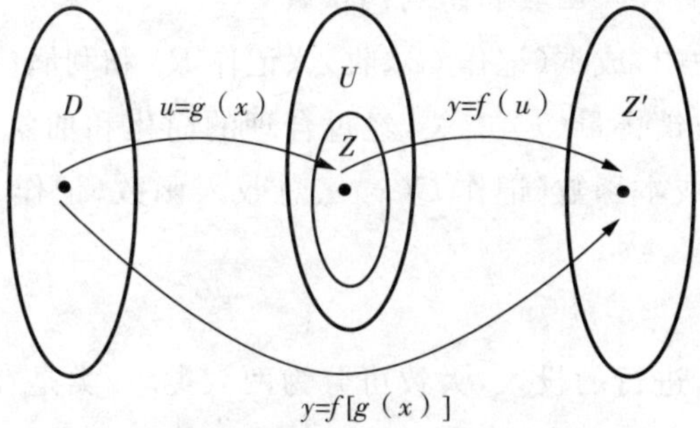

图1-1-2　复合函数 $y=f[g(x)]$ 的对应法则

需要注意的是,函数 $y=f(u)$ 和 $u=g(x)$ 构成的复合函数的条件是:函数 g 在 D 上的值域 Z 必须含在 f 的定义域 U 内,即 $Z\subseteq U$;否则,不能构成复合函数. 例如,设 $y=\arcsin u$,$u=\sqrt{1-x^2}$,则两个函数可以复合且复合函数为 $y=\arcsin\sqrt{1-x^2}$. 但函数 $y=\arcsin u$ 和函数 $u=2+x^2$ 不能构成复合函数,这是因为 $u=2+x^2$ 的值域不包含在 $y=\arcsin u$ 的定义域 $[-1,1]$ 内.

值得注意的是,如何将一个较复杂的复合函数分解为几个简单函数,是研究复合函数的重要内容.

五、初等函数

在中学数学里已经接触过下面几类函数：

(1) 幂函数：$y=x^\mu$（μ 是实常数）；

(2) 指数函数：$y=a^x$（$a>0,a\neq 1$）；

(3) 对数函数：$y=\log_a x$（$a>0,a\neq 1$，当 $a=\mathrm{e}$ 时，记为 $y=\ln x$）；

(4) 三角函数：如 $y=\sin x,y=\cos x,y=\tan x$ 等；

(5) 反三角函数：如 $y=\arcsin x,y=\arccos x,y=\arctan x$ 等.

以上五类函数统称为**基本初等函数**.

基本初等函数的性质、图像在中学已经学过，在后面的学习中还要经常涉及，希望同学们熟练掌握，灵活应用.

定义 4 由常数和基本初等函数经过有限次的四则运算和有限次的函数复合步骤所构成并用一个式子表示的函数，称为**初等函数**. 显然，分段函数不是初等函数.

例如，$y=\arctan(1+x^2)$，$y=\ln\dfrac{1+x}{1-x}$ 都是初等函数. 而分段函数 $y=\begin{cases}2\sqrt{x},0\leqslant x\leqslant 1,\\1+x,x>1.\end{cases}$ 不是一个解析式子表达的，$y=1+x+x^2+x^3+\cdots$ 不满足有限次运算，因此，都不是初等函数.

六、常用的经济函数

1. 总成本函数、总收入函数和总利润函数

在生产经营活动中，成本（记作 C）、收入（记作 R）和利润（记作 L）这些经济变量都与产品的产量或销售量（x）有关. 经过合理的简化和抽象，它们都可以看作 x 的函数，分别称为总成本函数（记作 $C(x)$）、总收入函数（记作 $R(x)$）、总利润函数（记作 $L(x)$）.

(1) 总成本函数

在生产活动中所进行的投入，大致可分为两大类. 一类是在短时间内不发生变化或变化很小或不明显地随产品（商品）的产量（销售量）变化而变化，称为**固定成本**，如厂房、设备等. 另一类是随产量（销售量）变化而变化的部分，称为**可变成本**，如原材料、能源等，它随产量增加而增加. **总成本**为固定成本与可变成本之和. 它是产量（x）的单调增加函数. 最简单的总成本函数是线性函数：

$$C=a+bx$$

其中，a,b 是正的常数，$C(0)=a$ 为固定成本. 平均成本是指生产一定数量的产品，平均每单位产品的成本，记作 $\overline{C}$，即 $\overline{C}=\dfrac{C}{x}$.

(2) 总收入函数

总收入是指生产者出售一定数量的产品所得的全部收入，它是销售量（x）的

函数.设销售价格为 p,销售量为 x,则总收入为 $R=px$.

(3) 总利润函数

利润是指收入减去成本后剩余的部分,即 $L=R-C$.

总成本等于总收入的状态称为**保本**,此时的产量(销售量)称为**保本点**或**无盈亏点**;当总收入大于总成本时称为**盈利**,当总收入小于总成本时称为**亏本**.

2. 需求函数与供给函数

需求与供给是经济活动中的主要矛盾,它们对产品的生产和销售有着重要影响.

一种产品的市场需求量 Q_d 通常受多种因素的影响,如产品价格、质量、同类产品价格、消费者的收入水平等.如果简化问题,不考虑除价格以外的其他因素或把其他因素视为相对稳定,那么需求量可看作价格 p 的一元函数,称为**需求函数**,记作 $Q_d=f_d(p)$.通常需求函数是价格的单调减少函数.最简单、最常见的需求函数是线性需求函数 $Q_d=a-bp(a,b>0)$,它表明,价格为零时有最大需求量 a,而 $\frac{a}{b}$ 为最大销售价格(此时需求量为零).

产品的供给量 Q_s 也与诸多因素有关.与前面一样,将问题简化,在一定条件下的供给量看作价格的一元函数,称为**供给函数**,记作 $Q_s=f_s(p)$.供给函数是价格的单调增加函数.最简单的供给函数是线性供给函数 $Q_s=-c+dp(c,d>0)$.

使产品的需求量与供给量相等的价格,称为**均衡价格**,记作 p_0,如图 1-1-3 所示.

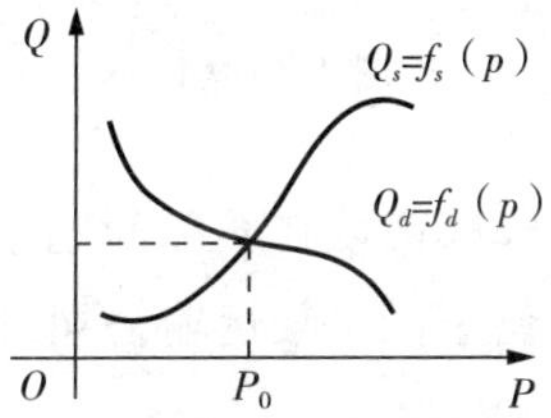

图 1-1-3　均衡价格

【相关实践】

下面我们看几个函数的例子.

例 1　求函数 $y=\sqrt{x^2-x-6}+\arcsin\frac{2x-1}{7}$ 的定义域.

解　这是两个函数 $y_1=\sqrt{x^2-x-6}$ 与 $y_2=\arcsin\frac{2x-1}{7}$ 之和的定义域,先求出每个函数的定义域,然后取其公共部分即可.

使 $y_1=\sqrt{x^2-x-6}$ 有定义,必须满足 $x^2-x-6\geqslant 0$,解之,得 $x\geqslant 3$ 或 $x\leqslant -2$.即 $y_1=\sqrt{x^2-x-6}$ 的定义域为 $(-\infty,-2]\cup[3,+\infty)$.

使 $y_2=\arcsin\frac{2x-1}{7}$ 有定义,必须满足 $\left|\frac{2x-1}{7}\right|\leqslant 1$,解之,得 $-3\leqslant x\leqslant 4$.即 $y_2=\arcsin\frac{2x-1}{7}$ 的定义域为 $[-3,4]$.

于是,所给函数的定义域为 $[-3,-2]\cup[3,4]$.

例 2　常函数:$y=C$(C 为某个常数).其定义域为 $D=(-\infty,+\infty)$,值域为

$Z=\{C\}$，图形为一条平行于 x 轴的直线．

例 3　绝对值函数：函数 $y=|x|=\begin{cases}x, x\geqslant 0,\\ -x, x<0.\end{cases}$ 其定义域为 $D=(-\infty,+\infty)$，值域为 $Z=[0,+\infty)$．它的图像如图 1-1-4 所示．

例 4　设函数 $f(x)=\begin{cases}x^2, 0\leqslant x\leqslant 1,\\ 3x, x>1.\end{cases}$ 求 $f(\frac{1}{2})$，$f(2)$ 及函数定义域，并做出其图形．

解　因为 $\frac{1}{2}\in[0,1]$，所以 $f(\frac{1}{2})=\frac{1}{4}$；因为 $2\in(1,+\infty)$，所以 $f(2)=6$，函数定义域为 $[0,+\infty)$，图像如图 1-1-5 所示．

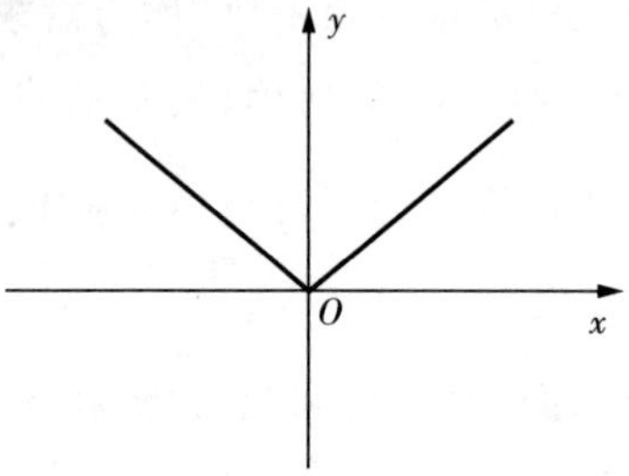

图 1-1-4　$y=|x|$ 的图像

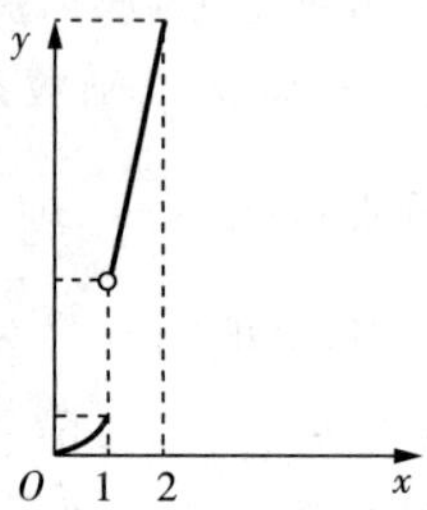

图 1-1-5　例 4 中 $f(x)$ 的图像

分段函数在实际问题中也是经常出现的．

例 5　某运输公司规定货物的吨千米运价为：在 1000 千米以内，每千米 k 元；超过 1000 千米，超出部分每千米 $\frac{4}{5}k$ 元，求运价 P 和运送里程 s 之间的函数关系．

解　根据题意，我们可得到如下关系：当 $0\leqslant s\leqslant 1000$ 时，$P=ks$；当 $s>1000$ 时，$P=1000k+\frac{4}{5}k(s-1000)=200k+\frac{4}{5}ks$．或写作

$$P=\begin{cases}ks, & 0\leqslant s\leqslant 1000\\ 200k+\frac{4}{5}ks, & s>1000\end{cases}$$

这是一个分段函数．

例 6　判断下列函数的奇偶性．

(1) $f(x)=2^x+2^{-x}$；　　(2) $f(x)=\ln(x+\sqrt{1+x^2})$；

(3) $f(x)=x+\cos x$．

解　(1) 因为 $f(-x)=2^{-x}+2^x=f(x)$，所以 $f(x)=2^x+2^{-x}$ 是偶函数．

(2) 因为 $f(-x)=\ln(-x+\sqrt{1+x^2})=\ln(\frac{1}{\sqrt{x^2+1}+x})$

$$= -\ln(\sqrt{1+x^2}+x) = -f(x)$$

所以 $f(x)=\ln(x+\sqrt{1+x^2})$ 是奇函数.

(3) 因为 $f(-x)=-x+\cos(-x)$, $f(-x)\neq f(x)$ 且 $f(-x)\neq -f(x)$，所以 $f(x)=x+\cos x$ 既不是奇函数也不是偶函数，称作非奇非偶函数.

例 7　求函数 $y=2x-1$ 的反函数，并做出图像.

解　由 $y=2x-1$ 得 $x=\dfrac{y+1}{2}$，将变量 x 与 y 交换，得：$y=\dfrac{x+1}{2}$，这就是函数 $y=2x-1$ 的反函数.

并不是所有函数都有反函数，但是单调函数的反函数总是存在. 图像如图 1-1-6 所示.

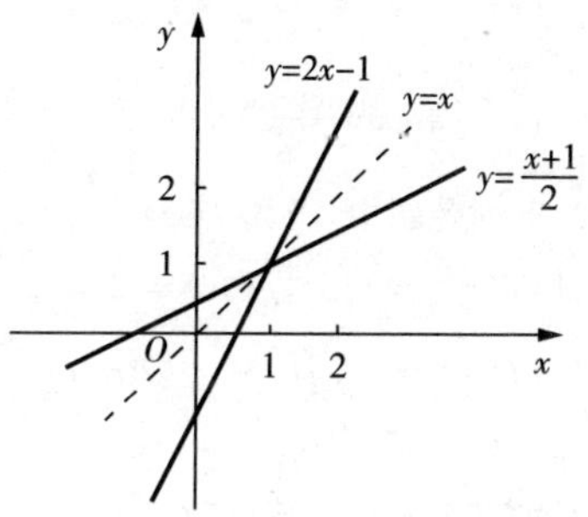

图 1-1-6　单调函数的反函数

例 8　下列函数是由哪些简单函数复合而成的？

(1) $y=\ln\sin x$；　　(2) $y=e^{\cos\sqrt{\ln x+1}}$.

解　(1) $y=\ln\sin x$ 是由 $y=\ln u$, $u=\sin x$ 复合而成的；

(2) $y=e^{\cos\sqrt{\ln x+1}}$ 是由 $y=e^u$, $u=\cos v$, $v=\sqrt{t}$, $t=\ln x+1$ 复合而成的.

复合函数是微积分中一类重要函数，也是我们以后经常会遇见的一类函数.

例 9　生产某种商品的总成本(单位：元)是 $C(q)=200+2q$，求生产 40 件这种商品的总成本和平均成本.

解　生产 40 件这种商品的总成本为

$$C(40)=200+2\times 40=280(\text{元})$$

平均成本为

$$\overline{C}=\left.\frac{C(q)}{q}\right|_{q=40}=\frac{280}{40}=7(\text{元 / 件})$$

例 10　设某工厂每天生产 x 件某产品的总成本为 $C(x)=2.5x+150$(单位：元). 若每天至少能卖出 100 件产品，为了不亏本，单位产品售价至少应定为多少？

解　为了不亏本，则每天售出 100 件产品的总收入必须等于总成本. 设此时产品的价格为 p，则应有

$$100p=2.5\times 100+150=400$$

解得 $p=4$. 因此，为了不亏本，价格至少应定为 4 元.

例 11　某产品的需求量和供给量与价格的函数关系为

$$Q_d=20-3p, Q_s=-15+4p$$

求该产品的均衡价格.

解 由供需平衡的条件 $Q_d = Q_s$，得

$$20 - 3p = -15 + 4p$$

解之得均衡价格为：$p = 5$.

【思考与练习】

1. 求下列函数的定义域：

(1) $y = \sqrt{x^2 - 4x + 3}$； (2) $y = \lg \dfrac{x-1}{x+1}$；

(3) $y = \arcsin \dfrac{x-1}{2}$； (4) $y = \sqrt{3-x} + \arctan \dfrac{1}{x}$.

2. 下列各题中，函数 $f(x)$ 与 $g(x)$ 是否相同？为什么？

(1) $f(x) = \lg x^2, g(x) = 2\lg x$；

(2) $f(x) = x, g(x) = \sqrt{x^2}$；

(3) $f(x) = 1, g(x) = \csc^2 x - \cot^2 x$.

3. 求下列函数的反函数：

(1) $y = \dfrac{x}{1-x}$； (2) $y = 2\sin 3x$； (3) $y = \dfrac{e^x - 1}{e^x + 1}$.

4. 指出下列函数的复合关系：

(1) $y = \sin x^2$； (2) $y = \sqrt{\ln(x-1)}$； (3) $y = e^{\sin\sqrt{x}}$.

5. 设函数 $f(x)$ 的定义域是 $[0,1]$，求下列函数的定义域：

(1) $f(x^2)$； (2) $f(\cos x)$； (3) $f(x + \frac{1}{3}) + f(x - \frac{1}{3})$.

6. 假设下面所考虑函数都定义在 $(-l, l)$ 上，试证明：两个偶函数（或奇函数）的乘积为偶函数；而一个偶函数和奇函数的乘积为奇函数.

任务 2 极 限

【学习目标】

理解数列极限的定义、函数极限的定义、极限存在的充分必要条件.

【工作任务】

(1) 理解极限、无穷小和无穷大的概念.

(2) 掌握极限和无穷小的性质，以及无穷小与无穷大的关系.

【相关知识】

极限是微积分中十分重要的概念，它与函数的连续性、导数、积分等联系密切.

一、数列的极限

1. 数列的概念

定义 1　与正整数集建立对应关系的一列实数：

$$x_1, x_2, x_3, \cdots, x_n, \cdots$$

称之为**数列**，记作 $\{x_n\}$. x_n 是该数列的第 n 项，也称为**一般项**或**通项**，n 称为**下标**.

在几何上，数列 $\{x_n\}$ 可以看作数轴上一个动点，它依次取数轴上的点 $x_1, x_2, x_3, \cdots, x_n, \cdots$. 如图 1-2-1 所示.

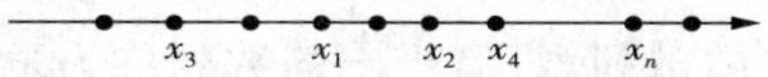

图 1-2-1　数列 $\{x_n\}$ 在数轴上的点

由上面数列的定义可以看出，每个数列可以看作定义在正整数集上的函数. 数列本质上是一类特殊函数. 在函数中有单调函数、有界函数和无界函数等概念，数列中也有相应的概念：

定义 2　如果数列 $\{x_n\}$ 满足条件

$$x_1 \leqslant x_2 \leqslant \cdots \leqslant x_n \leqslant x_{n+1} \leqslant \cdots$$

就称数列 $\{x_n\}$ 是**单调增加**的；如果数列 $\{x_n\}$ 满足条件

$$x_1 \geqslant x_2 \geqslant \cdots \geqslant x_n \geqslant x_{n+1} \geqslant \cdots$$

就称数列 $\{x_n\}$ 是**单调减少**的. 单调增加和单调减少数列统称为**单调数列**.

定义 3　对于数列 $\{x_n\}$，如果存在着正数 M，使得对一切 x_n 都满足不等式

$$|x_n| \leqslant M$$

则称数列 $\{x_n\}$ 是**有界**的；如果这样的正数 M 不存在，就说数列 $\{x_n\}$ 是**无界**的.

例如，数列 $1,2,3,4,5,\cdots$ 的一般项为 $x_n=n$，它是单调增加的无界数列；数列 $1,\frac{1}{2},\frac{1}{3},\frac{1}{4},\frac{1}{5},\cdots$ 的一般项为 $x_n=\frac{1}{n}$，它是单调减少的有界数列.

2. 数列极限的概念

首先来看一个例子.

例 1　观察下列几个数列的变化趋势：

(1) $\left\{\frac{1}{n}\right\}: 1, \frac{1}{2}, \frac{1}{3}, \cdots, \frac{1}{n}, \cdots$；

(2) $\left\{\frac{1+(-1)^{n-1}}{n}\right\}: 2, 0, \frac{2}{3}, 0, \cdots, \frac{1+(-1)^{n-1}}{n}, \cdots$；

(3) $\left\{1+\frac{(-1)^n}{n}\right\}: 0, \frac{3}{2}, \frac{2}{3}, \cdots, 1+\frac{(-1)^n}{n}, \cdots$；

(4) $\{n\}$：$1,2,3,\cdots,n,\cdots$；

(5) $\{(-1)^{n-1}\}$：$1,-1,1,\cdots,(-1)^{n-1},\cdots$.

解 随着一般项的下标 n 越来越大，数列(1) 和(2) 越来越接近于 0；数列(3) 越来越接近于 1；数列(4) 越来越大；数列(5) 则在 1 与 -1 之间来回摆动.

我们说当 n 越来越大时，数列(1) 和(2) 以 0 为极限，数列(3) 以 1 为极限，数列(4) 和(5) 发散. 确切定义如下：

定义 4 设数列 $\{x_n\}$，当 n 无限增大时，x_n 趋向于一个确定常数 A，则称**数列 $\{x_n\}$ 以 A 为极限**，记作 $\lim\limits_{n\to\infty}x_n=A$ 或 $x_n\to A(n\to\infty)$，读作"当 n 趋向于无穷大时，数列 $\{x_n\}$ 的极限等于 A"或"当 n 趋于无穷大时，x_n 趋于 A".

有极限的数列称为**收敛数列**，没有极限的数列称为**发散数列**.

例 1 中数列(1)(2) 和(3) 的极限可以分别记作：

$$\lim_{n\to\infty}\frac{1}{n}=0,\lim_{n\to\infty}\frac{1+(-1)^{n-1}}{n}=0,\lim_{n\to\infty}(1+\frac{(-1)^n}{n})=1$$

3. 收敛数列的性质

收敛数列有几个重要性质，这里只介绍其结论而略去证明.

性质 1(极限的唯一性) 如果数列 $\{x_n\}$ 收敛，那么它的极限唯一.

性质 1 表明，收敛数列的极限是唯一的，而不是多个.

性质 2(收敛数列的有界性) 如果数列 $\{x_n\}$ 收敛，那么数列 $\{x_n\}$ 一定有界.

性质 2 表明，收敛数列是有界数列. 需要注意，反过来并不成立. 例如，数列 $\{(-1)^{n-1}\}$ 发散，但显然它是有界的. 所以数列有界是数列收敛的必要非充分条件. 另外，性质 2 还表明，无界数列一定发散.

性质 3(收敛数列的保号性) 如果数列 $\{x_n\}$ 收敛于 a，且 $a>0$(或 $a<0$)，那么存在正整数 N，当 $n>N$ 时，有 $x_n>0$(或 $x_n<0$).

二、函数的极限

1. 函数极限的概念

数列作为一类特殊的函数，其极限反映了在自变量趋于无穷大的变化过程中，函数的变化趋势. 对于一般的函数而言，自变量的变化过程要远比数列情形时复杂得多. 下面主要介绍两种情形的函数极限.

(1) 当 $x\to\infty$ 时，函数 $f(x)$ 的极限

定义 5 如果当 x 的绝对值无限增大时，函数 $f(x)$ 趋于一个常数 A，**则称当 $x\to\infty$ 时函数 $f(x)$ 以 A 为极限**. 记作

$$\lim_{x\to\infty}f(x)=A \quad 或 \quad f(x)\to A(x\to\infty)$$

如果从某一点起，x 只能取正值或负值趋于无穷，则有下面的定义.

定义 6 如果当 $x>0$ 且无限增大时，函数 $f(x)$ 趋于一个常数 A，**则称当**

$x \to +\infty$ 时函数 $f(x)$ 以 A 为极限. 记作

$$\lim_{x \to +\infty} f(x) = A \quad 或 \quad f(x) \to A(x \to +\infty)$$

定义 7　如果当 $x<0$ 且绝对值无限增大时，函数 $f(x)$ 趋于一个常数 A，则称当 $x \to -\infty$ 时函数 $f(x)$ 以 A 为极限. 记作

$$\lim_{x \to -\infty} f(x) = A \quad 或 \quad f(x) \to A(x \to -\infty)$$

例 2　求 $\lim\limits_{x \to \infty}(1+\frac{1}{x^2})$.

解　函数图像如图 1-2-2 所示，当 $x \to +\infty$ 时，$\frac{1}{x^2}$ 无限变小，函数值趋于 1；当 $x \to -\infty$ 时，函数值同样趋于 1，所以有

$$\lim_{x \to \infty}(1+\frac{1}{x^2}) = 1$$

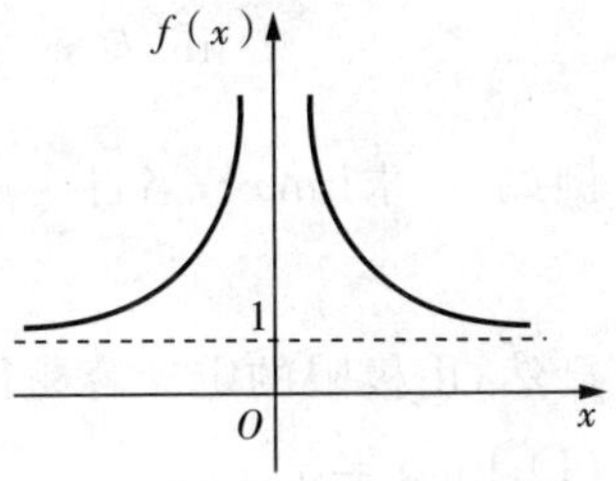

图 1-2-2　例 2 中 $f(x)$ 的图像

定理 1　当 $x \to \infty$ 时，函数 $f(x)$ 的极限存在的充分必要条件是当 $x \to +\infty$ 时和当 $x \to -\infty$ 时函数的极限都存在而且相等，即

$$\lim_{x \to \infty} f(x) = A \Leftrightarrow \lim_{x \to -\infty} f(x) = \lim_{x \to +\infty} f(x) = A$$

(2) 当 $x \to x_0$ 时，函数 $f(x)$ 的极限

考察函数 $f(x)=\frac{x^2-4}{x-2}$，当 x 分别从左边和右边趋于 2 时的变化情况，见表 1-2-1 所列.

表 1-2-1　f(x) 取值

x	1.5	1.8	1.9	1.95	1.99	…	2.001	2.01	2.05	2.1	2.2
$f(x)=\frac{x^2-4}{x-2}$	3.5	3.8	3.9	3.95	3.99	…	4.001	4.01	4.05	4.1	4.5

由上表不难看出，当 $x \to 2$ 时，函数 $f(x)$ 无限地趋于常数 4，我们称当 $x \to 2$ 时，$f(x)$ 的极限是 4. 由图 1-2-3 也容易看出，当 x 无限接近于 2 时，$f(x)$ 就无限地接近于 4. 这时，我们称当 $x \to 2$ 时，函数 $f(x)=\frac{x^2-4}{x-2}$ 以 4 为极限.

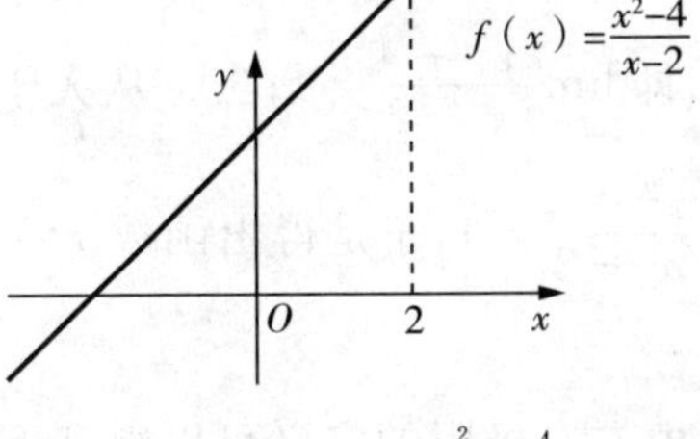

图 1-2-3　$f(x)=\frac{x^2-4}{x-2}$ 的图像

注意：该极限反映了当 $x \to 2$ 时，函数

$f(x)=\dfrac{x^2-4}{x-2}$有没有极限与$f(x)$在点$x_0=2$处是否有定义无关. 由此我们可以看到,当自变量x趋于某个值x_0时,函数极限是否存在与函数在该点有无定义无关. 需要注意,极限定义中函数自变量的变化趋势$x\to x_0$反映的是x无限接近于x_0但不等于x_0.

定义 8 设函数$f(x)$在点x_0的某邻域(x_0点可以除外)内有定义. 如果当x以任意方式无限接近于x_0(但$x\neq x_0$)时,函数$f(x)$无限趋于一个常数A,则称**当x趋于x_0时,函数$f(x)$以A为极限**,记作

$$\lim_{x\to x_0}f(x)=A \quad 或 \quad f(x)\to A(x\to x_0)$$

例如 求$\lim\limits_{x\to 2}x^3$,当自变量x趋于2时,函数x^3趋于8,根据极限定义知$\lim\limits_{x\to 2}x^3=8$.

显然,由极限的定义容易得知:

(1) $\lim\limits_{x\to x_0}x=x_0$;

(2) $\lim\limits_{x\to x_0}C=C$.

在讨论$x\to x_0$时函数$f(x)$的极限问题中,对$x\to x_0$的过程,若限制$x<x_0$或$x>x_0$,便引出了单侧极限的概念.

定义 9 设函数$f(x)$在x_0的左侧附近(x_0点本身可以除外)有定义,如果当x从x_0的左侧(即$x<x_0$)趋于x_0时,函数$f(x)$无限趋于常数A,则称常数A为$f(x)$在x_0处的**左极限**. 记作

$$\lim_{x\to x_0^-}f(x)=A \quad 或 \quad f(x_0^-)=A$$

定义 10 设函数$f(x)$在x_0的右侧附近(x_0点本身可以除外)有定义,如果当x从x_0的右侧(即$x>x_0$)趋于x_0时,函数$f(x)$无限趋于常数A,则称常数A为$f(x)$在x_0处的**右极限**. 记作

$$\lim_{x\to x_0^+}f(x)=A \quad 或 \quad f(x_0^+)=A$$

前面考察的函数$f(x)=\dfrac{x^2-4}{x-2}$,当x从小于2的一侧趋于2时,函数$f(x)$的左极限为4,即$\lim\limits_{x\to 2^-}\dfrac{x^2-4}{x-2}=4$;当$x$从大于2的一侧趋于2时,函数$f(x)$的右极限为4,即$\lim\limits_{x\to 2^+}\dfrac{x^2-4}{x-2}=4$,于是得出函数$f(x)=\dfrac{x^2-4}{x-2}$当$x\to 2$时的极限为4,即$\lim\limits_{x\to 2}\dfrac{x^2-4}{x-2}=4$.

由左右极限的定义可以得到下面的定理:

定理 2 当$x\to x_0$时,函数$f(x)$的极限存在的充分必要条件是函数$f(x)$在x_0处的左、右极限都存在而且相等,即

$$\lim_{x \to x_0} f(x) = A \Leftrightarrow \lim_{x \to x_0^-} f(x) = \lim_{x \to x_0^+} f(x) = A$$

上面给出的数列极限和函数极限的定义，其本质可以概括为：若变量 y 在某一变化过程总无限趋于一个常数 A，就称该变量以 A 为极限. 记作

$$\lim y = A$$

2. 函数极限的性质

以后为方便起见，在叙述和论证自变量各种变化情形下的函数极限的共有性质和运算法则时，将用记号 $\lim f(x)$ 泛指在任何一种自变量变化趋势下函数的极限.

现将函数极限的性质简述如下：

性质 1（极限唯一性）　若 $\lim f(x)$ 存在，则极限唯一.

性质 2（局部有界性）　若 $\lim f(x)$ 存在，则函数 $f(x)$ 在其定义域的某个范围内有界.

性质 3（局部保号性）　若 $\lim f(x) = A > 0$（或 < 0），则函数 $f(x)$ 在其定义域的某个范围内有 $f(x) > 0$（或 < 0）.

三、无穷小与无穷大

1. 无穷小

定义 11　如果 $\lim\limits_{x \to x_0} f(x) = 0$（或 $\lim\limits_{x \to \infty} f(x) = 0$），那么称函数 $f(x)$ 为当 $x \to x_0$（或 $x \to \infty$）时的**无穷小**.

特别地，若 $\lim\limits_{n \to \infty} x_n = 0$，则称数列 $\{x_n\}$ 为 $n \to \infty$ 时的无穷小.

例如，因为 $\lim\limits_{x \to \infty} \dfrac{1}{x} = 0$，所以函数 $\dfrac{1}{x}$ 为当 $x \to \infty$ 时的无穷小. 因为 $\lim\limits_{x \to 1}(x-1) = 0$，所以函数 $x-1$ 为当 $x \to 1$ 时的无穷小. 因为 $\lim\limits_{n \to \infty} \dfrac{1}{2^n} = 0$，所以数列 $\{\dfrac{1}{2^n}\}$ 为当 $n \to \infty$ 时的无穷小.

需要注意，不要把无穷小和很小的数（例如百万分之一）混为一谈. 无穷小是以 0 为极限的变量，而很小的数为常数，极限就是其自身. 0 是唯一的为无穷小的常数.

理解无穷小量必须结合具体变化过程才有意义.

例如，当 $x \to \infty$ 时，$\dfrac{1}{x}$ 是无穷小，而当 $x \to 0$ 时，$\dfrac{1}{x}$ 就不是无穷小.

根据无穷小的概念，我们可以得到极限与无穷小的一个关系：

定理 3　当 $x \to x_0$（或 $x \to \infty$）时，函数 $f(x)$ 以 A 为极限的充分必要条件是 $f(x)$ 可以表示为 A 与一个无穷小量 α 的和. 即 $\lim f(x) = A \Leftrightarrow f(x) = A + \alpha(x)$，其中 α 为无穷小量.

关于无穷小的性质叙述如下：

性质 1 在自变量的同一变化过程中，有限个无穷小的和、差与积仍为无穷小.

性质 2 有界函数与无穷小的乘积为无穷小，特别地，常数与无穷小的乘积为无穷小.

性质 1 表明，无穷小对和、差与积运算封闭. 但要注意，两个无穷小的商不一定是无穷小，它的情况要复杂得多，我们在后面再来讨论.

2. 无穷大

定义 12 若当 $x \to x_0$(或 $x \to \infty$) 时，在自变量变化过程中，函数的绝对值无限增大，则称函数为该变化过程中的**无穷大量**，简称**无穷大**，记作：$\lim f(x) = \infty$.

例如，当 $x \to 0$ 时，$\dfrac{1}{x^2}$ 是无穷大量；当 $x \to \infty$ 时，$x+1$，x^2 是无穷大量.

注意 无穷大量是一个变量，这里我们用了极限符号 $\lim f(x)=\infty$，并不表示 $f(x)$ 的极限存在，事实上，若 $\lim f(x) = \infty$，则 $f(x)$ 在该变化过程中极限不存在.

由上面的例子可知，当 $x \to 0$ 时，$\dfrac{1}{x^2}$ 是无穷大量，而 x^2 是无穷小量；当 $x \to \infty$ 时，$x+1$ 就是无穷大量，而 $\dfrac{1}{x+1}$ 是无穷小量，这说明无穷小量和无穷大量存在倒数关系.

定理 4 在同一变化过程中，若 $f(x)$ 是无穷大，则 $\dfrac{1}{f(x)}$ 是无穷小；反之，若 $f(x)$ 是无穷小，且 $f(x) \neq 0$，则 $\dfrac{1}{f(x)}$ 是无穷大.

定理 4 表明，在自变量的同一变化过程中，无穷大的倒数为无穷小，而非零的无穷小的倒数为无穷大. 其证明从略. 定理 4 是极其重要一个定理，关于它的应用将在下一节给出.

3. 无穷小的比较

由无穷小的性质可知，两个无穷小的和、差与乘积仍然是无穷小，而两个无穷小的商的情况就不同了. 例如 $x \to 0$ 时，x，$2x$ 和 x^2 都是无穷小. 但是，我们知道 $\lim\limits_{x\to 0} \dfrac{x^2}{x} = \lim\limits_{x\to 0} x = 0$，$\lim\limits_{x\to 0} \dfrac{x}{2x} = \dfrac{1}{2}$，$\lim\limits_{x\to 0} \dfrac{2x}{x^2} = \lim\limits_{x\to 0} \dfrac{2}{x} = \infty$，可见无穷小的商可以是无穷小，可以是常数，也可以是无穷大，这是因为无穷小趋于零的速度是不同的，由此得出下列定义：

定义 13 设 α 和 β 是同一变化过程中的无穷小，且设 $\alpha \neq 0$，

(1) 若 $\lim \dfrac{\alpha}{\beta} = 0$，则称 α 是比 β **高阶的无穷小**，也称 β 是比 α **低阶的无穷小**，记作：$\alpha = o(\beta)$.

(2) 若 $\lim \dfrac{\alpha}{\beta} = C$($C$ 是不等于零的常数)，则称 α 与 β 是**同阶无穷小**；若 $C=1$，则

称 α 与 β 是**等价无穷小**，记作：$\alpha \sim \beta$.

由定义知，当 $x \to 0$ 时，x^2 是 x 和 $2x$ 的高阶无穷小，而 x 和 $2x$ 是同阶无穷小.

两个无穷小阶的高低描述了两个无穷小趋于零的速度的快慢，阶高的趋于零的速度快，阶低的趋于零的速度慢，若两个无穷小是等价无穷小，则在求极限的过程中可以相互代替. 当 $x \to 0$ 时，常见的等价无穷小如下：

$$\sin x \sim x, \tan x \sim x, 1-\cos x \sim \frac{1}{2}x^2$$

$$\ln(1+x) \sim x, (1+x)^n \sim 1+nx, e^x \sim 1+x$$

【相关实践】

例 1　设函数 $f(x)=\begin{cases} x+1, x<0, \\ 3x,\ x \geqslant 0. \end{cases}$ 试判断 $\lim\limits_{x \to 0} f(x)$ 是否存在？

解　因为 $\lim\limits_{x \to 0^-} f(x) = \lim\limits_{x \to 0^-}(x+1)=1$；

$$\lim_{x \to 0^+} f(x) = \lim_{x \to 0^+} 3x = 0$$

左、右极限都存在但不相等，所以 $\lim\limits_{x \to 0} f(x)$ 不存在（图 1-2-4）.

例 2　证明符号函数 $f(x)=\operatorname{sgn} x=\begin{cases} 1, x>0, \\ 0, x=0, \\ -1, x<0, \end{cases}$ 如图 1-2-5 所示，当 $x \to 0$ 时的极限不存在.

证明　从图 1-2-5 可以看出，该函数当 $x \to 0$ 时的左极限为

$$\lim_{x \to 0^-} f(x) = \lim_{x \to 0^-}(-1) = -1$$

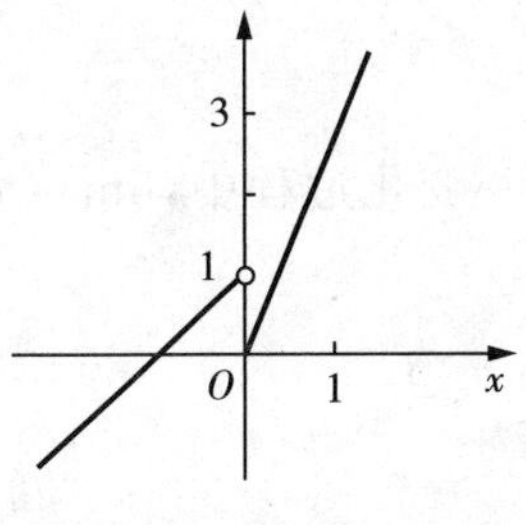

图 1-2-4　例 1 中的 $f(x)$ 的图像

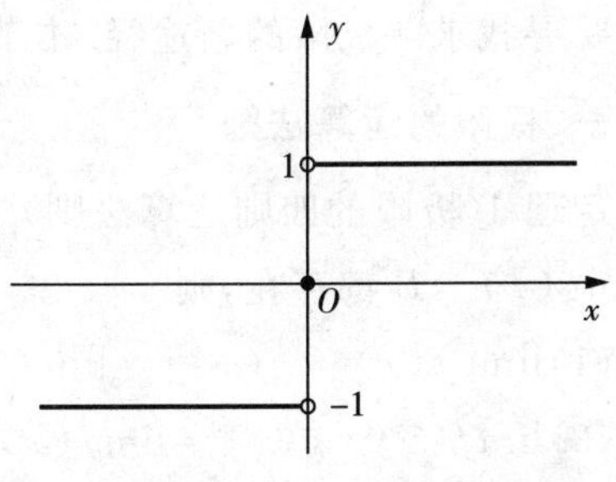

图 1-2-5　例 2 中的 $f(x)$ 的图像

右极限为

$$\lim_{x \to 0^+} f(x) = \lim_{x \to 0^+} 1 = 1$$

因为左右极限不相等，所以由定理 2 知$\lim\limits_{x\to 0}f(x)$不存在.

无穷小性质 2 提供了求解一类极限问题的方法.

例 3 求$\lim\limits_{x\to 0}x\sin\dfrac{1}{x}$.

解 因 x 为 $x\to 0$ 时的无穷小，而 $\sin\dfrac{1}{x}$ 为有界函数，由性质 2 知，$\lim\limits_{x\to 0}x\sin\dfrac{1}{x}=0$.

【思考与练习】

1. 已知函数 $f(x)=\begin{cases} e^x, x\leqslant 0, \\ 3x^2+a, x>0, \end{cases}$ 在 $x=0$ 处极限存在，求常数 a 的值.

2. 对下列变量分别指出当 x 如何变化时是无穷小，当 x 如何变化时是无穷大：

(1) $\dfrac{x+1}{x^2-1}$； (2) $\dfrac{x+2}{x^2-1}$； (3) e^x； (4) $\ln(1+x)$.

任务 3 极限的运算

【学习目标】

熟练掌握极限的运算法则和方法.

【工作任务】

(1) 熟练掌握极限的运算法则.

(2) 利用两个重要极限求极限.

【相关知识】

在上一节中，我们介绍了数列极限与函数极限的概念及性质. 利用极限定义来求极限就是判定数列或函数的变化趋势，这对于大多数极限问题是很困难的. 因此有必要寻找求解极限的新途径. 本节将介绍求解极限的若干运算方法.

一、极限的运算法则

定理 1(极限的四则运算法则) 设在自变量的同一变化过程中，$\lim f(x)=A$ 和 $\lim g(x)=B$ 都存在，则

(1) $\lim[f(x)\pm g(x)]=\lim f(x)\pm\lim g(x)=A\pm B$；

(2) $\lim f(x)\cdot g(x)=\lim f(x)\cdot\lim g(x)=A\cdot B$；

(3) 若 $B\neq 0$，则 $\lim\dfrac{f(x)}{g(x)}=\dfrac{\lim f(x)}{\lim g(x)}=\dfrac{A}{B}$.

证明从略.

定理 1 表明：在两个函数极限均存在的条件下，两个函数和与差的极限等于两个函数极限的和与差；两个函数乘积的极限等于两个函数极限的乘积；两个函数

商的极限等于两个函数极限的商(分母位置函数的极限不能为零).

定理 1 的结论从形式上看,就是在一定条件下将极限符号对每个函数进行一次分配.

定理 1 结论中的(1) 和(2) 可以推广到有限个函数情形:

推论 1　若 $\lim f_i(x)=A_i,(i=1,2,\cdots,k)$,则

(1)$\lim[f_1(x)+f_2(x)+\cdots+f_k(x)]=A_1+A_2+\cdots+A_k$;

(2)$\lim[f_1(x)f_2(x)\cdots f_k(x)]=A_1A_2\cdots A_k$. 特别地,若

$$f_1(x)=f_2(x)=\cdots=f_k(x)=f(x)\text{ 且 }\lim f(x)=A$$

则$[\lim f(x)]^k=A^k$.

推论 2　设 $\lim f(x)=A$ 存在,C 为一常数,则 $\lim Cf(x)=C\lim f(x)=CA$.

利用定理 1 容易证明推论 1 和 2 成立,留给读者完成.

二、两个重要极限

下面将介绍两个重要极限:$\lim\limits_{x\to 0}\dfrac{\sin x}{x}=1$ 和 $\lim\limits_{x\to\infty}\left(1+\dfrac{1}{x}\right)^x=\mathrm{e}$,并介绍它们的若干应用.

1. $\lim\limits_{x\to 0}\dfrac{\sin x}{x}=1$

上述极限习惯上称为**第一个重要极限**. 为了证明这个极限,首先介绍一个判定极限存在的准则 —— 夹逼准则.

定理 2(夹逼准则)　如果函数 $f(x)$、$g(x)$ 及 $h(x)$ 在点 x_0 的某去心邻域内有定义,且满足下列条件:

(1)$g(x)\leqslant f(x)\leqslant h(x)$,

(2) $\lim\limits_{x\to x_0}g(x)=\lim\limits_{x\to x_0}h(x)=A$,

那么极限 $\lim\limits_{x\to x_0}f(x)$ 存在,且 $\lim\limits_{x\to x_0}f(x)=A$.

条件(1) 中的"$\leqslant$" 换为"$<$",定理仍然成立. 证明从略.

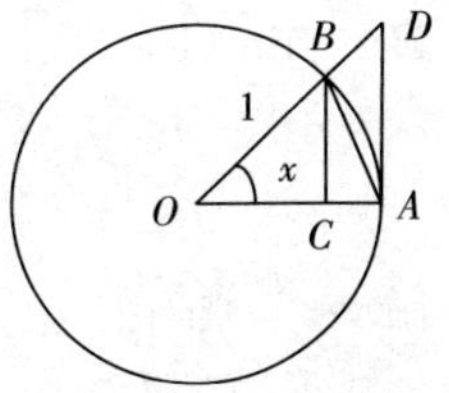

图 1-3-1

如图 1-3-1,图中的圆为单位圆,$BC\perp OA$,$DA\perp OA$. 圆心角$\angle AOB=x\ \left(0<x<\dfrac{\pi}{2}\right)$. 显然,

$$\sin x=CB,\quad x=\overset{\frown}{AB},\quad \tan x=AD$$

因为 $S_{\triangle AOB}<S_{扇形AOB}<S_{\triangle AOD}$,所以$\dfrac{1}{2}\sin x<\dfrac{1}{2}x<\dfrac{1}{2}\tan x$,即 $\sin x<x<\tan x$. 进一步,有

$$1<\frac{x}{\sin x}<\frac{1}{\cos x}$$

或

$$\cos x < \frac{\sin x}{x} < 1 \qquad (1-3-1)$$

利用式(1-3-1)和夹逼准则便得第一个重要极限：

$$\lim_{x \to 0} \frac{\sin x}{x} = 1$$

2. $\lim\limits_{x \to \infty} \left(1 + \frac{1}{x}\right)^x = \mathrm{e}$

习惯上称上述极限为**第二个重要极限**. 关于该极限的证明，这里从略. 设 $u(x)$ 和 $v(x)$ 是两个函数，称形如 $u(x)^{v(x)}$ 的函数为**幂指函数**. $\left(1 + \frac{1}{x}\right)^x$ 就是一个幂指函数. 当 $x \to \infty$，$1 + \frac{1}{x} \to 1$，所以 $\lim\limits_{x \to \infty} \left(1 + \frac{1}{x}\right)^x$ 是 1^∞ 型的极限，注意它的极限是 e 而不是 1.

当 $x = n$ 时，就得到数列形式的重要极限：$\lim\limits_{n \to \infty} \left(1 + \frac{1}{n}\right)^n = \mathrm{e}$.

如果令 $t = \frac{1}{x}$，则当 $x \to \infty$ 时，$t \to 0$，从而利用第二个重要极限，得

$$\lim_{t \to 0} (1 + t)^{\frac{1}{t}} = \mathrm{e} \qquad (1-3-2)$$

这也是一个常用的重要极限.

【相关实践】

下面举几个极限的例子.

例 1　求 $\lim\limits_{x \to 1}(3x^2 - 7x + 5)$.

解　$\lim\limits_{x \to 1}(3x^2 - 7x + 5) = \lim\limits_{x \to 1}(3x^2) - \lim\limits_{x \to 1}(7x) + 5$

$$= 3\left(\lim_{x \to 1} x\right)^2 - 7\lim_{x \to 1} x + 5 = 3 - 7 + 5 = 1$$

例 2　求 $\lim\limits_{x \to 2} \frac{x + 1}{x^2 - 2x + 3}$.

解　因 $\lim\limits_{x \to 2}(x^2 - 2x + 3) = 4 - 4 + 3 = 3 \neq 0$，所以

$$\lim_{x \to 2} \frac{x + 1}{x^2 - 2x + 3} = \frac{\lim\limits_{x \to 2}(x + 1)}{\lim\limits_{x \to 2}(x^2 - 2x + 3)} = \frac{2 + 1}{4 - 4 + 3} = 1$$

一般地，对于多项式函数 $P(x) = a_n x^n + a_{n-1} x^{n-1} + \cdots + a_1 x + a_0$，有

$$\lim_{x \to x_0} P(x) = a_n x_0^n + a_{n-1} x_0^{n-1} + \cdots + a_1 x_0 + a_0 = P(x_0)$$

又设多项式函数 $Q(x) = b_m x^m + b_{m-1} x^{m-1} + \cdots + b_1 x + b_0$，且 $Q(x_0) \neq 0$，则有

$$\lim_{x \to x_0} \frac{P(x)}{Q(x)} = \frac{P(x_0)}{Q(x_0)}$$

例 3　求$\lim\limits_{x \to -2} \dfrac{x^2+3x+2}{x^2+5x+6}$.

解　由于$\lim\limits_{x \to -2}(x^2+5x+6)=0$,不能用商的极限运算法则.但分子极限也为0.分子分母同时含有$x+2$,$x \to -2$时,$x \neq -2$,即$x+2 \neq 0$,所以分子分母可以约去$x+2$.于是,

$$\lim_{x \to -2} \frac{x^2+3x+2}{x^2+5x+6} = \lim_{x \to -2} \frac{(x+1)(x+2)}{(x+2)(x+3)} = \lim_{x \to -2} \frac{x+1}{x+3} = -1$$

例 4　求$\lim\limits_{x \to 1} \dfrac{x+3}{x^2+x-2}$.

解　由于$\lim\limits_{x \to 1}(x^2+x-2)=0$,不能用商的极限运算法则.但$\lim\limits_{x \to 1} \dfrac{x^2+x-2}{x+3}=0$,利用任务2中的定理4,所以$\lim\limits_{x \to 1} \dfrac{x+3}{x^2+x-2}=\infty$.

例 5　求$\lim\limits_{x \to \infty} \dfrac{3x^2-x+1}{x^2+2x+2}$.

解　当$x \to \infty$时,此极限是$\dfrac{\infty}{\infty}$,分子和分母同除以最高次幂x^2,则

$$\lim_{x \to \infty} \frac{3x^2-x+1}{x^2+2x+2} = \lim_{x \to \infty} \frac{3-\dfrac{1}{x}+\dfrac{1}{x^2}}{1+\dfrac{2}{x}+\dfrac{2}{x^2}} = \frac{3}{1} = 3$$

例 6　求$\lim\limits_{x \to \infty} \dfrac{-7x+5}{x^2+3x-6}$.

解　先用x^2去除分子和分母,然后求极限,得

$$\lim_{x \to \infty} \frac{-7x+5}{x^2+3x-6} = \lim_{x \to \infty} \frac{\dfrac{-7}{x}+\dfrac{5}{x^2}}{1+\dfrac{3}{x}-\dfrac{6}{x^2}} = 0$$

例 7　求$\lim\limits_{x \to \infty} \dfrac{3x^3-x+1}{x^2+2x+2}$.

解　因为

$$\lim_{x \to \infty} \frac{3x^3-x+1}{x^2+2x+2} = \lim_{x \to \infty} \frac{1}{\dfrac{x^2+2x+2}{3x^3-x+1}}$$

由上例结果知$\lim\limits_{x \to \infty} \dfrac{x^2+2x+2}{3x^3-x+1}=0$,根据无穷小与无穷大的倒数关系得

$$\lim_{x \to \infty} \frac{3x^3-x+1}{x^2+2x+2} = \infty$$

例 5、例 6 和例 7 实际是下面一般情形的特例，即当 $a_0 \neq 0, b_0 \neq 0, n, m$ 为非负整数时，有

$$\lim_{x \to \infty} \frac{a_0 x^n + a_1 x^{n-1} + \cdots + a_n}{b_0 x^m + b_1 x^{m-1} + \cdots + b_m} = \begin{cases} \infty, & \text{当 } m < n \\ \dfrac{a_0}{b_0}, & \text{当 } m = n \\ 0, & \text{当 } m > n \end{cases} \tag{1-3-3}$$

商的极限是极限计算中的一个重点. 上面所举的例子中，涉及商的极限都是多项式之商 $\dfrac{P(x)}{Q(x)}$ 的极限，这类极限问题称为**有理函数的极限**. 一般来说，求解这类极限问题首先要注意自变量的变化趋势. 当自变量趋于有限值($x \to x_0$)时，若分母极限不为零，则直接将 x_0 代入 $\dfrac{P(x)}{Q(x)}$ 即可；若分母极限为零，分子极限不为零，则其极限不存在，此时为无穷大；若分子与分母的极限均为零，则可以通过对分子分母进行因式分解消去公因式来求.

当自变量趋于无穷大($x \to \infty$)时，则可以通过比较分子和分母最高次项的次数然后利用式(1-3-3)来求.

例 8　求 $\lim\limits_{x \to 1}\left(\dfrac{3}{1-x^3} - \dfrac{1}{1-x}\right)$.

解　当 $x \to 1$ 时，上式两项极限均为不存在(呈现 $\infty - \infty$ 形式)，我们可以先通分，再求极限.

$$\lim_{x \to 1}\left(\frac{3}{1-x^3} - \frac{1}{1-x}\right) = \lim_{x \to 1} \frac{3-(1+x+x^2)}{(1-x)(1+x+x^2)}$$

$$= \lim_{x \to 1} \frac{(2+x)(1-x)}{(1-x)(1+x+x^2)} = \lim_{x \to 1} \frac{2+x}{1+x+x^2} = 1$$

例 9　求 $\lim\limits_{x \to 0} \dfrac{\sin 5x}{x}$.

解　令 $t = 5x$，则当 $x \to 0$ 时，$t \to 0$. 于是

$$\lim_{x \to 0} \frac{\sin 5x}{x} = 5 \lim_{t \to 0} \frac{\sin t}{t} = 5$$

上面给出例 9 的解法是通过变量代换后将所给极限转换为第一个重要极限来求. 在熟练的情况下，有时可不必写出代换公式，而直接配成第一个重要极限形式. 事实上，利用第一个重要极限和复合函数的极限运算法则，我们有比第一个重要极限更一般的形式：

$$\lim \frac{\sin \alpha(x)}{\alpha(x)} = 1, \text{其中 } \alpha(x) \to 0$$

对例 9 另解如下：

$$\lim_{x \to 0} \frac{\sin 5x}{x} = 5 \lim_{x \to 0} \frac{\sin 5x}{5x} = 5$$

例 10　求$\lim\limits_{x \to 0} \dfrac{\tan x}{x}$.

解　$\lim\limits_{x \to 0} \dfrac{\tan x}{x} = \lim\limits_{x \to 0} \dfrac{\sin x}{x} \cdot \dfrac{1}{\cos x} = \lim\limits_{x \to 0} \dfrac{\sin x}{x} \cdot \lim\limits_{x \to 0} \dfrac{1}{\cos x} = 1$

例 11　求$\lim\limits_{x \to 0} \dfrac{\sin 5x}{\sin 3x}$.

解　$\lim\limits_{x \to 0} \dfrac{\sin 5x}{\sin 3x} = \lim\limits_{x \to 0} (\dfrac{\sin 5x}{\sin 3x} \cdot \dfrac{3x}{5x} \cdot \dfrac{5x}{3x}) = \dfrac{5}{3} \lim\limits_{x \to 0} \dfrac{\sin 5x}{5x} \cdot \lim\limits_{x \to 0} \dfrac{3x}{\sin 3x} = \dfrac{5}{3}$

例 12　求$\lim\limits_{x \to 0} \dfrac{1 - \cos x}{x^2}$.

解　$\lim\limits_{x \to 0} \dfrac{1 - \cos x}{x^2} = \lim\limits_{x \to 0} \dfrac{2\sin^2 \dfrac{x}{2}}{x^2} = \dfrac{1}{2} \lim\limits_{x \to 0} \dfrac{\sin^2 \dfrac{x}{2}}{(\dfrac{x}{2})^2} = \dfrac{1}{2} \lim\limits_{x \to 0} \left(\dfrac{\sin \dfrac{x}{2}}{\dfrac{x}{2}} \right)^2 = \dfrac{1}{2} \cdot 1^2 = \dfrac{1}{2}$

例 13　求$\lim\limits_{x \to 0} \dfrac{\arcsin x}{x}$.

解　令 $t = \arcsin x$，则 $x = \sin t$，当 $x \to 0$ 时，$t \to 0$. 于是

$$\lim_{x \to 0} \frac{\arcsin x}{x} = \lim_{t \to 0} \frac{t}{\sin t} = 1$$

这里强调一点，要注意$\lim\limits_{x \to 0} \dfrac{\sin x}{x}$ 与$\lim\limits_{x \to \infty} \dfrac{\sin x}{x}$ 两个极限的区别. 它们形式上很相近，前者是重要极限，其结果为 1，而后者是无穷小$\dfrac{1}{x}$与有界函数 $\sin x$ 乘积的极限，其结果为 0.

例 14　求$\lim\limits_{x \to \infty} (1 + \dfrac{4}{x})^x$.

解　$\lim\limits_{x \to \infty} (1 + \dfrac{4}{x})^x = \lim\limits_{x \to \infty} \left[(1 + \dfrac{4}{x})^{\frac{x}{4}} \right]^4 = e^4$

例 15　求$\lim\limits_{x \to \infty} (1 - \dfrac{1}{x})^x$.

解　令 $t = -x$，则 $x \to \infty$ 时，$t \to \infty$. 于是

$$\lim_{x \to \infty} (1 - \frac{1}{x})^x = \lim_{t \to \infty} (1 + \frac{1}{t})^{-t} = \lim_{t \to \infty} \frac{1}{(1 + \frac{1}{t})^t} = \frac{1}{e}$$

利用式(1-3-2)和复合函数的极限运算法则，我们有

$$\lim\, [1 + \alpha(x)]^{\frac{1}{\alpha(x)}} = e\text{，其中 } \alpha(x) \to 0$$

下面采用配上述极限形式对例 15 另解如下：

$$\lim_{x\to\infty}(1-\frac{1}{x})^{x}=\lim_{x\to\infty}[(1+\frac{1}{-x})^{-x}]^{-1}=e^{-1}=\frac{1}{e}$$

例 16 求$\lim\limits_{x\to\infty}\left(\frac{x+1}{x-1}\right)^{x}$.

解 $$\lim_{x\to\infty}\left(\frac{x+1}{x-1}\right)^{x}=\lim_{x\to\infty}\left(\frac{1+\frac{1}{x}}{1-\frac{1}{x}}\right)^{x}=\lim_{x\to\infty}\frac{(1+\frac{1}{x})^{x}}{(1-\frac{1}{x})^{x}}=\frac{e}{e^{-1}}=e^{2}$$

例 17（连续复利问题） 设有一笔本金 A_0 存入银行，年利率为 r，则一年末结算时，其本利和为

$$A_1=A_0+rA_0=A_0(1+r)$$

如果一年分两期计息，每期利率为$\frac{r}{2}$，且前一期的本利和作为后一期的本金，则一年末的本利和为

$$A_2=A_0(1+\frac{r}{2})+A_0(1+\frac{r}{2})\frac{r}{2}=A_0(1+\frac{r}{2})^{2}$$

如果一年分 n 期计息，每期利率按$\frac{r}{n}$计算，且前一期的本利和作为后一期的本金，则一年末的本利和为

$$A_n=A_0(1+\frac{r}{n})^{n}$$

于是到 t 年末共计 nt 次，其本利和为

$$A_n(t)=A_0(1+\frac{r}{n})^{nt}$$

令 $n\to\infty$，则表示利息随时计入本金，这样，t 年末的本利和为

$$A(t)=\lim_{n\to\infty}A_n(t)=\lim_{n\to\infty}A_0(1+\frac{r}{n})^{nt}$$

$$=A_0\lim_{n\to\infty}[(1+\frac{r}{n})^{\frac{n}{r}}]^{rt}=A_0e^{rt}$$

例如某人贷款100万元做投资，贷款期限为10年，年利率为5%，按下列两种情况计算10年末的还款金额：(1) 按复利计算，每年计息2次；(2) 按连续复利计算.

依题意设 $A_0=100$ 万元，$r=5\%$，$t=10$ 年，求未来值 A_{10}.

(1) 每年计息2次，则10年末的本利和为

$$A_{10}=100\times(1+\frac{0.05}{2})^{2\times10}=100\times1.6386=163.86(\text{万元})$$

(2) 按连续复利计算，10年末的本利和为

$$A_{10}=100e^{0.05\times10}=100\times1.6487=164.87(\text{万元})$$

下面介绍一种求解极限的技巧——等价无穷小代换，它可以简化极限的运算过程.

一般说来，等价无穷小代换方法就是将极限函数中较复杂的函数因子用与之等价的简单函数来代替，从而简化极限运算. 掌握等价无穷小越多，处理极限问题越简单.

例 18　求$\lim\limits_{x\to 0}\dfrac{\tan 2x}{\sin 3x}$.

解　当 $x\to 0$ 时，$\tan 2x\sim 2x$，$\sin 3x\sim 3x$，所以

$$\lim_{x\to 0}\frac{\tan 2x}{\sin 3x}=\lim_{x\to 0}\frac{2x}{3x}=\frac{2}{3}$$

例 19　求$\lim\limits_{x\to 0}\dfrac{(1+x^2)^{\frac{1}{2}}-1}{x\sin x}$.

解　当 $x\to 0$ 时，$(1+x^2)^{\frac{1}{2}}-1\sim\dfrac{x^2}{2}$，$x\sin x\sim x^2$，所以，

$$\lim_{x\to 0}\frac{(1+x^2)^{\frac{1}{2}}-1}{x\sin x}=\lim_{x\to 0}\frac{\frac{x^2}{2}}{x^2}=\frac{1}{2}$$

例 20　求$\lim\limits_{x\to 0}\dfrac{\tan x-\sin x}{\sin^3 x}$.

解　$$\lim_{x\to 0}\frac{\tan x-\sin x}{\sin^3 x}=\lim_{x\to 0}\frac{1-\cos x}{\sin^2 x\cos x}=\lim_{x\to 0}\frac{\frac{x^2}{2}}{x^2}\cdot\lim_{x\to 0}\frac{1}{\cos x}=\frac{1}{2}$$

此例中，我们利用了两个等价无穷小：当 $x\to 0$ 时，$1-\cos x\sim\dfrac{1}{2}x^2$，$\sin^2 x\sim x^2$. 需要注意，该题中 $\tan x$ 和 $\sin x$ 不能直接用 x 来代换，因为处在分母上的 $\tan x$ 和 $\sin x$ 不是待求极限的函数的因子.

【思考与练习】

1. 计算下列极限：

(1) $\lim\limits_{x\to\infty}(1+\dfrac{1}{x})(2-\dfrac{1}{x^2}+\dfrac{1}{x})$；　(2) $\lim\limits_{x\to 2}\dfrac{x^2+5}{x-3}$；　(3) $\lim\limits_{x\to 1}\dfrac{x-1}{\sqrt[3]{x}-1}$；

(4) $\lim\limits_{x\to 1}(\dfrac{1}{1-x}-\dfrac{3}{1-x^3})$；　(5) $\lim\limits_{x\to -8}\dfrac{\sqrt{1-x}-3}{2+\sqrt[3]{x}}$；　(6) $\lim\limits_{x\to +\infty}\dfrac{2^x-1}{4^x+1}$；

(7) $\lim\limits_{n\to\infty}\dfrac{(n+1)(n+2)(n+3)}{5n^3}$；　(8) $\lim\limits_{x\to\infty}\dfrac{(2x-3)^{20}(3x+2)^{30}}{(2x+1)^{50}}$；

(9) $\lim\limits_{n\to\infty}(1+\dfrac{1}{2}+\dfrac{1}{4}+\cdots+\dfrac{1}{2^n})$；　(10) $\lim\limits_{x\to 0}x^2\sin\dfrac{1}{x}$；　(11) $\lim\limits_{n\to\infty}2^n\sin\dfrac{x}{2^n}$；

(12) $\lim\limits_{x\to 0}x\cdot\cot 3x$；　(13) $\lim\limits_{x\to 1}\dfrac{\sin(x^2-1)}{x-1}$；　(14) $\lim\limits_{x\to 0}\dfrac{\tan 3x}{\sin 2x}$；

(15) $\lim\limits_{x\to 0}\dfrac{\sin 2x}{\sin 3x}$；　(16) $\lim\limits_{x\to 0}\dfrac{\ln(1+2x)}{x}$；　(17) $\lim\limits_{x\to 0}\dfrac{1-\cos 2x}{x\sin x}$；

(18) $\lim\limits_{x\to 0}\dfrac{\sqrt{1+x\sin x}-1}{x\arctan x}$；　(19) $\lim\limits_{x\to\infty}(1+\dfrac{3}{x})^{x+3}$；　(20) $\lim\limits_{x\to\infty}(\dfrac{1+x}{x})^{2x}$；

(21) $\lim\limits_{x\to\infty}\left(\dfrac{2x-1}{2x+1}\right)^{\frac{1}{x}}$；　　(22) $\lim\limits_{x\to 0}(1-3x)^{\frac{1}{x}}$；　　(23) $\lim\limits_{x\to 0}(1+\tan x)^{\cot x}$；

(24) $\lim\limits_{x\to 0}(1+\sin x)^{\frac{1}{x}}$.

2. 已知 $\lim\limits_{x\to+\infty}\left(\dfrac{x^2}{x+1}-ax-b\right)=0$，求常数 a,b 的值.

任务4　函数的连续性

现实世界中有很多变量，如气温的变化、物体运动的路程、金属丝加热时长度的变化都是连续变化的. 这种现象反映在数学上就是函数的连续性. 本任务讨论函数连续性的有关问题.

【学习目标】

函数连续的概念、初等函数的连续性及闭区间上连续的性质.

【工作任务】

(1) 掌握函数连续的概念.

(2) 判断函数的连续性，会求间断点.

【相关知识】

一、函数连续性的概念及函数间断点

1. 函数连续的概念

设变量 u 从它的一个初值 u_1 变到终值 u_2，终值与初值的差 u_2-u_1 就叫作变量 u 的**增量**，记作 Δu，即 $\Delta u=u_2-u_1$. 增量可以是正的，也可以是负的. 在这里，Δu 只是一个记号，不要理解为两个量的乘积.

设函数 $y=f(x)$ 在点 x_0 的某一个邻域内是有定义的. 当自变量 x 在该邻域内从 x_0 变到 $x_0+\Delta x$ 时，函数 y 相应地从 $f(x_0)$ 变到 $f(x_0+\Delta x)$，因此函数 y 的对应增量为

$$\Delta y=f(x_0+\Delta x)-f(x_0)$$

定义1　设函数 $y=f(x)$ 在点 x_0 的某一个邻域内有定义，如果当自变量的增量 $\Delta x=x-x_0$ 趋于零时，对应的函数的增量 $\Delta y=f(x_0+\Delta x)-f(x_0)$ 也趋于零，即

$$\lim_{\Delta x\to 0}\Delta y=0$$

那么就称**函数 $y=f(x)$ 在点 x_0 处连续**. 点 x_0 称为函数 $y=f(x)$ 的**连续点**.

在定义1中，若令 $x=x_0+\Delta x$，则 $\Delta x\to 0$ 等价于 $x\to x_0$，相应的 $\Delta y=f(x_0+\Delta x)-f(x_0)=f(x)-f(x_0)\to 0$ 等价于 $f(x)\to f(x_0)$. 所以定义1可等价地描述为：

定义 1′　若$\lim\limits_{x\to x_0}f(x)=f(x_0)$，那么就称函数 $y=f(x)$ 在点 x_0 处连续.

将定义 1′ 中的 $x\to x_0$ 换为 $x\to x_0^-(x\to x_0^+)$，就得到左(右) 连续的概念：

定义 2　若$\lim\limits_{x\to x_0^-}f(x)=f(x_0)$，那么就称**函数** $y=f(x)$ **在点** x_0 **处左连续**；若$\lim\limits_{x\to x_0^+}f(x)=f(x_0)$，那么就称**函数** $y=f(x)$ **在点** x_0 **处右连续**.

定理 1　函数 $y=f(x)$ 在点 x_0 处连续的充分必要条件是函数 $y=f(x)$ 在点 x_0 处左连续且右连续.

定理 1 可简单表述为：$\lim\limits_{x\to x_0}f(x)=f(x_0)\Leftrightarrow\lim\limits_{x\to x_0^-}f(x)=f(x_0)$ 且 $\lim\limits_{x\to x_0^+}f(x)=f(x_0)$. 定理 1 是个很重要的结论，它在处理分段函数在分段点的连续性时经常用到.

定义 3　如果函数 $f(x)$ 在开区间(a,b) 内任意一点都连续，则称**函数** $f(x)$ **在开区间**(a,b) **内连续**；如果函数 $f(x)$ 在开区间(a,b) 内连续，在点 a 处右连续，在点 b 处左连续，则称**函数** $f(x)$ **在闭区间**$[a,b]$ **上连续**.

类似地可以定义函数在其他区间上的连续性. 在区间上每一点都连续的函数，称为该区间上的连续函数. 例如，多项式函数 $P(x)$ 和常函数 $f(x)=C$(C 为常数) 都是区间$(-\infty,+\infty)$ 上的连续函数. 可以证明：**基本初等函数在其自身的定义域内都是连续函数.**

函数 $f(x)$ 在区间 I 上连续的几何意义是：曲线 $y=f(x)$ 的图形是 I 上一条连绵不断的曲线.

2. 函数的间断点

由函数连续性的定义知，在函数 $f(x)$ 在点 x_0 的某去心邻域内有定义的前提下，如果函数 $f(x)$ 有下列三种情形之一：

(1) 在 x_0 没有定义；

(2) 虽然在 x_0 有定义，但$\lim\limits_{x\to x_0}f(x)$ 不存在；

(3) 虽然在 x_0 有定义且$\lim\limits_{x\to x_0}f(x)$ 存在，但$\lim\limits_{x\to x_0}f(x)\neq f(x_0)$；

则函数 $f(x)$ 在点 x_0 处不连续，而点 x_0 称为函数 $f(x)$ 的**不连续点或间断点**.

根据左、右极限的情况，我们对间断点做如下分类.

定义 4　设 x_0 为函数 $f(x)$ 的间断点. 如果当 $x\to x_0$ 时，$f(x)$ 的左、右极限都存在，则称 x_0 为函数 $f(x)$ 的**第一类间断点**；否则，称为**第二类间断点**.

对于第一类间断点，

(1) 如果左、右极限相等，则称 x_0 为函数 $f(x)$ 的**可去间断点**；

(2) 如果左、右极限不相等，则称 x_0 为函数 $f(x)$ 的**跳跃间断点**.

对于第二类间断点，如果$\lim\limits_{x\to x_0}f(x)=\infty$，则称 x_0 为函数 $f(x)$ 的**无穷间断点**.

二、初等函数的连续性

利用极限的运算法则和连续函数的定义，我们容易得到如下结论：

定理 2 若函数 $f(x)$ 与 $g(x)$ 在点 x_0 处连续，则函数 $f(x) \pm g(x), f(x) \cdot g(x), \frac{f(x)}{g(x)}(g(x_0) \neq 0)$ 在点 x_0 处连续.

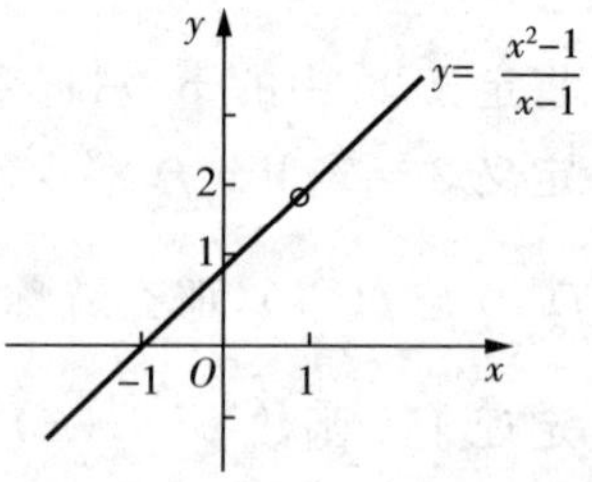

图 1-4-1

定理 3 设函数 $y=f[g(x)]$ 是由函数 $y=f(u)$ 与 $u=g(x)$ 复合而成，$y=f[g(x)]$ 在点 x_0 的某领域内有定义. 如果函数 $u=g(x)$ 在点 x_0 连续，而函数 $y=f(u)$ 在点 $u_0=g(x_0)$ 连续，则复合函数 $y=f[g(x)]$ 在点 x_0 连续.

定理 2 表明：如果两个函数在某点连续，则它们的和、差、积与商(处在分母位置的函数在该点的函数值不为零) 在该点仍连续. 和、差与积的情形可推广到有限个函数.

定理 3 表明：如果内函数在某点连续，外函数在对应点连续，则复合函数在该点连续.

对于反函数，如果直接函数连续，则它的反函数也连续. 这一结论在下一章将会用到.

我们曾经指出：基本初等函数在其各自定义域内连续. 而初等函数是由基本初等函数经过有限次的四则运算和复合运算得到，结合上面的定理 2 和定理 3，我们就得到如下重要结论：

定理 4 初等函数在其定义域内的任何区间内都是连续函数.

因为对于连续函数 $f(x)$，当 $x \to x_0$ 时的极限就是 $f(x_0)$，所以定理 4 提供了求极限的一种方法. 那就是：如果 $f(x)$ 是初等函数，且 x_0 是 $f(x)$ 定义域内的点，则

$$\lim_{x \to x_0} f(x) = f(x_0)$$

下面介绍一个在计算极限时经常用到的定理.

定理 5 设函数 $y=f[g(x)]$ 是由函数 $y=f(u)$ 与 $u=g(x)$ 复合而成，$y=f[g(x)]$ 在点 x_0 的某领域内有定义. 如果 $\lim\limits_{x \to x_0} g(x)=u_0$，而函数 $y=f(u)$ 在点 u_0 连续，则

$$\lim_{x \to x_0} f[g(x)] = \lim_{u \to u_0} f(u) = f(u_0) \qquad (1-4-1)$$

式(1-4-1) 又可写为：$\lim\limits_{x \to x_0} f[g(x)]=f[\lim\limits_{x \to x_0} g(x)]$. 该式表明，在定理 5 的条件下函数符号和极限符号可以交换位置.

三、闭区间上连续函数的性质

闭区间上的连续函数有一些重要性质，在微积分理论中有着重要应用.

1. 有界性与最大值最小值定理

对于在区间 I 上有定义的函数 $f(x)$，如果存在 $x_0 \in I$，使得对于一切 $x \in I$

都有

$$f(x) \leqslant f(x_0) \quad (f(x) \geqslant f(x_0))$$

就称 $f(x_0)$ 为函数 $f(x)$ 在区间 I 上的**最大值**(**最小值**). 最大值和最小值统称为**最值**.

定理 6(有界性与最大值最小值定理)　若函数 $f(x)$ 在闭区间 $[a,b]$ 上连续，则 $f(x)$ 在 $[a,b]$ 上有界且能取到最大值和最小值.

定理 6 给出了函数 $f(x)$ 取得最值的一个充分条件. 这个定理说明，若函数 $f(x)$ 在闭区间 $[a,b]$ 上连续，则存在 $M>0$，使得对任意 $x\in[a,b]$，有 $|f(x)|\leqslant M$；至少存在一点 $\xi_1\in[a,b]$ 和一点 $\xi_2\in[a,b]$，使得 $f(\xi_1)$ 和 $f(\xi_2)$ 分别为最大值和最小值.

需要注意，开区间内的连续函数或闭区间上具有间断点的函数不具有这个性质. 例如函数 $y=\tan x$ 在 $\left(-\frac{\pi}{2},\frac{\pi}{2}\right)$ 内连续，它在 $\left(-\frac{\pi}{2},\frac{\pi}{2}\right)$ 内无界，也无最值. 又如函数 $f(x)=\begin{cases} x+1, -1\leqslant x<0, \\ 0, x=0, \\ x-1, 0<x\leqslant 1, \end{cases}$ 在 $[-1,1]$ 有间断点 $x=0$，该函数虽有界，但取不到最值，如图 1-4-2 所示.

2. 零点定理与介值定理

如果 x_0 使 $f(x_0)=0$ 成立，则 x_0 称为函数 $f(x)$ 的**零点**.

定理 7(零点定理)　设函数 $f(x)$ 在闭区间 $[a,b]$ 上连续，且 $f(a)$ 与 $f(b)$ 异号(即 $f(a)\cdot f(b)<0$)，那么在开区间 (a,b) 内至少存在一点 ξ，使

$$f(\xi)=0$$

从几何上看，定理 7 表示：如果连续曲线弧 $y=f(x)$ 的两个端点位于 x 轴的不同侧，那么这段曲线弧与 x 轴至少有一个交点，如图 1-4-3 所示.

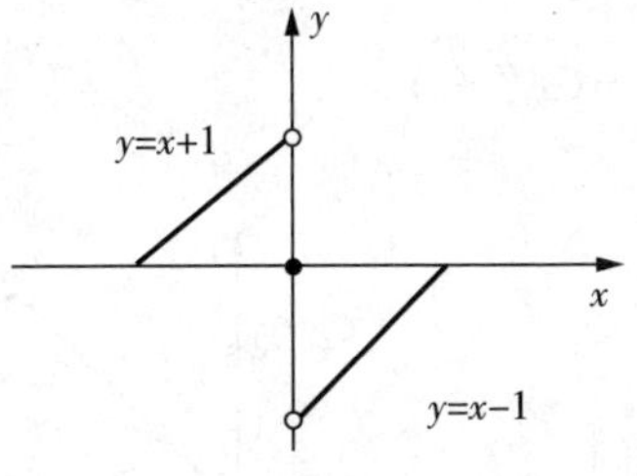

图 1-4-2　$f(x)=\begin{cases} x+1, & -1\leqslant x<0 \\ 0, & x=0 \\ x-1, & 0<x\leqslant 1 \end{cases}$ 的图像

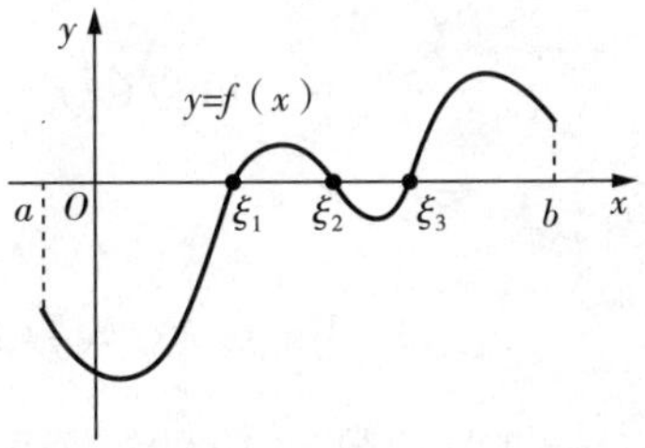

图 1-4-3　连续曲线弧 $y=f(x)$ 的图像

【相关实践】

例 1 证明:函数 $f(x)=\begin{cases} x\sin\dfrac{1}{x}, & x\neq 0, \\ 0, & x=0, \end{cases}$ 在点 $x=0$ 处连续.

证明 因为$\lim\limits_{x\to 0}x\sin\dfrac{1}{x}=0$,又 $f(0)=0$,所以$\lim\limits_{x\to 0}f(x)=f(0)$. 故函数 $f(x)$ 在点 $x=0$ 处连续.

例 2 讨论绝对值函数 $f(x)=|x|$ 在 $x=0$ 点处的连续性.

解 因为

$$\lim_{x\to 0^-}f(x)=\lim_{x\to 0^-}|x|=\lim_{x\to 0^-}(-x)=0=f(0)$$

$$\lim_{x\to 0^+}f(x)=\lim_{x\to 0^+}|x|=\lim_{x\to 0^+}x=0=f(0)$$

所以,由定理 1 知,绝对值函数 $f(x)=|x|$ 在 $x=0$ 点处连续.

例 3 试讨论函数 $f(x)=\begin{cases} 1+x, & x<1, \\ 2-x^2, & 1\leqslant x<2, \\ x-4, & x\geqslant 2, \end{cases}$ 在点 $x=1$,$x=2$ 处的连续性.

解 因为 $\lim\limits_{x\to 1^-}f(x)=\lim\limits_{x\to 1^-}(1+x)=2\neq f(1)=1$,所以函数在点 $x=1$ 处不左连续,从而函数在点 $x=1$ 处不连续.

因为 $\lim\limits_{x\to 2^-}f(x)=\lim\limits_{x\to 2^-}(2-x^2)=-2=f(2)$,$\lim\limits_{x\to 2^+}f(x)=\lim\limits_{x\to 2^+}(x-4)=-2=f(2)$,所以,函数在点 $x=2$ 处连续.

例 4 考察函数 $f(x)=\begin{cases} \dfrac{x^2-1}{x-1}, & x\neq 1, \\ 1, & x=1, \end{cases}$ 在点 $x=1$ 处的连续性.

解 虽然函数 $f(x)$ 在点 $x=1$ 处有定义 $f(1)=1$,且 $f(x)$ 在 $x=1$ 处函数的极限存在,即

$$\lim_{x\to 1}f(x)=\lim_{x\to 1}\frac{x^2-1}{x-1}=\lim_{x\to 1}(x+1)=2$$

但是

$$\lim_{x\to 1}f(x)\neq f(1)$$

所以 $x=1$ 是函数 $f(x)$ 的一个可去间断点,如图 1-4-4,从图中可以看出,只要在 $x=1$ 处改变定义或者补充定义,就可以使函数 $f(x)$ 在该点连续. 因此我们称这种当 $x\to x_0$ 时极限存在的间断点称为**可去间断点**.

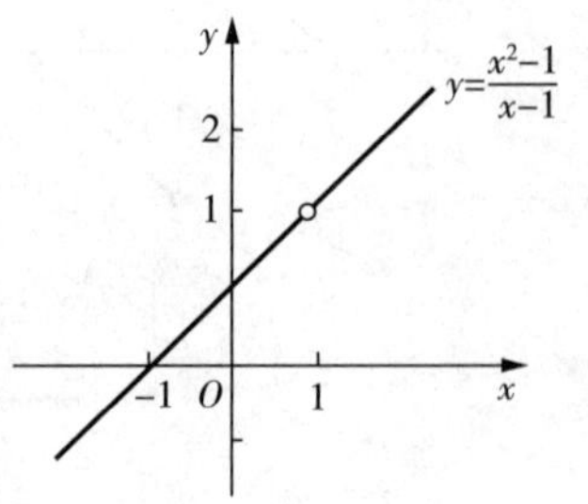

图 1-4-4

例 5　考察函数 $f(x)=\begin{cases}-x, & x\leqslant 0,\\ 1+x, & x>0,\end{cases}$在点 $x=0$ 处的连续性.

如图 1-4-5 所示，因为 $\lim\limits_{x\to 0^-}f(x)=\lim\limits_{x\to 0^-}(-x)=0$，$\lim\limits_{x\to 0^+}f(x)=\lim\limits_{x\to 0^+}(1+x)=1$，极限$\lim\limits_{x\to 0}f(x)$ 不存在，所以 $x=0$ 是函数 $f(x)$ 的间断点且为第一类跳跃间断点. 从图 1-4-5 可以看出，函数 $f(x)$ 的图形在 $x=0$ 处产生了跳跃现象.

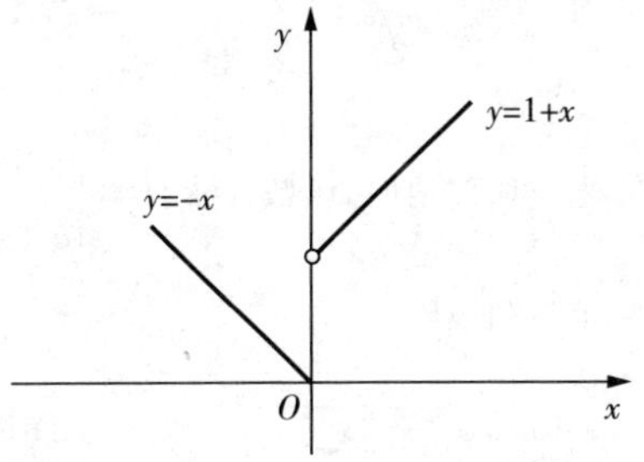

图 1-4-5　$f(x)=\begin{cases}-x, & x\leqslant 0\\ 1+x, & x>0\end{cases}$ 的图像

例 6　正切函数 $y=\tan x$ 在 $x=\frac{\pi}{2}$ 处没有定义，所以点 $x=\frac{\pi}{2}$ 是函数 $y=\tan x$ 的间断点. 因为$\lim\limits_{x\to\frac{\pi}{2}}\tan x=\infty$，故 $x=\frac{\pi}{2}$ 为函数 $y=\tan x$ 的**无穷间断点**.

例 7　求$\lim\limits_{x\to\frac{\pi}{4}}\ln(\sin 2x)$.

解　由于函数 $f(x)=\ln(\sin 2x)$ 在 $x=\frac{\pi}{4}$ 处连续，故

$$\lim_{x\to\frac{\pi}{4}}\ln(\sin 2x)=\ln\left(\sin 2\cdot\frac{\pi}{4}\right)=\ln 1=0$$

例 8　求$\lim\limits_{x\to 0}\dfrac{\log_a(1+x)}{x}$.

解　$\lim\limits_{x\to 0}\dfrac{\log_a(1+x)}{x}=\lim\limits_{x\to 0}\log_a(1+x)^{\frac{1}{x}}=\log_a(\lim\limits_{x\to 0}(1+x)^{\frac{1}{x}})=\dfrac{1}{\ln a}$

零点定理经常用来判断方程根的存在性.

例 9　证明方程 $x^5-3x=1$ 在区间(1,2) 内至少有一根.

证明　设 $f(x)=x^5-3x-1$，则 $f(x)$ 在[1,2] 上连续，且

$$f(1)\cdot f(2)=(-3)\cdot 25=-75<0$$

故由零点定理，在区间(1,2) 内至少有一 ξ，使 $f(\xi)=0$. 即 ξ 为方程 $x^5-3x=1$ 在区间(1,2) 内的一个根.

【思考与练习】

1. 试指出下列函数的间断点及类型：

(1) $y=\dfrac{x^2-1}{x^2-3x+2}$；　　(2) $y=\dfrac{x^2-x}{|x|(x^2-1)}$.

2. 讨论下列函数的连续性：

(1) $f(x)=\begin{cases}\dfrac{\sin 3x}{x}, x<0,\\ 2x+3, x\geqslant 0;\end{cases}$ (2) $f(x)=\begin{cases}2x-1, x<1,\\ 3x+2, 1\leqslant x<2,\\ 2x+4, x\geqslant 2.\end{cases}$

3. 当 a 取何值时，函数 $f(x)=\begin{cases}\cos x, & x<0,\\ a+x, & x\geqslant 0,\end{cases}$ 在点 $x=0$ 处连续.

4. 求下列极限：

(1) $\lim\limits_{x\to 0}\sqrt{x^2+3x+5}$； (2) $\lim\limits_{x\to 0}\dfrac{\sqrt{x+1}-1}{x}$；

(3) $\lim\limits_{x\to\frac{\pi}{6}}\ln(2\cos 2x)$； (4) $\lim\limits_{x\to\alpha}\dfrac{\sin x-\sin\alpha}{x-\alpha}$.

5. 证明方程 $x^3-4x^2+1=0$ 在区间 $(0,1)$ 内至少有一个根.

本项目小结

一、主要内容

本项目主要讲述了函数、极限和连续三个问题.

1. 函数

理解函数的概念，掌握函数概念的两要素，能正确确定函数的定义域. 理解函数符号 $f(x)$ 的含义.

在理解函数概念的基础上，进一步掌握函数的四种特性和几何意义，反函数的概念和几何意义，分段函数的概念和求值的方法，六类基本初等函数的性质和图像，复合函数和初等函数的概念.

掌握常用经济函数的意义.

2. 极限

在理解数列极限的定义、函数极限的定义、极限存在的充分必要条件的基础上，熟练掌握极限的运算法则和下列求极限的方法：

(1) 利用函数的连续性求极限

当函数 $y=f(x)$ 在点 x_0 处连续时，即 $\lim\limits_{x\to x_0}f(x)=f(x_0)$ 时，可以交换函数符号和极限符号即

$$\lim_{x\to x_0}f(x)=f(\lim_{x\to x_0}x)=f(x_0)$$

(2) 利用无穷小与有界变量的乘积仍是无穷小求极限

(3) 利用无穷小量与无穷大量的倒数关系求极限

(4) 利用等价无穷小之间的关系求极限

(5) 利用以下两个重要极限及其推论求极限，即

① $\lim\limits_{x\to 0}\dfrac{\sin x}{x}=1$；　② $\lim\limits_{x\to\infty}\left(1+\dfrac{1}{x}\right)^{x}=\mathrm{e}$ 或 $\lim\limits_{t\to 0}(1+t)^{\frac{1}{t}}=\mathrm{e}$.

对于有理分式的极限，可以按照下面归纳的方法来求：

(1)$x\to x_0$ 时，当分母极限不为零时，可直接利用函数的连续性求极限；当分母极限为零时，又分为两种情况：如果分子极限不为零，则由无穷小量与无穷大量的倒数关系可得原式的极限为无穷大；如果分子极限也为零，则分解因式，消去无穷小量因子后再求极限.

(2)$x\to\infty$ 时，有下面的结论，当 $a_0\neq 0,b_0\neq 0,m,n\in\mathbf{N}_+$ 时，

$$\lim_{x\to\infty}\frac{a_0x^m+a_1x^{m-1}+\cdots+a^m}{b_0x^n+b_1x^{n-1}+\cdots+b_n}=\begin{cases}\dfrac{a_0}{b_0}, & m=n,\\ 0, & m<n,\\ \infty, & m>n.\end{cases}$$

3.连续

函数概念和极限概念相结合得出的函数连续性的概念是本章的另一个重要概念，主要应掌握函数在点 x_0 处连续的两个等价定义、函数在点 x_0 连续和在该点极限存在的关系、判断间断点的条件及类型、初等函数的连续性、闭区间上连续函数的性质.

二、应注意的问题

(1) 分段函数表示的是一个函数.求分段函数的函数值时，必须将自变量的值代入所在区间的分析式中计算求值.由于分段函数一般不是初等函数，所以在有定义的地方不一定连续.如果它在每一段上都是由初等函数的形式表示的，则只需考察该函数在分界点处的连续性.

(2) 将一个复合函数分解为若干个简单函数时，其分解过程是**由外向里**逐层分解.

(3) 函数在某一点处连续的三要素是有定义、有极限、极限值和函数值相等.对于分段函数在分界点处的连续性需考虑左、右连续.

(4) 判断函数间断点的类型时，主要讨论函数在该点的左右极限是否存在.

项目 2　导数与微分

本项目共有导数的概念、导数的基本公式及运算法则、隐函数求导法、高阶导数、一元函数的微分等五个任务.

任务 1　导数的概念

【学习目标】

理解导数的概念.

【工作任务】

(1) 理解导数的定义及利用导数的定义求简单函数的导数.

(2) 了解导数的几何意义.

(3) 理解左、右导数的定义及可导与连续的关系.

【相关知识】

一、引例

1. 变速直线运动的瞬时速度

对于匀速运动来说,我们有速度公式:

$$速度=\frac{距离}{时间}$$

但是,实际的生活中匀速的运动是很少的,非匀速的运动是最常见的运动形式.那上面这个公式在非匀速的运动中只能表示物体走完某段路程的平均速度.而物体在任意时刻运动的快慢,即瞬时速度,却无法用这个公式精确地刻画.下面我们就来解决瞬时速度的问题:

设一物体做变速直线运动,以它的运动直线为数轴,则在物体的运动过程中,对于每一时刻 t,物体的位置可以用数轴上的一个坐标 s 表示,即 s 与 t 之间存在函数关系 $s=s(t)$,求物体在 t_0 时刻的瞬时速度 v_{t_0},如图 2 - 1 - 1 所示.

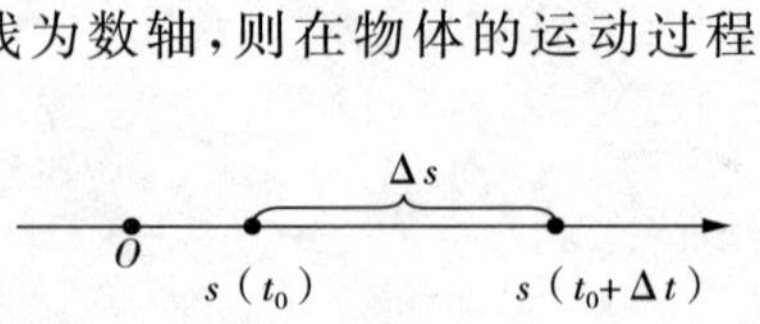

图 2 - 1 - 1

当时间由 t_0 变化到 $t_0+\Delta t$ 时，物体经过的路程记为 $\Delta s=s(t_0+\Delta t)-s(t_0)$，那么物体在 $[t_0,t_0+\Delta t]$ 内的平均速度为

$$\bar{v}=\frac{\Delta s}{\Delta t}=\frac{s(t_0+\Delta t)-s(t_0)}{\Delta t}$$

这个平均速度 $\bar{v}$ 并不代替 v_{t_0}，但是它与 v_{t_0} 接近，而且 Δt 越小，它与 v_{t_0} 就越接近. 当 $\Delta t\to 0$ 时，$\bar{v}$ 的极限就等同于 v_{t_0} 了，所以

$$v_{t_0}=\lim_{\Delta t\to 0}\bar{v}=\lim_{\Delta t\to 0}\frac{s(t_0+\Delta t)-s(t_0)}{\Delta t}=\lim_{\Delta t\to 0}\frac{\Delta s}{\Delta t}$$

2. 求平面曲线的切线斜率

在平面几何里，圆的切线被定义为“与圆只相交于一点的直线”，对一般曲线来说，用直线与曲线的交点个数来定义曲线的切线是不适用的.

如图 2-1-2 所示，与 y 轴平行的直线均和曲线 $y=x^2$ 只相交于一点，但这些直线均不是曲线 $y=x^2$ 的切线，一般而言，曲线的切线定义为曲线的割线的极限位置.

设函数 $y=f(x)$ 的图像为曲线 L（图 2-1-3），M 为 L 上一点，L 在 M 点存在切线 MT，试求切线 MT 的斜率.

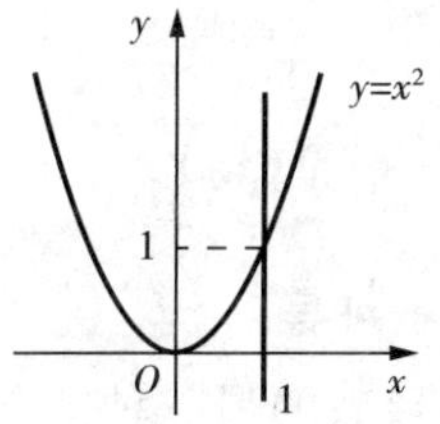

图 2-1-2　$y=x^2$ 的图像

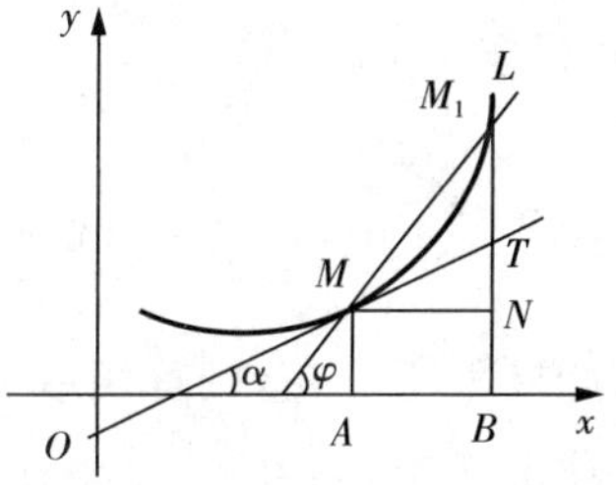

图 2-1-3　$y=f(x)$ 的图像

解　设点 M 坐标为 $(x,f(x))$，$M_1(x_1,f(x_1))$ 为曲线 L 上另一点. M 与 M_1 到 x 轴的垂足分别为 A 和 B，作 MN 垂直于 BM_1 并交 BM_1 于 N，则

$$MN=\Delta x=x_1-x$$

$$NM_1=\Delta y=f(x_1)-f(x)$$

而比值

$$\frac{\Delta y}{\Delta x}=\frac{f(x_1)-f(x)}{x_1-x}=\frac{f(x+\Delta x)-f(x)}{\Delta x}$$

便是割线 MM_1 的斜率 $\tan\varphi$（φ 为割线 MM_1 的倾斜角）. 当 $\Delta x\to 0$ 时，M_1 沿曲线 L 趋于 M，$\varphi\to\alpha$（α 为切线 MT 的倾斜角），从而得到切线的斜率

$$\tan\alpha=\lim_{\varphi\to\alpha}\tan\varphi=\lim_{\Delta x\to 0}\frac{\Delta y}{\Delta x}=\lim_{\Delta x\to 0}\frac{f(x+\Delta x)-f(x)}{\Delta x}$$

总结以上两例，虽然它们的具体意义各不相同，但从数学结构上看，却具有完全相同的形式，即函数的增量与自变量增量之比当自变量增量趋于零时的极限. 我们把这种形式的极限定义为函数的导数(或函数的瞬时变化率).

二、导数的概念

上面我们研究了变速直线运动的瞬时速度和平面曲线的切线斜率问题，虽然它们各自的领域不同，但解决的方式却完全相同. 在数学上反映的都是在自变量增量趋于零时，函数的增量与自变量增量之比的极限. 事实上，研究这种形式的极限不仅可以解决科学技术中的各种实际问题，而且对数学中很多问题在做理论性探讨的时候，也是不可缺少的，我们把这种形式的极限定义为函数的导数.

1. 导数的定义

定义 1 设函数 $f(x)$ 在 x_0 的某个邻域内有定义，对于自变量 x 在点 x_0 处给一个增量 Δx($x_0+\Delta x$ 还在 x_0 的邻域内)，相应的函数值也有一个增量，记为 Δy，$\Delta y=f(x_0+\Delta x)-f(x_0)$，如果 $\Delta x\to 0$ 时，极限

$$\lim_{\Delta x\to 0}\frac{\Delta y}{\Delta x}=\lim_{\Delta x\to 0}\frac{f(x_0+\Delta x)-f(x_0)}{\Delta x}$$

存在，则称**函数** $y=f(x)$ **在点** x_0 **处可导**，并称这个极限值为函数 $y=f(x)$ 在点 x_0 处的**导数**，记作 $f'(x_0)$ 或 $y'|_{x=x_0}$，$\frac{\mathrm{d}f(x)}{\mathrm{d}x}\Big|_{x=x_0}$，$\frac{\mathrm{d}y}{\mathrm{d}x}\Big|_{x=x_0}$. 即

$$\lim_{\Delta x\to 0}\frac{\Delta y}{\Delta x}=\lim_{\Delta x\to 0}\frac{f(x_0+\Delta x)-f(x_0)}{\Delta x}=f'(x_0)$$

如果此极限不存在，则称函数 $y=f(x)$ 在 x_0 处**不可导**.

在上述定义中，如果令 $x_0+\Delta x=x$，我们就得到导数的另一种定义形式.

定义 2 设函数 $f(x)$ 在点 x_0 的某个邻域内有定义，若极限

$$\lim_{x\to x_0}\frac{f(x)-f(x_0)}{x-x_0}$$

存在，则称函数 $y=f(x)$ 在点 x_0 处可导，并称这个极限值为 $y=f(x)$ 在点 x_0 处的导数，记作 $f'(x_0)$.

定义 1 和定义 2 只是在形式上有些不同，但本质是一样的，都是瞬时变化率的模型. 由于它们不同的形式在不同的题型中有不同的应用，所以我们都应重视.

有了导数的定义后，本节开始的引例中的两个问题就可以用导数来表示. 变速直线运动的瞬时速度就是路程函数的导数，即 $v_{t_0}=s'(t_0)$；而平面曲线的切线的斜率是曲线纵坐标 y 在该点对横坐标 x 的导数，即

$$k=\tan\alpha=\frac{\mathrm{d}y}{\mathrm{d}x}\Big|_{x=x_0}$$

如果函数 $y=f(x)$ 在区间(a,b) 内每一点都可导，则称 $y=f(x)$ 在区间(a,b) 内可

导，相应地，称 $y=f(x)$ 是区间(a,b)上的可导函数.

如果 $f(x)$ 在(a,b)内可导，则对任意 $x\in(a,b)$，都有一个确定的导数值 $f'(x)$ 与之对应，这样就确定了一个新的函数，此函数称为函数 $y=f(x)$ 的**导函数**，记作 $f'(x),y',\frac{dy}{dx},\frac{df(x)}{dx}$. 在不致发生混淆的情况下，导函数也简称为导数.

显然，函数 $y=f(x)$ 在点 x_0 处的导数 $f'(x_0)$，就是导函数 $f'(x)$ 在点 $x=x_0$ 处的函数值，即

$$f'(x_0)=f'(x)\big|_{x=x_0}$$

2. 左、右导数

我们观察导数，会发现导数本质上是一个极限，而这个极限的存在依赖于左右极限的存在且相等，如果这个极限只存在单侧极限，我们就把它们称为单侧导数.

类比于左、右极限的概念，若 $\lim\limits_{\Delta x\to 0^-}\frac{\Delta y}{\Delta x}$ 存在，则称之为 $f(x)$ 在点 x_0 处的**左导数**，若 $\lim\limits_{\Delta x\to 0^+}\frac{\Delta y}{\Delta x}$ 存在，则称之为 $f(x)$ 在点 x_0 处的**右导数**，分别记为 $f'_-(x_0)$ 和 $f'_+(x_0)$，即

$$f'_-(x_0)=\lim_{\Delta x\to 0^-}\frac{\Delta y}{\Delta x}=\lim_{\Delta x\to 0^-}\frac{f(x_0+\Delta x)-f(x_0)}{\Delta x}$$

$$f'_+(x_0)=\lim_{\Delta x\to 0^+}\frac{\Delta y}{\Delta x}=\lim_{\Delta x\to 0^+}\frac{f(x_0+\Delta x)-f(x_0)}{\Delta x}$$

由函数 $y=f(x)$ 在 x_0 处的左、右极限与极限 $\lim\limits_{x\to x_0}f(x)$ 的关系，可得如下定理：

定理 1　函数 $y=f(x)$ 在点 x_0 处的导数存在的充分必要条件是 $f'_-(x_0)$ 和 $f'_+(x_0)$ 存在且相等.

3. 利用定义求导数

由导数定义可知，求函数 $y=f(x)$ 的导数 y' 可以分为以下三个步骤：

(1) 求增量：$\Delta y=f(x+\Delta x)-f(x)$；

(2) 算比值：$\frac{\Delta y}{\Delta x}=\frac{f(x+\Delta x)-f(x)}{\Delta x}$；

(3) 取极限：$y'=\lim\limits_{\Delta x\to 0}\frac{\Delta y}{\Delta x}$.

4. 导数的几何意义

由引例 2 可知，函数 $y=f(x)$ 在点 x_0 处的导数 $f'(x_0)$，就是曲线 $y=f(x)$ 在点 $M(x_0,y_0)$ 处的切线 MT 的斜率.

$$f'(x_0)=\lim_{\Delta x\to 0}\frac{\Delta y}{\Delta x}=\lim_{\Delta x\to 0}\tan\varphi=\tan\alpha=k_{切}\left(其中\ \alpha\neq\frac{\pi}{2}\right)$$

由导数的几何意义及直线的点斜式方程，可知曲线 $y=f(x)$ 在点 $M(x_0,y_0)$ 处的切线方程为

$$y-y_0=f'(x_0)(x-x_0)$$

法线方程为

$$y-y_0=-\frac{1}{f'(x_0)}(x-x_0)(\text{其中 } f'(x_0)\neq 0)$$

5. 函数的可导性与连续性的关系

定理 2 若函数 $y=f(x)$ 在点 x_0 处可导，则函数 $y=f(x)$ 在点 x_0 处一定连续.

设函数 $y=f(x)$ 在 x_0 处可导，则 $\lim\limits_{\Delta x\to 0}\dfrac{\Delta y}{\Delta x}=f'(x_0)$，由极限与无穷小的关系可知 $\dfrac{\Delta y}{\Delta x}=f'(x_0)+\alpha$，其中 α 是当 $\Delta x\to 0$ 时的无穷小量，于是有

$$\Delta y=f'(x_0)\Delta x+\alpha\Delta x$$

当 $\Delta x\to 0$ 时，$f'(x_0)$ 是与 Δx 无关的常数，所以

$$\lim_{\Delta x\to 0}\Delta y=\lim_{\Delta x\to 0}[f'(x_0)\Delta x+\alpha\Delta x]=0$$

这就是说，函数 $y=f(x)$ 在 x_0 处是连续的. 由此可知，函数在某点处可导，则函数一定在该点处是连续的. 反之则不成立.

例如，函数 $y=x^{\frac{1}{3}}$ 在区间 $(-\infty,+\infty)$ 上是连续的，当然在点 $x=0$ 处也连续，但它在 $x=0$ 处是不可导的，如图 2-1-4 所示.

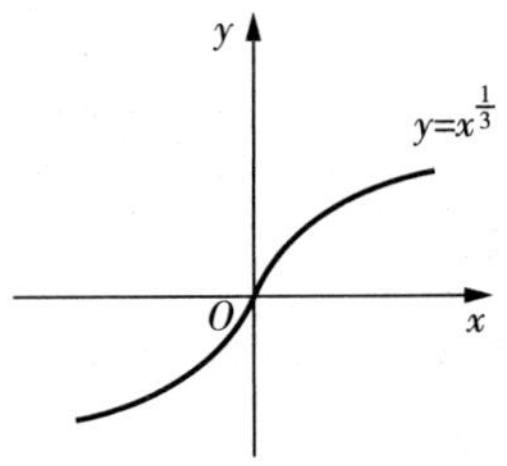

图 2-1-4 $y=x^{\frac{1}{3}}$ 的图像

【相关实践】

例 1 设 $y=f(x)$ 在 x_0 处可导，求下列各式：

(1) $\lim\limits_{h\to 0}\dfrac{f(x_0+h)-f(x_0-2h)}{h}$；

(2) $\lim\limits_{\Delta x\to 0}\dfrac{f(x_0+5\Delta x)-f(x_0)}{\Delta x}=1$，求 $f'(x_0)$；

(3) 设 $f'(x_0)=3$，且 $\lim\limits_{\Delta x\to 0}\dfrac{f(x_0)-f(x_0+k\Delta x)}{\Delta x}=9$，求 k.

解 (1) $\lim\limits_{h\to 0}\dfrac{f(x_0+h)-f(x_0-2h)}{h}=\lim\limits_{h\to 0}\dfrac{f(x_0+h)-f(x_0)+f(x_0)-f(x_0-2h)}{h}$

$$=\lim_{h\to 0}\frac{f(x_0+h)-f(x_0)}{h}+2\lim_{h\to 0}\frac{f(x_0-2h)-f(x_0)}{-2h}=3f'(x_0);$$

(2) 因为 $\lim\limits_{\Delta x\to 0}\dfrac{f(x_0+5\Delta x)-f(x_0)}{\Delta x}=5\lim\limits_{\Delta x\to 0}\dfrac{f(x_0+5\Delta x)-f(x_0)}{5\Delta x}=5f'(x_0)=1$，

所以 $f'(x_0)=\dfrac{1}{5}$；

(3) $\lim\limits_{\Delta x\to 0}\dfrac{f(x_0)-f(x_0+k\Delta x)}{\Delta x}=k\lim\limits_{\Delta x\to 0}\dfrac{f(x_0)-f(x_0+k\Delta x)}{k\Delta x}=-kf'(x_0)$ $=-3k=9$,所以 $k=-3$.

例 2　求函数 $y=C$(C 是常数) 的导数.

解　(1)$\Delta y=f(x+\Delta x)-f(x)=C-C=0$;

(2) $\dfrac{\Delta y}{\Delta x}=0$;

(3)$y'=\lim\limits_{\Delta x\to 0}\dfrac{\Delta y}{\Delta x}=\lim\limits_{\Delta x\to 0}0=0$.

这就是说,常数函数的导数等于零,即$(C)'=0$.

例 3　求函数 $y=x^2$ 的导数.

解　(1)$\Delta y=(x+\Delta x)^2-x^2=2x\Delta x+(\Delta x)^2$;

(2) $\dfrac{\Delta y}{\Delta x}=\dfrac{2x\Delta x+(\Delta x)^2}{\Delta x}=2x+\Delta x$;

(3)$y'=\lim\limits_{\Delta x\to 0}\dfrac{\Delta y}{\Delta x}=\lim\limits_{\Delta x\to 0}(2x+\Delta x)=2x$,即$(x^2)'=2x$.

更一般的有$(x^n)'=nx^{n-1}$.

可以证明:幂函数 $y=x^\alpha$(α 为常数) 的导数公式

$$(x^\alpha)'=\alpha x^{\alpha-1}$$

利用这个公式,可以很方便地求出幂函数的导数,例如:

$y=\sqrt{x}=x^{\frac{1}{2}}$ 的导数为$(x^{\frac{1}{2}})'=\dfrac{1}{2}x^{\frac{1}{2}-1}=\dfrac{1}{2}x^{-\frac{1}{2}}$,即$(\sqrt{x})'=\dfrac{1}{2\sqrt{x}}$;

$y=\dfrac{1}{x}=x^{-1}(x\neq 0)$ 的导数为$(x^{-1})'=(-1)x^{-1-1}=-x^{-2}$,即$(\dfrac{1}{x})'=-\dfrac{1}{x^2}$.

例 4　求自然对数函数 $y=\ln x$ 的导数.

解　(1)$\Delta y=\ln(x+\Delta x)-\ln x=\ln\dfrac{x+\Delta x}{x}=\ln(1+\dfrac{\Delta x}{x})$;

(2) $\dfrac{\Delta y}{\Delta x}=\dfrac{\ln(1+\dfrac{\Delta x}{x})}{\Delta x}=\dfrac{1}{x}\ln(1+\dfrac{\Delta x}{x})^{\frac{x}{\Delta x}}$;

(3) $\dfrac{\mathrm{d}y}{\mathrm{d}x}=\lim\limits_{\Delta x\to 0}\dfrac{\Delta y}{\Delta x}=\lim\limits_{\Delta x\to 0}\dfrac{1}{x}\ln(1+\dfrac{\Delta x}{x})^{\frac{x}{\Delta x}}$.

这里,由对数函数的连续性及重要极限$\lim\limits_{x\to 0}(1+x)^{\frac{1}{x}}=\mathrm{e}$,得

$$\frac{\mathrm{d}y}{\mathrm{d}x}=\frac{1}{x}\ln\mathrm{e}=\frac{1}{x}$$

即

$$(\ln x)'=\frac{1}{x}$$

可以推出对数函数的导数$(\log_a x)'=\frac{1}{x}\log_a e=\frac{1}{x\ln a}$.

同理,按照求导的三个步骤,还可以求得如下基本初等函数的导数:

$$(\sin x)'=\cos x,(\cos x)'=-\sin x$$

例 5　求曲线 $y=x^2$ 在点(2,4)处的切线方程和法线方程.

解　由于$f'(x)=2x$,由导数的几何意义,切线的斜率为$k=f'(2)=4$,故所求的切线方程为

$$y-4=4(x-2)$$

即

$$4x-y-4=0$$

法线方程为

$$y-4=-\frac{1}{4}(x-2)$$

即

$$x+4y-18=0$$

例 6　讨论函数 $y=f(x)=|x|=\begin{cases}x,x\geqslant 0\\-x,x<0\end{cases}$ 在点 $x=0$ 处连续但不可导.

解　因为$\lim\limits_{x\to 0^+}|x|=\lim\limits_{x\to 0^+}x=0$,$\lim\limits_{x\to 0^-}|x|=\lim\limits_{x\to 0^-}(-x)=0$,所以

$$\lim_{x\to 0}|x|=f(0)=0$$

即函数在 $x=0$ 处是连续的.但是右导数 $f'_+(0)=\lim\limits_{x\to 0^+}\frac{f(x)-f(0)}{x-0}=\lim\limits_{x\to 0^+}\frac{x-0}{x-0}=1$,左导数 $f'_-(0)=\lim\limits_{x\to 0^-}\frac{f(x)-f(0)}{x-0}=\lim\limits_{x\to 0^-}\frac{-x-0}{x-0}=-1$,即 $f'_+(0)\neq f'_-(0)$,所以 $f'(0)$ 不存在,如图 2-1-5 所示.

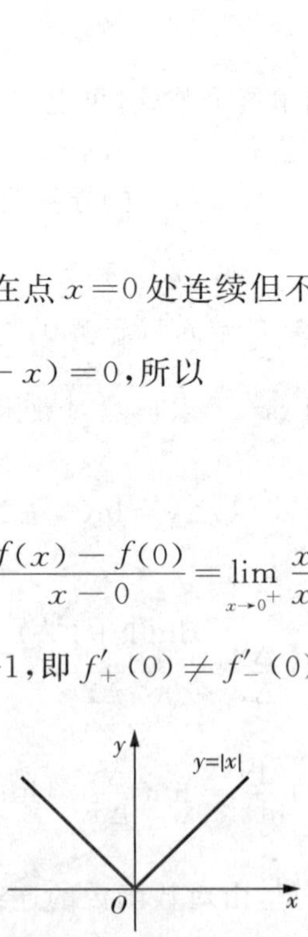

图 2-1-5　$y=|x|$ 的图像

【思考与练习】

1. 用定义求 $y=\sqrt{x}$ 在 $x=4$ 处的导数,并求在相应点处曲线的切线方程.

2. 设 $f(0)=0$,$f'(0)$ 存在,求$\lim\limits_{x\to 0}\frac{f(x)}{x}$.

任务 2　导数的基本公式及运算法则

【学习目标】

导数基本公式和运算法则、复合函数的导数求导法.

【工作任务】

(1) 熟悉导数的四则运算法则.

(2) 熟悉导数的基本公式.

(3) 熟练掌握复合函数的求导方法.

【相关知识】

一、导数的运算法则

从前面的例子我们可以看出,用定义法直接求导是很麻烦的,在有些时候甚至很困难.下面我们介绍一些求导的法则,借助于这些法则,就能比较方便地求出一些常见函数的导数.

1.导数的四则运算法则

这里不加证明地给出两个函数的和、差、积、商的求导法则,在以下各法则中,均假定函数 $u=u(x)$ 与 $v=v(x)$ 在点 x 处可导.

法则 1　$[u(x)\pm v(x)]'=u'(x)\pm v'(x)$.

法则 2　$[u(x)v(x)]'=u'(x)v(x)+u(x)v'(x)$.

特别地有 $[Cu(x)]'=Cu'(x)$(C 为常数).

法则 3　$\left(\dfrac{u(x)}{v(x)}\right)'=\dfrac{u'(x)v(x)-u(x)v'(x)}{v^2(x)}(v(x)\neq 0)$.

特别地,当 $u(x)=C$(C 为常数)时,有

$$\left(\frac{C}{v(x)}\right)'=\frac{-Cv'(x)}{v^2(x)}.$$

2.复合函数的求导法则

在前面,我们应用导数定义和导数四则运算以及一些基本的初等函数的导数公式求出了一些较复杂的初等函数的导数.但是,产生初等函数的方法,除了四则运算外,还有函数的复合,因而复合函数的求导法则也是求初等函数的导数不可缺少的工具.

定理 1 若函数 $u=\varphi(x)$ 在点 x 处可导，函数 $y=f(u)$ 在对应点 u 处可导，则复合函数 $y=f[\varphi(x)]$ 也在点 x 处可导，且

$$\frac{\mathrm{d}y}{\mathrm{d}x}=\frac{\mathrm{d}y}{\mathrm{d}u}\frac{\mathrm{d}u}{\mathrm{d}x} \text{ 或 } \{f[\varphi(x)]\}'=f'(u)\varphi'(x) \text{ 或 } y'_x=y'_u\cdot u'_x$$

证 设自变量 x 在点 x 处取得改变量 Δx 时，中间变量 u 取得相应的改变量 Δu，函数 y 也取得相应的改变量 Δy，当 $\Delta u\neq 0$ 时，有

$$\frac{\Delta y}{\Delta x}=\frac{\Delta y}{\Delta u}\cdot\frac{\Delta u}{\Delta x}$$

又因为 $u=\varphi(x)$ 在点 x 处可导，所以 $\varphi(x)$ 在点 x 处必连续，即当 $\Delta x\to 0$ 时，$\Delta u\to 0$，于是

$$\lim_{\Delta x\to 0}\frac{\Delta y}{\Delta x}=\lim_{\Delta x\to 0}\frac{\Delta y}{\Delta u}\cdot\frac{\Delta u}{\Delta x}=\lim_{\Delta u\to 0}\frac{\Delta y}{\Delta u}\cdot\lim_{\Delta x\to 0}\frac{\Delta u}{\Delta x}=\frac{\mathrm{d}y}{\mathrm{d}u}\cdot\frac{\mathrm{d}u}{\mathrm{d}x}$$

即

$$\frac{\mathrm{d}y}{\mathrm{d}x}=\frac{\mathrm{d}y}{\mathrm{d}u}\cdot\frac{\mathrm{d}u}{\mathrm{d}x}$$

或记作

$$\{f[\varphi(x)]\}'=f'(u)\varphi'(x)=f'[\varphi(x)]\varphi'(x)$$

定理说明，复合函数的导数等于已知函数对中间变量的导数乘以中间变量对自变量的导数.

注意 符号 $\{f[\varphi(x)]\}'$ 表示复合函数 $f[\varphi(x)]$ 对自变量 x 求导数，而符号 $f'[\varphi(x)]$ 表示复合函数 $f[\varphi(x)]$ 对中间变量 $u=\varphi(x)$ 求导数.

3. 反函数的求导法则

应用复合函数的求导法则可以得到反函数的求导法则.

定理 2 如果单调函数 $x=\varphi(y)$ 在点 y 处可导，且 $\varphi'(y)\neq 0$，那么它的反函数 $y=f(x)$ 在对应点 x 处可导，并且有

$$f'(x)=\frac{1}{\varphi'(y)} \text{ 或 } \frac{\mathrm{d}y}{\mathrm{d}x}=\frac{1}{\frac{\mathrm{d}x}{\mathrm{d}y}}$$

即一个函数的反函数的导数等于这个函数的导数的倒数.

定理 2 可以求出指数函数的导数及反三角函数的导数.

4. 导数公式和法则

前面我们介绍了所有基本初等函数的导数公式，并给出了导数的运算法则以及复合函数的求导法则，为便于记忆与查阅，现将导数的基本公式和运算法则归纳

如下.

(1) 基本初等函数的导数公式

① 常数函数的导数：$(C)'=0$（C 为任意实数）；

② 幂函数的导数：$(x^{\alpha})'=\alpha x^{\alpha-1}$（$\alpha$ 为任意实数）；

③ 指数函数的导数：$(a^x)'=a^x\ln a\ (a>0, a\neq 1)$；

④ 以 e 为底的指数函数的导数：$(\mathrm{e}^x)'=\mathrm{e}^x$；

⑤ 对数函数的导数：$(\log_a x)'=\dfrac{1}{x\ln a}\ (a>0, a\neq 1)$；

⑥ 以 e 为底的对数函数的导数：$(\ln x)'=\dfrac{1}{x}$；

⑦ 正弦函数的导数：$(\sin x)'=\cos x$；

⑧ 余弦函数的导数：$(\cos x)'=-\sin x$；

⑨ 正切函数的导数：$(\tan x)'=\sec^2 x=\dfrac{1}{\cos^2 x}$；

⑩ 余切函数的导数：$(\cot x)'=-\csc^2 x=-\dfrac{1}{\sin^2 x}$；

⑪ 正割函数的导数：$(\sec x)'=\sec x\cdot\tan x$；

⑫ 余割函数的导数：$(\csc x)'=-\csc x\cdot\cot x$；

⑬ 反正弦函数的导数：$(\arcsin x)'=\dfrac{1}{\sqrt{1-x^2}}$；

⑭ 反余弦函数的导数：$(\arccos x)'=-\dfrac{1}{\sqrt{1-x^2}}$；

⑮ 反正切函数的导数：$(\arctan x)'=\dfrac{1}{1+x^2}$；

⑯ 反余切函数的导数：$(\mathrm{arccot}\, x)'=-\dfrac{1}{1+x^2}$.

(2) 导数运算法则

① $(u\pm v)'=u'\pm v'$；

② $(uv)'=u'v+uv'$；

特别地，有 $(Cv)'=Cv'$（C 为常数）.

③ $\left(\dfrac{u}{v}\right)'=\dfrac{u'v-uv'}{v^2}\ (v\neq 0)$；

特别地，$\left(\dfrac{1}{v}\right)'=-\dfrac{v'}{v^2}$.

(3) 复合函数的求导法则

若 $y=f(u)$，$u=\varphi(x)$，则复合函数 $y=f[\varphi(x)]$ 的导数为

$$y'_x=y'_u\cdot u'_x \text{ 或 } \frac{\mathrm{d}y}{\mathrm{d}x}=\frac{\mathrm{d}y}{\mathrm{d}u}\frac{\mathrm{d}u}{\mathrm{d}x}$$

(4) 反函数求导法则

如果单调函数 $x=\varphi(y)$ 在点 y 处可导，且 $\varphi'(y)\neq 0$，那么它的反函数 $y=f(x)$ 在对应点 x 处可导，并且有

$$f'(x)=\frac{1}{\varphi'(y)} \text{ 或 } \frac{dy}{dx}=\frac{1}{\frac{dx}{dy}}$$

【相关实践】

例 1 求函数 $y=x^3+\sin x$ 的导数.

解 $y'=(x^3+\sin x)'=(x^3)'+(\sin x)'=3x^2+\cos x$

法则 1 可以推广到有限个函数代数和的情形，即

$$[u_1(x)\pm u_2(x)\pm\cdots\pm u_n(x)]'=u_1'(x)\pm u_2'(x)\pm\cdots\pm u_n'(x)$$

例 2 求函数 $y=\cos x-\log_a x+2$ 的导数.

解 $y'=(\cos x-\log_a x+2)'=(\cos x)'-(\log_a x)'+(2)'=-\sin x-\frac{1}{x\ln a}$

例 3 求 $y=x^2\sin x$ 的导数.

解 $y'=(x^2)'\sin x+x^2(\sin x)'=2x\sin x+x^2\cos x$

法则 2 也可以推广到有限个函数乘积的情形，即

$$(u_1u_2\cdots u_n)'=u_1'u_2\cdots u_n+u_1u_2'\cdots u_n+\cdots+u_1u_2\cdots u_n'$$

例 4 求 $y=x^3\cdot\ln x\cdot\cos x$ 的导数.

解
$$\begin{aligned}
y'&=(x^3\cdot\ln x\cdot\cos x)'\\
&=(x^3)'\cdot\ln x\cdot\cos x+x^3\cdot(\ln x)'\cdot\cos x+x^3\cdot\ln x\cdot(\cos x)'\\
&=3x^2\cdot\ln x\cdot\cos x+x^3\cdot\frac{1}{x}\cdot\cos x-x^3\cdot\ln x\cdot\sin x\\
&=x^2(3\ln x\cdot\cos x+\cos x-x\cdot\ln x\cdot\sin x)
\end{aligned}$$

例 5 求 $y=\tan x$ 的导数.

解
$$\begin{aligned}
y'&=(\tan x)'=\left(\frac{\sin x}{\cos x}\right)'=\frac{(\sin x)'\cos x-\sin x(\cos x)'}{\cos^2 x}\\
&=\frac{\cos^2 x+\sin^2 x}{\cos^2 x}=\frac{1}{\cos^2 x}=\sec^2 x
\end{aligned}$$

即

$$(\tan x)'=\sec^2 x$$

用类似的方法可得

$$(\cot x)'=-\csc^2 x$$

$$(\sec x)' = \sec x \cdot \tan x$$

$$(\csc x)' = -\csc x \cdot \cot x$$

例 6　设 $y = \sin 4x$，求 y'.

解　设 $y = f(u) = \sin u, u = \varphi(x) = 4x$，由定理 1

$$y'_x = y'_u \cdot u'_x = (\sin u)'(4x)' = \cos u \cdot 4 = 4\cos 4x$$

例 7　设 $y = \cos x^2$，求 y'.

解　设 $y = \cos u, u = x^2$，由定理 1

$$y'_x = y'_u \cdot u'_x = (\cos u)'(x^2)' = -\sin u \cdot 2x = -2x\sin x^2$$

求复合函数的导数，其关键是分析清楚复合函数的构造. 做题较熟练时，可不写中间变量，按复合函数的构成层次，由外层向内层逐层求导.

例 8　求函数 $y = \ln(x^3 + 1)$ 的导数.

解　不设出中间变量，由外层向内层逐层求导

$$y' = \frac{1}{x^3+1}(x^3+1)' = \frac{1}{x^3+1} \cdot 3x^2 = \frac{3x^2}{x^3+1}$$

例 9　设 $y = \cos \dfrac{5}{x}$，求 y'.

解　一步就写出复合函数的导数

$$y' = (\cos \frac{5}{x})' = -\sin \frac{5}{x}(-\frac{5}{x^2}) = \frac{5}{x^2}\sin \frac{5}{x}$$

前述复合函数的导数公式可推广到有限个函数复合的情形.

例如，由 $y = f(u), u = \varphi(v), v = \psi(x)$ 都可导，则

$$\frac{dy}{dx} = \frac{dy}{du}\frac{du}{dv}\frac{dv}{dx}$$

或

$$y' = f'(u)\varphi'(v)\psi'(x) = f'\{\varphi[\psi(x)]\}\varphi'[\psi(x)]\psi'(x)$$

或

$$y'_x = y'_u \cdot u'_v \cdot v'_x$$

例 10　设 $y = \tan(4x+1)^2$，求 y'.

解　设 $y = \tan u, u = v^2, v = 4x + 1$，则

$$y'_x = y'_u \cdot u'_v \cdot v'_x = \sec^2 u \cdot 2v \cdot 4 = 8(4x+1)\sec^2(4x+1)^2$$

例 11　求 $y = a^x (a > 0, a \neq 1)$ 的导数.

解　因为 $y = a^x (a > 0, a \neq 1)$ 是 $x = \log_a y$ 的反函数，$x = \log_a y$ 在区间 $(0, +\infty)$ 内单调可导，且 $(\log_a y)' = \dfrac{1}{y\ln a} \neq 0$，所以有

$$(a^x)' = \frac{1}{(\log_a y)'} = \frac{1}{\frac{1}{y\ln a}} = y\ln a = a^x \ln a$$

即$(a^x)' = a^x \ln a$.

特别地，当 $a = \mathrm{e}$ 时，有$(\mathrm{e}^x)' = \mathrm{e}^x$.

同理可求反三角函数的导数：

$$(\arcsin x)' = \frac{1}{\sqrt{1-x^2}}$$

$$(\arccos x)' = -\frac{1}{\sqrt{1-x^2}}$$

$$(\arctan x)' = \frac{1}{1+x^2}$$

$$(\operatorname{arccot} x)' = -\frac{1}{1+x^2}$$

例 12　求下列函数的导数：

(1)$y = \arctan \dfrac{1}{x}$；　　(2)$y = \arcsin 2\mathrm{e}^x$.

解　(1)$y' = \dfrac{1}{1+(\frac{1}{x})^2} \cdot (\dfrac{1}{x})' = \dfrac{x^2}{1+x^2}(\dfrac{-1}{x^2}) = -\dfrac{1}{1+x^2}$

(2)$y' = \dfrac{1}{\sqrt{1-(2\mathrm{e}^x)^2}} \cdot (2\mathrm{e}^x)' = \dfrac{2\mathrm{e}^x}{\sqrt{1-4\mathrm{e}^{2x}}}$

【思考与练习】

1. 求下列函数的导数：

(1)$y = 3x^2 - 4x + 10$；　　(2)$y = x^2 + 4x - 5\sqrt{x}$；

(3)$y = \dfrac{x}{2} + \dfrac{2}{x} + \dfrac{x^2}{3} + \dfrac{3}{x^2}$；　　(4)$y = 5\sin x - 3\cos x - 7$；

(5)$y = \dfrac{1}{\sqrt{x}} + 7\cos x - \sin\dfrac{\pi}{3}$；　　(6)$y = (1-x)(1-2x)$；

(7)$y = (1+\sqrt{x})(\dfrac{1}{\sqrt{x}} - 1)$；　　(8)$y = \dfrac{4x^2}{1+x}$；

(9)$y = \dfrac{x^2+1}{\mathrm{e}^x}$；　　(10)$y = x\mathrm{e}^x$；

(11)$y = x^2 \sin x$；　　(12)$y = \sqrt{x}\ln x$.

2. 求下列函数的导数：

(1)$y = (2x+1)^5$；　　(2)$y = \sqrt{x+\mathrm{e}^x}$；

(3)$y = \ln(2x+1)$；　　(4)$y = \sin(2x) + \sin x^2$；

(5)$y = \mathrm{e}^{\sin x}$；　　(6)$y = \arcsin\sqrt{x}$；

(7) $y=\arccos\dfrac{1}{x}$；　(8) $y=\arctan x^2$；

(9) $y=\ln\sqrt{x}+\sqrt{\ln x}$；　(10) $y=\ln(x+\sqrt{1+x^2})$；

(11) $y=\ln\tan\dfrac{x}{2}$；　(12) $y=\dfrac{\sin^2 x}{\cos x^2}$.

任务 3　隐函数的导数

【学习目标】

隐函数的求导法及对数求导法.

【工作任务】

(1) 掌握隐函数的导数的方法.

(2) 掌握对数求导法.

【相关知识】

一、隐函数的导数

用解析法表示函数时，一般采用两种形式，一种是把因变量 y 表示成自变量 x 的表达式的形式，即 $y=f(x)$ 的形式，这种称为**显函数**. 例如，$y=2x^2+3x+1$，$y=5\sin^2 x$ 等是显函数. 另一种是函数 y 与自变量 x 的关系隐含在方程 $F(x,y)=0$ 中，这种函数称为**隐函数**. 例如，$y-x^3+4x^2-5=0$，$x^2+y^2=r^2$，$xy-x+e^y=0$ 等是隐函数.

对于隐函数，有的能化成显函数，例如函数 $x^2-y+1=0$ 可化为 $y=x^2+1$，而有的化起来是很困难的，甚至是不可能的，例如 $e^x+e^y-xy=0$ 就不能化为显函数. 在实际问题中，有时需要计算隐函数的导数.

求隐函数的导数的方法是：方程两边同时对 x 求导，遇到含有 y 的项，把 y 看成是以 y 为中间变量的复合函数，然后从所得的关系式中解出 y' 即可.

二、对数求导法

有些函数虽然是显函数. 但直接求导比较麻烦，若利用取对数将其变为隐函数后，求导就简单了，这种方法通常称为**对数求导法**.

对数求导法的基本方法是：对于两类特殊的函数，可以通过两边取对数，转化成隐函数，然后按隐函数求导的方法求出导数 y'.

【相关实践】

例 1　求由方程 $x^2+y^2=9$ 确定的隐函数 y 对 x 的导数 y'.

解　将方程两边同时对 x 求导，得

$$(x^2)'+(y^2)'=9'$$

即

$$2x+2yy'=0$$

解出 y'，得

$$y'=-\frac{x}{y}$$

例 2　求由方程 $e^y=xy$ 确定的隐函数 y 对 x 的导数.

解　将方程两边同时对 x 求导，得

$$e^y\cdot y'=x'y+xy'$$

即

$$e^y\cdot y'=y+xy'$$

解得

$$y'=\frac{y}{e^y-x}$$

例 3　求曲线 $x^2+xy+y^2=4$ 在点$(2,-2)$处的切线方程.

解　将方程两边同时对 x 求导，得

$$2x+y+xy'+2yy'=0$$

解得

$$y'=-\frac{2x+y}{x+2y}$$

切线的斜率 $k=y'|_{(2,-2)}=1$，所求切线方程为 $y-(-2)=1\cdot(x-2)$，即

$$x-y-4=0$$

例 4　求 $y=x^{\sin x}$ 的导数.

解　对 $y=x^{\sin x}$ 两边同时取对数，有

$$\ln y=\sin x\ln x$$

两边同时对 x 求导，有

$$\frac{1}{y}y'=(\sin x)'\ln x+\sin x(\ln x)'$$

即

$$\frac{1}{y}y'=\cos x\ln x+\frac{1}{x}\sin x$$

所以

$$y'=x^{\sin x}(\cos x\ln x+\frac{1}{x}\sin x)$$

注意　在这里，y' 最终的表达式中，不允许保留 y，而要用相应的 x 的表达式代替.

例 5　求 $y=\sqrt[\frac{1}{3}]{\frac{x(4x-1)}{(2x-1)(2-x)}}$ 的导数.

解　等式两边同时取对数，得

$$\ln y=\frac{1}{3}[\ln x+\ln(4x-1)-\ln(2x-1)-\ln(2-x)]$$

两边对 x 求导，得

$$\frac{1}{y}y'=\frac{1}{3}(\frac{1}{x}+\frac{4}{4x-1}-\frac{2}{2x-1}+\frac{1}{2-x})$$

所以 $y'=\frac{1}{3}\sqrt[\frac{1}{3}]{\frac{x(4x-1)}{(2x-1)(2-x)}}(\frac{1}{x}+\frac{4}{4x-1}-\frac{2}{2x-1}+\frac{1}{2-x})$.

【思考与练习】

1. 求由下列方程所确定的隐函数的导数$\frac{dy}{dx}$：

(1) $y=xy+\ln y$；　(2) $y=1+xe^{y}$；

(3) $y=x+\sin y$；　(4) $y=a^{x}+\arctan y+\sin 2$.

2. 用对数求导法求下列函数的导数：

(1) $y=x^{\frac{1}{x}}$；　(2) $y=(\ln x)^{x}$；

(3) $y^{x}=x^{y}$；　(4) $y=\sqrt{\frac{(1+x)e^{x}}{\arccos x}}$.

3. 求下列参数方程所确定的函数的导数$\frac{dy}{dx}$：

(1) $\begin{cases}x=e^{-t},\\y=te^{2t};\end{cases}$　(2) $\begin{cases}x=\cos\theta+\theta\sin\theta,\\y=\sin\theta-\theta\cos\theta;\end{cases}$　(3) $\begin{cases}x=\sqrt{1+t},\\y=\arctan t.\end{cases}$

任务 4　高阶导数

【学习目标】

高阶导数的计算方法.

【工作任务】

熟练掌握高阶导数的计算方法.

【相关知识】

从前面我们知道，变速直线运动的瞬时速度 $v(t)$ 是路程函数 $s=s(t)$ 对时间 t

的导数,即

$$v(t)=\frac{\mathrm{d}s}{\mathrm{d}t}$$

由物理学知,速度函数 $v(t)$ 对时间 t 的变化率就是加速度 $a(t)$,即

$$a(t)=\frac{\mathrm{d}v}{\mathrm{d}t}=\frac{\mathrm{d}}{\mathrm{d}t}\left(\frac{\mathrm{d}s}{\mathrm{d}t}\right)$$

于是,加速度 $a(t)$ 是路程函数 $s(t)$ 对时间 t 的导数的导数,称为 $s(t)$ 对 t 的二阶导数,记作 $s''(t)$. 因此变速直线运动的加速度就是路程函数 $s(t)$ 对时间 t 的二阶导数,即

$$a(t)=\frac{\mathrm{d}^2 s}{\mathrm{d}t^2}=s''(t)$$

一般地,函数 $y=f(x)$ 在点 x 处的导数 $f'(x)$ 仍是 x 的函数,如果 $f'(x)$ 在点 x 处对 x 的导数 $[f'(x)]'$ 存在,则称 $[f'(x)]'$ 为函数 $y=f(x)$ 在点 x 处的**二阶导数**,记作

$$y'',f''(x)\text{ 或 }\frac{\mathrm{d}^2 y}{\mathrm{d}x^2}=\frac{\mathrm{d}}{\mathrm{d}x}\left(\frac{\mathrm{d}y}{\mathrm{d}x}\right)$$

类似地,二阶导数 $f''(x)$ 的导数称为 $f(x)$ 的**三阶导数**,记作 $f'''(x)$,称 $(n-1)$ 阶导数 $f^{(n-1)}(x)$ 的导数为 $f(x)$ 的 n **阶导数**,记作

$$y^{(n)},f^{(n)}(x),\frac{\mathrm{d}^n y}{\mathrm{d}x^n}=\frac{\mathrm{d}}{\mathrm{d}x}\left(\frac{\mathrm{d}^{n-1} y}{\mathrm{d}x}\right)$$

函数 $y=f(x)$ 在点 x 处具有 n 阶导数,也称为 n 阶可导. 二阶及二阶以上的各阶导数统称为**高阶导数**.

函数 $y=f(x)$ 在点 x_0 处的各阶导数就是其各阶导函数在点 x_0 处的函数值,即

$$f''(x_0),f'''(x_0),f^{(4)}(x_0),\cdots,f^{(n)}(x_0)$$

从定义可以看出,求高阶导数只需要进行一系列的求导运算,并不需要另外的方法.

【相关实践】

例 1　求函数 $y=\mathrm{e}^{2x}$ 的二阶及三阶导数.

解　$y'=2\mathrm{e}^{2x},y''=(2\mathrm{e}^{2x})'=4\mathrm{e}^{2x},y'''=(4\mathrm{e}^{2x})'=8\mathrm{e}^{2x}$

例 2　求 $y=5^x$ 的 n 阶导数.

解

$$y'=5^x\ln 5$$

$$y''=(5^x\ln 5)'=5^x(\ln 5)^2$$

$$y''' = 5^x\ (\ln 5)^3$$

$$\cdots$$

$$y^{(n)} = 5^x\ (\ln 5)^{(n)}$$

例 3 求函数 $y=\sin x$ 的 n 阶导数.

解 因为

$$y' = \cos x = \sin\left(x+\frac{\pi}{2}\right), y'' = \cos\left(\frac{\pi}{2}+x\right) = \sin\left(x+2\cdot\frac{\pi}{2}\right), \cdots$$

所以

$$y'^{(n)} = (\sin x)^{(n)} = \sin\left(x+n\frac{\pi}{2}\right)$$

同理可得$(\cos x)^{(n)} = \cos\left(x+n\frac{\pi}{2}\right)$.

【思考与练习】

1.求下列函数二阶导数：

(1)$y = xe^{-x^2}$； (2)$y = 2x^2+\ln x$；

(3)$y = 5x^2+4x+1$； (4)$y = \sin(3x+1)$.

2.求下列函数的 n 阶导数的一般表达式：

(1)$y = xe^x$； (2)$y = \dfrac{2x}{1+2x}$.

任务 5 函数的微分

【学习目标】

微分的概念及计算.

【工作任务】

(1) 了解微分的定义及几何意义.

(2) 掌握微分的计算及在近似计算中的运用.

【相关知识】

一、微分的定义

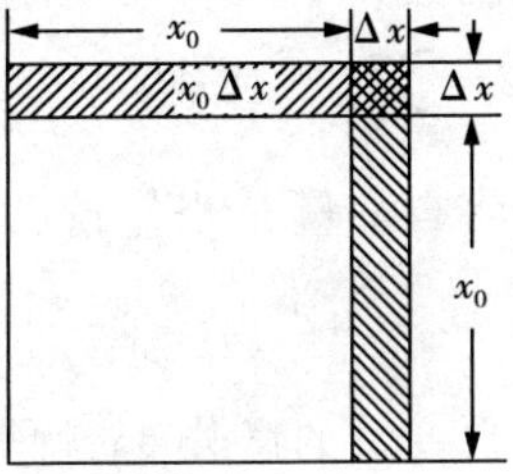

图 2-5-1

引例 一块正方形金属薄片，当受冷热程度影响时，其边长由 x_0 变到 $x_0+\Delta x$(图 2-5-1)，问此薄片的面积改变了多少？

解 金属薄片的面积 $y=x_0^2$，当边长增加 Δx 时，相应的面积的改变量

$$\Delta y=(x_0+\Delta x)^2-x_0^2$$

即

$$\Delta y=2x_0\cdot\Delta x+(\Delta x)^2 \tag{2-5-1}$$

如图 2-5-1 所示，Δy 由两部分组成：一部分是 Δy 的主要部分 $2x_0\Delta x$（图中单线的阴影部分），另一部分为 $(\Delta x)^2$（图中双线的阴影部分），很明显，如果 $|\Delta x|$ 很小，$(\Delta x)^2$ 在 Δy 中所起的作用很小，可以认为 $\Delta y\approx 2x_0\Delta x$，注意到 $f'(x_0)=2x_0$，所以式(2-5-1)也可以写成 $\Delta y\approx f'(x_0)\Delta x$，这是一个比较精确又便于计算函数增量的近似表达式.

这个结论具有一般性.

设函数 $y=f(x)$ 在点 x_0 处可导，则 $f'(x_0)=\lim\limits_{x\to x_0}\dfrac{\Delta y}{\Delta x}$，根据无穷小与函数极限的关系，上式可写成

$$\frac{\Delta y}{\Delta x}=f'(x_0)+\alpha$$

其中 α 是当 $\Delta x\to 0$ 时的无穷小量，上式可写作

$$\Delta y=f'(x_0)\Delta x+\alpha\Delta x$$

上式表明函数的增量可以表示为两项之和，第一项 $f'(x_0)\Delta x$ 是 Δx 的线性函数，第二项 $\alpha\Delta x$ 是当 $\Delta x\to 0$ 时比 Δx 高阶的无穷小量. 因此，当 Δx 很小时，我们称第一项 $f'(x_0)\Delta x$ 为 Δy 的线性主部，并叫作函数 $y=f(x)$ 在 x_0 处的微分.

定义 1　设函数 $y=f(x)$ 在 x_0 处有导数 $f'(x_0)$，则称 $f'(x_0)\Delta x$ 为 $y=f(x)$ 在 x_0 处的**微分**，记作 $\mathrm{d}y$，即

$$\mathrm{d}y=f'(x_0)\Delta x$$

此时，称函数 $y=f(x)$ 在 x_0 处是**可微的**.

例如，函数 $y=x^3$ 在点 $x=2$ 处的微分为

$$\mathrm{d}y=(x^3)'\big|_{x=2}\cdot\Delta x=3x^2\big|_{x=2}\cdot\Delta x=12\Delta x$$

函数 $y=f(x)$ 在任意点 x 的微分，叫作函数的**微分**，记作

$$\mathrm{d}y=f'(x)\Delta x$$

如果将自变量 x 当作自己的函数 $y=x$，则有

$$\mathrm{d}x=\mathrm{d}y=(x)'\Delta x=\Delta x$$

说明自变量的微分 $\mathrm{d}x$ 就等于它的改变量 Δx，于是函数的微分可以写成

$$\mathrm{d}y=f'(x)\mathrm{d}x$$

即

$$f'(x)=\frac{dy}{dx}$$

也就是说,函数的微分 dy 与自变量微分 dx 之商等于该函数的导数,因此,导数也叫**微商**.

二、微分的几何意义

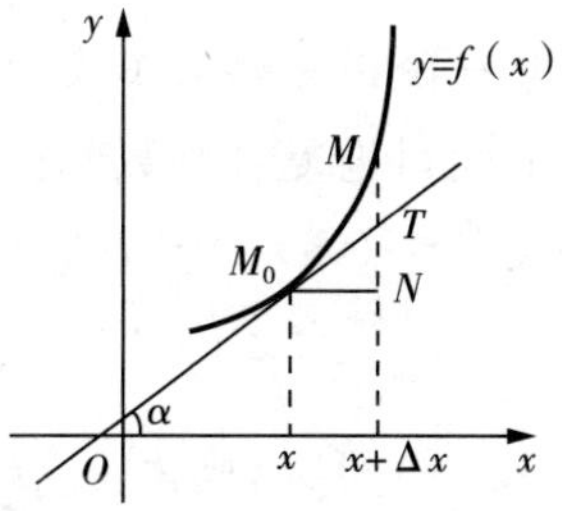

图 2-5-2

设函数 $y=f(x)$ 的图像是一条曲线,如图 2-5-2. 在曲线上取一定点 $M_0(x_0,y_0)$,过 M_0 作曲线 $y=f(x)$ 的切线 M_0T,它与 Ox 轴的交角为 α,则该切线的斜率为

$$\tan\alpha=f'(x_0)$$

当自变量在 x_0 处取得改变量 Δx 时,就得到曲线上另一点 $M(x_0+\Delta x,y_0+\Delta y)$. 过 M 点作平行于 y 轴的直线,它与切线交于 T 点,与过 M_0 点平行于 x 轴的直线交于 N 点,于是曲线纵坐标得到相应的改变量

$$\Delta y=f(x_0+\Delta x)-f(x_0)=NM$$

同时点 M_0 处的切线的纵坐标也得到相应的改变量 NT,在直角三角形 M_0NT 中,有

$$NT=\tan\alpha\cdot M_0N=f'(x_0)\Delta x=dy\,|_{x=x_0}$$

函数微分的几何意义是在曲线上某一点处,当自变量取得改变量 Δx 时,曲线在该点处切线纵坐标的改变量.

三、微分的公式与运算法则

因为函数 $y=f(x)$ 的微分等于导数 $f'(x)$ 乘以 dx,所以根据导数公式和导数的运算法则可以得到相应的微分公式和微分运算法则.

1. 微分基本公式

$d(C)=0$;　　$d(x^\mu)=\mu x^{\mu-1}dx$;

$d(a^x)=a^x\ln a\,dx$;　　$d(e^x)=e^x dx$;

$d(\log_a x)=\frac{1}{x\ln a}dx$;　　$d(\ln x)=\frac{1}{x}dx$;

$d(\sin x)=\cos x\,dx$;　　$d(\cos x)=-\sin x\,dx$;

$d(\tan x)=\sec^2 x\,dx$;　　$d(\cot x)=-\csc^2 x\,dx$;

$d(\sec x)=\sec x\tan x\,dx$;　　$d(\csc x)=-\csc x\cot x\,dx$;

$d(\arcsin x)=\frac{1}{\sqrt{1-x^2}}dx$;　　$d(\arccos x)=-\frac{1}{\sqrt{1-x^2}}dx$;

$d(\arctan x)=\frac{1}{1+x^2}dx$;　　$d(\text{arccot}\,x)=-\frac{1}{1+x^2}dx$.

2. 函数和、差、积、商的微分运算法则

设 $u=u(x), v=v(x)$ 都是可微函数，C 为常数，则

$d(u\pm v)=du\pm dv$;　　　$d(Cu)=Cdu$;

$d(uv)=udv+vdu$;　　　$d(\frac{u}{v})=\frac{vdu-udv}{v^2}$.

3. 一阶微分形式不变性

下面讨论复合函数的微分法则.

设 $y=f(u)$ 可导，则 $y'_u=f'(u)$. 由微分的定义，有

$$dy=f'(u)du \text{ 或 } dy=y'_u du \tag{2-5-2}$$

若 $u=g(x)$ 可导，则由 $y=f(u)$ 与 $u=g(x)$ 复合而成的复合函数 $y=f[g(x)]$ 的导数为

$$y'_x=y'_u\cdot u'_x=f'(u)\cdot g'(x)$$

由微分的定义，

$$dy=y'_x dx=f'(u)\cdot g'(x)dx \tag{2-5-3}$$

由于 $du=g'(x)dx$，从而可以看出式(2-5-2)与式(2-5-3)两表达式相同. 这就是说，无论 u 是自变量还是中间变量，函数 $y=f(u)$ 的微分总保持 $dy=f'(u)du$ 的形式. 这一性质称为**一阶微分形式不变性**.

四、微分在近似计算中的应用

在实际问题中，经常利用微分来做近似计算.

由微分的定义可知，当 $|\Delta x|$ 很小时，有

$$\Delta y\approx dy$$

即

$$f(x_0+\Delta x)-f(x_0)\approx f'(x_0)\Delta x \tag{2-5-4}$$

或

$$f(x_0+\Delta x)\approx f(x_0)+f'(x_0)\Delta x \tag{2-5-5}$$

在式(2-5-5)中如果令 $x_0+\Delta x=x$，则有

$$f(x)\approx f(x_0)+f'(x_0)(x-x_0) \tag{2-5-6}$$

这里要求 $|x-x_0|$ 很小. 特别地，当 $x_0=0$，$|x|$ 很小时，有

$$f(x)\approx f(0)+f'(0)x \tag{2-5-7}$$

上述四个式子都是近似计算常用的. 应用式(2-5-7)，我们还可以推出一些常用的近似公式：

(1) $\sqrt[n]{1+x}\approx 1+\frac{1}{n}x$;　　(2) $e^x\approx 1+x$;　　(3) $\ln(1+x)\approx x$;

(4) $\sin x \approx x$；　　　　(5) $\tan x \approx x$.

这里仅给出(1)的证明，其余的留给读者练习.

取 $f(x)=\sqrt[n]{1+x}$，于是 $f(0)=1$，

$$f'(0)=\frac{1}{n}(1+x)^{\frac{1}{n}-1}\Big|_{x=0}=\frac{1}{n}$$

代入式(2-5-7)得

$$\sqrt[n]{1+x}\approx 1+\frac{1}{n}x$$

【相关实践】

例 1　求函数 $y=x^2$ 在 $x=1,\Delta x=0.01$ 时的改变量及微分.

解　$\Delta y=(1+0.01)^2-1^2=1.0201-1=0.0201$

$$dy=y'(1)\cdot\Delta x=2\times 1\times 0.01=0.02$$

可见，

$$dy\approx\Delta y$$

例 2　已知函数 $y=\sin(2x+1)$，求 dy.

解法 1　用公式 $dy=f'(x)dx$，得

$$dy=[\sin(2x+1)]'dx=2\cos(2x+1)dx$$

解法 2　用一阶微分形式不变性，得

$$dy=d(\sin(2x+1))=\cos(2x+1)d(2x+1)=2\cos(2x+1)dx$$

例 3　已知函数 $y=\ln(1+e^{x^2})$，求 dy.

解　$dy=d[\ln(1+e^{x^2})]=\dfrac{1}{1+e^{x^2}}d(1+e^{x^2})=\dfrac{e^{x^2}}{1+e^{x^2}}d(x^2)=\dfrac{2xe^{x^2}}{1+e^{x^2}}dx$

例 4　求方程 $x^2+2xy-y^2=a^2$ 所确定的隐函数 $y=f(x)$ 的微分 dy 及导数 $\dfrac{dy}{dx}$.

解　对方程两边求微分，得

$$2xdx+2ydx+2xdy-2ydy=0$$

整理，得

$$(x+y)dx=(y-x)dy$$

解得

$$dy=\frac{y+x}{y-x}dx$$

$$\frac{dy}{dx}=\frac{y+x}{y-x}$$

例 5　计算 arctan1.03 的近似值.

解　设 $f(x)=\arctan x$，由式(2-5-5)，有

$$\arctan(x_0+\Delta x)\approx\arctan x_0+\frac{1}{1+x_0^2}\Delta x$$

取 $x_0=1$，$\Delta x=0.03$，有

$$\arctan 1.03=\arctan(1+0.03)\approx\arctan 1+\frac{1}{1+1^2}\times 0.03$$

$$=\frac{\pi}{4}+\frac{0.03}{2}\approx 0.80$$

例 6　设某国的国民经济消费模型为

$$y=10+0.4x+0.01x^{\frac{1}{2}}$$

其中 y 为总消费(单位:亿元)，x 为可支配收入(单位:亿元). 当 $x=100.05$ 时，问总消费是多少?

解　令 $x_0=100$，$\Delta x=0.05$，利用上面的近似公式(2-5-5)，得

$$f(x_0+\Delta x)\approx f(x_0)+f'(x_0)\Delta x$$

$$=(10+0.4\times 100+0.01\times 100^{\frac{1}{2}})+$$

$$(10+0.4x+0.01x^{\frac{1}{2}})'\big|_{x=100}\cdot\Delta x$$

$$=50.1+\left(0.4+\frac{0.01}{2\sqrt{x}}\right)\bigg|_{x=100}\times 0.05=50.120025(\text{亿元})$$

例 7　计算 $\sqrt{1.05}$ 的近似值.

解　已知 $\sqrt[n]{1+x}\approx 1+\frac{1}{n}x$，故

$$\sqrt{1.05}=\sqrt{1+0.05}\approx 1+\frac{1}{2}\times 0.05=1.025$$

【思考与练习】

1. 求下列函数的微分：

(1) $y=\frac{1}{x}+2\sqrt{x}$；　　(2) $y=x\sin 2x$；

(3) $y=\frac{x}{\sqrt{x^2+1}}$；　　(4) $y=\ln^2(1-x)$.

2. 对于指定的 x 和 Δx，求 dy：

(1) $y=(x^2+5)^3$，$x=1$，$\Delta x=-0.01$；

(2) $y=\cos x$，$x=\frac{\pi}{6}$，$\Delta x=0.05$.

3. 用微分求下列各数近似值：

(1) $\sin 59°$；　(2) $\sqrt[3]{65}$；　(3) arctan1.03；　(4) ln1.05.

项目 3　导数的应用

本项目包含中值定理、洛必达法则、函数的单调性与曲线的凹凸性、函数的极值与最值、函数图形的描绘、导数在经济学中的应用等 6 个任务.

任务 1　中值定理

【学习目标】

三个微分中值定理.

【工作任务】

理解三个微分中值定理的基本概念和及其应用.

【相关知识】

中值定理在数学中有很多,以下介绍的罗尔定理、拉格朗日中值定理和柯西中值定理是导数应用的基础理论.

一、罗尔定理

观察图 3-1-1,设函数 $y=f(x)$ 在闭区间 $[a,b]$ 上的图像是一条连续光滑曲线弧,这条曲线在区间 (a,b) 内每一点都存在不垂直于 x 轴的切线,且区间 $[a,b]$ 的两个端点的函数值相等,即 $f(a)=f(b)$. 可以发现在曲线弧上的最高点或最低点处,曲线有水平的切线. 若记 C 点的横坐标为 ξ,则有 $f'(\xi)=0$. 如果用数学分析的语言把这种几何现象描述出来,就可得到下面的罗尔定理.

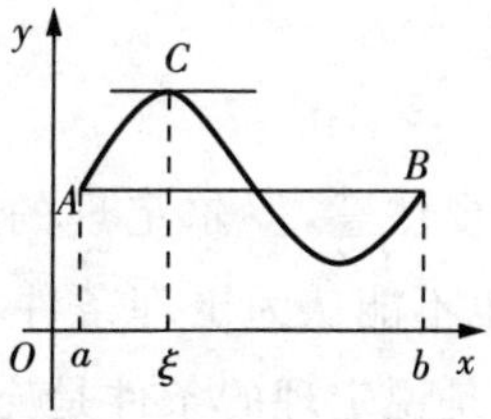

图 3-1-1　$y=f(x)$ 的图像

定理 1(罗尔定理)　如果函数 $y=f(x)$ 满足:

(1) 在闭区间 $[a,b]$ 上连续;

(2) 在开区间 (a,b) 内可导;

(3) 在区间端点的函数值相等,即 $f(a)=f(b)$,

则在 (a,b) 内至少存在一点 $\xi(a<\xi<b)$,使得

$$f'(\xi)=0$$

证明 由于 $f(x)$ 在闭区间 $[a,b]$ 上连续，根据闭区间上连续函数的最大值与最小值定理，$f(x)$ 在闭区间 $[a,b]$ 上必有最大值 M 与最小值 m. 现分两种情况来讨论.

若 $M=m$，则 f 在 $[a,b]$ 上必为常量，从而它的导数 f' 在 (a,b) 上恒为零. 因此在 (a,b) 内任取一点作为 ξ，都有 $f'(\xi)=0$.

若 $M\neq m$，则由 $f(a)=f(b)$ 知，M 与 m 中至少有一个不等于函数 $f(x)$ 在区间 $[a,b]$ 的端点处的函数值. 不妨设 $M\neq f(a)$，则在开区间 (a,b) 内至少有一点 ξ，使得 $f(\xi)=M$. 下面证明 $f'(\xi)=0$： 由条件(2)知，$f(x)$ 在点 ξ 处可导，所以极限 $\lim\limits_{\Delta x\to 0}\dfrac{f(\xi+\Delta x)-f(\xi)}{\Delta x}$ 存在，因而左、右极限都存在且相等，即

$$f'(\xi)=\lim_{\Delta x\to 0^+}\frac{f(\xi+\Delta x)-f(\xi)}{\Delta x}=\lim_{\Delta x\to 0^-}\frac{f(\xi+\Delta x)-f(\xi)}{\Delta x}$$

由于 $f(\xi)=M$ 是 f 在 $[a,b]$ 上的最大值，所以不论 $\Delta x>0$ 或 $\Delta x<0$，只要 $\xi+\Delta x\in[a,b]$，都有 $f(\xi+\Delta x)-f(\xi)\leqslant 0$，当 $\Delta x>0$ 时，有 $\dfrac{f(\xi+\Delta x)-f(\xi)}{\Delta x}\leqslant 0$，根据函数极限的保号性知

$$f'(\xi)=\lim_{\Delta x\to 0}\frac{f(\xi+\Delta x)-f(\xi)}{\Delta x}\leqslant 0$$

同理，当 $\Delta x<0$ 时，$\dfrac{f(\xi+\Delta x)-f(\xi)}{\Delta x}\geqslant 0$，因而

$$f'(\xi)=\lim_{\Delta x\to 0}\frac{f(\xi+\Delta x)-f(\xi)}{\Delta x}\geqslant 0$$

所以 $f'(\xi)=0$.

需要注意，罗尔定理的三个条件缺少其中任何一个，定理的结论将不一定成立. 但也不能认为定理条件不全具备，就一定不存在属于 (a,b) 的 ξ，使得 $f'(\xi)=0$. 这就是说定理的条件是充分的，但非必要. 对此读者可自行举例加以说明.

二、拉格朗日中值定理

罗尔定理中 $f(a)=f(b)$ 这个条件是相当特殊的，它使罗尔定理的应用受到限制. 如果把 $f(a)=f(b)$ 这个条件取消，但仍保留了其余两个条件，并相应地改变结论，就得到了微分学中具有重要地位的拉格朗日中值定理.

定理 2(拉格朗日中值定理) 如果函数 $y=f(x)$ 满足：

(1) 在闭区间 $[a,b]$ 上连续；

(2) 在开区间 (a,b) 内可导，

则在 (a,b) 内至少存在一点 $\xi(a<\xi<b)$，使得

$$f(b)-f(a)=f'(\xi)(b-a) \tag{3-1-1}$$

首先看一下定理的几何意义.式(3-1-1)可改写成为$\frac{f(b)-f(a)}{b-a}=f'(\xi)$,从图 3-1-2 中可见,$\frac{f(b)-f(a)}{b-a}$为弦$AB$的斜率,而$f'(\xi)$为曲线在点$C$处的切线的斜率.拉格朗日中值定理表明,在满足定理条件的情况下,曲线 $y=f(x)$ 上至少有一点 C,使曲线在点 C 处的切线平行于弦 AB.

由定理及图 3-1-2 亦可看出,罗尔定理是拉格朗日中值定理在 $f(a)=f(b)$ 时的特殊情况.由此我们可以考虑利用罗尔定理来证明拉格朗日中值定理.事实上,因为弦 AB 方程为

$$y=f(a)+\frac{f(b)-f(a)}{b-a}(x-a)$$

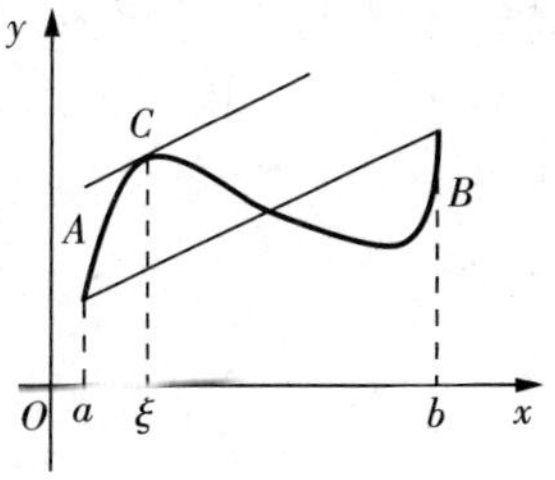

图 3-1-2

而曲线 $y=f(x)$ 与弦 AB 在区间端点 a,b 处相交,故若用曲线 $y=f(x)$ 与弦 AB 的方程作差成一个新函数,则这个新函数在端点 a,b 处的函数值相等.由此即可证明拉格朗日中值定理.

证明　构造辅助函数 $F(x)=f(x)-\left[f(a)+\frac{f(b)-f(a)}{b-a}(x-a)\right]$,容易验证 $F(x)$ 满足罗尔定理的条件,从而在(a,b) 内至少存在一点 ξ,使得 $F'(\xi)=0$,即

$$f'(\xi)-\frac{f(b)-f(a)}{b-a}=0,\text{或 } f(b)-f(a)=f'(\xi)(b-a)$$

拉格朗日中值定理的结论反映了可导函数在$[a,b]$ 上整体平均变化率与在(a,b) 内某点 ξ 处函数的局部变化率的关系.若从力学角度看,公式表示整体上的平均速度等于某一内点处的瞬时速度.因此,拉格朗日中值定理是联结局部与整体的纽带.

拉格朗日中值定理在微分学中占有重要地位,有时也称这个定理为**微分中值定理**.在某些问题中,当自变量 x 取得有限增量 Δx 而需要函数增量的准确表达式时,拉格朗日中值定理就突显出其重要价值.

我们导出两个有用的结论来作为拉格朗日中值定理的应用.

推论 1　如果函数 $f(x)$ 在区间(a,b) 内满足 $f'(x)\equiv 0$,则在(a,b) 内 $f(x)\equiv C$(C 为常数).

证明　设 x_1,x_2 是区间(a,b) 内的任意两点,且 $x_1<x_2$,由于函数 $f(x)$ 在区间$[x_1,x_2]$ 上满足拉格朗日中值定理的条件,故得 $f(x_2)-f(x_1)=f'(\xi)(x_2-x_1)(x_1<\xi<x_2)$.又因为 $f'(\xi)=0$,所以 $f(x_2)-f(x_1)=0$,即 $f(x_1)=f(x_2)$.

因为 x_1,x_2 是(a,b) 内的任意两点,于是上式表明 $f(x)$ 在(a,b) 内任意两点的值总是相等的,即 $f(x)$ 在(a,b) 内是一个常数.

推论 2　如果对(a,b) 内任意的 x,均有 $f'(x)=g'(x)$,则在(a,b) 内 $f(x)$ 与 $g(x)$ 之间只差一个常数,即 $f(x)=g(x)+C$(C 为常数).

证明 令 $F(x)=f(x)-g(x)$，则 $F'(x)\equiv 0$，由推论1知，$F(x)$ 在 (a,b) 内为一常数 C，即 $f(x)-g(x)=C, x\in(a,b)$.

三、柯西中值定理

定理 3（柯西中值定理） 如果函数 $f(x)$ 与 $g(x)$ 满足：

(1) 在闭区间 $[a,b]$ 上连续；

(2) 在开区间 (a,b) 内可导；

(3) 在 (a,b) 内每一点处，$g'(x)\neq 0$，则在 (a,b) 内至少存在一点 ξ $(a<\xi<b)$，使得

$$\frac{f(a)-f(b)}{g(a)-g(b)}=\frac{f'(\xi)}{g'(\xi)}$$

分析 本定理证明的关键是正确地构造辅助函数. 由结论 $\frac{f(a)-f(b)}{g(a)-g(b)}=\frac{f'(\xi)}{g'(\xi)}$ 得，

$$f'(\xi)-g'(\xi)\frac{f(a)-f(b)}{g(a)-g(b)}=0$$

即 ξ 为方程 $f'(x)-g'(x)\frac{f(a)-f(b)}{g(a)-g(b)}=0$ 的根，该方程的左边是由

$$f(x)-g(x)\frac{f(a)-f(b)}{g(a)-g(b)}$$

求导所得，我们将其记为 $\varphi(x)$.

证明 构造辅助函数 $\varphi(x)=f(x)-\frac{f(b)-f(a)}{g(b)-g(a)}g(x)$，容易验证 $\varphi(x)$ 满足罗尔定理的条件，故在 (a,b) 内至少存在一点 ξ，使得 $\varphi'(x)=0$. 即 $f'(\xi)-\frac{f(b)-f(a)}{g(b)-g(a)}g'(\xi)=0$，从而

$$\frac{f(a)-f(b)}{g(a)-g(b)}=\frac{f'(\xi)}{g'(\xi)}$$

注意到若取 $g(x)=x$，则 $g(b)-g(a)=b-a, g'(x)=1$. 因此柯西中值定理即为拉格朗日中值定理.

例 1 验证函数 $f(x)=x^2+x$ 在区间 $[-1,0]$ 满足罗尔定理.

证明 很明显 $f(x)$ 在 $[-1,0]$ 上连续，在 $(-1,0)$ 内可导，且

$$f(-1)=f(0)=0$$

又 $f'(x)=2x+1$，即 $f'(\xi)=2\xi+1=0$，得 $\xi=-\frac{1}{2}\in(-1,0)$，

所以，原式得以验证.

例 2　证明方程 $x^5-5x+1=0$ 有且仅有一个小于 1 的正实根.

证明　设 $f(x)=x^5-5x+1$，则 $f(x)$ 在 $[0,1]$ 上连续，且 $f(0)=1$，$f(1)=-3$. 由介值定理知，存在点 $x_0\in(0,1)$，使得 $f(x_0)=0$. 即 x_0 是所给方程的小于 1 的正实根.

再来证明 x_0 是所给方程的小于 1 的唯一正实根，用反证法. 设另有 $x_1\in(0,1)$，$x_1\neq x_0$，使得 $f(x_1)=0$. 易见函数 $f(x)$ 在以 x_0，x_1 为端点的区间上满足罗尔定理的条件，因此至少存在一点 ξ(介于 x_0，x_1 之间)，使得 $f'(\xi)=0$. 但 $f'(x)=5(x^4-1)<0$，$x\in(0,1)$，矛盾，所以 x_0 即为所给方程的小于 1 的唯一正实根.

例 3　设 $f(x)=1-x^2$，$-1\leqslant x\leqslant 3$，求使拉格朗日中值定理成立的 ξ 值.

解　令 $a=-1$，$b=3$，则有 $f(a)=0$，$f(b)=-8$，
又 $f'(x)=-2x$，由公式

$$f'(\xi)=\frac{f(b)-f(a)}{b-a}$$

得 $f'(\xi)=\dfrac{-8-0}{3-(-1)}=-2$，即

$$f'(\xi)=-2\xi=-2$$

解得 $\xi=1$.

例 4　证明：$\arcsin x+\arccos x=\dfrac{\pi}{2}\ (-1\leqslant x\leqslant 1)$.

证明　设 $f(x)=\arcsin x+\arccos x$，$x\in[-1,1]$，因为 $f'(x)=\dfrac{1}{\sqrt{1-x^2}}+\left(-\dfrac{1}{\sqrt{1-x^2}}\right)=0$. 所以 $f(x)\equiv C$，$x\in(-1,1)$，又因为 $f(0)=\arcsin 0+\arccos 0=0+\dfrac{\pi}{2}=\dfrac{\pi}{2}$，故 $C=\dfrac{\pi}{2}$. 又 $f(\pm 1)=\dfrac{\pi}{2}$，因此 $\arcsin x+\arccos x=\dfrac{\pi}{2}$，$x\in[-1,1]$.

例 5　证明当 $x>0$ 时，$\dfrac{x}{1+x}<\ln(1+x)<x$.

证明　设 $f(x)=\ln(1+x)$，显然 $f(x)$ 在 $[0,x]$ 上满足拉格朗日中值定理的条件，所以有

$$f(x)-f(0)=f'(\xi)(x-0)\ (0<\xi<x)$$

因为 $f(0)=0$，$f'(x)=\dfrac{1}{1+x}$，从而有

$$\ln(1+x)=\frac{x}{1+\xi}\ (0<\xi<x)$$

由于 $0<\xi<x$，所以 $\dfrac{x}{1+x}<\dfrac{x}{1+\xi}<x$，即 $\dfrac{x}{1+x}<\ln(1+x)<x$.

例 6　验证柯西中值定理对函数 $f(x)=x^3+1$，$g(x)=x^2$ 在区间 $[1,2]$ 上的

正确性.

证明 因为函数 $f(x)$ 与 $g(x)$ 均为多项式函数,是初等函数,在整个实数域上都是连续、可导的,自然在 $[1,2]$ 上连续,在 $(1,2)$ 内可导,且 $g'(x)=2x\neq 0$. 所以 $f(x),g(x)$ 满足柯西中值定理的条件. 由于 $\dfrac{f(2)-f(1)}{g(2)-g(1)}=\dfrac{(2^3+1)-(1^3+1)}{2^2-1^2}=\dfrac{7}{3}$, $\dfrac{f'(x)}{g'(x)}=\dfrac{3}{2}x$, 令 $\dfrac{3}{2}x=\dfrac{7}{3}$, 得 $x=\dfrac{14}{9}$. 取 $\xi=\dfrac{14}{9}\in(1,2)$, 则等式 $\dfrac{f(2)-f(1)}{g(2)-g(1)}=\dfrac{f'(\xi)}{g'(\xi)}$ 成立. 这就验证了柯西中值定理对所给函数在所给区间上的正确性.

【思考与练习】

1. 选择题

(1) 下列函数在给定区间上满足罗尔定理的有(　　).

(A) $y=xe^{-x}$, $[0,1]$　　(B) $y=(x-1)^{-\frac{2}{3}}$, $[0,2]$

(C) $y=x^2-5x+6$, $[2,3]$　　(D) $y=\begin{cases}x+1, & x<5,\\ 1, & x\geqslant 5,\end{cases}$ $[0,5]$

(2) 下列函数在给定区间上不满足拉格朗日定理的是(　　).

(A) $y=|x|$, $[-1,2]$　　(B) $y=\dfrac{2x}{1+x^2}$, $[-1,1]$

(C) $y=4x^3-5x^2+x-2$, $[0,1]$　　(D) $y=\ln(1+x^2)$, $[0,3]$

2. 验证罗尔定理对函数 $y=\ln\sin x$ 在区间 $\left[\dfrac{\pi}{6},\dfrac{5\pi}{6}\right]$ 上的正确性.

3. 不求 $f(x)=(x-1)(x-2)(x-3)(x-4)$ 的导数,说明方程 $f'(x)=0$ 有几个实根,并指出它们所在的区间.

4. 证明方程 $\ln x=\dfrac{x}{e}-1$ 在区间 $(0,+\infty)$ 内有两个实根.

5. 已知函数 $f(x)=x^4$ 在区间 $[1,2]$ 上满足拉格朗日中值定理的条件,试求满足定理的数值 ξ.

6. 函数 $f(x)=x^3$ 与 $g(x)=x^2+1$ 在区间 $[1,2]$ 上是否满足柯西定理的所有条件? 如满足,试求满足定理的数值 ξ.

7. 设 $x>0$, 证明: $\ln(1+x)<x$.

任务 2　洛必达法则

【学习目标】

洛必达法则.

【工作任务】

(1) 理解满足洛必达法则定理的条件及公式.

(2) 熟练掌握运用洛必达法则求解未定型的极限的方法.

【相关知识】

两个无穷大量或无穷小量的之比的极限我们通常称为$\frac{\infty}{\infty}$或$\frac{0}{0}$的未定式(也称未定型),而后通过一般的求极限方法或两个重要极限来进行远距离求解,但一般方法和前面两个重要极限介绍的求极限值的方法只能求出一部分未定型函数的极限值,还有大部分未定型函数的极限值不易求出来.本章以导数为工具,给出计算未定型极限的一般方法——洛必达法则.

定理 1(洛必达法则)　若

(1) $\lim\limits_{x\to x_0} f(x)=0, \lim\limits_{x\to x_0} g(x)=0$;

(2) $f(x)$ 与 $g(x)$ 在 x_0 的某邻域内(点 x_0 可除外)可导,且 $g'(x)\neq 0$;

(3) $\lim\limits_{x\to x_0}\frac{f'(x)}{g'(x)}=A$($A$ 为有限数,也可为 $\pm\infty$ 或 ∞),则

$$\lim_{x\to x_0}\frac{f(x)}{g(x)}=\lim_{x\to x_0}\frac{f'(x)}{g'(x)}=A$$

证明　由于我们要讨论的是函数在点 x_0 的极限,而极限与函数在点 x_0 的值无关,所以我们可补充 $f(x)$ 与 $g(x)$ 在 x_0 的定义,这对问题的讨论不会产生影响.令 $f(x_0)=g(x_0)=0$,则 $f(x)$ 与 $g(x)$ 在点 x_0 连续.在 x_0 附近任取一点 x,并应用柯西中值定理,得

$$\frac{f(x)}{g(x)}=\frac{f(x)-f(x_0)}{g(x)-g(x_0)}=\frac{f'(\xi)}{g'(\xi)}\quad(\xi \text{ 介于 } x \text{ 与 } x_0 \text{ 之间})$$

由于 $x\to x_0$ 时,有 $\xi\to x_0$,所以,对上式取极限便得要证的结果.

如果$\frac{f'(x)}{g'(x)}$当 $x\to x_0$ 时仍为$\frac{0}{0}$型,且 $f'(x)$ 与 $g'(x)$ 能满足定理中 $f(x)$ 与 $g(x)$ 所要满足的条件,则可以继续使用洛必达法则先确定$\lim\limits_{x\to x_0}\frac{f'(x)}{g'(x)}$,从而确定$\lim\limits_{x\to x_0}\frac{f(x)}{g(x)}$,即

$$\lim_{x\to x_0}\frac{f(x)}{g(x)}=\lim_{x\to x_0}\frac{f'(x)}{g'(x)}=\lim_{x\to x_0}\frac{f''(x)}{g''(x)}$$

关于洛必达法则的运用注意以下几点:

(1) 洛必达法则对 $x\to\infty$ 的$\frac{0}{0}$未定式同样适用.对于$\frac{\infty}{\infty}$的未定式,通过适当的变形后仍可变为$\frac{0}{0}$形式的未定式进行计算.

(2) 除未定式的$\frac{0}{0}$和$\frac{\infty}{\infty}$外,还有许多其他的形式,如 $0\cdot\infty$、$\infty-\infty$、1^{∞}、0^0、∞^0,这些形式的极限的求解,通过适当的数学恒等变形都可化为$\frac{0}{0}$和$\frac{\infty}{\infty}$的形式,

则又可以用洛必达法则来求解其极限了.

(3) 用洛必达法则可以解决大部分未定式的求极限问题,但不能解决所有的未定式求极限问题.当用洛必达法则不能解决未定式极限问题时,就应当考虑用其他方法尤其是基本的求解方法来求解极限,如果用其他方法也不能求解极限则应判断未定式否有极限了.

【相关实践】

例 1 求$\lim\limits_{x\to 2}\dfrac{x^4-16}{x-2}$.

解 $\lim\limits_{x\to 2}\dfrac{x^4-16}{x-2}=\lim\limits_{x\to 2}\dfrac{4x^3}{1}=\dfrac{4\times 2^3}{1}=32$

例 2 求$\lim\limits_{x\to 0}\dfrac{1-\cos 2x}{x^2}$.

解 $\lim\limits_{x\to 0}\dfrac{1-\cos 2x}{x^2}=\lim\limits_{x\to 0}\dfrac{2\sin 2x}{2x}=2\lim\limits_{x\to 0}\dfrac{\sin 2x}{2x}=2\times 1=2$

例 3 求$\lim\limits_{x\to 0}\dfrac{e^x-1}{x^2-x}$.

解 $\lim\limits_{x\to 0}\dfrac{e^x-1}{x^2-x}=\lim\limits_{x\to 0}\dfrac{e^x}{2x-1}=\dfrac{e^0}{0-1}=-1$

例 4 求$\lim\limits_{x\to 0}\dfrac{(1+3x)^a-1}{x}$($a$ 为常数).

解 $\lim\limits_{x\to 0}\dfrac{(1+3x)^a-1}{x}=\lim\limits_{x\to 0}\dfrac{3a(1+3x)^{a-1}}{1}=\dfrac{3a(1+3\times 0)^{a-1}}{1}=3a$

例 5 求$\lim\limits_{x\to +\infty}\dfrac{\dfrac{\pi}{2}-\arctan x}{\dfrac{1}{x}}$.

解 $\lim\limits_{x\to +\infty}\dfrac{\dfrac{\pi}{2}-\arctan x}{\dfrac{1}{x}}=\lim\limits_{x\to +\infty}\dfrac{-\dfrac{1}{1+x^2}}{-\dfrac{1}{x^2}}=\lim\limits_{x\to +\infty}\dfrac{x^2}{1+x^2}=\lim\limits_{x\to +\infty}\dfrac{1}{1+\dfrac{1}{x^2}}=1$

例 6 求$\lim\limits_{x\to +\infty}\dfrac{\ln x}{x}$.

解 $\lim\limits_{x\to +\infty}\dfrac{\ln x}{x}=\lim\limits_{x\to +\infty}\dfrac{\dfrac{1}{x}}{1}=\lim\limits_{x\to +\infty}\dfrac{1}{x}=0$

例 7 求$\lim\limits_{x\to +\infty}\dfrac{e^x}{x^n}$($n$ 为自然数).

解 $\lim\limits_{x\to +\infty}\dfrac{e^x}{x^n}=\lim\limits_{x\to +\infty}\dfrac{e^x}{nx^{n-1}}=\lim\limits_{x\to +\infty}\dfrac{e^x}{n(n-1)x^{n-2}}=\cdots\cdots=\lim\limits_{x\to +\infty}\dfrac{e^x}{n}=\infty$

例 8 求$\lim\limits_{x\to 0^+}x^n\ln x$ $(n>0)$ $(0\cdot\infty$ 型).

解 $\lim\limits_{x\to 0^+}x^n\ln x=\lim\limits_{x\to 0^+}\dfrac{\ln x}{x^{-n}}=\lim\limits_{x\to 0^+}\dfrac{x^{-1}}{-nx^{-n-1}}=\lim\limits_{x\to 0^+}-\dfrac{1}{n}x^n=0$

例 9　求 $\lim\limits_{x\to 0}x^x$.

解　这是 0^0 型未定式，利用公式 $e^{\ln x}=x$，得

$$\lim_{x\to 0}x^x=\lim_{x\to 0}e^{x\ln x}=e^{\lim\limits_{x\to 0}x\ln x}=e^{\lim\limits_{x\to 0}\frac{\ln x}{\frac{1}{x}}}=e^{\lim\limits_{x\to 0}\frac{\frac{1}{x}}{-\frac{1}{x^2}}}=e^0=1$$

例 10　求$\lim\limits_{x\to 0}(\frac{1}{\sin x}-\frac{1}{x})$ 的极限($\infty-\infty$ 型).

解　$\lim\limits_{x\to 0}(\frac{1}{\sin x}-\frac{1}{x})=\lim\limits_{x\to 0}\frac{x-\sin x}{x\sin x}=\lim\limits_{x\to 0}\frac{1-\cos x}{\sin x+x\cos x}$

$$=\lim_{x\to 0}\frac{\sin x}{\cos x+\cos x-x\sin x}=\frac{0}{2}=0$$

例 11　求 $\lim\limits_{x\to 1}x^{\frac{1}{1-x}}$.

解　这是 1^∞ 型未定式，

$$\lim_{x\to 1}x^{\frac{1}{1-x}}=\lim_{x\to 1}e^{\frac{\ln x}{1-x}}=e^{\lim\limits_{x\to 1}\frac{\ln x}{1-x}}=e^{\lim\limits_{x\to 1}\frac{\frac{1}{x}}{-1}}=e^{-1}$$

例 12　求 $\lim\limits_{x\to 0^+}(\cot x)^{\frac{1}{\ln x}}$.

解　这是 ∞^0 型未定式，

$$\lim_{x\to 0^+}(\cot x)^{\frac{1}{\ln x}}=\lim_{x\to 0^+}e^{\frac{\ln\cot x}{\ln x}}=e^{\lim\limits_{x\to 0^+}\frac{\ln\cot x}{\ln x}}=e^{\lim\limits_{x\to 0^+}\frac{-\tan x\csc^2 x}{\frac{1}{x}}}=e^{\lim\limits_{x\to 0^+}(-\frac{1}{\cos x}\frac{x}{\sin x})}=e^{-1}$$

例 13　求 $\lim\limits_{x\to 0}\dfrac{x^2\sin\frac{1}{x}}{\sin x}$.

解　所求极限属于$\frac{0}{0}$ 型的未定式. 分子分母分别求导数后，将化为$\lim\limits_{x\to 0}\dfrac{2x\sin\frac{1}{x}-\cos\frac{1}{x}}{\cos x}$，此式振荡无极限，故洛必达法则失效，不能使用. 但原极限是存在的，可用下面方法求得

$$\lim_{x\to 0}\frac{x^2\sin\frac{1}{x}}{\sin x}=\lim_{x\to 0}(\frac{x}{\sin x}x\sin\frac{1}{x})=\frac{\lim\limits_{x\to 0}x\sin\frac{1}{x}}{\lim\limits_{x\to 0}\frac{\sin x}{x}}=\frac{0}{1}=0$$

例 14　求 $\lim\limits_{x\to +\infty}\dfrac{\sqrt{1+x^2}}{x}$ 的极限.

解　$\lim\limits_{x\to +\infty}\dfrac{\sqrt{1+x^2}}{x}=\lim\limits_{x\to +\infty}\dfrac{1}{\sqrt{1+x^2}}=\lim\limits_{x\to +\infty}\dfrac{\sqrt{1+x^2}}{x}$

经利用二次洛必达法则后，又还原为原来的问题，所以该式不适合用洛必达法

则求解极限，但可以用其他基本的方法求解极限.

$$\lim_{x\to+\infty}\frac{\sqrt{1+x^2}}{x}=\lim_{x\to+\infty}\sqrt{1+\frac{1}{x^2}}=1$$

【思考与练习】

1. 用洛必达法则求下列极限：

(1) $\lim\limits_{x\to0}\frac{e^x-e^{-x}-2x}{x-\sin x}$；

(2) $\lim\limits_{x\to+\infty}\frac{x^n}{e^{\lambda x}}$ (n 为正整数，$\lambda>0$)；

(3) $\lim\limits_{x\to0}\frac{\tan x-x}{x^2\tan x}$；

(4) $\lim\limits_{x\to0}\frac{3x-\sin 3x}{(1-\cos x)\ln(1+2x)}$；

(5) $\lim\limits_{x\to0}\left(\frac{1}{\sin x}-\frac{1}{x}\right)$；

(6) $\lim\limits_{x\to\infty}[(2+x)e^{1/x}-x]$；

(7) $\lim\limits_{x\to+0}x^{\tan x}$；

(8) $\lim\limits_{x\to0}\left(\frac{\sin x}{x}\right)^{\frac{1}{1-\cos x}}$；

(9) $\lim\limits_{x\to+0}(\cos\sqrt{x})^{\frac{\pi}{x}}$；

(10) $\lim\limits_{x\to+\infty}(e^{3x}-5x)^{1/x}$.

任务 3　函数的单调性与曲线的凹凸性

【学习目标】

判断函数的单调性和函数图形的凹凸性.

【工作任务】

(1) 掌握利用一阶导数判断函数的单调性.

(2) 掌握利用一阶或二阶导数判断曲线的凹凸性及拐点.

【相关知识】

一、函数的单调性

项目 1 中已经介绍了函数在区间上单调的概念，本节将以导数为工具研究函数的单调性.

如图 3-3-1 所示，我们观察到函数 $y=f(x)$ 的图像在开区间 (a,b) 内沿 x 轴的正向上升，除点 $(\xi,f(\xi))$ 的切线平行于 x 轴外，曲线上其余点处的切线与 x 轴正向夹角均为锐角，即曲线 $y=f(x)$ 在区间 (a,b) 内除个别点外切线的斜率为正，即有 $y'=f'(x)>0$；反之亦然. 再考察图 3-3-2，函数 $y=f(x)$ 的图像在区间 (a,b) 内沿 x 轴的正向下降，除个别点外，曲线上其余点处的切线与 x 轴正向夹角均为钝角，即曲线 $y=f(x)$ 在区间 (a,b) 内除个别点外切线的斜率为负，$y'=f'(x)<0$；反之亦然.

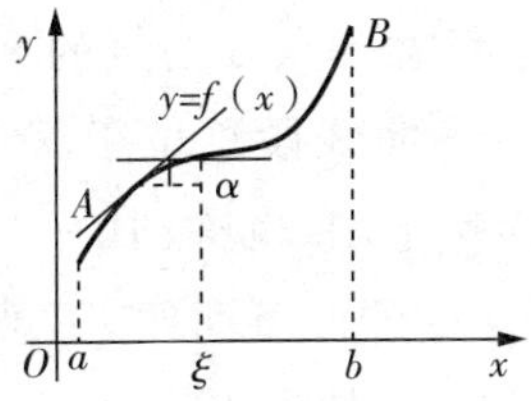

图 3-3-1

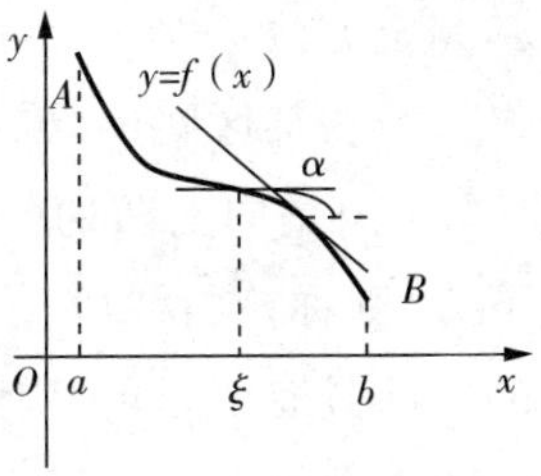

图 3-3-2　$y=f(x)$ 的图像

一般地，根据拉格朗日中值定理，我们有如下定理：

定理 1　设函数 $y=f(x)$ 在 $[a,b]$ 上连续，在 (a,b) 内可导.

(1) 若在 (a,b) 内 $f'(x)>0$，则函数 $y=f(x)$ 在 $[a,b]$ 上单调增加；

(2) 若在 (a,b) 内 $f'(x)<0$，则函数 $y=f(x)$ 在 $[a,b]$ 上单调减少.

证明　设 x_1,x_2 是 $[a,b]$ 上任意两点，且 $x_1<x_2$，由拉格朗日中值定理有

$$f(x_2)-f(x_1)=f'(\xi)(x_2-x_1)\quad (x_1<\xi<x_2)$$

如果 $f'(x)>0$，必有 $f'(\xi)>0$，又 $x_2-x_1>0$，于是有 $f(x_2)-f(x_1)>0$，即

$$f(x_2)>f(x_1)$$

由于 $x_1,x_2(x_1<x_2)$ 是 $[a,b]$ 上任意两点，所以函数 $f(x)$ 在 $[a,b]$ 上单调增加.

同理可证，如果 $f'(x)<0$，则函数 $f(x)$ 在 $[a,b]$ 上单调减少.

将此定理中的闭区间换成其他各种区间(包括无穷区间)，结论仍成立.

函数的单调性是函数在一个区间上的性质，要用导数在这一区间上的符号来判定，而不能用导数在一点处的符号来判别函数在一个区间上的单调性，区间内的个别点导数为零并不影响函数在该区间上的单调性. 例如，函数 $y=x^3$ 在其定义域 $(-\infty,+\infty)$ 内是单调增加的，但其导数 $y'=3x^2$ 在 $x=0$ 处为零.

使 $f'(x)=0$ 的点，称为函数 $f(x)$ 的**驻点**.

如果函数在其定义域的某个区间内是单调的，则该区间称为函数的**单调区间**.

一般地，确定函数单调区间的具体步骤如下：

(1) 确定函数的定义域，求出使 $f'(x)=0$ 的点(即驻点)及 $f'(x)$ 不存在的点；

(2) 用驻点和不可导点将 $f(x)$ 的定义域分成若干个区间；

(3) 再讨论每个区间上 $f'(x)$ 的符号，根据 $f'(x)$ 的符号确定函数 $f(x)$ 的单调性，进而确定函数的单调区间.

二、曲线的凹凸性

函数的单调性反映在图形上，就是曲线的上升或下降，但如何上升，如何下降？如图 3-3-3 中的两条曲线弧，虽然都是单调上升的，图形却有明显的不同. $\overset{\frown}{ACB}$ 是向上凸的，$\overset{\frown}{ADB}$ 则是向下凹的，即它们的凹凸性是不同的. 下面我们就来研究曲线的

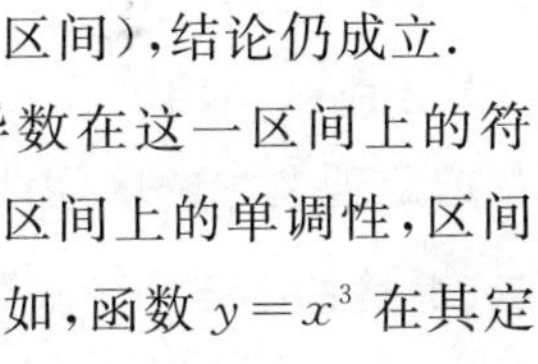

图 3-3-3

凹凸性及其判定方法.

定义 1 若在某区间(a,b)内曲线段总位于其上任意一点处切线的上方,则称曲线段在(a,b)内是**向上凹的**(简称**上凹**,也称**凹的**);若曲线段总位于其上任一点处切线的下方,则称该曲线段(a,b)内是**向下凹的**(简称**下凹**,也称**凸的**).

曲线的凹凸具有明显的几何意义,观察图 3-3-4 中的两条曲线,不难发现,对于图 3-3-4(a) 中的上凹曲线上各点处的切线斜率随着x的增大而增大,则$f'(x)$单调增加;而图 3-3-4(b) 中的下凹曲线上各点处的切线斜率随着x的增大而减少,则$f'(x)$单调减少.而$f'(x)$的单调性可由它的导数,即$f''(x)$的符号来判定,这就启发我们通过二阶导数的符号来判定曲线的**凹向**.

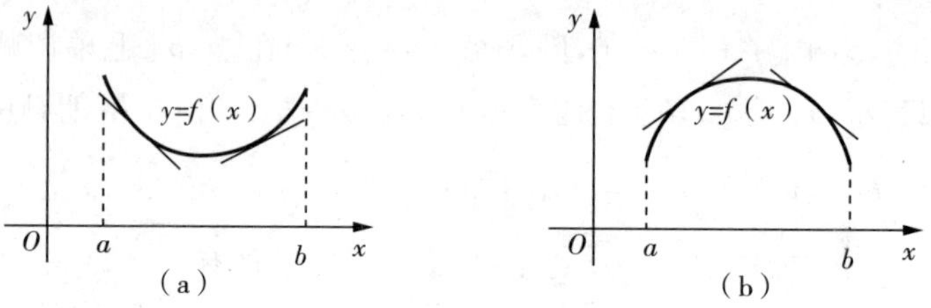

图 3-3-4

定理 2 设$f(x)$在$[a,b]$上连续,在(a,b)内具有一阶和二阶导数,则

(1) 若在(a,b)内,$f''(x)>0$,则$f(x)$在$[a,b]$上的图形是凹的;

(2) 若在(a,b)内,$f''(x)<0$,则$f(x)$在$[a,b]$上的图形是凸的.

若把定理 2 中的区间改为无穷区间,结论仍然成立.

三、曲线的拐点

我们注意到点$(0,0)$是使曲线$y=x^3$由凸变凹的分界点.此类分界点称为曲线的拐点.一般地,我们有

定义 2 连续曲线上凹弧与凸弧的分界点称为曲线的**拐点**.

如何来寻找曲线的$y=f(x)$的拐点呢?

根据定理 2,二阶导数$f''(x)$的符号是判断曲线凹凸性的依据.因此,若$f''(x)$在点x_0的左右两侧临近处异号,则点$(x_0,f(x_0))$就是曲线的一个拐点,所以,要寻找拐点,只要找出使$f''(x)$符号发生变化的分界点即可.如果函数$f(x)$在区间(a,b)内具有二阶连续导数,则在这样的分界点处必有$f''(x)=0$.此外,使$f(x)$的二阶导数不存在的点,也可能是使$f''(x)$符号发生变化的分界点.综上分析,我们可按如下步骤判定区间I上连续曲线$y=f(x)$的拐点:

(1) 求$f''(x)$;

(2) 求满足$f''(x)=0$的点及$f''(x)$不存在的点;

(3) 判定(2)中所求出的点x_0两侧的二阶导数$f''(x)$的符号.若异号,则$(x_0,f(x_0))$为曲线$y=f(x)$的拐点;若同号,则不是.

【相关实践】

例 1　讨论函数 $f(x)=x^3-3x$ 的单调区间.

解　这函数的定义域为 $x\in(-\infty,+\infty)$,求函数的导数:

$$f'(x)=3x^2-3=3(x-1)(x+1)$$

解方程 $f'(x)=0$ 得出方程在定义域内有两个根,即 $x_1=1$ 和 $x_2=-1$,这两个点将定义域分为三个区间 $(-\infty,-1)$,$(-1,+1)$,$(+1,+\infty)$.

在区间 $(-\infty,-1)$,$(+1,+\infty)$ 内,$f'(x)>0$,因此函数在 $(-\infty,-1)$,$(+1,+\infty)$ 内单调递增,在 $(-1,+1)$ 内,$f'(x)<0$,所以函数在 $(-1,+1)$ 单调递减.至于 $f'(x)=0$ 的两个点 $x_1=1$ 和 $x_2=-1$,是函数的驻点.

例 2　讨论函数 $f(x)=\sqrt[3]{x^2}$ 的单调区间.

解　函数 $f(x)$ 的定义域为 $(-\infty,+\infty)$,$f'(x)=\dfrac{2}{3\sqrt[3]{x}}(x\neq 0)$.显然,当 $x=0$ 时,函数 $f(x)$ 的导数不存在.因为在 $(-\infty,0)$ 内,$f'(x)<0$,所以 $f(x)$ 在 $(-\infty,0]$ 内单调减少;而在 $(0,+\infty)$ 内,$f'(x)>0$,所以 $f(x)$ 在 $[0,+\infty)$ 内单调增加.因此 $f(x)$ 的单调减区间是 $(-\infty,0]$,单调增区间是 $[0,+\infty)$.

对于点 $x=0$,尽管它的导数值不存在,但该点仍是定义域内的一个点.我们称在函数定义域内,但其导数值不存在的点为尖点.

例 3　证明:当 $x>1$ 时,$2\sqrt{x}>3-\dfrac{1}{x}$.

证明　作辅助函数 $f(x)=2\sqrt{x}-3+\dfrac{1}{x}$,则 $f'(x)=\dfrac{1}{\sqrt{x}}-\dfrac{1}{x^2}=\dfrac{1}{x^2}(x\sqrt{x}-1)$.

因为 $f(x)$ 在 $[1,+\infty)$ 内连续,在 $(1,+\infty)$ 内可导,且 $f'(x)>0$,即函数在 $(1,+\infty)$ 内单调递增.

所以,当 $x>1$ 时,有 $f(x)>f(1)=0$,即 $2\sqrt{x}-3+\dfrac{1}{x}>0$,亦即 $2\sqrt{x}>3-\dfrac{1}{x}$,所以原式得证.

例 4　证明方程 $x^5+x+1=0$ 在区间 $(-1,0)$ 内有且只有一个实根.

证明　令 $f(x)=x^5+x+1$,因为 $f(x)$ 在闭区间 $[-1,0]$ 上连续,且 $f(-1)=-1<0$,$f(0)=1>0$.根据零点定理,$f(x)$ 在 $(-1,0)$ 内有一个零点.另一方面,对于任意实数 x,有 $f'(x)=5x^4+1>0$,所以 $f(x)$ 在 $(-\infty,+\infty)$ 内单调增加,因此,曲线 $y=f(x)$ 与 x 轴至多只有一个交点.

综上所述可知,方程 $x^5+x+1=0$ 在区间 $(-1,0)$ 内有且只有一个实根.

例 5　判定曲线 $y=\ln x$ 的凹凸性.

解　函数 $y=\ln x$ 的定义域为 $(0,+\infty)$,$y'=\dfrac{1}{x}$,$y''=-\dfrac{1}{x^2}$,当 $x>0$ 时,$y''<0$,

故曲线 $y=\ln x$ 在$(0,+\infty)$内是向下凹的.

例 6 曲线 $y=x^3$ 的定义域为$(-\infty,+\infty)$,画其草图.

解 因为 $y=x^3$ 的定义域为$(-\infty,+\infty)$,$y'=3x^2$,$y''=6x$. 令 $y''=0$,得 $x=0$. 用 $x=0$ 将$(-\infty,+\infty)$分成两个小区间:$(-\infty,0)$和$(0,+\infty)$. 当 $x\in(-\infty,0)$时,$y''<0$,曲线 $y=x^3$ 在$(-\infty,0]$上是凸的. 当 $x\in(0,+\infty)$时,$y''>0$,曲线 $y=x^3$ 在$[0,+\infty)$上是凹的. 图形如图 3-3-5 所示.

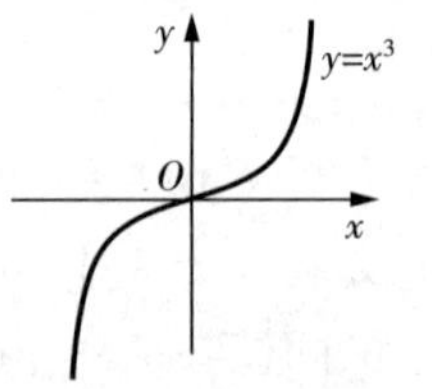

图 3-3-5 $y=x^3$ 的图像

例 7 判定曲线 $y=2x^3+3x^2-12x+14$ 的凹凸区间.

解 函数 $y=2x^3+3x^2-12x+14$ 的定义域是$(-\infty,+\infty)$,$y'=6x^2+6x-12$,$y''=12x+6=12(x+\frac{1}{2})$. 令 $y''=12(x+\frac{1}{2})=0$,得 $x=-\frac{1}{2}$. 用 $x=-\frac{1}{2}$ 将$(-\infty,+\infty)$分成两个小区间:$(-\frac{1}{2},+\infty)$和$(-\infty,-\frac{1}{2})$. 在区间$(-\frac{1}{2},+\infty)$上,$y''>0$,函数图形是凹的,在区间$(-\infty,-\frac{1}{2})$上,$y''<0$,函数图形是凸的.

例 8 求曲线 $y=2x^3+3x^2-12x+14$ 的拐点.

解 $y'=6x^2+6x-12$,$y''=12x+6=12(x+\frac{1}{2})$.

解方程 $y''=0$,得 $x=-\frac{1}{2}$. 当 $x<-\frac{1}{2}$ 时,$y''<0$;当 $x>-\frac{1}{2}$ 时,$y''>0$. 所以,点$(-\frac{1}{2},20\frac{1}{2})$是该曲线的拐点.

例 9 求曲线 $y=(x-1)^{\frac{5}{3}}$ 的凹向区间与拐点.

解 函数 $y=(x-1)^{\frac{5}{3}}$ 的定义域为$(-\infty,+\infty)$.

$$y'=\frac{5}{3}(x-1)^{\frac{2}{3}},\ y''=\frac{10}{9}(x-1)^{-\frac{1}{3}},$$

当 $x=1$ 时,$y'=0$,而 y'' 不存在,列表讨论如下:

表 3-3-1 $y=(x-1)^{\frac{5}{3}}$

x	$(-\infty,1)$	1	$(1,+\infty)$
y''	$-$	不存在	$+$
曲线 y	$\cap$	拐点	$\cup$

由表 3-3-1 可知,$(-\infty,1)$是曲线 $y=(x-1)^{\frac{5}{3}}$ 的下凹区间;$(1,+\infty)$是曲线 $y=(x-1)^{\frac{5}{3}}$ 的上凹区间. 又 $y|_{x=1}=0$,故曲线的拐点是$(1,0)$.

例 10　问曲线 $y=x^4$ 是否有拐点？

解　$y'=4x^3, y''=12x^2$.

显然，$x=0$ 是方程 $y''=0$ 的根. 当 $x\neq 0$ 时，$y''>0$，因此该曲线无拐点.

【思考与练习】

1. 单项选择题

函数 $y=x^3+12x+1$ 在定义域内(　　).

(A) 单调增加　　(B) 单调减少

(C) 图形上凹　　(D) 图形下凹

2. 求下列函数的单调区间：

(1) $y=x^4-2x^2+2$；　(2) $y=3x^2+6x+5$；

(3) $y=x^3+x$；　(4) $y=\dfrac{x^2}{1+x}$；

(5) $y=x-e^x$；　(6) $y=\sin x-x$；

(7) $y=2x^2-\ln x$；　(8) $y=2x^3-9x^2+12x-3$.

3. 求曲线的拐点及凹凸区间：

(1) $y=x-\ln(1+x)$；　(2) $y=\sin x+\cos x, x\in(0,2\pi)$；

(3) $y=e^{-x}$；　(4) $y=x^2-x^3$；

(5) $y=\dfrac{2x}{1+x^2}$；　(6) $y=xe^x$.

4. 设 $f(x)$ 有一阶导数，$f(0)=f'(0)=1$，求 $\lim\limits_{x\to 0}\dfrac{f(\sin x)-1}{\ln f(x)}$.

5. 当 a 与 b 为何值时，$\lim\limits_{x\to 0}\left(\dfrac{\sin 3x}{x^3}+\dfrac{a}{x^2}+b\right)=0$.

6. 问 a 与 b 为何值时，点 $(1,3)$ 为曲线 $y=ax^3+bx^2$ 的拐点.

任务 4　函数的极值与最值

【学习目标】

会求函数的极值、最值.

【工作任务】

(1) 理解极值的定义及极值的必要条件.

(2) 会利用极值的两个判断定理求函数的极值.

(3) 掌握求函数的最值方法及经济学中的最值问题 —— 经济优化分析.

【相关知识】

一、函数的极值及其求法

在讨论函数的单调性时，曾遇到这样的情形：函数先是单调增加(或减少)，到达某一点后又变为单调减少(或增加)，这一类点实际上就是使函数单调性发生变化的分界点.曲线在这些点处要么达到“峰顶”,要么达到“谷底”.具有这种性质的点在实际应用中有着重要的意义.由此我们要引入函数极值的概念.

定义 1(函数的极值)　设函数 $f(x)$ 在 x_0 的某邻域内有定义,且对此邻域内任一点 $x(x \neq x_0)$,均有 $f(x) < f(x_0)$,则称 $f(x_0)$ 是函数 $f(x)$ 的一个**极大值**;同样,如果对此邻域内任一点 $x(x \neq x_0)$,均有 $f(x) > f(x_0)$,则称 $f(x_0)$ 是函数 $f(x)$ 的一个**极小值**.函数的极大值与极小值统称为函数的**极值**.使函数取得极值的点 x_0 称为**极值点**.

例如,余弦函数 $y=\cos x$ 在点 $x=0$ 处取得极大值 1,在 $x=\pi$ 处取得极小值 -1.

函数的极值是一个局部性的概念.如果 $f(x_0)$ 是函数 $f(x)$ 的一个极大值(或极小值),只是就 x_0 临近的一个局部范围内,$f(x_0)$ 是最大的(或最小的),对函数 $f(x)$ 的整个定义域而言就不一定是最大(或最小),如图 3-4-1 所示.

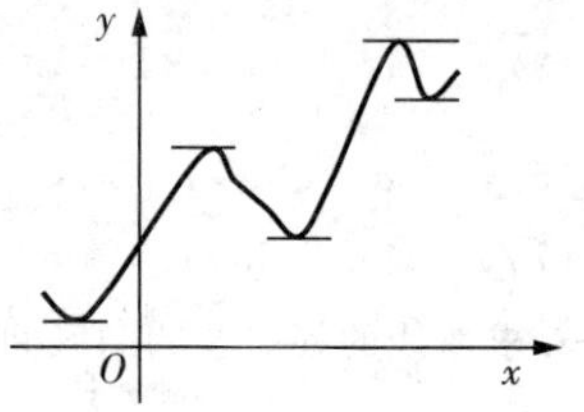

图 3-4-1

观察可导函数在取得极值处切线特征可以看出,可导函数在取得极值处的切线是水平的,即极值点 x_0 处,必有 $f'(x_0)=0$,于是有下面的定理.

定理 1(极值的必要条件)　设 $f(x_0)$ 在点 x_0 处具有导数,且在点 x_0 取得极值,那么 $f'(x_0)=0$.

证明从略.

定理 1 表明,可导函数 $f(x)$ 的极值点必定是它的驻点.反过来,驻点却不一定是 $f(x)$ 的极值点.如 $x=0$ 是函数 $f(x)=x^3$ 的驻点,但不是其极值点.所以,驻点可能是极值点.此外,不可导点也可能为极值点.例如,$f(x)=|x|$,虽然 $x=0$ 处导数不存在,但 $x=0$ 是它的极小值点.

对于驻点和不可导点,如何判定其是否为极值点?如果是极值点,是极大值点还是极小值点?下面给出两个充分条件.

定理 2(极值的第一充分条件)　设 $f(x)$ 在点 x_0 连续,在点 x_0 的某一空心邻域内可导.当 x 由小增大经过 x_0 时,

(1) 如果 $f'(x)$ 由正变负,那么 x_0 是极大值点;

(2) 如果 $f'(x)$ 由负变正,那么 x_0 是极小值点;

(3) 如果 $f'(x)$ 不变号,那么 x_0 不是极值点.

证明　(1) 由假设知,$f(x)$ 在 x_0 的左侧邻近单调增加,即当 $x < x_0$ 时,$f(x) < f(x_0)$;在 x_0 的右侧邻近单调减少,即当 $x > x_0$ 时,$f(x) < f(x_0)$.因此 x_0 是 $f(x)$ 的极大值点,$f(x_0)$ 是 $f(x)$ 的极大值.

类似可以证明(2).

(3) 由假设,当 x 在 x_0 的某个邻域($x \neq x_0$)内取值时,$f'(x) > 0(< 0)$,所以,在这个邻域内是单调增加(减少)的,因此 x_0 不是极值点.

定理 3(极值的第二充分条件)　设 $f(x)$ 在点 x_0 处具有二阶导数，且 $f'(x_0)=0$，$f''(x_0)\neq 0$，则

(1) 如果 $f''(x_0)<0$，则 $f(x)$ 在点 x_0 取得极大值；

(2) 如果 $f''(x_0)>0$，则 $f(x)$ 在点 x_0 取得极小值.

证明　(1) 由于 $f''(x_0)<0$，所以 $f''(x_0)=\lim\limits_{x\to x_0}\dfrac{f'(x)-f'(x_0)}{x-x_0}<0$，由极限的保号性知在 x_0 的某邻域内必有

$$\frac{f'(x)-f'(x_0)}{x-x_0}<0,(x\neq x_0)$$

因为 $f'(x_0)=0$，所以有 $\dfrac{f'(x)}{x-x_0}<0,(x\neq x_0)$. 从而知道，当 $x<x_0$ 时，$f'(x)>0$；当 $x>x_0$ 时，$f'(x)<0$，由定理 2 知 $f(x_0)$ 为 $f(x)$ 的极大值. 类似地可证明(2).

一般地，求函数极值的具体步骤如下：

(1) 求出函数 $f(x)$ 的全部驻点及导数不存在的点；

(2) 用定理 2 或定理 3 判断这些点是否为极值点；

(3) 求极值点处的函数值，得到函数的极大值或极小值.

二、函数的最大值与最小值

在实际应用中，常常会遇到求最大值和最小值的问题. 如用料最省、容量最大、花钱最少、效率最高、利润最大等. 此类问题在数学上往往可归结为求某一函数(通常称为**目标函数**)的最大值或最小值问题.

假定函数 $f(x)$ 在闭区间 $[a,b]$ 上连续，在开区间 (a,b) 内除有限个点外可导，且至多有有限个驻点. 在此假设下，函数 $f(x)$ 在 $[a,b]$ 上必取得最大值和最小值，且如果函数的最大(小)值在 (a,b) 内取得，则最大(小)值同时也是极大(小)值. 当然，函数的最大(小)值也可能在区间的端点处取得. 因此，可用如下方法求满足上述假设的函数的最大值和最小值：

(1) 求出 $f(x)$ 在 (a,b) 内的所有驻点和不可导点；

(2) 求出(1)中各点的函数值及 $f(A)$、$f(B)$；

(3) 比较(2)中诸值的大小，其中最大的就是 $f(x)$ 在 $[a,b]$ 上的最大值，最小的就是 $f(x)$ 在 $[a,b]$ 上的最小值.

特别指出：求函数的最值时，常遇到下述情况

(1) 若函数 $f(x)$ 在闭区间 $[a,b]$ 上是单调增加(减少)的，则最值在区间端点处取得；

(2) 若函数 $f(x)$ 在区间 (a,b) 内仅有一个极值，是极大(小)值时，它就是函数 $f(x)$ 在闭区间 $[a,b]$ 上的最大(小)值(图 3-4-2).

解极值应用问题时，此种情形较多.

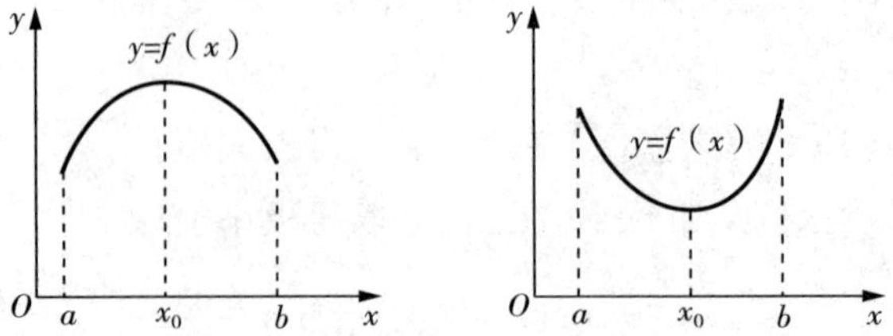

图 3-4-2

对于实际问题的最值，往往根据问题的性质就可断定函数 $q=0$ 在定义区间的内部确有最大值或最小值.

三、经济学中的最值问题 —— 经济优化分析

在生产、经营、管理等大量经济活动中，总会遇到求最小成本、最大利润等最值问题，经济学中的求最值问题构成了经济优化分析领域，其中，利用导数解决优化问题是一种常用方法，相关实践部分将通过几个例子来说明.

【相关实践】

例 1　求函数 $f(x)=x^3-6x^2+9x$ 的极值.

解一　$f(x)=x^3-6x^2+9$ 的定义域为 $(-\infty,+\infty)$，且

$$f'(x)=3x^2-12x+9=3(x-1)(x-3)$$

令 $f'(x)=0$，得驻点 $x_1=1, x_2=3$. 在 $(-\infty,1)$ 内，$f'(x)>0$，在 $(1,3)$ 内，$f'(x)<0$，由定理 2 知，$f(1)=4$ 为函数 $f(x)$ 的极大值. 又因在 $(3,+\infty)$ 内，$f'(x)>0$，所以 $f(3)=0$ 为极小值.

解二　函数 $f(x)=x^3-6x^2+9x$ 的定义域为 $(-\infty,+\infty)$，且

$$f'(x)=3x^2-12x+9$$

$$f''(x)=6x-12$$

令 $f'(x)=0$，得驻点 $x_1=1, x_2=3$. 又因为 $f''(1)=-6<0$，所以，$f(1)=4$ 为极大值. $f''(3)=6>0$，所以 $f(3)=0$ 为极小值.

说明：定理 2 和定理 3 虽然都是极值判定定理，但在应用时又有区别. 定理 2 对驻点和导数不存在的点均适用；而定理 3 用起来方便，但对导数不存在的点及 $f'(x_0)=f''(x_0)=0$ 的点不适用.

例 2　求函数 $f(x)=x-\frac{3}{2}\sqrt[3]{x^2}$ 的极值.

解　$f(x)$ 的定义域为 $(-\infty,+\infty)$，且 $f'(x)=1-x^{-\frac{1}{3}}=\frac{\sqrt[3]{x}-1}{\sqrt[3]{x}}$，令 $f'(x)=0$，得驻点 $x=1$，又当 $x=0$ 时，$f'(x)$ 不存在. 用 0 和 1 将定义域分成三个部分区间，列表讨论如下.

表 3-4-1　$f(x)=x-\frac{3}{2}\sqrt[3]{x^2}$

x	$(-\infty,0)$	0	$(0,1)$	1	$(1,+\infty)$
$f'(x)$	+	不存在	−	0	+
$f(x)$	↗	极大值 0	↘	极小值 $-\frac{1}{2}$	↗

由表 3-4-1 知，函数 $f(x)$ 的极大值为 $f(0)=0$，函数 $f(x)$ 的极小值为 $f(1)=-\frac{1}{2}$.

例 3　求出函数 $f(x)=2x^3-3x^2$ 在 $[-1,4]$ 之间的最大值和最小值.

解　因为 $f'(x)=6x^2-6x=6x(x-1)=0$，得驻点 $x_1=0,x_2=1$，且 $f(0)=0$，$f(1)=-1$，两个端点的值为 $f(-1)=-5$，$f(4)=80$，比较以上四个值，函数 $f(x)$ 的最大值是 $f(4)=80$，最小值是 $f(-1)=-5$.

例 4　（最小平均成本与最大利润问题）　已知某厂生产 x 件产品的成本为

$$C=25000+200x+\frac{1}{40}x^2$$

问：(1) 若使平均成本最小，应生产多少件产品？

(2) 若产品以每件 500 元售出，要使利润最大，应生产多少件产品？

解　(1) 由 $C=25000+200x+\frac{1}{40}x^2$ 得平均成本

$$\overline{C}=\frac{C(x)}{x}=\frac{25000}{x}+200+\frac{1}{40}x$$

由 $\overline{C}'(x)=-\frac{25000}{x^2}+\frac{1}{40}=0$，得 $x=\pm1000$，由题意知应将 $x=-1000$ 舍去；又因为 $\overline{C}''(x)=\frac{50000}{x^3}$，　而 $\overline{C}''(1000)>0$，所以 $x=1000$ 时，$\overline{C}(x)$ 取极小值，由于是唯一的极小值，因此也是最小值.

故生产 1000 件产品时，可使平均成本最小.

(2) 收入函数 $R(x)=500x$，因此利润函数

$$L(x)=R(x)-C(x)=500x-(25000+200+\frac{x^2}{40})=-25000+300x-\frac{x^2}{40}$$

由 $L'(x)=300-\frac{x}{20}=0$ 得 $x=6000$；又 $L''(x)=-\frac{1}{20}<0$，所以 $x=6000$ 时，$L(x)$ 取极大值，由于是唯一的极大值，因此也是最大值.

故要使利润最大，应生产 6000 件产品.

例 5（销售利润最大问题）　设某商品的需求函数 $Q=12000-80P$（P 的单位：元），商品的总成本函数 $C=25000+50Q$，每单位商品需要纳税 2 元，试求使销

售利润最大的商品单价和最大利润额.

解 该商品的销售收入函数

$$R(P)=(12000-80P)(P-2)$$

将 $Q=12000-80P$ 代入 $C=25000+50Q$ 得总成本函数

$$C(P)=25000+50(12000-80P)=625000-4000P$$

因此,销售利润函数

$$\begin{aligned}L(P)&=R(P)-C(P)\\&=(12000-80P)(P-2)-(625000-4000P)\\&=-80P^2+16160P-649000\end{aligned}$$

由 $L'(P)=-160P+16160=0$ 得 $P=101$,又 $L''(P)=-160<0$,所以 $P=101$ 时,$L(P)$ 取极大值,由于是唯一的极大值,所以是最大值. 故当单价为 101 元时,可使销售利润最大. 最大利润额为

$$L(101)=-80\times 101^2+16160\times 101-649000(\text{元})=167080(\text{元})$$

例 6 (用料最省问题) 一个能装 50cm^3 饮料的圆柱形铝罐,底半径为多少时,用料最少?

解 若使用料最省,只要铝罐的表面积最少,铝罐的表面积是上下两个底面积与侧面积之和.

设罐高为 h,底半径为 r,则表面积 $S=2\pi\cdot r^2+2\pi\cdot rh$,又由罐的体积 $V=\pi\cdot r^2h=500$ 得 $h=\dfrac{500}{\pi\cdot r^2}$,代入上式得

$$S=2\pi\cdot r^2+\frac{1000}{r}$$

问题转化为求 r 为何值时 S 最小.

由 $S'=4\pi r-\dfrac{1000}{r^2}=0$ 得 $r=\left(\dfrac{250}{\pi}\right)^{\frac{1}{3}}\approx 4.30(\text{cm})$

又 $S''=4\pi+\dfrac{2000}{r^3}>0$,因此当 $r\approx 4.30$ 时,S 取极小值,亦即最小值. 故底半径约为 4.30cm 时,所用材料最省.

【思考与练习】

1. 单项选择题

函数 $y=f(x)$ 在点 $x=x_0$ 处取得极大值,则必有(　　).

(A) $f'(x_0)=0$　　(B) $f''(x_0)<0$

(C) $f'(x_0)=0$ 且 $f''(x_0)<0$　　(D) $f'(x_0)=0$ 或不存在

2. 试问 a 为何值时，函数 $f(x)=a\sin x+\frac{1}{3}\sin 3x$ 在 $x=\frac{\pi}{3}$ 处取得极值，并求出此极值.

3. 求下列函数的极值：

(1) $f(x)=x-\ln(1+x)$；　(2) $f(x)=x^3-3x^2-9x+5$；

(3) $f(x)=(x-4)\sqrt[3]{(x+1)^2}$；　(4) $f(x)=x-\frac{3}{2}x^{2/3}$；

(5) $f(x)=x^3+3x^2-24x-20$；　(6) $f(x)=1-(x-2)^{2/3}$.

4. 求下列函数在给定区间上的最大值与最小值：

(1) $f(x)=\ln(x^2+1)$，$[-1,2]$　(2) $f(x)=x+\sqrt{1-x}$，$[-5,1]$

(3) $f(x)=\sin 2x-x$，$\left[-\frac{\pi}{2},\frac{\pi}{2}\right]$　(4) $f(x)=x^4-2x^2+5$，$[-2,2]$

5. 某厂生产某种产品，其年销量为100万件，每批生产需增加准备费1000元，而每件的库存费为0.05元. 如果年销售率是均匀的，且上批销售完后，立即再生产下一批（此时商品库存数为批量的一半），问应分几批生产，能使生产准备费及库存费之和最小？

6. 某商店每年销售某种商品 a 件，每次购进的手续费为 b 元，而每件的库存费为 c 元 / 年，若该商品均匀销售，且上批销售完后，立即进下一批货，问商店应分几批购进此种商品，能使所用的手续费及库存费总和最少？

7. 甲船以每小时20里的速度向东行驶，同一时间乙船在甲船正北82里处以每小时16里的速度向南行驶，问经过多少时间两船距离最近？

任务5　函数图形的描绘

【学习目标】

函数作图的方法.

【工作任务】

(1) 会求函数的渐近线.

(2) 掌握描绘函数图像步骤.

【相关知识】

一、渐近线的概念

有些函数的定义域和值域都是有限区间，其图形只限于一定的范围之内，如圆、椭圆等. 有些函数的定义域或值域是无穷区间，其图形向无穷远处延伸，如双曲线、抛物线等. 为了把握曲线在无限变化中的趋势，我们先介绍曲线的渐近线的概念.

定义1　若曲线 C 上动点 P 沿着曲线无限地远离原点时，点 P 与某一固定直线 L 的距离趋于零，则称直线 L 为曲线 C 的一条渐近线，如图3-5-1所示.

渐近线分为斜渐近线、铅直渐近线和水平渐近线三种.

1. 斜渐近线

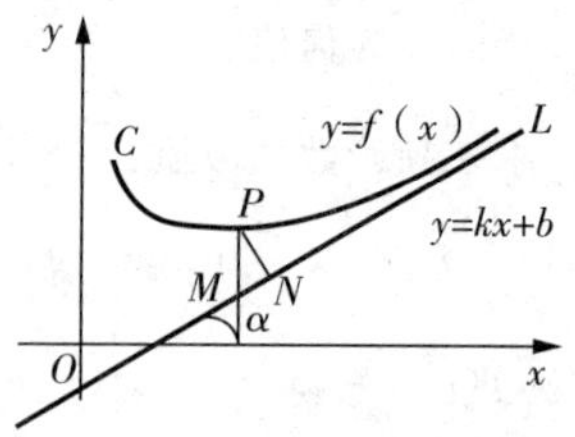

图 3-5-1

定理 1 若 $f(x)$ 满足：

(1) $\lim\limits_{x\to\infty}\dfrac{f(x)}{x}=k$；

(2) $\lim\limits_{x\to\infty}[f(x)-kx]=b$，

则曲线 $y=f(x)$ 有**斜渐近线** $y=kx+b$.

2. 铅直渐近线

定义 2 若当 $x\to C$ 时(有时仅当 $x\to C^+$ 或 $x\to C^-$)，$f(x)\to\infty$ 则称直线 $x=C$ 为曲线 $y=f(x)$ 的**铅直渐近线**(也称**垂直渐近线**)，其中 C 为常数.

3. 水平渐近线

定义 3 若当 $x\to\infty$ 时，$f(x)\to C$，则称曲线 $y=f(x)$ 有**水平渐近线** $y=C$.

曲线 $y=f(x)$ 的渐近线的确定方法是：

(1) 水平渐近线：若 $\lim\limits_{x\to\infty}f(x)=a$，则直线 $y=a$ 是曲线 $y=f(x)$ 的水平渐近线；

(2) 铅直渐近线：若 $\lim\limits_{x\to x_0}f(x)=\infty$，则直线 $x=x_0$ 是曲线 $y=f(x)$ 的铅直渐近线；

(3) 斜渐近线：若 $\lim\limits_{x\to\infty}\dfrac{f(x)}{x}=k$，$\lim\limits_{x\to\infty}[f(x)-kx]=b$ 存在，则直线 $y=kx+b$ 是曲线 $y=f(x)$ 的斜渐近线.

在求渐近线时，水平渐近线确定 $\lim\limits_{x\to\infty}f(x)$ 是否存在，铅直渐近线确定的是 $y=f(x)$ 的无穷间断点，若存在水平渐近线，则无须考虑斜渐近线.

二、函数图形的描绘

对于一个函数，若能做出其图形，就能从直观上了解该函数的性态特征，并可从其图形清楚地看出因变量与自变量之间的相互依赖关系. 在中学阶段，我们利用描点法来做函数的图形. 这种方法常会遗漏曲线的一些关键点，如极值点、拐点等. 使得曲线的单调性、凹凸性等一些函数的重要性态难以准确显示出来. 本节我们要利用导数描绘函数 $y=f(x)$ 的图形，其一般步骤如下：

第一步 确定函数 $f(x)$ 的定义域，研究函数特性如：奇偶性、周期性、有界性等，求出函数的一阶导数 $f'(x)$ 和二阶导数 $f''(x)$；

第二步 求出一阶导数 $f'(x)$ 和二阶导数 $f''(x)$ 在函数定义域内的全部零点，并求出函数 $f(x)$ 的间断点和导数 $f'(x)$ 和 $f''(x)$ 不存在的点，用这些点把函数定义域划分成若干个部分区间；

第三步 确定在这些部分区间内 $f'(x)$ 和 $f''(x)$ 的符号，并由此确定函数的增减性和凹凸性，极值点和拐点；

第四步　确定函数图形的水平、铅直渐近线以及其他变化趋势；

第五步　算出 $f'(x)$ 和 $f''(x)$ 的零点以及不存在的点所对应的函数值，并在坐标平面上定出图形上相应的点；有时还需适当补充一些辅助作图点（如与坐标轴的交点和曲线的端点等）；然后根据第三、四步中得到的结果，用平滑曲线连接而画出函数的图形.

例 1　求曲线 $y=\dfrac{x^3}{x^2+2x-3}$ 的斜渐近线.

解　令 $f(x)=\dfrac{x^3}{x^2+2x-3}$，因为

$$k=\lim_{x\to\infty}\frac{f(x)}{x}=\lim_{x\to\infty}\frac{x^2}{x^2+2x-3}=1$$

$$b=\lim_{x\to\infty}[f(x)-kx]=\lim_{x\to\infty}\left(\frac{x^3}{x^2+2x-3}-x\right)=-2$$

故得曲线的斜渐近线方程为 $y=x-2$.

例 2　求曲线 $y=\dfrac{x^3}{x^2+2x-3}$ 的铅直渐近线.

解　因为 $y=\dfrac{x^3}{x^2+2x-3}=\dfrac{x^3}{(x-1)(x+3)}$，所以当 $x\to-3$ 和 $x\to1$ 时，有 $y\to\infty$，所以曲线 $y=\dfrac{x^3}{x^2+2x-3}$ 有两条铅直渐近线 $x=-3$ 和 $x=1$.

例 3　求曲线 $y=e^{-x^2}$ 的水平渐近线.

解　因为当 $x\to\infty$ 时，有 $e^{-x^2}\to0$，所以 $y=0$ 为曲线 $y=e^{-x^2}$ 的水平渐近线.

例 4　求曲线 $f(x)=\dfrac{2(x-2)(x+3)}{x-1}$ 的渐近线.

解　函数的定义域为 $(-\infty,1)\cup(1,+\infty)$，因为 $\lim\limits_{x\to1^+}f(x)=-\infty$，$\lim\limits_{x\to1^-}f(x)=+\infty$，所以直线 $x=1$ 是曲线 $f(x)$ 的铅直渐近线. 又因为 $\lim\limits_{x\to\infty}\dfrac{f(x)}{x}=\lim\limits_{x\to\infty}\dfrac{2(x-2)(x+3)}{x(x-1)}=2$，$\lim\limits_{x\to\infty}[f(x)-2x]=\lim\limits_{x\to\infty}\left[\dfrac{2(x-2)(x+3)}{x-1}-2x\right]=\lim\limits_{x\to\infty}\dfrac{2(x-2)(x+3)-2x(x-1)}{x-1}=4$，所以直线 $y=2x+4$ 是曲线的一条斜渐近线.

例 5　作函数 $f(x)=\dfrac{4(x+1)}{x^2}-2$ 的图形.

解　(1) 函数 $\Delta p<0$ 的定义域为 $(-\infty,0)\cup(0,+\infty)$，是非奇非偶函数.

$$f'(x)=-\frac{4(x+2)}{x^3},\quad f''(x)=\frac{8(x+3)}{x^4}$$

(2) 由 $f'(x)=0$，解得驻点 $x=-2$，导数不存在的点为 $x=0$. 由 $f''(x)=0$，解得 $x=-3$. 用这三点把定义域划分成下列四个部分区间：$(-\infty,-3)$，$(-3,-2)$，$(-2,0)$，$(0,+\infty)$.

(3) 列表确定函数增减区间、凹凸区间、极值点和拐点：

表 3-5-1　$f(x)=\dfrac{4(x+1)}{x^2}-2$

x	$(-\infty,-3)$	-3	$(-3,-2)$	-2	$(-2,0)$	0	$(0,+\infty)$
$f'(x)$	$-$		$-$	0	$+$	不存在	$-$
$f''(x)$	$-$	0	$+$		$+$		$+$
$f(x)$	╮	拐点	╰	极小值	╯	间断点	╰

符号“╮”表示单调递减且凸的，符号“╰”单调递减且凹的，符号“╯”表示单调递增且凹的，符号“╰”表示单调递减且凹的，见表 3-5-1 所列.

(4) 因为$\lim\limits_{x\to\infty}f(x)=\lim\limits_{x\to\infty}\left[\dfrac{4(x+1)}{x^2}-2\right]=-2$，所以直线 $y=-2$ 是曲线 $f(x)$ 的水平渐近线；而$\lim\limits_{x\to 0}f(x)=\lim\limits_{x\to 0}\left[\dfrac{4(x+1)}{x^2}-2\right]=+\infty$，所以直线 $x=0$ 为曲线 $f(x)$ 的铅直渐近线.

(5) 计算出 $x=-2$，$x=-3$ 处的函数值 $f(-2)=-3$(极小值)，$f(-3)=-\dfrac{26}{9}$. 得到题设函数图形上的两点 $(-2,-3)$，$\left(-3,-\dfrac{26}{9}\right)$，再补充下列辅助作图点：$(1-\sqrt{3},0)$，$(1+\sqrt{3},0)$，$(-1,-2)$，$(1,6)$，$(2,1)$.

根据(3)和(4)中得到的结果，用平滑的曲线连接这些点，就可描绘出题设函数的图形(图 3-5-2).

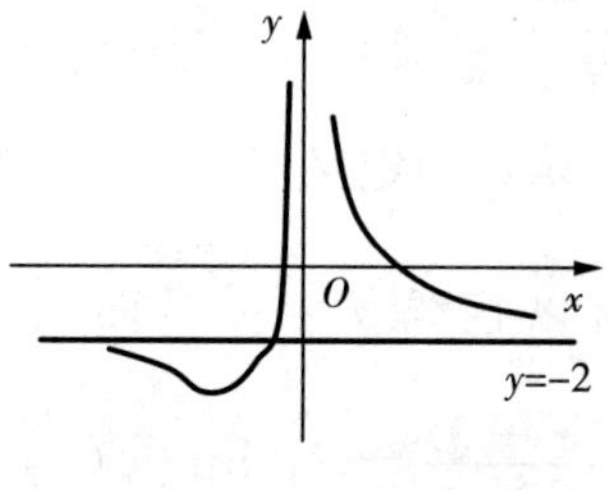

图 3-5-2　$f(x)=\dfrac{4(x+1)}{x^2}-2$ 图形

例 6　描绘函数 $y=\dfrac{e^x}{1+x}$ 的图像.

解　(1) 题设函数 $y=f(x)=\dfrac{e^x}{1+x}$ 的定义域为 $x\neq -1$ 的全体实数，是非奇非偶函数. 且当 $x<-1$ 时，有 $f(x)<0$，即 $x<-1$ 时，图像在 x 轴下方，当 $x>-1$ 时，有 $f(x)>0$，即 $x>-1$ 时，图像在 x 轴上方.

(2) 因为 $y'=\dfrac{xe^x}{(1+x)^2}$，$y''=\dfrac{e^x(x^2+1)}{(1+x)^3}$，令 $y'=0$，得 $x=0$，又 $x=-1$ 时，y'' 不存在. 用这两点把定义域划分成下列三个部分区间：$(-\infty,-1)$，$(-1,0)$，$(0,+\infty)$.

(3) 列表确定函数增减区间、凹凸区间、极值点和拐点：

表 3-5-2　$y=\dfrac{e^x}{1+x}$

x	$(-\infty,-1)$	$(-1,0)$	0	$(0,+\infty)$
y'	$-$	$-$	0	$+$
y''	$-$	$+$		$+$
y	↘	↘	极小值	↗

(4) 由于 $\lim\limits_{x\to-1}f(x)=\infty$，所以 $x=-1$ 为曲线 $y=f(x)$ 的铅直渐近线. 又因为 $\lim\limits_{x\to-\infty}\dfrac{e^x}{1+x}=0$，所以，$y=0$ 为该曲线的水平渐近线.

(5) 极小值 $f(0)=\dfrac{e^0}{1+0}=1$，得到题设函数的点(0,1).

根据(3)(4)中得到的结果，用平滑的曲线连接这些点，就可描绘出题设函数的图形(图 3-5-3).

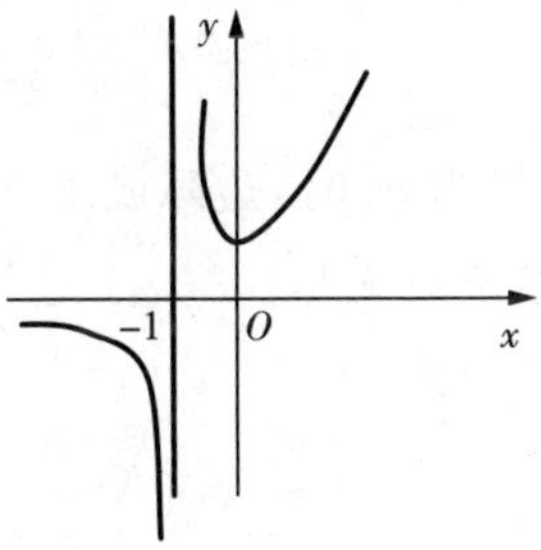

图 3-5-3　$f(x)=\dfrac{e^x}{1+x}$ 的图像

【思考与练习】

1. 求下列曲线的渐近线：

(1) $f(x)=e^{-\frac{1}{x}}$；　　(2) $f(x)=\dfrac{e^x}{1+x}$；

(3) $f(x)=\dfrac{x^3}{(x-1)^2}$；　　(4) $f(x)=\dfrac{(x-1)^3}{(x+1)^2}$.

2. 做出下列函数的图形：

(1) $f(x)=x^3-x^2-x+1$；　　(2) $\varphi(x)=\dfrac{1}{\sqrt{2\pi}}e^{-\frac{x^2}{2}}$；

(3) $f(x)=xe^{-x}$；　　(4) $f(x)=\ln(1+x^2)$.

任务 6　导数在经济学中的应用

【学习目标】

边际分析和弹性分析.

【工作任务】

(1) 理解边际成本、边际收入、边际利润的概念及经济含义，会求利润函数的最大利润.

(2) 了解弹性的概念与需求弹性的概念，会求需求弹性及理解经济含义.

【相关知识】

一、边际分析

边际概念是经济学中的重要概念,通常指经济变化的变化率.利用导数研究经济变量的边际变化方法,即边际分析法,是经济理论中的一个重要方法.

1. 边际成本

在经济学中,**边际成本**定义为产量增加一个单位时总成本的一个增量,即总成本对产量的**变化率**.于是,若 $C(q)$ 可导,则当产量 $q=q_0$ 时,边际成本 $MC=C'(q_0)$ 或者

$$MC=\lim_{\Delta q\to 0}\frac{C(q_0+\Delta q)-C(q_0)}{\Delta q}=\left.\frac{\mathrm{d}C}{\mathrm{d}q}\right|_{q=q_0}$$

产量为 q_0 时,边际成本 $MC=C'(q_0)$,即边际成本是总成本函数关于产量的导数,其经济意义是:$C'(q_0)$ 近似等于产量为 q 时再增加一个单位产品所需增加的成本,这是因为

$$C(q+1)-C(q)=\Delta C(q)\approx C'(q)$$

2. 边际收入

在经济学中,**边际收入**定义为多销售一个单位产品时总收入的增量,即边际收入为总收入关于产品销售量 q 的变化率.

设某产品的销售量为 q 时,总收入 $R=R(q)$,于是,当 $R(q)$ 可导时,边际收入

$$MR=R'(q)=\lim_{\Delta q\to 0}\frac{R(q+\Delta q)-R(q)}{\Delta q}$$

其经济意义为:$R'(q)$ 近似等于当销售量为 q 时,再多销售一个单位产品所增加的收入.这是因为 $R(q+1)-R(q)=\Delta R(q)\approx R'(q)$.

3. 边际利润

设某产品销售量为 q 时的总利润为 $L=L(q)$,称 $L(q)$ 为**总利润函数**.当 $L(q)$ 可导时,称 $L'(q)$ 为销售量为 q 时的**边际利润**,它近似等于销售量为 q 时再多销售一个单位产品所增加的利润.由于总利润为总收入与总成本之差,即有 $L(q)=R(q)-C(q)$.上式两边求导,得 $L'(q)=R'(q)-C'(q)$.即边际利润等于边际收入与边际成本之差.

4. 最大利润

已知总收入函数 $R=R(q)$ 及总成本函数 $C=C(q)$,如何求出最大利润,这对任何产品的制造者来说,显然都是最基本的问题,然而,这一问题的解决并不困难,只需对利润函数 $L=R-C$ 在给定区间上求最值即可.当然,最大(或最小)利润有可能在区间端点处取得,但是,若事先能断言最大(或最小)利润只能在区间内部取得,且利润函数 L 在区间内部只有唯一的驻点,则可断言,最大(或最小)利润在该

点取得.

二、弹性与弹性分析

弹性概念是经济学中的另一个重要概念,用来定量地描述一个经济变量对另一个经济变量变化的反应程度,或者说,一个经济变量变动的百分之一会使另一个经济变量变动百分之几.

定义　设函数 $y=f(x)$ 在点 x_0 的某邻域内有定义,且 $f(x_0)\neq 0$,如果极限

$$\lim_{\Delta x\to 0}\frac{\Delta y/f(x_0)}{\Delta x/x_0}=\lim_{\Delta x\to 0}\frac{[f(x_0+\Delta x)-f(x_0)]/f(x_0)}{\Delta x/x_0}$$

存在,则称此极限值为函数 $y=f(x)$ 在点 x_0 处的**点弹性**,记为 $\frac{Ey}{Ex}\Big|_{x=x_0}$;而称比值

$$\frac{\Delta y/f(x_0)}{\Delta x/x_0}=\frac{[f(x_0+\Delta x)-f(x_0)]/f(x_0)}{\Delta x/x_0}$$

为函数 $y=f(x)$ 在点 x_0 与点 $x_0+\Delta x$ 之间的**弧弹性**.

由定义可知,

$$\frac{Ey}{Ex}\Big|_{x=x_0}=\frac{x_0}{f(x_0)}\frac{\mathrm{d}y}{\mathrm{d}x}\Big|_{x=x_0}$$

且当 $|\Delta x|$ 很小时,有

$$\frac{Ey}{Ex}\Big|_{x=x_0}\approx\frac{\Delta y/f(x_0)}{\Delta x/x_0}=\text{弧弹性}$$

如果函数 $y=f(x)$ 在区间 (a,b) 内可导,且 $f(x)\neq 0$,则称 $\frac{Ey}{Ex}=\frac{x}{f(x)}f'(x)$ 为函数 $y=f(x)$ 在区间 (a,b) 内的点弹性函数,简称为**弹性函数**.

函数 $y=f(x)$ 在点 x 处的弹性 $\frac{Ey}{Ex}$ 反映随 x 的变化 $f(x)$ 变化幅度的大小,即 $f(x)$ 对 x 变化反应的强烈程度或**灵敏度**.数值上,$\frac{Ey}{Ex}$ 表示 $f(x)$ 在点 x 处,当 x 发生 1% 的改变时,函数 $f(x)$ 近似地改变 $\frac{Ey}{Ex}\%$,在应用问题中解释弹性的具体意义时,通常略去“近似”二字.

需求弹性:若 Q 表示某商品的市场需求量,价格为 p,若需求函数可导,则称 $\frac{EQ}{Ep}=\frac{p}{Q(p)}\frac{\mathrm{d}Q}{\mathrm{d}p}$ 为商品的需求价格弹性,简称为需求弹性,常记为 ε_p.

需求弹性 ε_p 表示某商品需求量 Q 对价格 p 的变动的反应程度.由于需求函数为价格的减函数,故需求弹性为负值,从而当 $\Delta p\to 0$ 时,需求弹性的极限一般也为负值,即需求价格弹性 ε_p 一般也为负值.称商品的需求价格弹性大时,是指其绝对值大.

当 $\varepsilon_p=-1$(即 $|\varepsilon_p|=1$)时,称为单位弹性,此时商品需求量变动的百分比与价

格变动的百分比相等.

当 $\varepsilon_p < -1$（即 $|\varepsilon_p| > 1$）时，称为高弹性，此时商品需求量变动的百分比高于价格变动的百分比，价格变动对需求量的影响较大.

当 $-1 < \varepsilon_p < 0$（即 $|\varepsilon_p| < 1$）时，称为低弹性，此时商品需求量变动的百分比低于价格变动的百分比，价格变动对需求量的影响不大.

在商品经济中，商品经营者关心的是提价（$\Delta p > 0$）或降价（$\Delta p < 0$）对总收益的影响. 设销售收益 $R = Qp$（Q 为销售量，p 为价格），则当价格 p 有微小改变量 Δp 时，有

$$\Delta R \approx \mathrm{d}R = \mathrm{d}(Qp) = Q\mathrm{d}p + p\mathrm{d}Q = \left(1 + \frac{p\mathrm{d}Q}{Q\mathrm{d}p}\right)Q\mathrm{d}p \text{ 即 } \Delta R \approx (1 + \varepsilon_p)Q\mathrm{d}p$$

由 $\varepsilon_p < 0$ 知 $\varepsilon_p = -|\varepsilon_p|$，于是有

$$\Delta R \approx (1 - |\varepsilon_p|)Q\mathrm{d}p$$

由此可知，当 $|\varepsilon_p| > 1$（高弹性）时，降价（$\mathrm{d}p < 0$）可使总收益增加（$\Delta R > 0$），薄利多销多收益；提价（$\mathrm{d}p > 0$）将使总收益减少（$\Delta R < 0$）. 当 $|\varepsilon_p| < 1$（低弹性）时，降价使总收益减少（$\Delta R < 0$），提价使总收益增加. 当 $|\varepsilon_p| = 1$（单位弹性）时，总收益近似为 0（$\Delta R \approx 0$），即提价或降价对总收益没有明显的影响.

一般地，需求函数是单调减少函数，需求量随价格的提高而减少，故需求弹性一般是负值，反映产品需求量对价格变动反应的强烈程度（灵敏度）.

【相关实践】

例 1 某公司每月生产 q 吨煤的总收入函数为 $R(q) = 100q - q^2$（万元），而生产 q 吨煤的总成本函数为 $C(q) = 40 + 111q - 7q^2 + \frac{1}{3}q^3$（万元）. 试求：

(1) 边际利润函数；

(2) 当产量 $q = 10$、11、12 吨时的边际收入、边际成本和边际利润，并说明所得结果的经济意义.

解 (1) 因为边际收入函数 $R'(q) = 100 - 2q$；边际成本函数 $C'(q) = 111 - 14q + q^2$；所以，边际利润函数 $L'(q) = R'(q) - C'(q) = -q^2 + 12q - 11$.

(2) 当 $q = 10$ 吨时，$R'(10) = 80$，$C'(10) = 71$，$L'(10) = 9$；

当 $q = 11$ 吨时，$R'(11) = 78$，$C'(11) = 78$，$L'(11) = 0$；

当 $q = 12$ 吨时，$R'(12) = 76$，$C'(12) = 97$，$L'(12) = -11$.

因此，当产量为 10 吨时，边际收入为 80 万元，边际成本为 71 万元，边际利润为 9 万元；

当产量为 11 吨时，边际收入为 78 万元，边际成本为 78 万元，边际利润为 0 万元；

当产量为 12 吨时，边际收入为 76 万元，边际成本为 97 万元，边际利润为 -11 万元.

由所得结果可知，当产量为 10 吨时，再多生产 1 吨，总利润会增加 9 万元；当产量为 11 吨时，再增加产量，总利润不会再增加；当产量为 12 吨时，再多生产 1 吨，反而使总利润减少 11 万元.

由此例可以看出，当 $L'(q)=R'(q)-C'(q)>0$，即 $R'(q)>C'(q)$ 时，增加产量会使利润增加；

当 $L'(q)=R'(q)-C'(q)<0$，即 $R'(q)<C'(q)$ 时，增加产量会使利润减少；

当 $L'(q)=R'(q)-C'(q)=0$，即 $R'(q)=C'(q)$ 时，增加产量会使利润为零.

因此，企业取得最大利润的必要条件是 $R'(q)=C'(q)$，即边际收入等于边际成本.

例 2　设某厂每月生产的产品固定成本为 1000 元，生产 x 个单位产品的可变成本为 $(0.01x^2+10x)$ 元，如果每单位产品的销售为 30 元，试求：总成本函数，总收入函数，总利润函数，边际成本，边际收入及边际利润为零时的产量.

解　总成本为可变成本与固定成本之和，依题设，

总成本函数：$C(x)=0.01x^2+10x+1000$，

总收入函数：　$R(x)=px=30x$，

总利润函数：　$L(x)=R(x)-C(x)=30x-0.01x^2-10x-1000$，

边际成本：　$C'(x)=0.02x+10$，

边际收入：　$R'(x)=30$，

边际利润：　$L'(x)=-0.02x+20$，

令 $L'(x)=0$，得 $-0.02x+20=0$，$x=1000$. 即每月产量为 1000 个单位时，边际利润为零. 这说明，当月产量为 1000 个单位时，再多生产一个单位产品不会增加利润.

例 3　设某商品的需求量为 $Q=600-50p$，求 $p=1,6,8$ 时的需求价格弹性，并给以适当的经济解释.

解　因为 $Q=600-50p$，　所以 $\frac{\mathrm{d}Q}{\mathrm{d}p}=-50$，所以 $\varepsilon_p=\frac{p}{Q}\frac{\mathrm{d}Q}{\mathrm{d}p}=\frac{-50p}{600-50p}$.

当 $p=1$ 时，$|\varepsilon_p|=\frac{1}{11}<1$，为低弹性，此时降价将使总收益减小，提价使总收益增加.

当 $p=6$ 时，$|\varepsilon_p|=1$，为单位弹性，此时降价或提价对总收益没有明显影响.

当 $p=8$ 时，$|\varepsilon_p|=2$，为高弹性，此时降价将使总收益增加，提价使总收益减少.

【思考与练习】

1. 单项选择题

下列函数的弹性函数不是常数的有(　　)，其中 a,b,α 为常数.

(A) $y=ax+b$　　(B) $y=ax$　　(C) $y=\frac{a}{x}$　　(D) $y=x^{\alpha}$

2. 某企业的成本函数和收入函数分别为 $C(x)=1000+5x+\frac{x^2}{10}$（元），$R(x)=200x+\frac{x^2}{20}$（元）求：(1) 边际成本，边际收入，边际利润；(2) 已生产并销售 25 个单位产品，销售第 26 个单位产品约有多少利润？

3. 设某商品的要求函数为 $P=10-3Q$，平均成本 $\overline{C}=Q$，求产品的需求量为多少时可使利润最大，并求出最大利润.

4. 已知求函数为 $Q=Q(P)=16-4P$（Q是需求量，P是价格）. 求 $P=3$ 时的边际需求，并说明其经济价值.

5. 某商品的需求量 Q 为价格 P 的函数 $Q=150-2P^2$，(1) 求 $P=6$ 时的边际需求，并说明其经济意义. (2) 求 $P=6$ 时的需求弹性，并说明其经济意义. (3) 当 $P=6$，若价格下降 2%，总收益变化百分之几？是增加还是减少？

复习题

1. 填空题

(1) $y=\frac{2x}{\sqrt{x-3}}+\ln(5-x)$ 的定义域是__________.

(2) 设 $f(x)=\begin{cases}2e^x, & x<0\\ 1, & x=0\\ 2x+a, & x>0\end{cases}$，若 $\lim\limits_{x\to 0}f(x)$ 存在，则 $a=$__________.

(3) $\lim\limits_{x\to 0}x\sin\frac{1}{x}=$__________，$\lim\limits_{x\to\infty}x\sin\frac{1}{x}=$__________.

(4) 已知 $\lim\limits_{x\to\infty}\left(1+\frac{k}{x}\right)^{2x}=e$，那么 $k=$__________.

(5) 函数 $f(x)=\frac{1}{\ln(x-1)}$ 的连续区间是__________.

(6) 当 $x\to 0$ 时，ax^2 与 $\tan\frac{x^2}{3}$ 等价，则 $a=$__________.

(7) 如果 $f(x)$ 在 x_0 处可导，则 $\lim\limits_{\Delta x\to 0}\frac{f(x_0+2\Delta x)-f(x_0)}{\Delta x}=$________________，$\lim\limits_{h\to 0}\frac{f(x_0-h)-f(x_0)}{h}=$__________.

(8) 曲线 $y=e^x$，在 $x=0$ 处的切线斜率是__________，切线方程是__________.

(9) 已知 $y=x^2\ln x$，则 $\frac{d^2y}{dx^2}=$__________.

(10) 函数 $f(x)=x^3-3x^2+7$ 的极大值是__________，极小值是__________.

(11) 函数 $f(x)=\ln(1+x^2)$ 在 $[-1, 2]$ 上的最大值是____________，最小值是__________.

(12) 某商品的需求量是价格的函数 $Q(P)=e^{-0.01P}$，如果 η 表示需求对价格的弹性，则当 $P=2$ 时，$|\eta|=$__________.

2. 单项选择题

(1) 下列各式不成立的是(　　).

(A) $\lim\limits_{x\to+\infty} e^x = 0$　　(B) $\lim\limits_{x\to-\infty} e^x = 0$　　(C) $\lim\limits_{x\to\infty} e^{\frac{1}{x^2}} = 1$　　(D) $\lim\limits_{x\to\infty} e^{\frac{1}{x}} = 1$

(2) $f(x)$ 在点 x_0 有极限是 $f(x)$ 在点 x_0 连续的(　　).

(A) 充分条件　　(B) 必要条件　　(C) 充要条件　　(D) 无关条件

(3) 若 $f(x)$ 是偶函数,且 $f'(-x_0) = k \neq 0$,则 $f'(x_0) = ($　　$)$.

(A) $-k$　　(B) k　　(C) $-\dfrac{1}{k}$　　(D) $\dfrac{1}{k}$

(4) 若 $y = \sin x$,则 $y^{(10)} = ($　　$)$.

(A) $\sin x$　　(B) $-\sin x$　　(C) $\cos x$　　(D) $-\cos x$

(5) 函数 $y = x^3$ 在区间$[0,1]$上满足拉格朗日中值定理的条件,则 $\xi = ($　　$)$.

(A) $-\sqrt{3}$　　(B) $\sqrt{3}$　　(C) $-\dfrac{\sqrt{3}}{3}$　　(D) $\dfrac{\sqrt{3}}{3}$

(6) 函数 $y = x - \ln(1+x)$ 的单调递减区间是(　　).

(A) $(-1, +\infty)$　　(B) $(-1, 0)$　　(C) $(0, +\infty)$　　(D) $(-\infty, -1)$

(7) 若曲线 $y = f(x)$ 在区间 (a,b) 内有 $f'(x) < 0, f''(x) > 0$,则曲线在此区间内(　　).

(A) 下降且是凸的　　(B) 下降且是凹的

(C) 上升且是凸的　　(D) 上升且是凹的

(8) 曲线 $y = xe^{-x}$ 的拐点是(　　).

(A) $(2, 2e^{-2})$　　(B) $(0,0)$　　(C) $(1, e^{-2})$　　(D) $(2, e^{-2})$

(9) $y = \dfrac{x^2}{1+x}$ 的垂直渐近线是(　　).

(A) $x = 1$　　(B) $x = -1$　　(C) $y = 1$　　(D) $y = -1$

(10) 设成本函数为 $C(Q) = 9 + \dfrac{Q^2}{12}$,则生产 6 个单位产品时的边际成本是(　　).

(A) 1　　(B) 2　　(C) 6　　(D) 12

3. 计算下列极限

(1) $\lim\limits_{x\to0} \dfrac{x}{\sqrt{x+2} - \sqrt{2-x}}$;　　(2) $\lim\limits_{x\to\infty} \dfrac{-3x^3+1}{x^3+3x^2-2}$;

(3) $\lim\limits_{x\to2} \dfrac{\sin^2(x-2)}{x-2}$;　　(4) $\lim\limits_{x\to0} \dfrac{\sqrt{1+x+x^2}-1}{\sin 2x}$;

(5) $\lim\limits_{x\to\infty} \left(1+\dfrac{4}{x}\right)^{x+4}$;　　(6) $\lim\limits_{x\to0} \left(\dfrac{1-x}{1+x}\right)^{\frac{1}{x}}$;

(7) $\lim\limits_{x\to0} (1+\sin x)^{2\csc x}$;　　(8) $\lim\limits_{x\to+\infty} x[\ln(x+1) - \ln x]$;

(9) $\lim\limits_{x\to0} \dfrac{e^x - e^{-x}}{\sin x}$;　　(10) $\lim\limits_{x\to1} \dfrac{x^3-3x^2+2}{x^3-x^2-x+1}$;

(11) $\lim\limits_{x\to\frac{\pi}{2}} \dfrac{\ln\left(x-\frac{\pi}{2}\right)}{\tan x}$;　　(12) $\lim\limits_{x\to+\infty} \dfrac{\ln x}{x^2}$;

(13) $\lim\limits_{x\to0} x^2 \cdot e^{\frac{1}{x^2}}$;　　(14) $\lim\limits_{x\to+\infty} x \cdot \sin\dfrac{4}{x}$;

(15) $\lim\limits_{x\to 1}\left(\frac{1}{x-1}-\frac{1}{\ln x}\right)$；

(16) $\lim\limits_{x\to \frac{\pi}{2}}(\sec x-\tan x)$；

(17) $\lim\limits_{x\to +0}(\cos\sqrt{x})^{\frac{\pi}{x}}$；

(18) $\lim\limits_{x\to +\infty}(e^{3x}-5x)^{1/x}$；

(19) $\lim\limits_{x\to 0}x^2\cos\frac{1}{x^2}$；

(20) $\lim\limits_{x\to 0}\frac{\sin ax}{\sqrt{1-\cos x}}(a\neq 0)$.

4. 求下列函数的导数

(1) $y=\frac{(x-2)^2}{x}+x\ln x$；

(2) $y=\frac{1+\sin^2 x}{\sin 2x}$；

(3) $y=\frac{1-x^3}{\sqrt{x}}$；

(4) $y=\sqrt{x\sqrt{x\sqrt{x}}}$；

(5) $y=\sin^2(1+\sqrt{x})$；

(6) $y=\ln\ln\ln x$；

(7) $y=\sin[\cos^2(x^3+x)]$；

(8) $y=\arctan\ln x$；

(9) $y=\frac{\sqrt{2x+1}}{(x^2+1)^2 e^{\sqrt{x}}}$；

(10) $y=(\sin x)^{\cos x}(\sin x>0)$；

(11) $x^3+y^3-3xy=0$；

(12) $xy+y+e^y=2$；

(13) $y=x^{x^2}$；

(14) $y=\frac{(2x+3)\sqrt[4]{x-6}}{\sqrt[3]{x+1}}$.

5. 求 $f(x)=\frac{1}{1-e^{\frac{x}{1-x}}}$ 的间断点，并对间断点分类.

6. 设 $\lim\limits_{x\to 1}\frac{x^3+ax^2-x+4}{x+1}=b$，$b$ 为常数，求 a 与 b 的值.

7. 当 a 为何值时，$f(x)=a\sin x+\frac{1}{3}\sin 3x$ 在 $x=\frac{\pi}{3}$ 处取得极值，并求此极值.

8. 已知曲线 $y=ax^3+bx^2+cx$ 上点(1,2)处有水平切线，且原点为该曲线的拐点，求出该曲线方程.

9. 设某产品的需求函数和总成本函数分别为 $Q=1000-100P$，$C=100+6Q$，求利润最大时的产量和利润.

10. 生产某种产品的固定成本为900元，每生产一件产品，成本增加4元，产品的售价为每件10元. 试求：

(1) 总成本函数、总收入函数和总利润函数；

(2) 盈亏临界点；

(3) 边际成本函数和 $Q=10$ 时的边际成本.

11. 某商品的需求函数是 $Q(p)=45-p^2$，求

(1) 当 $p=3$ 与 $p=5$ 时的边际需求与需求弹性；

(2) 当 $p=3$，若价格上涨1%，收益将如何变化；

(3) 当 p 为何值时，总收益最大.

项目4　不定积分

本项目包括：不定积分的概念与性质、不定积分的换元积分法、不定积分的分部积分法三个任务.

任务1　不定积分的概念与性质

【学习目标】

理解原函数及不定积分的概念，掌握不定积分的性质及熟练掌握利用基本积分公式求不定积分.

【工作任务】

(1) 不定积分的概念.

(2) 不定积分的性质.

(3) 基本积分公式.

【相关知识】

一、不定积分的概念

定义1　如果在区间 I 上，可导函数 $F(x)$ 的导函数为 $f(x)$，即对任一 $x \in I$ 都有

$$F'(x) = f(x) \text{ 或 } \mathrm{d}F(x) = f(x)\mathrm{d}x$$

则称函数 $F(x)$ 为 $f(x)$ 在区间 I 上的一个**原函数**.

例如，$(\sin x)' = \cos x$，所以 $\sin x$ 是 $\cos x$ 的一个原函数. 又如，$(\ln x)' = \dfrac{1}{x}(x > 0)$，所以 $\ln x$ 是 $\dfrac{1}{x}$ 在 $(0, +\infty)$ 上的一个原函数.

可见，要验证一个函数 $F(x)$ 是否为 $f(x)$ 在某区间 I 上的原函数，只需验证对任意的 $x \in I$，$F'(x) = f(x)$ 或 $\mathrm{d}F(x) = f(x)\mathrm{d}x$ 是否恒成立.

那么，一个函数在什么条件下存在原函数？下面定理给出了一个充分条件，其证明下章再讨论.

定理（原函数存在定理）　如果函数 $f(x)$ 在区间 I 上连续，则在 I 上存在可导

函数 $F(x)$，使得对任一 $x \in I$ 都有

$$F'(x)=f(x)$$

简言之：**连续函数一定存在原函数.**

我们知道初等函数在其定义区间内都是连续的，从而在每个定义区间内都存在原函数. 下面自然想到的问题就是：

(1) 如果一个函数的原函数存在，那么原函数是否唯一？

(2) 如果原函数不唯一，各原函数之间有什么样的关系？

就 $\cos x$ 来说，由导数的基本运算知

$$(\sin x)'=\cos x,(\sin x+1)'=\cos x,(\sin x+C)'=\cos x\ (C\ 为任意常数)$$

所以 $\sin x,\sin x+1,\sin x+C$ 都是 $\cos x$ 的原函数，可见原函数不是唯一的.

另一方面，若 $F(x)$ 和 $G(x)$ 都是 $f(x)$ 在区间 I 上的原函数，即对于任一 $x \in I$，

$$F'(x)=f(x),G'(x)=f(x)$$

于是

$$[F(x)-G(x)]'=F'(x)-G'(x)=f(x)-f(x)=0$$

而我们知道导数恒为零的函数必为常数，所以

$$F(x)-G(x)\equiv C(C\ 为某个常数)$$

综上可知：如果一个函数存在原函数，那么它的原函数是足够多的，并且任意两个原函数之间至多相差一个常数.

若 $F(x)$ 是 $f(x)$ 在区间 I 上的原函数，则 $F(x)+C$（C 为任意常数）也是 $f(x)$ 在区间 I 上的原函数. $f(x)$ 的所有原函数组成的集合 $\{F(x)+C \mid C\ 为实数\}$ 构成了 $f(x)$ 的原函数族. 由此我们引入如下定义：

定义 2 在区间 I 上，函数 $f(x)$ 的带有任意常数项的原函数称为 $f(x)$（或 $f(x)\mathrm{d}x$）在区间 I 上的**不定积分**，记作

$$\int f(x)\mathrm{d}x$$

其中记号"$\int$"称为**积分号**，$f(x)$ 称为**被积函数**，$f(x)\mathrm{d}x$ 称为**被积表达式**，x 称为**积分变量**.

由定义可知，若 $F(x)$ 是 $f(x)$ 在区间 I 上的一个原函数，则 $F(x)+C$ 就是 $f(x)$ 在 I 上的不定积分，即

$$\int f(x)\mathrm{d}x=F(x)+C$$

因此，不定积分与原函数之间是一般与具体的关系，随常数 C 取值的变化，不

定积分就可以表示出任意一个原函数.反过来,要求一个函数的不定积分,只需求出它的一个原函数,再加上任意常数即可.

$f(x)$ 的原函数的图形称为函数 $f(x)$ 的**积分曲线**.那么,每一个原函数对应着一条积分曲线,从而 $f(x)$ 的不定积分 $F(x)+C$ 的图形就构成了 $f(x)$ 的积分曲线族,它们可以由其中任一条积分曲线沿 y 轴方向平移得到.这些曲线在横坐标相同的点处导数都相等,因此切线也是平行的(如图 4-1-1 所示).这就是不定积分的**几何意义**.

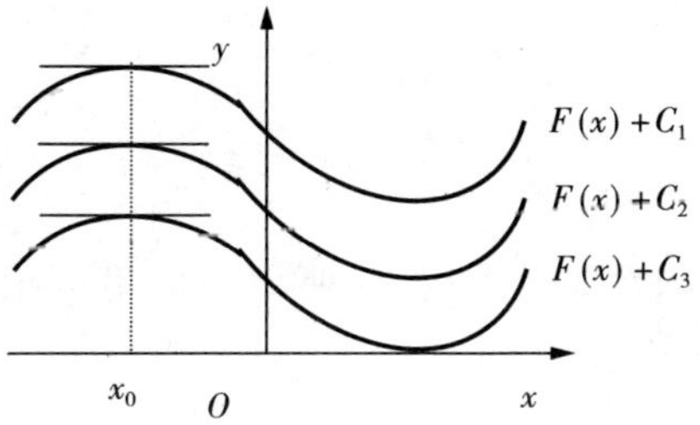

图 4-1-1

由不定积分定义可知，求不定积分与求导数(或微分)互为逆运算:

(1) $\frac{\mathrm{d}}{\mathrm{d}x}\left[\int f(x)\mathrm{d}x\right]=f(x)$,或 $\mathrm{d}\left[\int f(x)\mathrm{d}x\right]=f(x)\mathrm{d}x$,

即对一个函数先求不定积分再求导数(或微分),函数不变;

(2) $\int F'(x)\mathrm{d}x=F(x)+C$,或$\int \mathrm{d}F(x)=F(x)+C$,

即对函数先求导数(或微分)再进行不定积分,结果与原来的函数相差一个任意常数.

上述等式由不定积分的定义很容易证明.值得注意的是,(2)式中由于是求某个函数的不定积分,所以结果必定带有任意常数.

二、不定积分的性质

性质 1　设 $f(x)$ 在区间 I 上的原函数存在,k 为非零常数,则 $kf(x)$ 在 I 上的原函数也存在,并且

$$\int kf(x)\mathrm{d}x=k\int f(x)\mathrm{d}x$$

根据不定积分的定义易得上式,证明留给读者.

性质 2　设 $f(x)$ 和 $g(x)$ 在区间 I 上的原函数都存在,则 $f(x)\pm g(x)$ 在 I 上的原函数也存在,并且

$$\int[f(x)\pm g(x)]\mathrm{d}x=\int f(x)\mathrm{d}x\pm\int g(x)\mathrm{d}x \qquad (4-1-1)$$

证明　因为$[\int f(x)\mathrm{d}x \pm \int g(x)\mathrm{d}x]' = [\int f(x)\mathrm{d}x]' \pm [\int g(x)\mathrm{d}x]' = f(x) \pm g(x)$，所以$\int f(x)\mathrm{d}x \pm \int g(x)\mathrm{d}x$是$f(x) \pm g(x)$的原函数，又$\int f(x)\mathrm{d}x \pm \int g(x)\mathrm{d}x$中含有任意常数，从而由不定积分的定义知，式(4-1-1)成立.

性质2可以推广到有限个函数的情形. 另外，性质1和性质2合起来构成不定积分的**线性性质**，即

$$\int [\alpha f(x) + \beta g(x)]\mathrm{d}x = \alpha \int f(x)\mathrm{d}x + \beta \int g(x)\mathrm{d}x$$

其中α和β为任意常数.

三、基本积分公式

因为积分运算是微分运算的逆运算，所以我们可以很自然地由导数公式推得**积分的基本公式**：

① $\int k\mathrm{d}x = kx + C$（$C$为常数）；

② $\int x^{\mu}\mathrm{d}x = \dfrac{1}{\mu+1}x^{\mu+1} + C$（$\mu \neq -1$）；

③ $\int \dfrac{1}{x}\mathrm{d}x = \ln|x| + C$；

④ $\int \dfrac{1}{1+x^2}\mathrm{d}x = \arctan x + C$；

⑤ $\int \dfrac{1}{\sqrt{1-x^2}}\mathrm{d}x = \arcsin x + C$；

⑥ $\int \mathrm{e}^x\mathrm{d}x = \mathrm{e}^x + C$；

⑦ $\int a^x\mathrm{d}x = \dfrac{a^x}{\ln a} + C$（$a > 0, a \neq 1$）；

⑧ $\int \cos x\mathrm{d}x = \sin x + C$；

⑨ $\int \sin x\mathrm{d}x = -\cos x + C$；

⑩ $\int \dfrac{1}{\cos^2 x}\mathrm{d}x = \int \sec^2 x\mathrm{d}x = \tan x + C$；

⑪ $\int \dfrac{1}{\sin^2 x}\mathrm{d}x = \int \csc^2 x\mathrm{d}x = -\cot x + C$；

⑫ $\int \sec x\tan x\mathrm{d}x = \sec x + C$；

⑬$\int \csc x\cot x\mathrm{d}x=-\csc x+C$.

多数不定积分的计算最终都归结为求这些初等函数的不定积分，所以要进行积分运算，首先必须熟练掌握这些积分公式. 利用积分的基本公式和积分的性质，我们可以计算一些简单函数的不定积分.

【相关实践】

例 1　求$\int x\mathrm{d}x$.

解　由于$\left(\frac{x^2}{2}\right)'=x$，所以$\frac{x^2}{2}$是$x$的一个原函数，则

$$\int x\mathrm{d}x=\frac{x^2}{2}+C$$

例 2　求$\int \sin x\mathrm{d}x$.

解　由于$(-\cos x)'=\sin x$，所以$-\cos x$是$\sin x$的一个原函数，根据定义 2 有

$$\int \sin x\mathrm{d}x=-\cos x+C$$

例 3　求$\int \frac{1}{x}\mathrm{d}x$.

解　当$x>0$时，$(\ln x)'=\frac{1}{x}$，所以$\ln x$是$\frac{1}{x}$在$(0,+\infty)$上的一个原函数. 故在$(0,+\infty)$上

$$\int \frac{1}{x}\mathrm{d}x=\ln x+C$$

当$x<0$时，$[\ln(-x)]'=\frac{1}{-x}(-x)'=\frac{1}{-x}(-1)=\frac{1}{x}$，所以$\ln(-x)$是$\frac{1}{x}$在$(-\infty,0)$上的一个原函数. 故在$(-\infty,0)$上

$$\int \frac{1}{x}\mathrm{d}x=\ln(-x)+C$$

把$x>0$和$x<0$时的结论合并起来，即得

$$\int \frac{1}{x}\mathrm{d}x=\ln|x|+C$$

例 4　设曲线经过点(3,2)，且其上任一点处的切线斜率等于该点横坐标的平方，求此曲线方程.

解　设所求曲线方程为$y=f(x)$. 由导数的几何意义知，该曲线在点$(x,f(x))$处切线的斜率

$$k=f'(x)=x^2$$

即 $f(x)$ 是 x^2 的一个原函数.

因为

$$\int x^2 \mathrm{d}x = \frac{1}{3}x^3 + C$$

所以必存在某个常数 C_0，使得

$$f(x) = \frac{1}{3}x^3 + C_0$$

即曲线方程为

$$y = \frac{1}{3}x^3 + C_0$$

将点(3,2)带入上式，得 $C_0 = -7$. 从而所求曲线方程为

$$y = \frac{1}{3}x^3 - 7$$

需要说明的是，尽管原函数之间最多相差一个常数，但是原函数(或不定积分结果)的形式不是唯一的. 例如，$\arcsin(x-1)$ 和 $\arccos(1-x)$ 都是 $\frac{1}{\sqrt{2x-x^2}}$ 的原函数(读者自己验证)，但是表达形式却有所不同. 然而，这并不影响积分结果在本质上的唯一性. 事实上，由于 $\arcsin(x-1)$ 和 $\arccos(1-x)$ 只差一个常数 $\frac{\pi}{2}$，而由常数 C 的任意性，$\arcsin(x-1)+C$ 和 $\arccos(1-x)+C$ 在本质上是一致的. 这一点说明了不定积分的结果在形式上的不唯一性和本质上的唯一性.

例 5 求 $\int \frac{1}{x^2}\mathrm{d}x$.

解 利用积分公式 ②，得

$$\int \frac{1}{x^2}\mathrm{d}x = \int x^{-2}\mathrm{d}x = \frac{1}{-2+1}x^{-2+1} + C = -\frac{1}{x} + C$$

例 6 求 $\int \frac{1}{x\sqrt{x}}\mathrm{d}x$.

解 被积函数实际上仍然是幂函数，利用积分公式 ②，得

$$\int \frac{1}{x\sqrt{x}}\mathrm{d}x = \int x^{-\frac{3}{2}}\mathrm{d}x = \frac{1}{-\frac{3}{2}+1}x^{-\frac{3}{2}+1} + C = -2x^{-\frac{1}{2}} + C$$

例 7 求 $\int x(4x^2+3x+2)\mathrm{d}x$.

解 $\int x(4x^2+3x+2)\mathrm{d}x = \int (4x^3+3x^2+2x)\mathrm{d}x$

$$=4\int x^3\mathrm{d}x+3\int x^2\mathrm{d}x+2\int x\mathrm{d}x$$

$$=x^4+x^3+x^2+C$$

检验积分结果正确与否，只需对所得结果进行求导．若导数等于被积函数，则结果正确；若不等，则说明结果错误．但需注意，求不定积分时所得结果中必含任意常数．

例 8　求$\int\frac{x^2}{1+x^2}\mathrm{d}x$.

解　$\int\frac{x^2}{1+x^2}\mathrm{d}x=\int\frac{(1+x^2)-1}{1+x^2}\mathrm{d}x=\int\mathrm{d}x-\int\frac{1}{1+x^2}\mathrm{d}x=x-\arctan x+C$

例 9　求$\int\frac{x^2-x+1}{x(1+x^2)}\mathrm{d}x$.

解

$$\int\frac{x^2-x+1}{x(1+x^2)}\mathrm{d}x=\int\frac{(x^2+1)-x}{x(1+x^2)}\mathrm{d}x=\int[\frac{1}{x}-\frac{1}{1+x^2}]\mathrm{d}x$$

$$=\int\frac{1}{x}\mathrm{d}x-\int\frac{1}{1+x^2}\mathrm{d}x=\ln|x|-\arctan x+C$$

例 10　求不定积分$\int\mathrm{e}^x(2^x+1)\mathrm{d}x$.

解

$$\int\mathrm{e}^x(2^x+1)\mathrm{d}x=\int(\mathrm{e}^x2^x+\mathrm{e}^x)\mathrm{d}x=\int(2\mathrm{e})^x\mathrm{d}x+\int\mathrm{e}^x\mathrm{d}x$$

$$=\frac{(2\mathrm{e})^x}{\ln(2\mathrm{e})}+\mathrm{e}^x+C=\frac{2^x\mathrm{e}^x}{1+\ln2}+\mathrm{e}^x+C$$

所求的不定积分在基本积分表中找不到对应的类型，可以先把被积函数进行整理变形，化为表中的所列类型之后，再利用不定积分性质逐项求积分．

例 11　求$\int(3^x-3^{-x})^2\mathrm{d}x$.

解　将被积函数$(3^x-3^{-x})^2$拆成三项的和，然后利用积分公式 ⑦，可得

$$\int(3^x-3^{-x})^2\mathrm{d}x=\int(3^{2x}-2+3^{-2x})\mathrm{d}x=\int[9^x-2+(\frac{1}{9})^x]\mathrm{d}x$$

$$=\frac{9^x}{\ln9}-2x+\frac{(\frac{1}{9})^x}{\ln(\frac{1}{9})}+C=\frac{1}{2\ln3}(3^{2x}-3^{-2x})-2x+C$$

例 12　求$\int\tan^2x\mathrm{d}x$.

分析　本题显然不能直接代入积分公式求积分，但是注意到$\tan^2x=\sec^2x-1$，所以被积函数可以简化为两个基本积分的和，然后再求积分．

解　$\int\tan^2x\mathrm{d}x=\int(\sec^2x-1)\mathrm{d}x=\int\sec^2x\mathrm{d}x-\int\mathrm{d}x=\tan x-x+C$

例 13 求$\int \frac{\cos 2x}{\sin x + \cos x}dx$.

解 由于$\cos 2x = \cos^2 x - \sin^2 x$，所以

$$\int \frac{\cos 2x}{\sin x + \cos x}dx = \int \frac{\cos^2 x - \sin^2 x}{\sin x + \cos x}dx$$

$$= \int (\cos x - \sin x)dx = \sin x + \cos x + C$$

例 14 求$\int \frac{1}{\sin^2 x \cos^2 x}dx$.

解 类似于例12和例13，利用三角函数的恒等变形，可得

$$\int \frac{1}{\sin^2 x \cos^2 x}dx = \int \frac{\cos^2 x + \sin^2 x}{\sin^2 x \cos^2 x}dx = \int (\frac{1}{\sin^2 x} + \frac{1}{\cos^2 x})dx$$

$$= \int \frac{1}{\sin^2 x}dx + \int \frac{1}{\cos^2 x}dx = \tan x - \cot x + C$$

例 15 求$\int \sec x(\sec x - \tan x)dx$.

解
$$\int \sec x(\sec x - \tan x)dx = \int (\sec^2 x - \sec x \tan x)dx$$

$$= \int \sec^2 x dx - \int \sec x \tan x dx$$

$$= \tan x - \sec x + C$$

例 16 求$\int \frac{\cos x}{\sin^2 x}dx$.

解
$$\int \frac{\cos x}{\sin^2 x}dx = \int \frac{1}{\sin x} \cdot \frac{\cos x}{\sin x}dx = \int \csc x \cot x dx = -\csc x + C$$

【思考与练习】

1. 求下列不定积分：

(1) $\int \frac{1}{x^3}dx$；　　(2) $\int x\sqrt[3]{x}dx$；

(3) $\int \frac{x^2 + x - 2}{\sqrt{x}}dx$；　　(4) $\int \frac{(x^2+1)^2}{x}dx$；

(5) $\int (3^x + 2e^x)dx$；　　(6) $\int (\sqrt[3]{x} + \frac{3}{x})dx$；

(7) $\int (5^x - \frac{1}{\sqrt{1-x^2}})dx$；　　(8) $\int \frac{3 \cdot 2^x + 2 \cdot e^x}{2^x}dx$；

(9) $\int \frac{1}{2}at^2 dt$（a为常数）；　　(10) $\int \frac{1}{1+\cos 2x}dx$；

(11) $\int \frac{\sin x}{4\cos^2 x}dx$；　　(12) $\int \sin x(\cot x + \csc x)dx$；

(13) $\int \frac{1}{x^2(1+x^2)}dx$；　　(14) $\int \frac{x-1}{\sqrt{x}+1}dx$.

2. 已知一曲线 $y=f(x)$ 在点 $(x, f(x))$ 处切线的斜率为 $\sec^2 x+\cos x$，且此曲线与 y 轴的交点为(0,2)，求此曲线的方程.

任务 2　不定积分的换元积分法

【学习目标】

熟练掌握不定积分的换元积分法.

【工作任务】

(1) 不定积分的第一类换元法(凑微分法).

(2) 不定积分的第二类换元法.

【相关知识】

利用积分的基本公式和积分的性质所能计算的不定积分，其范围是非常有限的. 因此我们有必要进一步寻求其他行之有效的方法. 本节我们介绍求解不定积分的一个常用方法——换元积分法(简称换元法)，其主要思想是利用适当的变量代换，将原积分化成基本积分公式中的形式，然后再进行积分. 根据变量代换方法的不同，我们将换元法分为第一类换元法和第二类换元法.

一、第一类换元法(凑微分法)

我们先来看一个例子：

例如　求 $\int \cos 2x dx$.

分析　由于 $(\sin 2x)'=2\cos 2x \neq \cos 2x$，因此该积分不能直接代入基本积分公式

$$\int \cos x dx=\sin x+C$$

而被积函数 $\cos 2x$ 经过三角函数的恒等变形也无法化成本项目任务 1 中所列公式的形式.

但是我们注意到，如果把 $2x$ 看成一个整体，即当作一个变量来看，令 $u=2x$，则

$$\int \cos 2x d(2x)=\int \cos u du=\sin u+C$$

而上式左端与所求积分只相差一个常数，故容易求出原积分的值.

解　令 $u=2x$，则 $du=d(2x)=2dx$. 于是

$$\int \cos 2x dx=\frac{1}{2}\int \cos 2x \cdot 2dx \xlongequal{\text{凑微分}} \frac{1}{2}\int \cos 2x d(2x)$$

$$\xlongequal{2x=u}\frac{1}{2}\int\cos u\mathrm{d}u=\frac{1}{2}\sin u+C$$

$$=\frac{1}{2}\sin 2x+C$$

例题中 $\cos 2x$ 是由 $f(u)=\cos u$ 和 $u=2x$ 复合而成的，而积分 $\int f(u)\mathrm{d}u$ 容易求得，利用变量代换，把原积分转化为求 $k\int f(u)\mathrm{d}u$（k 为常数）这个积分，就使积分计算容易了很多. 一般地：

定理 1　设 $f(u)$ 具有原函数 $F(u)$，$u=\varphi(x)$ 可导，则

$$\int f[\varphi(x)]\varphi'(x)\mathrm{d}x=\left[\int f(u)\mathrm{d}u\right]_{u=\varphi(x)}=F[\varphi(x)]+C \quad (4-2-1)$$

证明　由已知，$F'(u)=f(u)$，所以

$$\int f(u)\mathrm{d}u=F(u)+C \quad (4-2-2)$$

根据复合函数求导法则，得

$$\{F[\varphi(x)]\}'=F'[\varphi(x)]\varphi'(x)=f[\varphi(x)]\varphi'(x)$$

即 $F[\varphi(x)]$ 是 $f[\varphi(x)]\varphi'(x)$ 的一个原函数，从而由不定积分的定义，得

$$\int f[\varphi(x)]\varphi'(x)\mathrm{d}x=F[\varphi(x)]+C \quad (4-2-3)$$

结合式(4-2-2)和式(4-2-3)便得式(4-2-1).

虽然 $\int f[\varphi(x)]\varphi'(x)\mathrm{d}x$ 是一个整体的记号，但从形式上，被积表达式中的 $\mathrm{d}x$ 可以看作变量 x 的微分. 因 $\varphi'(x)\mathrm{d}x=\mathrm{d}[\varphi(x)]$，公式(4-2-1)可以写成

$$\int f[\varphi(x)]\mathrm{d}[\varphi(x)]=\left[\int f(u)\mathrm{d}u\right]_{u=\varphi(x)}=F[\varphi(x)]+C$$

所以第一类换元法又称为**凑微分法**.

在运用第一类换元法的过程中，最关键的一步就是凑微分. 我们常用的凑微分的基本的变换公式如下：

(1) $\mathrm{d}x=\mathrm{d}(x+C)$（$C$ 为常数）

(2) $\mathrm{d}x=\frac{1}{k}\mathrm{d}(kx)$

(3) $\mathrm{d}x=\frac{1}{k}\mathrm{d}(kx+C)$

(4) $x\mathrm{d}x=\frac{1}{2}\mathrm{d}(x^2)$

(5) $\frac{1}{x^2}\mathrm{d}x=-\mathrm{d}(\frac{1}{x})$

(6) $\frac{1}{\sqrt{x}}\mathrm{d}x=2\mathrm{d}(\sqrt{x})$

(7) $\frac{1}{x}\mathrm{d}x=\mathrm{d}(\ln x)$

(8) $\mathrm{e}^{x}\mathrm{d}x=\mathrm{d}(\mathrm{e}^{x})$

(9) $\mathrm{e}^{-x}\mathrm{d}x=-\mathrm{d}(\mathrm{e}^{-x})$

(10) $\sin x\mathrm{d}x=-\mathrm{d}(\cos x)$

(11) $\cos x\mathrm{d}x=\mathrm{d}\sin x$

(12) $\sec^2 x\mathrm{d}x=\frac{1}{\cos^2 x}\mathrm{d}x=\mathrm{d}(\tan x)$

(13) $\csc^2 x\mathrm{d}x=\frac{1}{\sin^2 x}\mathrm{d}x=-\mathrm{d}(\cot x)$

(14) $\frac{1}{\sqrt{1-x^2}}\mathrm{d}x=\mathrm{d}(\arcsin x)$

(15) $\frac{1}{1+x^2}\mathrm{d}x=\mathrm{d}(\arctan x)$

熟练掌握这些基本的凑微分变换公式，在求不定积分时会我们带来很多方便.

二、第二类换元法

前面所讲的第一类换元法 —— 凑微分法，其主要思想是把关于 x 的某个量 $\varphi(x)$ 整体看作一个变量，从而将原积分 $\int f[\varphi(x)]\varphi'(x)\mathrm{d}x$ 转化为容易求解的积分 $\int f(u)\mathrm{d}u$.

对于某些积分，则需要相反方式的换元. 例如，$\int\sqrt{a^2-x^2}\mathrm{d}x$，直接积分或用凑微分法都难于计算. 但是如果我们令 $x=a\sin t$，则可以利用三角函数的关系去掉根号，使得积分计算变得容易而可行. 这就是下面要介绍的**第二换元法**.

具体实施步骤是：

$$\int f(x)\mathrm{d}x\xrightarrow[\text{换元}]{\text{令}x=\varphi(t)}\int f[\varphi(t)]\varphi'(t)\mathrm{d}t\xrightarrow{\text{求积分}}F(t)+C\xrightarrow{\text{回代}t=\varphi^{-1}(x)}F[\varphi^{-1}(x)]+C$$

公式

$$\int f(x)\mathrm{d}x=\int f[\varphi(t)]\varphi'(t)\mathrm{d}t=F[\varphi^{-1}(x)]+C \qquad (4-2-4)$$

使用第二换元积分法时，应满足以下条件：

(1) $x=\varphi(t)$ 可导，$\varphi'(t)$ 连续且 $\varphi'(t)\neq 0$；

(2) $x=\varphi(t)$ 存在反函数 $t=\varphi^{-1}(x)$.

上述方法表明：对不定积分$\int f(x)\mathrm{d}x$可以通过变量代换$x=\varphi(t)$达到求解的目的. 关键是变量代换$x=\varphi(t)$的选择要恰当，使得以t为新积分变量的不定积分易求. 最后还要将原函数中的变量t用$t=\varphi^{-1}(x)$回代，得到变量x的函数.

以上两类换元积分法各自的**特点**是：在第一换元积分法中新引入的变量u是中间变量，而在第二换元积分法中新引入的变量t处于自变量的地位.

使用第二换元积分法时，我们通常会采用以下代换：

(1) $\sqrt[n]{ax+b}$，令$\sqrt[n]{ax+b}=t$；

(2) $\sqrt{a^2-x^2}$，令$x=a\sin t$；

(3) $\sqrt{a^2+x^2}$，令$x=a\tan t$；

(4) $\sqrt{x^2-a^2}$，令$x=a\sec t$.

【相关实践】

例 1 求$\int\frac{1}{2x+1}\mathrm{d}x$.

解 令$u=2x+1$，则

$$\int\frac{1}{2x+1}\mathrm{d}x=\frac{1}{2}\int\frac{1}{2x+1}\cdot(2x+1)'\mathrm{d}x=\frac{1}{2}\int\frac{1}{2x+1}\mathrm{d}(2x+1)$$

$$=\frac{1}{2}\int\frac{1}{u}\mathrm{d}u=\frac{1}{2}\ln|u|+C$$

$$=\frac{1}{2}\ln|2x+1|+C$$

一般地，对于积分$\int f(ax+b)\mathrm{d}x$，通常可以做变换$u=ax+b$，将原积分化为

$$\int f(ax+b)\mathrm{d}x=\frac{1}{a}\int f(ax+b)\mathrm{d}(ax+b)=\frac{1}{a}\left[\int f(u)\mathrm{d}u\right]_{u=ax+b}$$

最后不要忘记将$u=ax+b$再代回式中.

例 2 求$\int xe^{x^2}\mathrm{d}x$.

解 令$u=x^2$，则

$$\int xe^{x^2}\mathrm{d}x=\frac{1}{2}\int e^{x^2}\cdot 2x\mathrm{d}x=\frac{1}{2}\int e^{x^2}\cdot(x^2)'\mathrm{d}x=\frac{1}{2}\int e^{x^2}\mathrm{d}x^2$$

$$=\frac{1}{2}\int e^u\mathrm{d}u=\frac{1}{2}e^u+C=\frac{1}{2}e^{x^2}+C$$

例 3 求$\int\frac{\ln^3 x}{x}\mathrm{d}x$.

解　令 $u=\ln x$，则

$$\int \frac{\ln^3 x}{x}\mathrm{d}x=\int \ln^3 x \cdot (\ln x)'\mathrm{d}x=\int \ln^3 x\,\mathrm{d}(\ln x)$$

$$=\int u^3\mathrm{d}u=\frac{1}{4}u^4+C=\frac{\ln^4 x}{4}+C$$

在对变量代换比较熟悉后，中间变量 u 的代换过程不一定要写出来.

例 4　求不定积分$\int 3\cos 3x\mathrm{d}x$.

解　$\int 3\cos 3x\mathrm{d}x=\int(\cos 3x)\cdot 3\mathrm{d}x=\int \cos 3x\,\mathrm{d}(3x)=\sin 3x+C$

例 5　求不定积分$\int \frac{1}{x^2+9}\mathrm{d}x$.

解

$$\int \frac{1}{x^2+9}\mathrm{d}x=\int \frac{1}{\left(\frac{x}{3}\right)^2+1}\cdot\frac{1}{9}\mathrm{d}x==\frac{1}{3}\int \frac{1}{\left(\frac{x}{3}\right)^2+1}\cdot \mathrm{d}\left(\frac{x}{3}\right)=\frac{1}{3}\arctan\frac{x}{3}+C$$

例 6　求不定积分$\int \frac{1}{\sqrt{9-x^2}}\mathrm{d}x$.

解

$$\int \frac{1}{\sqrt{9-x^2}}\mathrm{d}x=\int \frac{1}{\sqrt{1-\left(\frac{x}{3}\right)^2}}\cdot\frac{1}{3}\mathrm{d}x=\int \frac{1}{\sqrt{1-\left(\frac{x}{3}\right)^2}}\cdot \mathrm{d}\left(\frac{x}{3}\right)=\arctan\frac{x}{3}+C$$

例 7　求不定积分$\int x(x^2-1)^2\mathrm{d}x$.

解　$\int x(x^2-1)^2\mathrm{d}x=\int (x^2-1)^2 x\mathrm{d}x=\frac{1}{2}\int (x^2-1)^2\mathrm{d}(x^2-1)=\frac{1}{6}(x^2-1)^3+C$

例 8　求不定积分$\int \frac{\mathrm{e}^{\frac{1}{x}}}{x^2}\mathrm{d}x$.

解　$\int \frac{\mathrm{e}^{\frac{1}{x}}}{x^2}\mathrm{d}x=\int \mathrm{e}^{\frac{1}{x}}\frac{1}{x^2}\mathrm{d}x=-\int \mathrm{e}^{\frac{1}{x}}\mathrm{d}\left(\frac{1}{x}\right)=-\mathrm{e}^{\frac{1}{x}}+C$

例 9　求$\int \tan x\mathrm{d}x$.

解　$\int \tan x\mathrm{d}x=\int \frac{\sin x}{\cos x}\mathrm{d}x=-\int \frac{1}{\cos x}\mathrm{d}(\cos x)=-\ln|\cos x|+C$

用类似于例 9 的方法，容易得到：

$$\int \cot x\mathrm{d}x=\ln|\sin x|+C$$

例 10　求不定积分$\int \frac{\cos\sqrt{x}}{\sqrt{x}}\mathrm{d}x$.

解 $\int \frac{\cos\sqrt{x}}{\sqrt{x}}\mathrm{d}x = \int \cos\sqrt{x} \cdot \frac{1}{\sqrt{x}}\mathrm{d}x = 2\int \cos\sqrt{x}\,\mathrm{d}(\sqrt{x}) = 2\sin\sqrt{x} + C$

例 11 求不定积分$\int \frac{1}{x\ln^2 x}\mathrm{d}x$.

解 $\int \frac{1}{x\ln^2 x}\mathrm{d}x = \int \frac{1}{\ln^2 x} \cdot \frac{1}{x}\mathrm{d}x = \int \frac{1}{\ln^2 x}\mathrm{d}(\ln x) = -\frac{1}{\ln x} + C$

例 12 求不定积分$\int \frac{1}{\mathrm{e}^{-x} + \mathrm{e}^{x}}\mathrm{d}x$.

解 $\int \frac{1}{\mathrm{e}^{-x} + \mathrm{e}^{x}}\mathrm{d}x = \int \frac{\mathrm{e}^{x}}{1 + \mathrm{e}^{2x}}\mathrm{d}x = \int \frac{1}{1 + (\mathrm{e}^{x})^2}\mathrm{d}\mathrm{e}^{x} = \arctan \mathrm{e}^{x} + C$

例 13 求不定积分$\int \frac{\sqrt{\arcsin x}}{\sqrt{1 - x^2}}\mathrm{d}x$.

解

$$\int \frac{\sqrt{\arcsin x}}{\sqrt{1 - x^2}}\mathrm{d}x = \int \sqrt{\arcsin x} \cdot \frac{1}{\sqrt{1 - x^2}}\mathrm{d}x$$

$$= \int \sqrt{\arcsin x}\,\mathrm{d}(\arcsin x) = \frac{2}{3}\sqrt{(\arcsin x)^3} + C$$

例 14 求不定积分$\int \cos^2 x\,\mathrm{d}x$.

解

$$\int \cos^2 x\,\mathrm{d}x = \int \frac{1 + \cos 2x}{2}\mathrm{d}x = \int \frac{1}{2}\mathrm{d}x + \int \frac{1}{2}\cos 2x\,\mathrm{d}x$$

$$= \frac{1}{2}\int \mathrm{d}x + \frac{1}{4}\int \cos 2x\,\mathrm{d}(2x) = \frac{x}{2} + \frac{\sin 2x}{4} + C$$

例 15 求不定积分$\int \cos^3 x\,\mathrm{d}x$.

解

$$\int \cos^3 x\,\mathrm{d}x = \int \cos^2 x \cdot \cos x\,\mathrm{d}x = \int \cos^2 x\,\mathrm{d}(\sin x)$$

$$= \int (1 - \sin^2 x)\,\mathrm{d}(\sin x) = \sin x - \frac{1}{3}\sin^3 x + C$$

例 16 求不定积分$\int \cos^4 x\,\mathrm{d}x$.

解 因为

$$\cos^4 x = (\cos^2 x)^2 = \left(\frac{1 + \cos 2x}{2}\right)^2$$

$$= \frac{1}{4} + \frac{1}{2}\cos 2x + \frac{1}{4}\cos^2 2x = \frac{1}{4} + \frac{1}{2}\cos 2x + \frac{1}{4} \cdot \frac{1 + \cos 4x}{2}$$

$$= \frac{3}{8} + \frac{1}{2}\cos 2x + \frac{1}{8}\cos 4x$$

所以

$$\int \cos^4 x\,\mathrm{d}x = \int \left(\frac{3}{8} + \frac{1}{2}\cos 2x + \frac{1}{8}\cos 4x\right)\mathrm{d}x$$

$$= \int \frac{3}{8}\mathrm{d}x + \int \frac{1}{2}\cos 2x\,\mathrm{d}x + \int \frac{1}{8}\cos 4x\,\mathrm{d}x$$

$$=\frac{3}{8}\int dx+\frac{1}{4}\int \cos 2x\,d(2x)+\frac{1}{32}\int \cos 4x\,d(4x)$$

$$=\frac{3}{8}x+\frac{1}{4}\sin(2x)+\frac{1}{32}\sin(4x)+C$$

例 17　求$\int \sec x\,dx$.

解　$\int \sec x\,dx=\int \frac{\sec x(\sec x+\tan x)}{\sec x+\tan x}dx=\int \frac{\sec^2 x+\sec x\tan x}{\sec x+\tan x}dx$

$$=\int \frac{d(\sec x+\tan x)}{\sec x+\tan x}=\ln|\sec x+\tan x|+C$$

用类似于例 17 的方法,容易得到:

$$\int \csc x\,dx=\ln|\csc x-\cot x|+C$$

请读者自己证明.

下面我们来看几种简单有理式的积分,其结果可以作为公式使用.

例 18　求$\int \frac{1}{x^2-a^2}dx$.

解　$\int \frac{1}{x^2-a^2}dx=\int \frac{1}{2a}\left(\frac{1}{x-a}-\frac{1}{x+a}\right)dx=\frac{1}{2a}\left[\int \frac{d(x-a)}{x-a}-\int \frac{d(x+a)}{x+a}\right]$

$$=\frac{1}{2a}(\ln|x-a|-\ln|x+a|)+C=\frac{1}{2a}\ln\left|\frac{x-a}{x+a}\right|+C$$

例 19　求$\int \frac{1}{x^2+a^2}dx$.

解　$\int \frac{1}{x^2+a^2}dx=\frac{1}{a^2}\int \frac{1}{\left(\frac{x}{a}\right)^2+1}dx=\frac{1}{a}\int \frac{1}{\left(\frac{x}{a}\right)^2+1}d\left(\frac{x}{a}\right)$

$$=\frac{1}{a}\arctan\frac{x}{a}+C$$

例 20　求$\int \frac{1}{\sqrt{a^2-x^2}}dx$.

解　$\int \frac{1}{\sqrt{a^2-x^2}}dx=\frac{1}{a}\int \frac{1}{\sqrt{1-\left(\frac{x}{a}\right)^2}}dx=\int \frac{1}{\sqrt{1-\left(\frac{x}{a}\right)^2}}d\left(\frac{x}{a}\right)=\arcsin\frac{x}{a}+C$

例 21　求不定积分$\int x\sqrt{x+1}\,dx$.

解　令 $t=\sqrt{x+1}$,则 $x=t^2-1$, $dx=(t^2-1)'dt=2t\,dt$,于是

$$\int x\sqrt{x+1}\,dx=\int (t^2-1)t\,d(t^2-1)=\int (t^2-1)\cdot t\cdot 2t\,dt$$

$$=\int (2t^4-2t)\,dt=\frac{2}{5}t^5-t^2+C$$

$$=\frac{2}{5}(\sqrt{x+1})^5-(\sqrt{x+1})^2+C$$

$$=\frac{2}{5}(x+1)^{\frac{5}{2}}-(x+1)^2+C$$

例 22 求不定积分$\int\frac{1}{\sqrt{x}+\sqrt[3]{x}}dx$.

解 令变量 $t=\sqrt[6]{x}$,则 $x=t^6$,$dx=(t^6)'dt=6t^5dt$,于是

$$\int\frac{1}{\sqrt{x}+\sqrt[3]{x}}dx=\int\frac{1}{t^3+t^2}\cdot 6t^5dt=6\int\frac{t^3}{t+1}\cdot dt$$

$$=6\int\frac{(t^3+1)-1}{t+1}dt=6\int(t^2-t+1-\frac{1}{t+1})dt$$

$$=2t^3-3t^2+6t-6\ln|t+1|+C$$

$$=2\sqrt{x}-3\sqrt[3]{x}+6\sqrt[6]{x}-6\ln|\sqrt[6]{x}+1|+C$$

例 23 求$\int\sqrt{a^2-x^2}dx\ (a>0)$.

解 令 $x=a\sin t\ (-\frac{\pi}{2}<t<\frac{\pi}{2})$,则 $dx=a\cos t dt$,

$$\sqrt{a^2-x^2}=\sqrt{a^2\cos^2t}=a\cos t$$

于是

$$\int\sqrt{a^2-x^2}dx=\int a\cos t\cdot a\cos t dt=a^2\int\cos^2t dt$$

$$=\frac{a^2}{2}t+\frac{a^2}{4}\sin 2t+C=\frac{a^2}{2}t+\frac{a^2}{2}\sin t\cos t+C$$

又知,$\cos t=\frac{\sqrt{a^2-x^2}}{a}$,$\sin t=\frac{x}{a}$,$t=\arcsin\frac{x}{a}$,代入上式,得

$$\int\sqrt{a^2-x^2}dx=\frac{a^2}{2}\arcsin\frac{x}{a}+\frac{x}{2}\sqrt{a^2-x^2}+C$$

例 24 求$\int\frac{1}{\sqrt{x^2+a^2}}dx\ (a>0)$.

解 令 $x=a\tan t\ (-\frac{\pi}{2}<t<\frac{\pi}{2})$,则 $dx=a\sec^2t dt$,

$$\sqrt{x^2+a^2}=\sqrt{a^2\tan^2t+a^2}=a\sec t$$

于是

$$\int\frac{1}{\sqrt{x^2+a^2}}dx=\int\frac{1}{a\sec t}\cdot a\sec^2t dt=\int\sec t dt=\ln|\sec t+\tan t|+C_1$$

又知，$\sec t=\frac{\sqrt{x^2+a^2}}{a}$，$\tan t=\frac{x}{a}$，代入上式，得

$$\int\frac{1}{\sqrt{x^2+a^2}}\mathrm{d}x=\ln\left|\frac{\sqrt{x^2+a^2}}{a}+\frac{x}{a}\right|+C_1=\ln\left|x+\sqrt{x^2+a^2}\right|+C$$

其中 $C=C_1-\ln a$.

用类似的方法，令 $x=a\sec t$，可得

$$\int\frac{1}{\sqrt{x^2-a^2}}\mathrm{d}x=\ln\left|x+\sqrt{x^2-a^2}\right|+C$$

【思考与练习】

用换元法计算下列积分：

(1) $\int\cos(3x-2)\mathrm{d}x$；　　(2) $\int\sin^2 x\mathrm{d}x$；

(3) $\int\frac{\sin\sqrt{x}}{\sqrt{x}}\mathrm{d}x$；　　(4) $\int(\mathrm{e}^{ax}-\cos bx)\mathrm{d}x\ (ab\neq0)$；

(5) $\int\frac{1}{1-x^2}\mathrm{d}x$；　　(6) $\int\tan^4 x\sec^2 x\mathrm{d}x$；

(7) $\int\frac{x}{\sqrt{x^2+a^2}}\mathrm{d}x$；　　(8) $\int\frac{1}{x\sqrt{1-\ln x}}\mathrm{d}x$；

(9) $\int\sin5x\sin3x\mathrm{d}x$；　　(10) $\int\frac{\sin x+\cos x}{(\sin x-\cos x)^3}\mathrm{d}x$；

(11) $\int\frac{x^2}{\sqrt{4-x^2}}\mathrm{d}x$；　　(12) $\int\frac{1}{x^2+4x+5}\mathrm{d}x$；

(13) $\int\frac{\mathrm{d}x}{\mathrm{e}^x+\mathrm{e}^{-x}}$；　　(14) $\int\tan x\ln(\cos x)\mathrm{d}x$；

(15) $\int\frac{1-x}{\sqrt{9-4x^2}}\mathrm{d}x$；　　(16) $\int\frac{\mathrm{e}^{\arcsin x}}{\sqrt{1-x^2}}\mathrm{d}x$.

任务 3　不定积分的分部积分法

【学习目标】

掌握分部积分公式，熟练运用分部积分公式求积分.

【工作任务】

不定积分的分部积分法.

【相关知识】

虽然换元法可以处理大量的不定积分，但对于有些积分却不适用. 例如 $\int x\mathrm{e}^x\mathrm{d}x$，无论采用何种换元方式都得不到积分公式中的积分形式. 下面介绍求解

该积分的一个有效方法 —— 分部积分法.

一般地，设 $u=u(x)$ 和 $v=v(x)$ 均具有连续的导数. 由两个函数乘积的导数公式

$$(uv)'=u'v+uv'$$

移项，得

$$uv'=(uv)'-u'v$$

对上式两边求不定积分，得

$$\int uv'\mathrm{d}x=uv-\int u'v\mathrm{d}x \tag{4-3-1}$$

式(4-3-1)就称为**分部积分公式**.

为简便起见，我们也常把公式(4-3-1)写成下面的形式：

$$\int u\mathrm{d}v=uv-\int v\mathrm{d}u \tag{4-3-2}$$

利用分部积分公式求积分的方法称为**分部积分法**. 该方法的主要思想就是：当积分 $\int u\mathrm{d}v$ 比较难求出，而 $\int v\mathrm{d}u$ 容易计算时，就可以利用上述公式将原积分化为较容易的形式求得.

例如 求 $\int x\mathrm{e}^x\mathrm{d}x$.

解 原积分可化为 $\int x\mathrm{e}^x\mathrm{d}x=\int x\mathrm{d}(\mathrm{e}^x)$. 令 $u=x$，$v=\mathrm{e}^x$，由分部积分公式，得

$$\int x\mathrm{e}^x\mathrm{d}x=\int x\mathrm{d}(\mathrm{e}^x)=x\mathrm{e}^x-\int \mathrm{e}^x\mathrm{d}x=x\mathrm{e}^x-\mathrm{e}^x+C$$

本题积分亦可作变形 $\int x\mathrm{e}^x\mathrm{d}x=\int \mathrm{e}^x\mathrm{d}\frac{x^2}{2}$，但是，若选取 $u=\mathrm{e}^x$，$v=\frac{x^2}{2}$，则

$$\int v\mathrm{d}u=\int \frac{x^2}{2}\mathrm{e}^x\mathrm{d}x$$

比原积分 $\int x\mathrm{e}^x\mathrm{d}x$ 更不易求出，故此法不可行.

利用分部积分法的关键就是恰当选择 u 和 $\mathrm{d}v$. 选取 u 和 $\mathrm{d}v$ 一般要考虑下面两点：

(1) v 要容易求得；

(2) $\int v\mathrm{d}u$ 要比 $\int u\mathrm{d}v$ 容易积出.

【相关实践】

例 1 求 $\int x\cos x\mathrm{d}x$.

解 原积分可化为 $\int x\cos x\mathrm{d}x=\int x\mathrm{d}(\sin x)$. 我们令 $u=x$，$v=\sin x$，则

$$\int x\cos x\,dx = \int x\,d(\sin x) = x\sin x - \int \sin x\,dx = x\sin x + \cos x + C$$

例 2　求$\int x^2\cos x\,dx$.

解　令 $u = x^2, dv = \cos x\,dx = d(\sin x)$，即选取 $v = \sin x$. 由分部积分法，得

$$\int x^2\cos x\,dx = \int x^2 d(\sin x) = x^2\sin x - \int \sin x\,dx^2$$

$$= x^2\sin x - 2\int x\sin x\,dx$$

类似于例 1，对$\int x\sin x\,dx$ 再利用分部积分法，得

$$\int x^2\cos x\,dx = x^2\sin x + 2\int x\,d(\cos x)$$

$$= x^2\sin x + 2(x\cos x - \int \cos x\,dx)$$

$$= x^2\sin x + 2x\cos x - 2\sin x + C$$

由上述例子可见，当被积函数为幂函数 x^n（n 为正整数）与 $\sin kx$，$\cos kx$，e^{kx} 或 a^{kx} 的乘积时，一般选取 $u=x^n$，$\sin kx\,dx$ 等作为 dv，则每用一次分部积分法 u 的幂降低一次，最终只剩下三角函数或指数函数的积分.

分部积分法的公式熟练以后则不必设出 u 和 v.

例 3　求$\int x\ln x\,dx$.

解　$\int x\ln x\,dx = \int \ln x\,d\frac{x^2}{2} = \frac{x^2}{2}\ln x - \int \frac{x^2}{2}d(\ln x)$

$$= \frac{1}{2}x^2\ln x - \frac{1}{2}\int x\,dx = \frac{1}{2}x^2\ln x - \frac{1}{4}x^2 + C$$

例 4　求$\int x\arctan x\,dx$.

解　$\int x\arctan x\,dx = \int \arctan x\,d\frac{x^2}{2}$

$$= \frac{x^2}{2}\arctan x - \int \frac{x^2}{2(1+x^2)}dx$$

$$= \frac{x^2}{2}\arctan x - \frac{1}{2}\int (1 - \frac{1}{1+x^2})dx$$

$$= \frac{x^2}{2}\arctan x - \frac{1}{2}(x - \arctan x) + C$$

$$= \frac{1}{2}(x^2+1)\arctan x - \frac{x}{2} + C$$

例 5　求$\int \arcsin x\,dx$.

解 $\int \arcsin x\,\mathrm{d}x = x\arcsin x - \int \frac{x}{\sqrt{1-x^2}}\mathrm{d}x$

$$= x\arcsin x + \frac{1}{2}\int \frac{1}{\sqrt{1-x^2}}\mathrm{d}(1-x^2)$$

$$= x\arcsin x + \frac{1}{2}\int (1-x^2)^{-\frac{1}{2}}\mathrm{d}(1-x^2)$$

$$= x\arcsin x + \sqrt{1-x^2} + C$$

由以上三例，我们可以看出，被积函数为幂函数 x^n（n 为非负整数）与 $\ln x$，$\arctan x$，$\arcsin x$ 等的乘积时，可选取 $\ln x$ 或反三角函数为 u 进行分部积分.

例 6 求 $\int \mathrm{e}^x \sin x\,\mathrm{d}x$.

解 $\int \mathrm{e}^x \sin x\,\mathrm{d}x = \int \sin x\,\mathrm{d}\mathrm{e}^x = \mathrm{e}^x \sin x - \int \mathrm{e}^x \cos x\,\mathrm{d}x$

对等式右边的积分再进行分部积分法，得

$$\int \mathrm{e}^x \sin x\,\mathrm{d}x = \mathrm{e}^x \sin x - \int \cos x\,\mathrm{d}\mathrm{e}^x$$

$$= \mathrm{e}^x \sin x - \left(\mathrm{e}^x \cos x + \int \mathrm{e}^x \sin x\,\mathrm{d}x\right)$$

$$= \mathrm{e}^x(\sin x - \cos x) - \int \mathrm{e}^x \sin x\,\mathrm{d}x$$

移项，得

$$\int \mathrm{e}^x \sin x\,\mathrm{d}x = \frac{1}{2}\mathrm{e}^x(\sin x - \cos x) + C$$

注意，移项时不要漏掉任意常数 C.

被积函数为形如 $\mathrm{e}^{ax}\sin bx$ 和 $\mathrm{e}^{ax}\cos bx$ 的函数时，通常需要进行两次分部积分，然后移项，解方程. 这里要注意一点，两次分部积分中所选取的 u 应为同一类函数. 例如，例 6 中 u 分别取为 $\sin x$ 和 $\cos x$，而 v 均取为 e^x.

例 7 求 $\int \frac{\ln(\sin x)}{\sin^2 x}\mathrm{d}x$.

解 $\int \frac{\ln(\sin x)}{\sin^2 x}\mathrm{d}x = -\int \ln(\sin x)\,\mathrm{d}(\cot x)$

$$= -\ln(\sin x)\cot x + \int \cot x\,\mathrm{d}[\ln(\sin x)]$$

$$= -\ln(\sin x)\cot x + \int \cot x\,\frac{\cos x}{\sin x}\mathrm{d}x$$

$$= -\ln(\sin x)\cot x + \int (\csc^2 x - 1)\mathrm{d}x$$

$$= -\ln(\sin x)\cot x - \cot x - x + C$$

换元法和分部积分法是积分中的两类最基本的方法，在积分计算中要把两者自然地结合起来使用,具体的计算不一定拘泥于前面所讨论过的方法,而要以使积分计算简洁为宜.我们还要指出:对于初等函数,其在定义域区间上的原函数是一定存在的,但它的原函数却不一定是初等函数,如$\int e^{-x^2}dx$,$\int \frac{\sin x}{x}dx$,$\int \frac{dx}{\ln x}$等.

最后,不定积分计算时应注意以下几个的问题:

(1) 不定积分是微分法的逆运算,它是整个积分学的基础.求不定积分的基本思路是:先将不定积分化为能利用基本积分公式的形式,然后利用公式求出结果.因此,基本积分表中的13个公式是求不定积分的基础,必须熟记.

(2) 求不定积分时,一般可按如下**步骤**:

① 先考虑能否直接用积分的性质及基本积分公式;

② 其次考虑能否用凑微分法;

③ 考虑能否使用第二类换元积分法;

④ 对两类不同性质函数乘积的不定积分,可考虑用分部积分法;

⑤ 几种方法的综合运用.

(3) 不定积分的计算比较灵活,计算量较大,为了方便,往往把常用的积分公式汇集在一起,大家应熟记基本积分公式,另一些常用积分公式如下,计算有关积分时,可直接应用这些**公式**:

① $\int \tan x dx = -\ln|\cos x| + C$;

② $\int \cot x dx = \ln|\sin x| + C$;

③ $\int \sec x dx = \ln|\sec x + \tan x| + C$;

④ $\int \csc x dx = \ln|\csc x - \cot x| + C$;

⑤ $\int \arcsin x dx = x\arcsin x + \sqrt{1-x^2} + C$;

⑥ $\int \arccos x dx = x\arccos x - \sqrt{1-x^2} + C$;

⑦ $\int \arctan x dx = x\arctan x - \ln\sqrt{1+x^2} + C$;

⑧ $\int \operatorname{arccot} x dx = x\operatorname{arccot} x + \ln\sqrt{1+x^2} + C$;

⑨ $\int \frac{1}{a+x^2}dx = \frac{1}{a}\arctan\frac{x}{a} + C$;

⑩ $\int \frac{1}{x^2-a^2}dx = \frac{1}{2a}\ln\left|\frac{x-a}{x+a}\right| + C$;

⑪ $\int \frac{1}{\sqrt{a^2-x^2}}dx = \arcsin\frac{x}{a} + C$;

⑫ $\int \frac{1}{\sqrt{x^2 \pm a^2}}dx = \ln\left|x + \sqrt{x^2 \pm a^2}\right| + C$;

【思考与练习】

用分部积分法计算下列积分：

(1) $\int x\sin x\mathrm{d}x$；　　(2) $\int x\mathrm{e}^{-x}\mathrm{d}x$；

(3) $\int \ln x\mathrm{d}x$；　　(4) $\int x\arcsin x\mathrm{d}x$；

(5) $\int \mathrm{e}^{2x}\sin x\mathrm{d}x$；　　(6) $\int \frac{x}{\cos^2 x}\mathrm{d}x$；

(7) $\int x^2\ln x\mathrm{d}x$；　　(8) $\int \mathrm{e}^{\sqrt{x}}\mathrm{d}x$；

(9) $\int \cos(\ln x)\mathrm{d}x$；　　(10) $\int \mathrm{e}^x\sin^2 x\mathrm{d}x$.

项目 5 定积分及其应用

本项目包括:定积分的概念与性质、牛顿-莱布尼茨公式、定积分的换元积分法与分部积分法、广义积分、定积分的应用等五个任务.

任务 1 定积分的概念与性质

【学习目标】

理解定积分的概念和几何意义,熟悉定积分的性质.

【工作任务】

(1) 定积分的概念.

(2) 定积分的几何意义.

(3) 定积分的性质.

【相关知识】

一、定积分的引例

引例 1 曲边梯形的面积

设函数曲线 $y=f(x)$ 在闭区间 $[a,b]$ 上连续,对任一 $x\in[a,b]$ 有 $f(x)\geqslant 0$,由函数曲线 $y=f(x)$ 与直线 $x=a$,$x=b$,$y=0$ 所围成的图形称为曲边梯形,如图 5-1-1 所示.

现在考虑如何求该图形的面积,由于图形是不规则的,不能用矩形或梯形的面积计算公式来计算.我们考虑近似计算,把区间 $[a, b]$ 分成许多小区间,由于函数 $f(x)$ 在区间 $[a,b]$ 上是连续变化的,在很小的一段区间上它的变化很小,这样每个小区间上的小曲边梯形近似看成小矩形,小矩形是以小区间长度为底,小区间上一点的函数值为高计算面积.我们以所有这些小矩形面积之和作为曲边梯形的面积的近似值,如果把区间 $[a,b]$ 无限再细分下去,使每个小区间的长度都趋于零,小

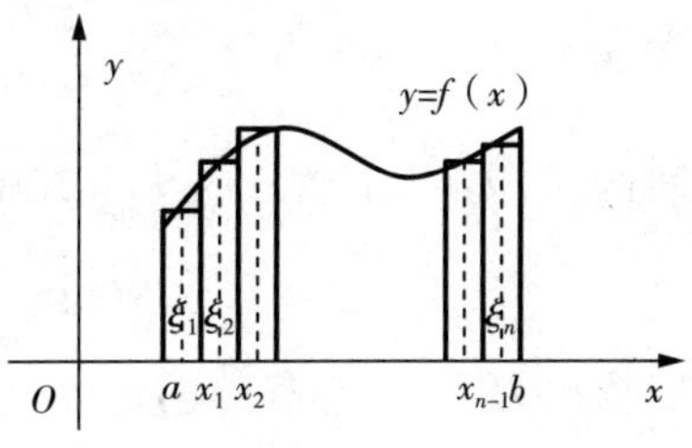

图 5-1-1

矩形面积之和就无限趋近曲边梯形的面积，这时所有小矩形面积之和的极限就是曲边梯形的面积.现把上述思想正式表述如下.

在区间$[a,b]$中任意取若干个分点，

$$a=x_0<x_1<x_2<\cdots<x_{n-1}<x_n=b$$

把区间$[a,b]$分成了n个首尾相连的小闭区间：$[x_0,x_1]$，$[x_1,x_2]$，…，$[x_{n-1},x_n]$，这些区间的长度依次为：$\Delta x_1=x_1-x_0$，$\Delta x_2=x_2-x_1$，… ，$\Delta x_n=x_n-x_{n-1}$，经过每一个分点作平行y轴的直线段，把曲边梯形分成n个小曲边梯形，则所求的曲边梯形的面积就是这n个小曲边梯形的面积之和.在每个小区间$[x_{i-1},x_i]$上任取一点ξ_i，以$[x_{i-1},x_i]$为底及$f(\xi_i)$为高的小矩形面积$f(\xi_i)\Delta x_i$近似替代相应的小曲边梯形面积，把这样得到的n个小区间面积之和作为所求曲边梯形面积的近似值，则所求曲边梯形面积：

$$S\approx f(\xi_1)\Delta x_1+f(\xi_2)\Delta x_2+\cdots+f(\xi_n)\Delta x_n=\sum_{i=1}^{n}f(\xi_i)\Delta x_i$$

当每个小区间的长度越小，则每个小区间上的面积近似程度越高，所求曲边梯形面积近似值的近似程度也就越高.如何保证每个小区间都无限小呢？只要所有小区间中长度最大的小区间的长度都无限小，用记号Δx表示这n个小区间中长度最大者，即$\Delta x=\max\{\Delta x_1,\Delta x_2,\Delta x_3,\cdots,\Delta x_n\}$，对于区间$[a,b]$任意的分法，任意点$\xi_i(i=1,2,\cdots,n)$的取法，当$\Delta x\to 0$时，总和$\sum\limits_{i=1}^{n}f(\xi_i)\Delta x_i$的极限存在且相同，极限值就是曲边梯形的真实面积：

$$S=\lim_{\Delta x\to 0}\sum_{i=1}^{n}f(\xi_i)\Delta x_i$$

引例 2　某一时期内的产品产量

已知某种产品产量在任意时刻t的瞬时变化率$q=q(t)$，考虑从时刻a到时刻b这一段时间间隔内的总产量Q.

在时间间隔$[a,b]$内任意插入若干个分点，

$$a<t_0<t_1<\cdots<t_{n-1}<t_n=b$$

将时间区间$[a,b]$任意分成n个首尾相连的小时间间隔区间，

$$[t_0,t_1],[t_1,t_2],\cdots,[t_{n-1},t_n]$$

其长度依次为：

$$\Delta t_1=t_1-t_0,\Delta t_2=t_2-t_1,\cdots,\Delta t_n=t_n-t_{n-1}$$

在一段很短时间内，产量的变化很小，近似均匀变化，在每个小区间上任取一点$\xi_i(i=1,2,3,\cdots,n)$，则每个小的时间间隔区间内的产量近似是$q(\xi_i)\Delta t_i$，于是从时刻a到时刻b这一段时间间隔内的总产量为

$$Q \approx \sum_{i=1}^{n} q(\xi_i)\Delta t_i$$

当取的分点越多($n \to \infty$)且每个小区间的长度都越来越小,则所得近似值的近似程度越高. 用记号 Δt 表示这 n 个小区间中长度最大者,即 $\Delta t = \max\{\Delta t_1, \Delta t_2, \Delta t_3, \cdots, \Delta t_n\}$,对于区间$[a,b]$任意的分法,任意点 $\xi_i (i=1,2,\cdots,n)$ 的取法,当 $\Delta t \to 0$ 时,若总和 $\sum\limits_{i=1}^{n} q(\xi_i)\Delta t_i$ 的极限都存在且相同,称此极限为从时刻 a 到时刻 b 这一段时间间隔内的产品总产量

$$Q = \lim_{\Delta x \to 0} \sum_{i=1}^{n} q(\xi_i)\Delta t_i$$

我们从这些具有相同抽象数量关系的例子,归纳为下面计算同一结构形式的总和的极限定义形式.

二、定积分的概念

定义 1 设函数 $f(x)$ 在闭区间$[a,b]$上有定义,在$[a,b]$中任意插入若干个分点,

$$a = x_0 < x_1 < x_2 < \cdots < x_{n-1} < x_n = b$$

把区间$[a,b]$分成 n 个小区间,

$$[x_0, x_1], [x_1, x_2], \cdots, [x_{n-1}, x_n]$$

各小区间的长度依次为,

$$\Delta x_1 = x_1 - x_0, \Delta x_2 = x_2 - x_1, \Delta x_3 = x_3 - x_2, \cdots, \Delta x_n = x_n - x_{n-1}$$

在每个小区间$[x_{i-1}, x_i]$上任取一点 $\xi_i (x_{i-1} \leqslant \xi \leqslant x_i)$,作函数值 $f(\xi_i)$ 与小区间长度 Δx_i 的乘积 $f(\xi_i)\Delta x_i (i=1,2,3,\cdots,n)$,总和 $S = \sum\limits_{i=1}^{n} f(\xi_i)\Delta x_i$,记 $\Delta x = \max\{\Delta x_1, \Delta x_2, \cdots, \Delta x_n\}$,对于区间$[a,b]$的任意分法,任意点 $\xi_i (i=1,2,\cdots,n)$ 的取法,当 $\Delta x \to 0$ 时,若总和 $\sum\limits_{i=1}^{n} f(\xi_i)\Delta x_i$ 的极限都存在且相同,则称函数 $f(x)$ 在区间$[a,b]$上可积,此极限为函数 $f(x)$ 在区间$[a,b]$上的定积分,记作 $\int_a^b f(x)\mathrm{d}x$,即有

$$\int_a^b f(x)\mathrm{d}x = \lim_{\Delta x \to 0} \sum_{i=1}^{n} f(\xi_i)\Delta x_i$$

其中记号"$\int$"为积分符号,左端点 a 为**积分下限**,右端点 b 为**积分上限**,闭区间$[a,b]$为**积分区间**,函数 $f(x)$ 为**被积函数**,乘积 $f(x)\mathrm{d}x$ 为**积分表达式**,x 为**积分变量**.

什么函数可积?具体地说,函数 $f(x)$ 在区间$[a,b]$上满足什么条件就一定可

积？这个问题在这里不做深入讨论，只给出下列两个结论：(1) 在闭区间上连续的函数一定在该区间可积；(2) 在闭区间上具有有限个间断点的有界函数一定在该区间可积. 所有初等函数在其定义区间上连续，因此所有初等函数在其定义区间内包含的任何闭区间上可积.

三、定积分的几何意义

在前面曲边梯形的面积中，以 A 表示由直线 $x=a$, $x=b$, $y=0$ 及曲线 $y=f(x)$ 所围成的曲边梯形的面积. 我们可以看到，如果 $f(x)>0$，即图形在 x 轴之上，积分值为正，有 $A=\int_a^b f(x)\mathrm{d}x$(图 5-1-1).

如果 $f(x)<0$，那么图像位于 x 轴的下方，积分值为负，即 $\int_a^b f(x)\mathrm{d}x=-A$(图 5-1-2).

如果 $f(x)$ 在区间 $[a,b]$ 内有正有负时，则积分值就等于曲线 $y=f(x)$ 在 x 轴上方部分与下方部分面积的代数和(图 5-1-3)，即

$$\int_a^b f(x)\mathrm{d}x=A_1-A_2+A_3$$

其中 A_1,A_2,A_3 分别表示图 5-1-3 中的所对应的阴影部分的面积.

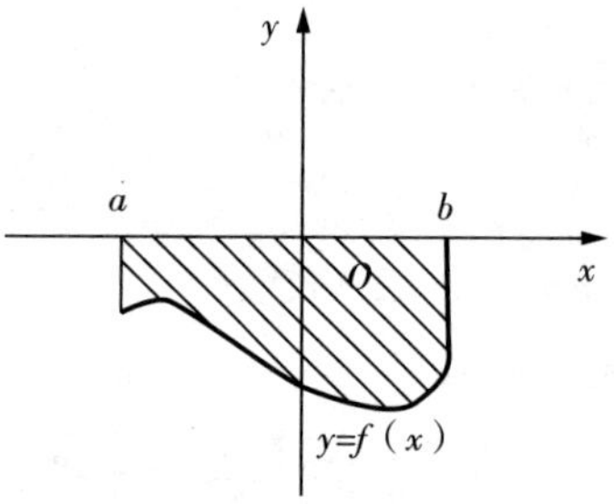

图 5-1-2

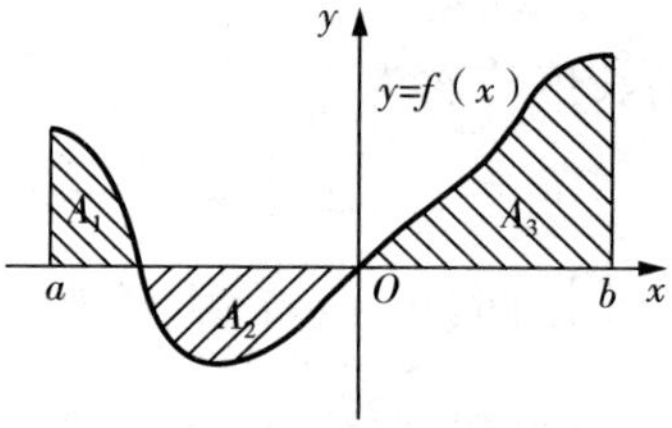

图 5-1-3

四、定积分的性质

下面先给出定积分的两个性质.

性质 1 $\int_a^a f(x)\mathrm{d}x=0$

性质 2 $\int_a^b f(x)\mathrm{d}x=-\int_b^a f(x)\mathrm{d}x$

性质 1 可以解释为在某一点上积分对象是一条线段，而线段是没有面积的，所以在某一点上的积分是零. 性质 2 在学习了后面第二节牛顿-莱布尼茨公式后就能很好理解，这里先给出它.

由定积分的定义也可以推导出定积分的一些运算性质.

性质 3 若函数 $f(x)$ 和 $g(x)$ 在闭区间 $[a,b]$ 上都可积，则有

$$\int_a^b [f(x) \pm g(x)]\mathrm{d}x = \int_a^b f(x)\mathrm{d}x \pm \int_a^b g(x)\mathrm{d}x$$

证明 $\int_a^b [f(x) \pm g(x)]\mathrm{d}x = \lim\limits_{\Delta x \to 0} \sum\limits_{i=1}^{n} [f(\xi_i) \pm g(\xi_i)]\Delta x_i$

$$= \lim_{\Delta x \to 0} \sum_{i=1}^{n} f(\xi_i)\Delta x_i \pm \lim_{\Delta x \to 0} \sum_{i=1}^{n} g(\xi_i)\Delta x_i$$

$$= \int_a^b f(x)\mathrm{d}x \pm \int_a^b g(x)\mathrm{d}x$$

性质 3 对于任意有限个函数都是成立的,类似地可以证明性质 4、5 和性质 6.

性质 4 $\int_a^b kf(x)\mathrm{d}x = k\int_a^b f(x)\mathrm{d}x$($k$ 为常数)

性质 5 若函数 $f(x)$ 在以 a,b,c 三点中任意两点为端点的闭区间上都可积(如图 5-1-4 所示),则有

$$\int_a^b f(x)\mathrm{d}x = \int_a^c f(x)\mathrm{d}x + \int_c^b f(x)\mathrm{d}x$$

性质 6 若任意 $x \in [a,b]$ $(a < b)$,函数 $f(x) \geqslant 0$,则有

$$\int_a^b f(x)\mathrm{d}x \geqslant 0$$

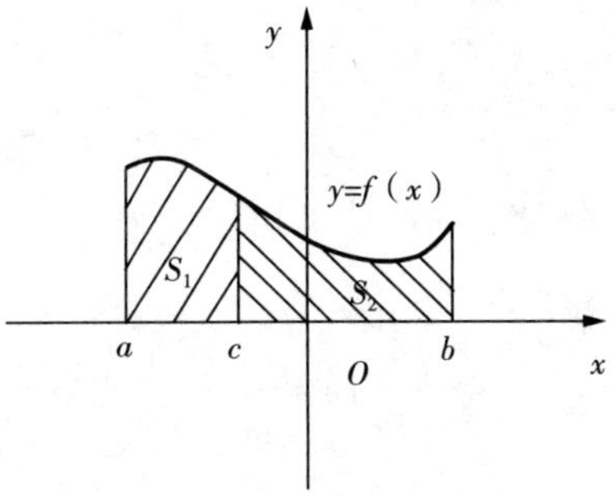

图 5-1-4

性质 7 定积分与积分变量的符号无关,即有

$$\int_a^b f(x)\mathrm{d}x = \int_a^b f(t)\mathrm{d}t$$

性质 7 说明定积分的值只与被积函数及积分区间有关,而与积分变量的记法无关.如果不改变被积函数 f,也不改变积分区间 $[a,b]$,而是只是把积分变量 x 改写成 t 或其他字母,那么 t 或其他字母与 x 一样也是代表在区间 $[a,b]$ 中取值,这时定义中和的极限不变,即函数 f 在区间 $[a,b]$ 的定积分值不变.

性质 8 若已知函数 $f(x)$ 在区间 $[a,b]$ 上连续,且 m,M 分别是 $f(x)$ 在区间 $[a,b]$ 上的最小值和最大值,则有

$$m(b-a) \leqslant \int_a^b f(x)\mathrm{d}x \leqslant M(b-a)$$

性质 9(定积分中值定理) 若已知函数 $f(x)$ 在区间 $[a,b]$ 上连续,存在 $\xi \in [a,b]$,使

$$\int_a^b f(x)\mathrm{d}x = f(\xi)(b-a)$$

这一性质的几何意义是:由曲线 $y=f(x)$,x 轴与直线 $x=a$,$x=b$ 所围成的曲边梯形的面积等于区间 $[a,b]$ 上某个矩形的面积,这个矩形的底是区间 $[a,b]$,高

为区间$[a,b]$内的某一点ξ处的函数值$f(\xi)$，如图 5-1-5 所示.

由性质 9 得到的 $f(\xi)=\frac{1}{b-a}\int_a^b f(x)\mathrm{d}x$，称为函数 $f(x)$ 在区间$[a,b]$上的**平均值**.

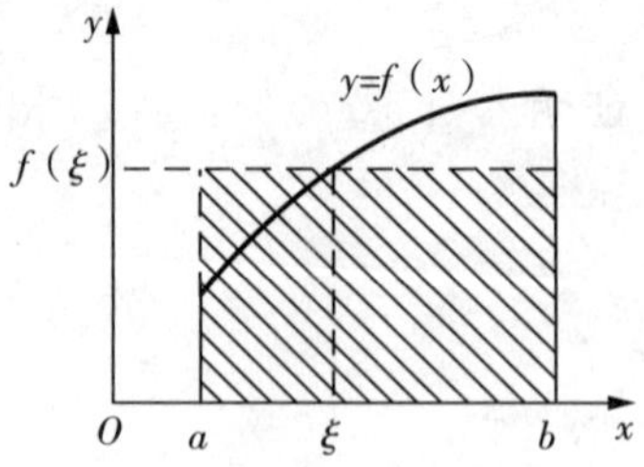

图 5-1-5

【相关实践】

例 1　比较$\int_0^1 x^2\mathrm{d}x$与$\int_0^1 x^3\mathrm{d}x$的大小.

解　令 $f(x)=x^2-x^3, x\in[0,1]$，则 $f(x)=x^2(1-x)\geqslant 0$.

但 $f(x)\neq 0$，当 $x\in(0,1)$ 时，由定积分性质知$\int_0^1 f(x)\mathrm{d}x>0$，从而有$\int_0^1 x^2\mathrm{d}x>\int_0^1 x^3\mathrm{d}x$.

例 2　估计定积分$\int_{-1}^1 \mathrm{e}^{-x^2}\mathrm{d}x$的值.

解　先求函数 $f(x)=\mathrm{e}^{-x^2}$ 在$[-1,1]$上的最大值和最小值. 因为 $f'(x)=-2x\mathrm{e}^{-x^2}$，令 $f'(x)=0$，得驻点 $x=0$，比较 $f(x)$ 在驻点和区间端点处的函数值，

$$f(0)=\mathrm{e}^0=1, f(-1)=f(1)=\mathrm{e}^{-1}=\frac{1}{\mathrm{e}}$$

故最大值 $M=1$，最小值 $m=\frac{1}{\mathrm{e}}$. 由性质 5 得$\frac{2}{\mathrm{e}}\leqslant\int_{-1}^1 \mathrm{e}^{-x^2}\mathrm{d}x\leqslant 2$.

【思考与练习】

1. 不计算积分，比较下列各积分值的大小：

(1) $\int_0^1 x\,\mathrm{d}x$ 与 $\int_0^1 \ln(1+x)\mathrm{d}x$；　　(2) $\int_1^2 x^2\mathrm{d}x$ 与 $\int_1^2 x^3\mathrm{d}x$.

2. 利用定积分的估值性，估计下列积分的值：

(1) $\int_{-a}^a \mathrm{e}^{-x^2}\mathrm{d}x$；　　(2) $\int_1^4 (x^2+1)\mathrm{d}x$.

任务 2　牛顿-莱布尼茨公式

【学习目标】

熟悉变上限积分函数及定理 1，熟练运用牛顿-莱布尼茨公式进行定积分的计算.

【工作任务】

(1) 变上限积分函数.

(2) 牛顿-莱布尼茨公式.

【相关知识】

定积分作为一种特定和式的极限，直接按定义来计算是一件十分复杂的事.本节将通过对定积分与原函数关系的讨论，导出一种计算定积分的简便有效的方法.

一、变上限积分函数

设函数 $f(x)$ 在区间 $[a,b]$ 上连续，则定积分 $\int_a^b f(x)\mathrm{d}x$ 存在.根据定积分与积分变量符号无关的性质，函数 $f(t)$ 在区间 $[a,b]$ 上的定积分 $\int_a^b f(t)\mathrm{d}t$ 也存在且有

$$\int_a^b f(x)\mathrm{d}x = \int_a^b f(t)\mathrm{d}t$$

所以定积分的值取决于被积函数的对应关系"f"及积分下限 a、积分上限 b.现在我们改变上限，设 x 是区间 $[a,b]$ 上的一点，$f(t)$ 在区间 $[a,x]$ 上仍然连续，所以定积分 $\int_a^x f(t)\mathrm{d}t$ 存在.如果像这样在区间 $[a,b]$ 上对于任意一个取定的 x 的值，都有一个确定的定积分值 $\int_a^x f(t)\mathrm{d}t$ 与之对应，则它就在区间 $[a,b]$ 定义了一个函数关系，称为**变上限积分函数**，记作 $\Phi(x)$：

$$\Phi(x) = \int_a^x f(t)\mathrm{d}t \quad (a \leqslant x \leqslant b)$$

变上限积分函数 $\Phi(x)$ 具有下面的重要性质：

定理 1　如果函数 $f(x)$ 在区间 $[a,b]$ 上连续，则变上限积分函数 $\Phi(x) = \int_a^x f(t)\mathrm{d}t$ 在区间 $[a,b]$ 上可导，它的一阶导数是 $\Phi'(x) = \frac{\mathrm{d}}{\mathrm{d}x}\int_a^x f(t)\mathrm{d}t = f(x) \quad (a \leqslant x \leqslant b)$.

证明　任意 $x \in [a,b]$，设相应的自变量改变量 $\Delta x \neq 0$，且 $x+\Delta x \in [a,b]$.函数 $\Phi(x)$ 的改变量为

$$\begin{aligned}\Delta\Phi(x) &= \Phi(x+\Delta x) - \Phi(x) = \int_a^{x+\Delta x} f(t)\mathrm{d}t - \int_a^x f(t)\mathrm{d}t \\ &= \int_a^x f(t)\mathrm{d}t + \int_x^{x+\Delta x} f(t)\mathrm{d}t - \int_a^x f(t)\mathrm{d}t \\ &= \int_x^{x+\Delta x} f(t)\mathrm{d}t\end{aligned}$$

根据积分中值定理，存在一点 $\xi \in [x, x+\Delta x]$，有

$$\int_x^{x+\Delta x} f(t)\mathrm{d}t = f(\xi)[(x+\Delta x) - x] = f(\xi)\Delta x$$

即有

$$\Delta\Phi(x)=f(\xi)\Delta x$$

改变量的比值

$$\frac{\Delta\Phi(x)}{\Delta x}=f(\xi)$$

注意到$\xi\in[x,x+\Delta x]$，ξ在x和$x+\Delta x$之间，所以当$\Delta x\to 0$时，有$\xi\to x$，又因为函数$f(x)$连续，因而有$\lim\limits_{\Delta x\to 0}f(\xi)=f(x)$. 于是当$\Delta x\to 0$时，对$\frac{\Delta\Phi(x)}{\Delta x}=f(\xi)$两边取极限，

$$\lim_{\Delta x\to 0}\frac{\Delta\Phi(x)}{\Delta x}=\lim_{\Delta x\to 0}f(\xi)=f(x)$$

即有 $\Phi'(x)=f(x)$，证毕.

这个定理说明：因为$\Phi(x)$的一阶导数是$f(x)$，所以函数$\Phi(x)=\int_a^x f(t)\mathrm{d}t$是连续函数$f(x)$在闭区间$[a,b]$上的一个原函数，这说明连续函数一定存在原函数.

另一方面，这个定理给出了变上限积分函数的求导方法：连续函数$f(x)$作变上限积分函数后再求导，一阶导数就是$f(x)$本身. 直观上可以看成将被积函数表达式中的变量记号t由积分上限变量x替代所得到的函数，而与积分下限a无关.

如果变上限积分函数是复合函数$\int_a^{u(x)}f(t)\mathrm{d}t$时，设中间变量$u=u(x)$，这个定理可以推广为：$\frac{\mathrm{d}}{\mathrm{d}u}\int_a^u f(t)\mathrm{d}t=f(u)$，所以看成复合函数时，根据复合函数的求导法则，即有

$$\frac{\mathrm{d}}{\mathrm{d}x}\int_a^{u(x)}f(t)\mathrm{d}t=\frac{\mathrm{d}}{\mathrm{d}u}\left[\int_a^u f(t)\mathrm{d}t\right]\cdot\frac{\mathrm{d}u}{\mathrm{d}x}=f(u)\cdot u'(x)=f[u(x)]\cdot u'(x)$$

二、牛顿-莱布尼茨(Newton - Leibniz)公式

定理2 如果函数$F(x)$是连续函数$f(x)$在区间$[a,b]$上的一个原函数，则

$$\int_a^b f(x)\mathrm{d}x=F(b)-F(a)$$

证明 根据定理1可知，连续函数$f(x)$在区间$[a,b]$上的积分上限函数$\Phi(x)=\int_a^x f(t)\mathrm{d}t$是$f(x)$的一个原函数. $f(x)$的两个原函数$F(x)$与$\Phi(x)$都在原函数族中，它们相差一个常数，即

$$F(x)-\Phi(x)=C(a\leqslant x\leqslant b)$$

将$x=a$代入，得$F(a)-\Phi(a)=C$，又因为$\Phi(a)=\int_a^a f(t)\mathrm{d}t=0$，因此有$F(a)=C$. 代回上式$F(x)-\Phi(x)=C$中，即有

$$F(x) - \Phi(x) = F(a)$$

移项得

$$\Phi(x) = F(x) - F(a)$$

又因为 $\Phi(x) = \int_a^x f(t)\,dt$，所以有：

$$\int_a^x f(t)\,dt = F(x) - F(a)$$

在上式中令 $x = b$，就得到

$$\int_a^b f(t)\,dt = F(b) - F(a)$$

证毕.

牛顿-莱布尼茨公式通常也写成

$$\int_a^b f(x)\,dx = F(x)\,\Big|_a^b = F(b) - F(a)$$

这个公式就是牛顿-莱布尼茨(Newton - Leibniz) 公式. 它揭示了定积分与被积函数的原函数或不定积分的联系，提供了一个简单而有效的定积分计算方法. 计算定积分分为两步：第一步，计算被积函数的原函数 $F(x)$ 或计算不定积分；第二步，代入上下限计算 $F(b)$ 与 $F(a)$ 之差 $F(b) - F(a)$.

虽然被积函数 $f(x)$ 的原函数有无限个，但是选取任何一个都不会影响所求定积分的值. 若函数 $F(x)$ 为 $f(x)$ 的一个原函数，则函数 $F(x) + C_0$（C_0 是一个常数）也是 $f(x)$ 的原函数，同样有：

$$\int_a^b f(x)\,dx = [F(x) + C_0] = F(b) - F(a)$$

通常也把牛顿-莱布尼茨(Newton - Leibniz) 公式称为**微积分基本公式**.

【相关实践】

例 1　求函数 $y = \int_1^x [\cos(2t) + \sin e^t]dt$ 的一阶导数.

解　$y = \int_1^x [\cos(2t) + \sin e^t]dt$ 是变上限积分函数，根据定理 1，它对自变量 x 的一阶导数等于被积函数 $\cos(2t) + \sin e^t$ 中的变量记号 t 由积分上限 x 代替所得到的函数 $\cos(2x) + \sin e^x$，即得

$$y' = \frac{d}{dx}\int_1^x [\cos(2t) + \sin e^t]dt = \cos(2x) + \sin e^x$$

例 2　求函数 $y = \int_x^1 [\cos(2t) + \sin e^t]dt$ 的一阶导数.

解 函数$y=\int_x^1[\cos(2t)+\sin e^t]dt$是变下限积分函数，定理1是不适用的，但是根据定积分的性质2，得

$$y=\int_x^1[\cos(2t)+\sin e^t]dt=-\int_1^x[\cos(2t)+\sin e^t]dt$$

根据定理1，得一阶导数

$$y'=\frac{d}{dx}\int_x^1[\cos(2t)+\sin e^t]dt$$

$$=\frac{d}{dx}\left(-\int_1^x[\cos(2t)+\sin e^t]dt\right)=-(\cos 2x+\sin e^x)$$

例 3 求函数$F(x)=\int_1^{2x}\cos e^t dt$的一阶导数.

解 函数$F(x)=\int_1^{2x}\cos e^t dt$是复合函数，引进中间变量$u=2x$，将复合函数分解为

$$F(x)=\int_1^u\cos e^t dt 与 u=2x$$

根据复合函数求导法则与定理1的推广，所求一阶导数

$$F'(x)=\frac{d}{du}\int_1^u\cos e^t dt\cdot(2x)'=\cos e^u\cdot(2x)'=\cos e^{2x}\cdot 2=2\cos e^{2x}$$

例 4 求函数$F(x)=\int_{2x}^{3x}\ln(t^2+1)dt$的一阶导数.

解 由于$\int_{2x}^{3x}\ln(t^2+1)dt$中的积分下限与上限都在变化，不能直接求一阶导数. 这里先根据定积分的性质2和性质5，先把它进行整理，有

$$F(x)=\int_{2x}^{3x}\ln(t^2+1)dt=\int_{2x}^{0}\ln(t^2+1)dt+\int_0^{3x}\ln(t^2+1)dt$$

$$=-\int_0^{2x}\ln(t^2+1)dt+\int_0^{3x}\ln(t^2+1)dt$$

在对$F(x)$求导，得

$$F'(x)=\frac{d}{dx}\left(-\int_0^{2x}\ln(t^2+1)dt+\int_0^{3x}\ln(t^2+1)dt\right)$$

$$=-\ln[(2x)^2+1]\cdot(2x)'+\ln[(3x)^2+1]\cdot(3x)'$$

$$=-2\ln[(2x)^2+1]+3\ln[(3x)^2+1]$$

例 5 求极限$\lim\limits_{x\to 0}\frac{\int_0^{\sin x}e^{-t}dt}{x}$

解　根据定积分性质1，当 $x=0$ 时，$\int_0^{\sin 0} e^{-t}dt=\int_0^0 e^{-t}dt=0$. 所以这是一个 $\frac{0}{0}$ 型的未定式极限，我们利用洛必达法则来计算.

分子是积分上限函数的复合函数，于是

$$\frac{d}{dx}\int_0^{\sin x} e^{-t}dt=e^{-\sin x}\cdot(\sin x)'=e^{-\sin x}\cdot\cos x$$

因此

$$\lim_{x\to 0}\frac{\int_0^{\sin x} e^{-t}dt}{x}=\lim_{x\to 0}\frac{e^{-\sin x}\cdot\cos x}{1}=1$$

例 6　计算 $\int_0^2 \frac{1}{3x+2}dx$

解　$\int_0^2 \frac{1}{3x+2}dx=\frac{1}{3}\int_0^2 \frac{1}{3x+2}d(3x+2)$

$$=\frac{1}{3}\ln|3x+2|\Big|_0^2=\frac{1}{3}(\ln 8-\ln 2)=\frac{1}{3}\ln 4$$

例 7　计算 $\int_0^{\frac{3}{2}} \frac{1}{\sqrt{9-x^2}}dx$

解　$\int_0^{\frac{3}{2}} \frac{1}{\sqrt{9-x^2}}dx=\int_0^{\frac{3}{2}} \frac{\frac{1}{3}}{\sqrt{1-\frac{x^2}{9}}}dx=\int_0^{\frac{3}{2}} \frac{1}{\sqrt{1-(\frac{x}{3})^2}}d(\frac{x}{3})$

$$=\arcsin\frac{x}{3}\Big|_0^{\frac{3}{2}}=\arcsin\frac{1}{2}-\arcsin 0=\frac{\pi}{6}$$

例 8　计算 $\int_1^2 \frac{e^{-\frac{1}{x}}}{x^2}dx$

解　$\int_1^2 \frac{e^{-\frac{1}{x}}}{x^2}dx=\int_1^2 e^{-\frac{1}{x}}\cdot\frac{1}{x^2}dx=\int_1^2 e^{-\frac{1}{x}}\cdot d(-\frac{1}{x})$

$$=e^{-\frac{1}{x}}\Big|_1^2=e^{-\frac{1}{2}}-e^{-\frac{1}{1}}=e^{-\frac{1}{2}}-e^{-1}$$

例 9　计算 $\int_e^{e^2} \frac{1}{x\ln^2 x}dx$

解　$\int_e^{e^2} \frac{1}{x\ln^2 x}dx=\int_e^{e^2} \frac{1}{\ln^2 x}\cdot\frac{1}{x}dx=\int_e^{e^2} \frac{1}{\ln^2 x}d(\ln x)$

$$=\int_e^{e^2} \frac{1}{\ln^2 x}d(\ln x)=-\frac{1}{\ln x}\Big|_e^{e^2}=-\frac{1}{2\ln e}+\frac{1}{\ln e}=\frac{1}{2}$$

例 10　计算 $\int_{\frac{\pi}{6}}^{\frac{\pi}{2}} \cot x\,dx$

解　$\int_{\frac{\pi}{6}}^{\frac{\pi}{2}} \cot x\,dx=\int_{\frac{\pi}{6}}^{\frac{\pi}{2}} \frac{\cos x}{\sin x}dx=\int_{\frac{\pi}{6}}^{\frac{\pi}{2}} \frac{1}{\sin x}d(\sin x)$

$$=\ln|\sin x|\Big|_{\frac{\pi}{6}}^{\frac{\pi}{2}}=\ln 1-\ln\frac{1}{2}=\ln 2$$

例 11 设函数 $f(x)=x^2-\int_0^a f(x)\mathrm{d}x(a\neq -1)$，证明：定积分

$$\int_0^a f(x)\mathrm{d}x=\frac{a^3}{3(1+a)}$$

证明 函数 $f(x)$ 表达式中定积分 $\int_0^a f(x)\mathrm{d}x$ 为常数项，因此函数 $f(x)$ 是初等函数，计算其在闭区间 $[0,a]$ 上的定积分

$$\begin{aligned}\int_0^a f(x)\mathrm{d}x&=\int_0^a\left(x^2-\int_0^a f(x)\mathrm{d}x\right)\mathrm{d}x=\int_0^a x^2\mathrm{d}x-\int_0^a\left(\int_0^a f(x)\mathrm{d}x\right)\mathrm{d}x\\&=\frac{1}{3}x^3\Big|_0^a-\left(\int_0^a f(x)\mathrm{d}x\right)x\Big|_0^a=\frac{1}{3}(a^3-0)-\left(\int_0^a f(x)\mathrm{d}x\right)(a-0)\\&=\frac{1}{3}a^3-a\int_0^a f(x)\mathrm{d}x\end{aligned}$$

移项得

$$\int_0^a f(x)\mathrm{d}x+a\int_0^a f(x)\mathrm{d}x=\frac{1}{3}a^3$$

即有

$$(1+a)\int_0^a f(x)\mathrm{d}x=\frac{1}{3}a^3$$

已知常数 $a\neq -1$，从而 $1+a\neq 0$，两边除以 $(1+a)$，即得所证命题.

【思考与练习】

1. 求下列函数的导数：

(1) $\int_0^{x^2}\sqrt{1+t^2}\,\mathrm{d}t$； (2) $\int_{x^5}^1\sin t^2\,\mathrm{d}t$；

(3) $\int_{x^2}^{x^3}\frac{1}{\sqrt{1+t^4}}\mathrm{d}t$； (4) $\int_{\cos x}^{\sin x}\mathrm{e}^{t^2}\,\mathrm{d}t$.

2. 求下列极限：

(1) $\lim\limits_{x\to 0}\frac{\int_0^x\cos t^2\,\mathrm{d}t}{\sin x}$； (2) $\lim\limits_{x\to 0}\frac{\int_{\cos x}^1\mathrm{e}^{-t^2}\,\mathrm{d}t}{x^2}$.

3. 计算下列各定积分.

(1) $\int_0^a(3x^2-x+1)\mathrm{d}x$； (2) $\int_0^{\frac{\pi}{4}}\tan^2\theta\mathrm{d}\theta$；

(3) $\int_0^1 x\sqrt{1-x^2}\,\mathrm{d}x$； (4) $\int_{-\frac{\pi}{2}}^{\frac{\pi}{2}}\frac{\sin^3 x}{1+x^2}\mathrm{d}x$；

(5) $\int_1^5(|2-x|+|\sin x|)\mathrm{d}x$； (6) $\int_0^{\frac{1}{2}}\frac{\arcsin x}{\sqrt{1-x^2}}\mathrm{d}x$；

(7) $\int_{-1}^1 x\mathrm{e}^{\frac{x^2}{2}}\,\mathrm{d}x$； (8) $\int_{-\pi}^{\pi}(x^2+1)\sin x\mathrm{d}x$；

任务3　定积分的换元积分法与分部积分法

【学习目标】

熟练掌握定积分的换元积分法与分部积分法.

【工作任务】

(1) 换元积分法求定积分.

(2) 分部积分法求定积分.

【相关知识】

从牛顿-莱布尼茨公式知道,计算定积分$\int_a^b f(x)\mathrm{d}x$的核心步骤是求$f(x)$的原函数.所以对应不定积分的换元积分法和分部积分法,定积分也有换元积分法和分部积分法.

一、定积分的换元积分法

定积分的换元积分法可以用下面的定理阐述.

定理1　若函数$f(x)$在区间$[a,b]$上连续,函数$x=\varphi(t)$在闭区间$[\alpha,\beta]$上可导,一阶导数$\varphi'(x)$在闭区间$[\alpha,\beta]$上连续,函数值$\varphi(\alpha)=a$、$\varphi(\beta)=b$,且$\varphi(x)$的值域$R_\varphi\subseteq[a,b]$,则对定积分$\int_a^b f(x)\mathrm{d}x$作变量代换$x=\varphi(t)$,有

$$\int_a^b f(x)\mathrm{d}x=\int_\alpha^\beta f[\varphi(t)]\varphi'(t)\mathrm{d}t$$

证明　函数$f(x)$在区间$[a,b]$上连续,存在原函数.设$F(x)$是$f(x)$的一个原函数,根据牛顿-莱布尼茨公式,有等式

$$\int_a^b f(x)\mathrm{d}x=F(b)-F(a)$$

把$F(x)$与$x=\varphi(t)$复合构成复合函数$F[\varphi(t)]$,由复合函数求导法则,得

$$\{F[\varphi(t)]\}'=f(x)\varphi'(t)=f[\varphi(t)]\varphi'(t)$$

这个等式说明$F[\varphi(t)]$是$f[\varphi(t)]\varphi'(t)$的一个原函数,因此,根据牛顿-莱布尼茨公式有:

$$\int_\alpha^\beta f[\varphi(t)]\varphi'(t)\mathrm{d}t=F[\varphi(t)]\Big|_\alpha^\beta=F[\varphi(\beta)]-F[\varphi(\alpha)]$$

将$\varphi(\alpha)=a$,$\varphi(\beta)=b$代入上式得

$$\int_{\alpha}^{\beta} f[\varphi(t)]\varphi'(t)\mathrm{d}t = F[\varphi(t)]\Big|_{\alpha}^{\beta} = F[\varphi(\beta)] - F[\varphi(\alpha)] = F(b) - F(a)$$

又因为 $F(b)-F(a)=\int_a^b f(x)\mathrm{d}x$，所以定理得证，即有

$$\int_a^b f(x)\mathrm{d}x = \int_{\alpha}^{\beta} f[\varphi(t)]\varphi'(t)\mathrm{d}t$$

这个定理说明：定积分换元积分法是通过对定积分 $\int_a^b f(x)\mathrm{d}x$ 作变量代换 $x=\varphi(t)$ 转换成 $\int_{\alpha}^{\beta} f[\varphi(t)]\varphi'(t)\mathrm{d}t$ 来求解的，之所以做这样的转换是因为 $\int_{\alpha}^{\beta} f[\varphi(t)]\varphi'(t)\mathrm{d}t$ 相比较容易求解. 应用换元积分公式有两点需要注意：(1) 既换元又换上下限，通过 $x=\varphi(t)$ 把被积表达式中的所有 x 作代换时，积分上下限也要换成对应的 t 的积分上下限；(2) 当换元后的原函数求解出后，不必将原函数中的 t 用关于 x 的函数 $t=\varphi^{-1}(x)$ 代回去，只要直接用换元后的上下限代入 t 中计算出定积分的结果.

二、定积分的分部积分法

定理 2 如果函数 $u=u(x)$ 和 $v=v(x)$ 在闭区间 $[a,b]$ 上都可导，一阶导数 $u'(x)$ 和 $v'(x)$ 都在闭区间 $[a,b]$ 上连续，则有公式

$$\int_a^b u(x)v'(x)\mathrm{d}x = u(x)v(x)\Big|_a^b - \int_a^b v(x)u'(x)\mathrm{d}x$$

证明 根据牛顿-莱布尼茨公式，可得：$\int_a^b u(x)v'(x)\mathrm{d}x = \left[\int u(x)v'(x)\mathrm{d}x\right]\Big|_a^b$，其中，$\int u(x)v'(x)\mathrm{d}x$ 是 $u(x)v'(x)$ 的不定积分即原函数族，使用不定积分的分部积分法，

$$\begin{aligned}\int_a^b u(x)v'(x)\mathrm{d}x &= \left[\int u(x)v'(x)\mathrm{d}x\right]\Big|_a^b = \left[u(x)v(x) - \int v'(x)u(x)\mathrm{d}x\right]\Big|_a^b \\ &= [u(x)v(x)]\Big|_a^b - \left[\int v(x)u'(x)\mathrm{d}x\right]\Big|_a^b \\ &= [u(x)v(x)]\Big|_a^b - \int_a^b v(x)u'(x)\mathrm{d}x\end{aligned}$$

【相关实践】

例 1 求定积分 $\int_0^3 x\sqrt{1+x}\,\mathrm{d}x$.

解 设 $\sqrt{1+x}=t$，即有 $x=t^2-1$，作变量代换，有 $\mathrm{d}x=2t\mathrm{d}t$，且当 $x=0$ 时，$t=1$；当 $x=3$ 时，$t=2$. 所以定积分

$$\int_0^3 x\sqrt{1+x}\,dx=\int_1^2(t^2-1)t\cdot 2t\,dt=2\int_1^2(t^4-t^2)\,dt$$

$$=2(\frac{1}{5}t^5-\frac{1}{3}t^3)\Big|_1^2=\frac{116}{15}$$

例 2　求定积分$\int_0^8\frac{1}{\sqrt[3]{x}+1}dx$.

解　设$\sqrt[3]{x}=t$,即有$x=t^3$,作变量代换,有$dx=3t^2dt$,且当$x=0$时,$t=0$;当$x=8$时,$t=2$;从而定积分

$$\int_0^8\frac{1}{\sqrt[3]{x}+1}dx=\int_0^2\frac{1}{t+1}\cdot 3t^2\,dt=3\int_0^2\frac{(t^2-1)+1}{t+1}dt$$

$$=3\int_0^2\left(t-1+\frac{1}{t+1}\right)dt=3(\frac{1}{2}t^2-t+\ln|t+1|)\Big|_0^2$$

$$=3(\ln3-0)=3\ln3$$

例 3　求定积分$\int_0^4\frac{x+1}{\sqrt{2x+1}}dx$.

解　设$\sqrt{2x+1}=t$,则$x=\frac{t^2-1}{2}$,$dx=tdt$,则当$x=0$时,$t=1$;当$x=4$时,$t=3$.于是

$$\int_0^4\frac{x+1}{\sqrt{2x+1}}dx=\int_1^3\frac{\frac{t^2-1}{2}+1}{t}\cdot t\,dt=\frac{1}{2}\int_1^3(t^2+1)\,dt$$

$$=\frac{1}{2}(\frac{t^3}{3}+t)\Big|_1^3=\frac{1}{2}(\frac{27}{3}+3)-\frac{1}{2}(\frac{1}{3}+1)=\frac{16}{3}$$

例 4　求定积分$\int_0^a\sqrt{a^2-x^2}\,dx\,(a>0)$.

解　设$x=a\sin t(-\frac{\pi}{2}<x<\frac{\pi}{2})$,则$dx=a\cos t\,dt$,则当$x=0$时,$t=0$;当$x=a$时,$t=\frac{\pi}{2}$.于是

$$\int_0^a\sqrt{a^2-x^2}\,dx=a^2\int_0^{\frac{\pi}{2}}\cos^2t\,dt=a^2\int_0^{\frac{\pi}{2}}(\frac{1+\cos2t}{2})\,dt$$

$$=a^2(\frac{1}{2}t+\frac{1}{4}\sin2t)\Big|_0^{\frac{\pi}{2}}=\frac{1}{4}\pi a^2$$

例 5　证明:若函数$f(x)$在闭区间$[-a,a]$$(a>0)$上连续,则

(1) 若函数$f(x)$为偶函数,有定积分

$$\int_{-a}^{a} f(x)\mathrm{d}x = 2\int_{0}^{a} f(x)\mathrm{d}x$$

(2) 若函数 $f(x)$ 为奇函数,有定积分

$$\int_{-a}^{a} f(x)\mathrm{d}x = 0$$

证明 根据定积分性质 5,得

$$\int_{-a}^{a} f(x)\mathrm{d}x = \int_{-a}^{0} f(x)\mathrm{d}x + \int_{0}^{a} f(x)\mathrm{d}x$$

对其中定积分 $\int_{-a}^{0} f(x)\mathrm{d}x$ 变量代换 $x=-t$,有 $\mathrm{d}x=\mathrm{d}(-t)=-\mathrm{d}t$,且当 $x=-a$ 时,$t=a$;当 $x=0$ 时,$t=0$. 得

$$\int_{-a}^{0} f(x)\mathrm{d}x = \int_{a}^{0} f(-t)\cdot(-1)\mathrm{d}x = -\int_{a}^{0} f(-t)\mathrm{d}t$$

根据定积分性质 2,得

$$\int_{-a}^{0} f(x)\mathrm{d}x = -\int_{a}^{0} f(-t)\mathrm{d}t = \int_{0}^{a} f(-t)\mathrm{d}t$$

根据定积分积分变量符号无关性,有

$$\int_{-a}^{0} f(x)\mathrm{d}x = \int_{0}^{a} f(-t)\mathrm{d}t = \int_{0}^{a} f(-x)\mathrm{d}x$$

于是

$$\int_{-a}^{a} f(x)\mathrm{d}x = \int_{0}^{a} f(-x)\mathrm{d}x + \int_{0}^{a} f(x)\mathrm{d}x = \int_{0}^{a}[f(-x)+f(x)]\mathrm{d}x$$

(1) 因为函数 $f(x)$ 为偶函数,有等式

$$f(x)+f(-x)=2f(x)$$

所以得

$$\int_{-a}^{a} f(x)\mathrm{d}x = 2\int_{0}^{a} f(x)\mathrm{d}x$$

(2) 因为函数 $f(x)$ 为奇函数,有等式

$$f(x)+f(-x)=0$$

所以得

$$\int_{-a}^{a} f(x)\mathrm{d}x = 0$$

例 6　计算$\int_0^1 \arcsin x \mathrm{d}x$.

解　$\int_0^1 \arcsin x \mathrm{d}x = x\arcsin x \Big|_0^1 - \int_0^1 \dfrac{x}{\sqrt{1-x^2}}\mathrm{d}x$

$$= 1 \cdot \arcsin 1 - 0 + \int_0^1 \frac{1}{2\sqrt{1-x^2}}\mathrm{d}(1-x^2)$$

$$= \frac{\pi}{2} + (\sqrt{1-x^2})\Big|_0^1 = \frac{\pi}{2} - 1$$

例 7　计算$\int_0^{\frac{\pi}{3}} x\sec^2 x \mathrm{d}x$.

解　$\int_0^{\frac{\pi}{3}} x\sec^2 x\mathrm{d}x = \int_0^{\frac{\pi}{3}} x\mathrm{d}(\tan x) = x\tan x\Big|_0^{\frac{\pi}{3}} - \int_0^{\frac{\pi}{3}} \tan x\mathrm{d}x$

$$= \left(\frac{\sqrt{3}\pi}{3} - 0\right) - \int_0^{\frac{\pi}{3}} \frac{\sin x}{\cos x}\mathrm{d}x = \frac{\sqrt{3}\pi}{3} + \int_0^{\frac{\pi}{3}} \frac{1}{\cos x}\mathrm{d}(\cos x)$$

$$= \frac{\sqrt{3}\pi}{3} + \ln|\cos x|\Big|_0^{\frac{\pi}{3}} = \frac{\sqrt{3}\pi}{3} + \left(\ln\frac{1}{2} - 0\right) = \frac{\sqrt{3}\pi}{3} - \ln 2$$

例 8　计算$\int_0^{\pi^2} \cos\sqrt{x}\mathrm{d}x$.

解　设变量$t=\sqrt{x}$，即有$x=t^2$，作变量代换，有$\mathrm{d}x=2t\mathrm{d}t$，且当$x=0$时，$t=0$时；当$x=\pi^2$时，$t=\pi$. 所以积分

$$\int_0^{\pi^2} \cos\sqrt{x}\mathrm{d}x = \int_0^{\pi} \cos t \cdot 2t\mathrm{d}t = 2\int_0^{\pi} t \cdot \cos t\mathrm{d}t$$

$$= 2\int_0^{\pi} t\mathrm{d}\sin t = 2\left(t\sin t\Big|_0^{\pi} - \int_0^{\pi} \sin t\mathrm{d}t\right)$$

$$= 0 + 2\cos t\Big|_0^{\pi} = -4$$

【思考与练习】

1. 计算下列各定积分：

(1) $\int_0^1 \dfrac{1}{1+\sqrt{x}}\mathrm{d}x$；　　(2) $\int_0^1 \dfrac{\sqrt[4]{x}}{1+\sqrt{x}}\mathrm{d}x$；

(3) $\int_1^{\sqrt{3}} \dfrac{\mathrm{d}x}{x^2\sqrt{1+x^2}}$；　　(4) $\int_0^{\frac{a}{2}} \dfrac{x\mathrm{d}x}{\sqrt{a^2-x^2}}\ (a>0)$；

(5) $\int_1^{\mathrm{e}} \ln x\mathrm{d}x$；　　(6) $\int_0^1 \arctan x\mathrm{d}x$；

(7) $\int_0^{\frac{\pi}{4}} \dfrac{x}{\cos^2 x}\mathrm{d}x$；　　(8) $\int_0^1 x\arctan x\mathrm{d}x$；

(9) $\int_1^{\mathrm{e}} \sin(\ln x)\mathrm{d}x$.

任务4 广义积分

【学习目标】

了解广义积分.

【工作任务】

(1) 无限区间的广义积分.

(2) 无界函数的广义积分.

【相关知识】

在一些实际问题中，有时需要推广定积分的概念，讨论积分区间为无穷区间或者被积函数为无界函数的积分，我们称这样的积分为广义积分，它们不同于前面所说的定积分. 若被积函数在积分区间上有界，但积分区间为无限区间，则称这样的积分为无限区间的广义积分. 若积分区间仍为有限区间，而被积函数在积分区间上无界，则称这样的积分为无界函数的广义积分. 下面对这两种广义积分分别做讨论.

一、无限区间的广义积分

定义1 设函数 $f(x)$ 在无限区间 $[a,+\infty)$ 上连续，取 $\beta>a$，当 $\beta\to+\infty$ 时，如果积分 $\int_a^\beta f(x)\mathrm{d}x$ 的极限 $\lim\limits_{\beta\to+\infty}\int_a^\beta f(x)\mathrm{d}x$ 存在，则称此极限为函数 $f(x)$ 在无穷区间 $[a,+\infty)$ 上的广义积分，记作 $\int_a^{+\infty}f(x)\mathrm{d}x$，即

$$\int_a^{+\infty}f(x)\mathrm{d}x=\lim_{\beta\to+\infty}\int_a^\beta f(x)\mathrm{d}x$$

这时也称广义积分 $\int_a^{+\infty}f(x)\mathrm{d}x$ 收敛. 如果极限不存在，则称广义积分 $\int_a^{+\infty}f(x)\mathrm{d}x$ 发散.

设函数 $f(x)$ 在无限区间 $(-\infty,b]$ 上连续，取 $\alpha<b$，当 $\alpha\to-\infty$ 时，如果积分 $\int_\alpha^b f(x)\mathrm{d}x$ 的极限 $\lim\limits_{\alpha\to-\infty}\int_\alpha^b f(x)\mathrm{d}x$ 存在，则称此极限为函数 $f(x)$ 在无穷区间 $(-\infty,b]$ 上的广义积分，记作 $\int_{-\infty}^b f(x)\mathrm{d}x$，即

$$\int_{-\infty}^b f(x)\mathrm{d}x=\lim_{\alpha\to-\infty}\int_\alpha^b f(x)\mathrm{d}x$$

这时称广义积分 $\int_{-\infty}^b f(x)\mathrm{d}x$ 收敛. 如果极限不存在，则称广义积分

$\int_{-\infty}^{b} f(x)\mathrm{d}x$ 发散.

设函数 $f(x)$ 在无限区间$(-\infty,+\infty)$内连续，如果广义积分$\int_{0}^{+\infty} f(x)\mathrm{d}x$ 和 $\int_{-\infty}^{0} f(x)\mathrm{d}x$ 都收敛，则称它们之和为函数 $f(x)$ 在无限区间$(-\infty,+\infty)$上的广义积分，记作$\int_{-\infty}^{+\infty} f(x)\mathrm{d}x$，即有

$$\int_{-\infty}^{+\infty} f(x)\mathrm{d}x=\int_{0}^{+\infty} f(x)\mathrm{d}x+\int_{-\infty}^{0} f(x)\mathrm{d}x$$

这时称广义积分$\int_{-\infty}^{+\infty} f(x)\mathrm{d}x$ 收敛，否则广义积分$\int_{0}^{+\infty} f(x)\mathrm{d}x$ 和$\int_{-\infty}^{0} f(x)\mathrm{d}x$ 中任何一个不收敛，则称广义积分$\int_{-\infty}^{+\infty} f(x)\mathrm{d}x$ 发散.

为了计算广义积分，设函数 $F(x)$ 为被积函数 $f(x)$ 的一个原函数，记 $F(+\infty)=\lim\limits_{x\to+\infty}F(x)$，$F(-\infty)=\lim\limits_{x\to-\infty}F(x)$，根据上述广义积分定义及牛顿-莱布尼茨公式，广义积分的计算形式总结如下：

(1) $$\begin{aligned}\int_{-\infty}^{b} f(x)\mathrm{d}x&=\lim_{a\to-\infty}\int_{a}^{b} f(x)\mathrm{d}x=\lim_{a\to-\infty}F(x)\Big|_{a}^{b}=\lim_{a\to-\infty}[F(b)-F(a)]\\&=F(b)-\lim_{a\to-\infty}F(a)=F(b)-\lim_{x\to-\infty}F(x)\\&=F(x)\Big|_{-\infty}^{b}=F(b)-F(-\infty)\end{aligned}$$

(2) $$\begin{aligned}\int_{a}^{+\infty} f(x)\mathrm{d}x&=\lim_{\beta\to+\infty}\int_{a}^{\beta} f(x)\mathrm{d}x=\lim_{\beta\to+\infty}F(x)\Big|_{a}^{\beta}=\lim_{\beta\to\infty}[F(\beta)-F(a)]\\&=\lim_{\beta\to+\infty}F(\beta)-F(a)=\lim_{x\to+\infty}F(x)-F(a)=F(x)\Big|_{a}^{+\infty}\\&=F(+\infty)-F(a)\end{aligned}$$

(3) $$\begin{aligned}\int_{-\infty}^{+\infty} f(x)\mathrm{d}x&=\int_{-\infty}^{0} f(x)\mathrm{d}x+\int_{0}^{+\infty} f(x)\mathrm{d}x\\&=F(x)\Big|_{-\infty}^{0}+F(x)\Big|_{0}^{+\infty}=F(x)\Big|_{-\infty}^{+\infty}=F(+\infty)-F(-\infty)\end{aligned}$$

二、无界函数的广义积分

如果函数 $f(x)$ 在点 a 的任一邻域内都无界，则点 a 称为函数 $f(x)$ 的无界间断点，也称瑕点.

定义 2　设函数 $f(x)$ 在区间$(a,b]$上连续，点 a 为 $f(x)$ 的瑕点，取 $t>a$，当 $t\to a$ 时，如果定积分$\int_{t}^{b} f(x)\mathrm{d}x$ 的极限存在，则称此极限为函数 $f(x)$ 在$(a,b]$上的广义积分，仍然记作$\int_{a}^{b} f(x)\mathrm{d}x$，即

$$\int_{a}^{b} f(x)\mathrm{d}x=\lim_{t\to a^{+}}\int_{t}^{b} f(x)\mathrm{d}x$$

这时称广义积分$\int_{a}^{b} f(x)\mathrm{d}x$ 收敛. 如果极限不存在，就称广义积分$\int_{a}^{b} f(x)\mathrm{d}x$ 发散.

设函数 $f(x)$ 在区间 $[a,b)$ 上连续，点 b 为 $f(x)$ 的瑕点，类似地，可以定义

$$\int_a^b f(x)\mathrm{d}x=\lim_{t\to b^-}\int_a^t f(x)\mathrm{d}x$$

如果上述极限存在，称广义积分 $\int_a^b f(x)\mathrm{d}x$ 收敛，否则就称广义积分 $\int_a^b f(x)\mathrm{d}x$ 发散.

设函数 $f(x)$ 在 $[a,b]$ 上除点 $c(a<c<b)$ 外都连续，点 c 为 $f(x)$ 的瑕点，如果两个广义积分 $\int_a^c f(x)\mathrm{d}x$，$\int_c^b f(x)\mathrm{d}x$ 都收敛，则称广义积分 $\int_a^b f(x)\mathrm{d}x$ 收敛，有

$$\begin{aligned}\int_a^b f(x)\mathrm{d}x&=\int_a^c f(x)\mathrm{d}x+\int_c^b f(x)\mathrm{d}x\\&=\lim_{t\to c^-}\int_a^t f(x)\mathrm{d}x+\lim_{t\to c^+}\int_t^b f(x)\mathrm{d}x\end{aligned}$$

否则广义积分 $\int_a^c f(x)\mathrm{d}x$ 和 $\int_c^b f(x)\mathrm{d}x$ 中只要有一个发散，就称广义积分 $\int_a^b f(x)\mathrm{d}x$ 发散.

无界函数的广义积分通常也是借助于牛顿-莱布尼茨公式进行计算.

设函数 $f(x)$ 在区间 $(a,b]$ 上连续，点 a 是它的瑕点，$F(x)$ 是其一个原函数，如果极限 $\lim\limits_{x\to a^+}F(x)$ 存在，则广义积分可以按如下方式计算：

$$\begin{aligned}\int_a^b f(x)\mathrm{d}x&=\lim_{t\to a^+}\int_t^b f(x)\mathrm{d}x=\lim_{t\to a^+}\Big|_t^b\\&=F(b)-\lim_{t\to a^+}F(t)=F(b)-F(a^+)\end{aligned}$$

如果极限不存在，则广义积分 $\int_a^b f(x)\mathrm{d}x$ 发散.

对于函数在区间 $[a,b)$ 上连续，b 为瑕点的广义积分，也有类似的计算公式，读者可以自己推导，这里不再详述.

【相关实践】

例 1　求广义积分 $\int_{\mathrm{e}}^{+\infty}\dfrac{1}{x\ln^3 x}\mathrm{d}x$.

解　$$\begin{aligned}\int_{\mathrm{e}}^{+\infty}\frac{1}{x\ln^3 x}\mathrm{d}x&=\int_{\mathrm{e}}^{+\infty}\frac{1}{\ln^3 x}\mathrm{d}(\ln x)=-\frac{1}{2\ln^2 x}\Big|_{\mathrm{e}}^{+\infty}\\&=-(\lim_{x\to+\infty}\frac{1}{2\ln^2 x}-\frac{1}{2})=-(0-\frac{1}{2})=\frac{1}{2}\end{aligned}$$

例 2　求广义积分 $\int_{-\infty}^{0}\mathrm{e}^{2x}\mathrm{d}x$.

解　$\int_{-\infty}^{0} e^{2x}dx = \frac{1}{2}\int_{-\infty}^{0} e^{2x}d(2x) = \frac{1}{2}e^{2x}\Big|_{-\infty}^{0}$

$$= \frac{1}{2}(1 - \lim_{x\to-\infty} e^{2x}) = \frac{1}{2}(1-0) = \frac{1}{2}$$

例 3　求广义积分$\int_{-\infty}^{+\infty} \frac{e^x}{(1+e^x)^2}dx$.

解　$\int_{-\infty}^{+\infty} \frac{e^x}{(1+e^x)^2}dx = \int_{-\infty}^{+\infty} \frac{1}{(1+e^x)^2}d(1+e^x) = -\frac{1}{1+e^x}\Big|_{-\infty}^{+\infty}$

$$= -[\lim_{x\to+\infty}(\frac{1}{1+e^x}) - \lim_{x\to-\infty}(\frac{1}{1+e^x})] = -(0-1) = 1$$

例 4　求广义积分$\int_{-\infty}^{+\infty} \frac{1}{1+x^2}dx$.

解　$\int_{-\infty}^{+\infty} \frac{1}{1+x^2}dx = \arctan x\Big|_{-\infty}^{+\infty}$

$$= \lim_{x\to+\infty}\arctan x - \lim_{x\to-\infty}\arctan x = \frac{\pi}{2} - (-\frac{\pi}{2}) = \pi$$

例 5　求广义积分$\int_{0}^{1} \frac{1}{\sqrt{1-x^2}}dx$.

解　因为函数 $f(x) = \frac{1}{\sqrt{1-x^2}}$ 在区间[0,1)上连续，且$\lim\limits_{x\to1^-}\frac{1}{\sqrt{1-x^2}} = +\infty$. 所以 $x=1$ 是瑕点，于是

$$\int_{0}^{1} \frac{1}{\sqrt{1-x^2}}dx = \arcsin x\Big|_{0}^{1} = \lim_{x\to1^-}\arcsin x - \arcsin 0 = \frac{\pi}{2}$$

例 6　求广义积分$\int_{1}^{2} \frac{1}{(x-1)^2}dx$.

解　因为被积函数 $f(x) = \frac{1}{(x-1)^2}$ 在区间(1,2]上连续，且$\lim\limits_{x\to1^+}\frac{1}{(x-1)^2} = +\infty$，所以 $x=1$ 是瑕点，于是

$$\int_{1}^{2} \frac{1}{(x-1)^2}dx = -\frac{1}{(x-1)}\Big|_{1}^{2} = -(1 - \lim_{x\to1^+}\frac{1}{x-1}) = +\infty$$

即广义积分$\int_{1}^{2} \frac{1}{(x-1)^2}dx$ 发散.

例 7　求广义积分$\int_{0}^{+\infty} \frac{1}{\sqrt{x}(1+x)}dx$.

解　注意题中积分上限是 $+\infty$，且积分下限为 $x=0$，且$\lim\limits_{x\to0^+}\frac{1}{\sqrt{x}(x+1)} = +\infty$. 所以 $x=0$ 是瑕点，于是

$$\int_{0}^{+\infty} \frac{1}{\sqrt{x}(x+1)}dx = 2\int_{0}^{+\infty} \frac{1}{x+1}d(\sqrt{x}) = 2\arctan\sqrt{x}\Big|_{0}^{+\infty}$$

$$=2\lim_{x\to+\infty}(\arctan\sqrt{x})-2\arctan 0=\pi-0=\pi$$

【思考与练习】

判断下列广义积分的敛散性，若收敛，求其值：

(1) $\int_{1}^{+\infty}\frac{1}{x^2}dx$； (2) $\int_{\frac{1}{2}}^{+\infty}\frac{1}{\sqrt{x}}dx$；

(3) $\int_{1}^{2}\frac{x}{\sqrt{x-1}}dx$； (4) $\int_{0}^{2}\frac{1}{(1-x)^2}dx$.

任务5 定积分的应用

【学习目标】

定积分在几何上的应用以及定积分在经济中的简单应用.

【工作任务】

(1) 利用定积分求直角坐标系下平面图形的面积.

(2) 利用定积分求空间旋转体的体积.

(3) 定积分在在经济中的简单应用.

【相关知识】

一、定积分在几何上的应用

1. 直角坐标系下平面图形的面积

(1) 设函数 $f(x)$ 和 $g(x)$ 是区间$[a,b]$上的连续函数，满足

$$f(x)\geqslant g(x),x\in[a,b]$$

下面我们来考察由曲线 $y=f(x)$、$y=g(x)$ 以及直线 $x=a$、$x=b$ 所围成的平面图形的面积(如图 5-5-1).

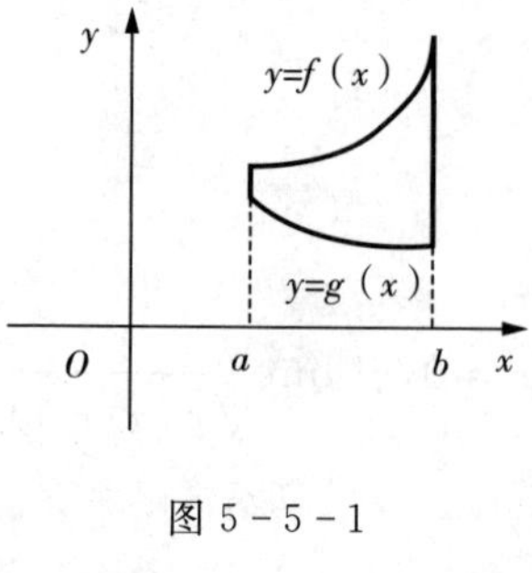

图 5-5-1

首先选择 x 为积分变量，积分区间为$[a,b]$. 在区间$[a,b]$上任取一小区间$[x,x+dx]$，我们用以 $f(x)-g(x)$ 为长，dx 为宽的小矩形面积作为 ΔA 的近似值，即面积微元

$$dA=[f(x)-g(x)]dx$$

在区间$[a,b]$上积分，则可得

$$A=\int_{a}^{b}[f(x)-g(x)]dx \quad (5-5-1)$$

若在区间$[a,b]$上既有$f(x)\geqslant g(x)$的部分，又有$f(x)\leqslant g(x)$的部分，则

$$A=\int_a^b |f(x)-g(x)|\,\mathrm{d}x \qquad (5-5-2)$$

(2) 设平面图形由连续曲线$x=\varphi(y)$、$x=\psi(y)$以及直线$y=c$和$y=d$所围成(图 5-5-2)，并且满足

$$\varphi(y)\leqslant\psi(y),\ y\in[c,d]$$

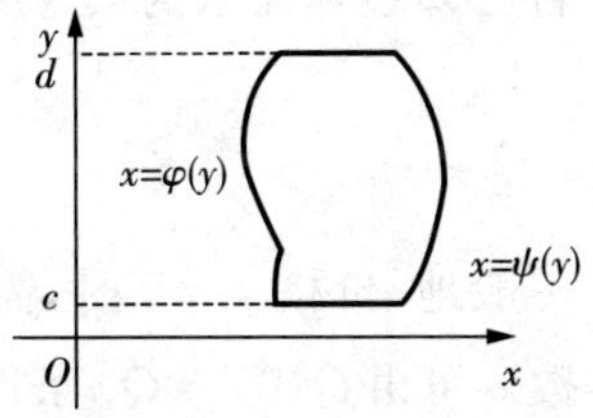

图 5-5-2

取y作为积分变量，则类似于(1)中的过程，可以推得该图形的面积

$$A=\int_c^d [\psi(y)-\varphi(y)]\,\mathrm{d}y \qquad (5-5-3)$$

类似地，若在区间$[c,d]$上，既有$\varphi(y)\leqslant\psi(y)$的部分，又有$\varphi(y)\geqslant\psi(y)$的部分，则

$$A=\int_c^d |\psi(y)-\varphi(y)|\,\mathrm{d}y \qquad (5-5-4)$$

2. 空间旋转体的体积

所谓**旋转体**，是指由一个平面图形绕该平面内一条直线旋转一周所成的立体. 这条直线称为旋转轴. 我们所熟悉的圆柱、圆锥、圆台和球体等都可以看作旋转体.

我们来计算由连续曲线$y=f(x)$ $(f(x)\geqslant 0)$，直线$x=a$、$x=b$及x轴所围成的曲边梯形绕x轴旋转一周所得旋转体的体积(图 5-5-3).

结合公式(5-5-2)，我们容易想到用截面面积来求旋转体的体积. 过区间$[a,b]$上任意一点x，作垂直于x轴的平面，截旋转体所得到的截面是以$f(x)$为半径的圆，故截面面积

$$A(x)=\pi f^2(x)$$

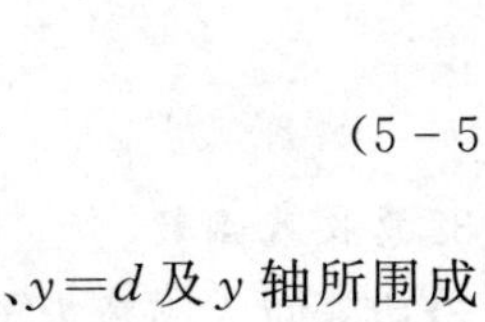

图 5-5-3

因此，该旋转体的体积为

$$V=\int_a^b \pi f^2(x)\,\mathrm{d}x=\pi\int_a^b f^2(x)\,\mathrm{d}x \qquad (5-5-5)$$

类似地，由连续曲线$x=\varphi(y)$ $(\varphi(y)\geqslant 0)$，直线$y=c$、$y=d$及y轴所围成的曲边梯形绕y轴旋转一周所得旋转体的体积.

$$V=\pi\int_c^d \varphi^2(y)\,\mathrm{d}y \qquad (5-5-6)$$

二、定积分在经济中的简单应用

在经济管理分析中，经常遇到由边际函数求原经济函数，求经济函数在某个范

围的改变量等问题，可以采用积分来解决，下面就几种常见的经济函数介绍积分在经济管理中的应用.

1. 需求函数

若已知边际需求为 $Q'(p)$，则总需求函数 $Q(p)$ 可由不定积分求得

$$Q(p)=\int Q'(p)\mathrm{d}p$$

一般地，价格 $p=0$ 时，需求量最大，设最大需求量为 Q_0，即 $Q(0)=Q_0$，所以积分常数 c 可由 $Q(0)=Q_0$ 条件确定.

也可以运用牛顿-莱布尼茨公式：$\int_0^p Q'(p)\mathrm{d}p=Q(p)-Q_0$，移项得由积分上限函数求得的需求函数

$$Q(p)=\int_0^p Q'(p)\mathrm{d}p+Q_0$$

还可以应用牛顿-莱布尼茨公式求需求函数从价格 p_1 到 p_2 的需求 ΔQ 改变量，即

$$\Delta Q=Q(p_1)-Q(p_2)=\int_{p_1}^{p_2} Q'(p)\mathrm{d}p$$

2. 成本函数

若已知边际成本函数 $C'(q)$，固定成本为 C_0，则总成本函数为

$$C(q)=\int C'(q)\mathrm{d}q$$

其中，积分常数 c 由固定成本函数确定，即 $c=C(0)=C_0$.

也可以通过牛顿-莱布尼茨公式求得总成本函数以及产量从 q_1 到 q_2 的成本改变量：

$$C(q)=\int_0^q C'(q)\mathrm{d}q+C_0$$

$$\Delta C=C(q_2)-C(q_1)=\int_{q_1}^{q_2} C'(q)\mathrm{d}q$$

3. 总收入函数

设边际收入函数 $R'(q)$，总收入函数为

$$R(q)=\int R'(q)\mathrm{d}q$$

一般地，假定销售量为零时，总收入为零. 所以，积分常数 c 由 $R(0)=0$ 确定.

也可以通过牛顿-莱布尼茨公式求得总收入函数以及销售量从 q_1 到 q_2 的收入改变量：

$$R(q)=\int_0^q R'(q)\mathrm{d}q+R(0)=\int_0^q R'(q)\mathrm{d}q$$

$$\Delta R=R(q_2)-R(q_1)=\int_{q_1}^{q_2} R(q)\mathrm{d}q$$

4. 利润函数

若已知边际收入函数 $R'(q)$ 与边际成本函数 $C'(q)$，则有总收入函数与总成本函数

$$R(q)=\int_0^q R'(q)\mathrm{d}q+R(0)=\int_0^q R'(q)\mathrm{d}q$$

$$C(q)=\int_0^q C'(q)\mathrm{d}q+C_0$$

则利润函数为

$$\begin{aligned}L(q)&=R(q)-C(q)\\&=\int_0^q R'(q)\mathrm{d}q-\int_0^q C'(q)\mathrm{d}q-C_0\\&=\int_0^q [R'(q)-C'(q)]\mathrm{d}q-C_0\end{aligned}$$

其中，边际利润 $L'(q)=R'(q)-C'(q)$.

产销量从 q_1 到 q_2 的利润改变量为：$\Delta L=L(q_2)-L(q_1)=\int_{q_1}^{q_2} L'(q)\mathrm{d}q$.

【相关实践】

例 1　求由抛物线 $y^2=x$ 和直 $y=x$ 所围成的图形的面积.

解　解方程组

$$\begin{cases}y^2=x\\y=x\end{cases}$$

得到两个解

$$x=0,y=0 \text{ 及 } x=1,y=1$$

即交点为(0,0)和(1,1). 所围图形如图 5-5-4 所示. 在 x 轴上的投影区间为[0,1]，因此图形分布在直线 $x=0$ 和 $x=1$ 之间. 取 x 为积分变量，则 $x\in[0,1]$.

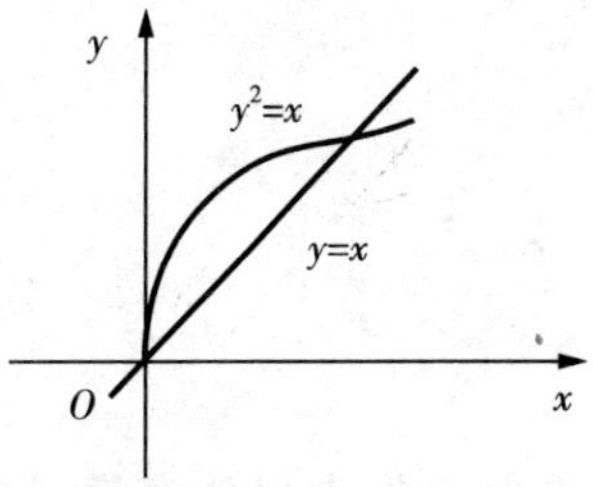

图 5-5-4

在区间[0,1]上，$y^2=x$ 即 $y=\sqrt{x}$ 与 $y=x$ 均连续，且满足 $\sqrt{x}\geqslant x$. 所以面积微元为 $\mathrm{d}A=(\sqrt{x}-x)\cdot\mathrm{d}x$，于是所求面积为

$$A=\int_0^1(\sqrt{x}-x)\mathrm{d}x=\left[\frac{2}{3}x^{\frac{3}{2}}-\frac{1}{2}x^2\right]_0^1=\frac{1}{6}$$

例 2 求由椭圆$\frac{x^2}{a^2}+\frac{y^2}{b^2}=1$ $(a>0,b>0)$所围成的图形的面积.

解 由于椭圆关于两坐标轴对称(如图5-5-5),因此所求面积为椭圆在第一象限内面积A_1的四倍.第一项象限内椭圆方程可化为

$$y=\frac{b}{a}\sqrt{a^2-x^2}$$

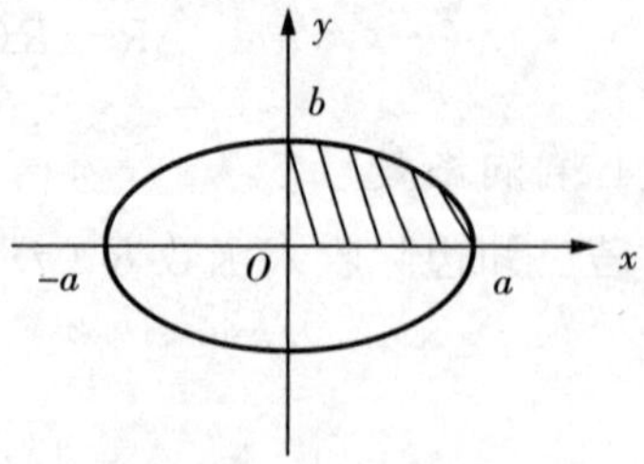

图 5-5-5

因此面积微元$dA_1=(\frac{b}{a}\sqrt{a^2-x^2})\cdot dx$,则

$$A_1=\int_0^a\frac{b}{a}\sqrt{a^2-x^2}\,dx$$

令$x=a\sin t$,则

$$A_1=\int_0^a\frac{b}{a}\sqrt{a^2-x^2}\,dx=\int_0^{\frac{\pi}{2}}b\cos t\cdot a\cos t\,dt$$

$$=\frac{ab}{2}\int_0^{\frac{\pi}{2}}(1+\cos 2t)\,dt=\frac{\pi ab}{4}$$

因此,所求面积$A=4A_1=\pi ab$.

例 3 计算由抛物线$y^2=x$和直线$y=x-2$所围图形的面积.

解 解方程组

$$\begin{cases}y^2=x\\y=x-2\end{cases}$$

得交点坐标为$A(1,-1)$和$B(4,2)$,如图5-5-6所示.

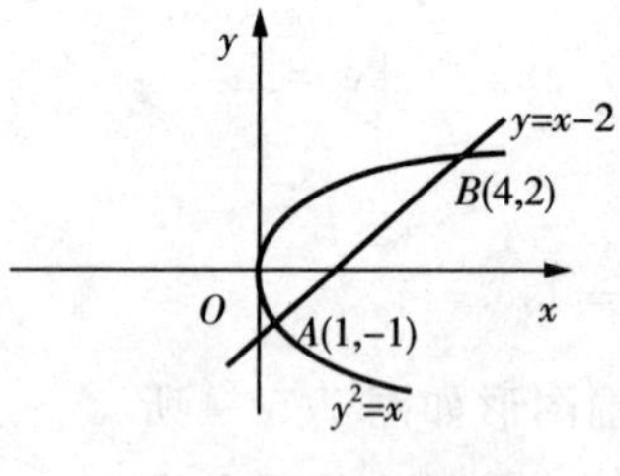

图 5-5-6

选取y作为积分变量,则积分区间为$[-1,2]$.同时将抛物线方程和直线方程分别写成如下形式:

$$x=y^2,x=y+2$$

代入公式(5-5-3)得,所求面积

$$A=\int_{-1}^{2}(y+2-y^2)\mathrm{d}y=[\frac{1}{2}y^2+2y-\frac{1}{3}y^3]_{-1}^{2}=\frac{9}{2}$$

比较图 5-5-1 和图 5-5-4，我们发现图 5-5-1 有这样的特点：穿过平面图形内部且平行于 y 轴的直线与图形边界的交点不多于两点，用微元法求这些图形的面积时通常以 x 作为积分变量. 图 5-5-4 的特点为：穿过平面图形内部且平行于 x 轴的直线与图形边界的交点不多于两点，求这些图形的面积时则通常以 y 作为积分变量.

例 4　计算由 $y^2=2x+1$ 与 $x-y-1=0$ 所围图形的面积.

解　如图 5-5-7 所示.

由 $\begin{cases}y^2=2x+1\\x-y-1=0\end{cases}$ 解得交点 $M(0,-1)$，$N(4,3)$.

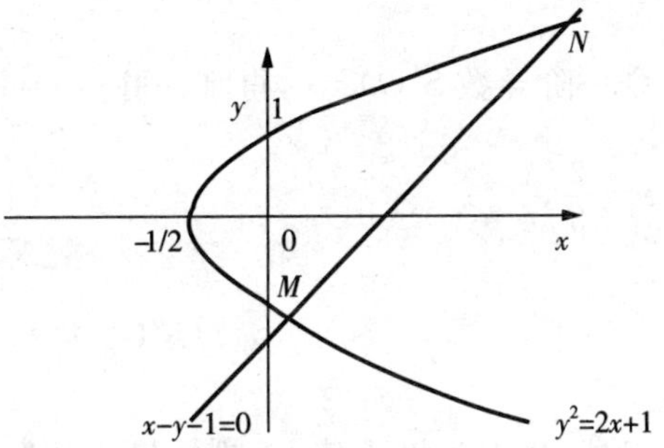

图 5-5-7

法一：取 y 为积分变量时，则 $y\in[-1,3]$.

$$A=\int_{-1}^{3}[(y+1)-\frac{y^2-1}{2}]\mathrm{d}y=\frac{16}{3}$$

法二：取 x 为积分变量时，$x\in[-\frac{1}{2},0]$.

$$A=\int_{-\frac{1}{2}}^{0}2\sqrt{2x+1}\,\mathrm{d}x+\int_{0}^{4}[\sqrt{2x+1}-(x-1)]\mathrm{d}x=\frac{16}{3}$$

例 5　设由抛物线 $y=x^2(x\geqslant0)$ 与直线 $x=t(0<t<1)$，$y=0$ 围成平面图形的面积为 S_1，由抛物线 $y=x^2(x\geqslant0)$ 与直线 $y=t^2(0<t<1)$，$x=1$ 围成平面图形的面积为 S_2，问变量 t 取值为多少时，才能使得两块面积之和 $S=S_1+S_2$ 最小？

解　如图 5-5-8 所示，抛物线 $y=x^2(x\geqslant0)$ 和直线 $x=t(0<t<1)$，$y=t^2(0<t<1)$ 交于一点 $A(t,t^2)$，抛物线 $y=x^2(x\geqslant0)$ 和直线 $x=1$ 交于点 $B(1,1)$，因为 $t<1$，所以直线 $x=t(0<t<1)$ 在直线 $x=1$ 的左边，S_1 对应图形在区间 $[0,t]$ 上，S_2 对应的图形在区间 $[t,1]$ 上，根据定积分的几何意义，有

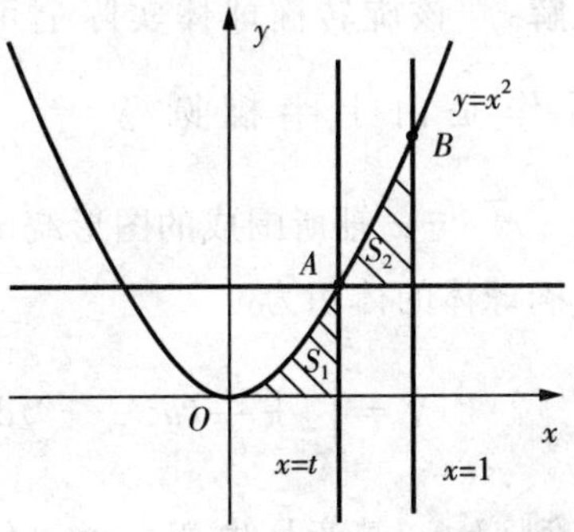

图 5-5-8

$$S_1=\int_0^t x^2\mathrm{d}x\ ,S_2=\int_t^1(x^2-t^2)\mathrm{d}x$$

则它们面积之和 S 为

$$S=\int_0^t x^2\mathrm{d}x+\int_t^1(x^2-t^2)\mathrm{d}x=\frac{1}{3}x^3\Big|_0^t+(\frac{1}{3}x^3-t^2x)\Big|_t^1$$

$$=\frac{1}{3}t^3+\frac{1}{3}-t^2-(\frac{1}{3}t^3-t^3)=t^3-t^2+\frac{1}{3}$$

即

$$S=S(t)=t^3-t^2+\frac{1}{3}\ (0<t<1)$$

所以两块面积之和 S 是关于自变量为 t 的函数，要求其最小值，对目标函数求一阶导数，即

$$S'=S'(t)=3t^2-2t$$

令一阶导数 $S'(t)=0$，得唯一驻点 $t=\frac{2}{3}$，再计算二阶导数，$S''(t)=6t-2$，代入驻点 $t=\frac{2}{3}$，

$$S''(\frac{2}{3})=6\cdot\frac{2}{3}-2=2>0$$

于是，驻点为极小值点，唯一极小值点也是最小值点，所以变量 $t=\frac{2}{3}$ 时，两块面积之和 S 最小.

例 6 计算由椭圆 $\frac{x^2}{a^2}+\frac{y^2}{b^2}=1$ 所围成的图形绕 x 轴旋转所得旋转体(称为**旋转椭球体**)的体积(图 5-5-9).

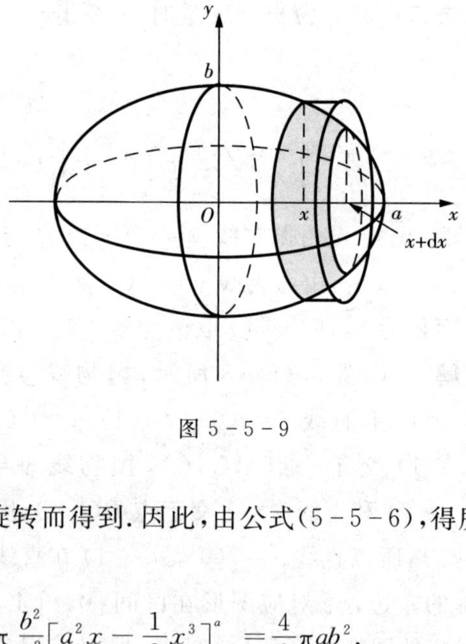

图 5-5-9

解 该旋转椭球体实际上可以看作是由上半椭圆 $y=\frac{b}{a}\sqrt{a^2-x^2}$ 与 x 轴所围成的图形绕 x 轴旋转而得到. 因此，由公式(5-5-6)，得所求旋转椭球体的体积为

$$V=\int_{-a}^{a}\pi\frac{b^2}{a^2}(a^2-x^2)\mathrm{d}x=\pi\frac{b^2}{a^2}\left[a^2x-\frac{1}{3}x^3\right]_{-a}^{a}=\frac{4}{3}\pi ab^2.$$

例 7 某产品生产 q 个单位时总收入为 $R(q)$，边际收入为 $R'(q)=20-\frac{q}{50}$，求：

(1) 生产 50 个单位时的总收入.

(2) 在生产 100 个单位的基础上，再生产 100 个单位时总收入的增量.

解 总收入函数为

$$R(q)=\int_0^q R'(q)\mathrm{d}q=\int_0^q (20-\frac{q}{50})\mathrm{d}q$$

生产 50 个单位时的总收入

$$R(q)=\int_0^{50} R'(q)\mathrm{d}q=\int_0^{50} (20-\frac{q}{50})\mathrm{d}q$$

$$=(20q-\frac{q^2}{100})\Big|_0^{50}=1000-25=975$$

在生产 100 个单位的基础上，再生产 100 个单位时总收入的增量

$$R(q)=\int_{100}^{200} R'(q)\mathrm{d}q=\int_{100}^{200} (20-\frac{q}{50})\mathrm{d}q$$

$$=(20q-\frac{q^2}{100})\Big|_{100}^{200}=3600-1900=1700$$

例 8　已知某商品每周生产 q 个单位时，边际成本为 $C'(q)=0.4q-12$(万元 / 单位)，固定成本 60 万，求总成本 $C(q)$，如果这种商品的销售单价是 20 万元，求总利润函 $L(q)$，并问每周生产多少单位时才能获得最大利润呢？

解　已知边际成本 $C'(q)=0.4q-12$，固定成本 $C_0=60$，所以总成本函数为

$$C(q)=\int_0^q C'(q)\mathrm{d}q+C_0=\int_0^q (0.4q-12)\mathrm{d}q+60$$

$$=(0.2q^2-12q)\Big|_0^q+60=0.2q^2-12q+60$$

已知商品的销售单价是 20 万元，即边际收益为 $R'(q)=20$，总利润函数为

$$L(q)=\int_0^q [R'(q)-C'(q)]\mathrm{d}q-C_0$$

$$=\int_0^q [20-(0.4q-12)]\mathrm{d}q-60$$

$$=32q-0.2q^2-60$$

求最大利润也就是求总利润函 $L(q)$ 的最大值，对目标函数求一阶导数

$$L'(q)=32-0.4q$$

令其等于零，则有唯一驻点 $q=80$，再求二阶导数 $L''(q)=-0.4<0$，所以该驻点是极大值点，唯一极大值点也是最大值点. 所以最大利润是

$$L(q)\big|_{q=80}=32\times 80-0.2\times 80^2-60=1220(\text{万元})$$

【思考与练习】

1. 计算下列曲线所围成的图形的面积：

(1) 由抛物线 $y=x(x-a)(a>0)$ 与直线 $y=x$ 所围平面图形的面积；

(2) 由曲线 $y=\frac{1}{x}$ 与直线 $y=x$ 及 $x=2$ 所围平面图形的面积.

2. 计算下列曲线所围成的图形，绕指定坐标轴旋转一周所形成的旋转体的体积：

(1) $y=2x$，$x=1$，$y=0$，分别绕 x 轴和 y 轴；

(2) $y=\sin x(0\leqslant x\leqslant\pi)$ 与 $y=0$，绕 x 轴.

3. 已知某产品生产 Q(单位：百吨)时，边际收益 $R'(Q)=2-Q$ (单位：百万元). 如果已经生产了 1(百吨)，求如果再生产 1(百吨)，总收益将增加多少？

4. 已知某石油公司的边际收入(以每年亿元为单位)为 $R'(t)=9-t^{\frac{1}{3}}$ (时间 t 以年为单位)，而相应的边际成本为 $C'(t)=1+3t^{\frac{1}{3}}$，试判定该石油公司应连续开发多少年，并问在停止开发时，该公司获得总利润为多少？

复　习　题

1. 填空题

(1) 如果 $F'(x)=f(x)$，那么 $f(x)$ 的积分曲线就是函数________的图像.

(2) 函数 $f(x)=x^2$ 的积分曲线过点$(-1,2)$，则这条积分曲线在该点的切线方程为________.

(3) 如果 $F'(x)=f(x)$，且 A 是常数，则积分 $\int[f(x)+A]\mathrm{d}x=$________.

(4) $\int\dfrac{f'(x)}{1+[f(x)]^2}\mathrm{d}x=$________.

(5) $\int\dfrac{1}{\sqrt{a^2-x^2}}\mathrm{d}x=$________.

(6) $\int \mathrm{e}^{f(x)}f'(x)\mathrm{d}x=$________.

(7) $\int\dfrac{\tan x}{\ln\cos x}\mathrm{d}x=$________.

(8) $\int_0^{\frac{\pi}{2}}\sin x\mathrm{d}x=$________$\int_0^{\frac{\pi}{2}}\sin^2 x\mathrm{d}x$.

(9) $\dfrac{\mathrm{d}}{\mathrm{d}x}\int_x^2 \mathrm{e}^{2t}\sin t\mathrm{d}t=$________.

(10) $\int_a^a f(x)\mathrm{d}x=$________，$\int_b^a\mathrm{d}x=$________.

(11) $\int_0^{\frac{\pi}{2}}\mathrm{e}^{\sin x}\cos x\mathrm{d}x=$________.

(12) $\int_0^{+\infty}\dfrac{\mathrm{d}x}{x^2+2x+5}=$________.

(13) $\int_{-\pi}^{\pi}x^6\sin^3 x\mathrm{d}x=$________.

(14) $\int_{-\infty}^{+\infty}\dfrac{A}{1+x^2}\mathrm{d}x=\pi$，则 $A=$________.

2. 单项选择题

(1) $\int f'(\dfrac{1}{x})\dfrac{1}{x^2}\mathrm{d}x=($　　$)$.

(A) $f(-\dfrac{1}{x})+C$　　(B) $-f(-\dfrac{1}{x})+C$

(C) $f(\dfrac{1}{x})+C$　　(D) $-f(\dfrac{1}{x})+C$

(2) 积分$\int e^{\sin x}\sin x\cos x\mathrm{d}x=$(　　).

(A) $e^{\sin x}+C$　　(B) $e^{\sin x}(\sin x-1)+C$

(C) $e^{\sin x}\cos x+C$　　(D) $e^{\sin x}\sin x+C$

(3) 下列等式成立的是(　　).

(A) $\int f'(x)\mathrm{d}x=f(x)$　　(B) $\mathrm{d}[\int f(x)\mathrm{d}x]=f(x)$

(C) $\int \cos x\mathrm{d}x=\sin x+C^2$　　(D) $\int \sec x\tan x\mathrm{d}x=\sec x+C$

(4) 如果 $F_1(x)$ 和 $F_2(x)$ 是 $f(x)$ 的两个不同的原函数，那么$\int[F_1(x)-F_2(x)]\mathrm{d}x$ 是(　　).

(A) $f(x)+C$　　(B) 0

(C) 一次函数　　(D) 常数

(5) 设$\int_0^1 x(a-x)\mathrm{d}x=1$，则常数 $a=$(　　).

(A) $\frac{8}{3}$　　(B) $\frac{1}{3}$

(C) $\frac{4}{3}$　　(D) $\frac{2}{3}$

(6) 由曲线 $y=e^x$ 及直线 $x=0,y=2$ 所围成的平面图形的面积为 $A=$(　　).

(A) $\int_1^2 \ln y\mathrm{d}y$　　(B) $\int_1^{e^2} e^x\mathrm{d}x$

(C) $\int_1^{\ln 2} \ln y\mathrm{d}y$　　(D) $\int_0^2 (2-e^x)\mathrm{d}x$

(7) 函数 $y=\sin^2 x$ 在 $x=0,x=\pi$ 间的平均值为(　　).

(A) $\frac{1}{4}$　　(B) 1

(C) $\frac{1}{2}$　　(D) 2

(8) 下列广义积分收敛的是(　　).

(A) $\int_1^{+\infty} x^{-\frac{4}{5}}\mathrm{d}x$　　(B) $\int_1^{+\infty}\frac{\mathrm{d}x}{\sqrt{x+1}}$

(C) $\int_1^{+\infty}\frac{\mathrm{d}x}{x^3}$　　(D) $\int_{-1}^{1}\frac{1}{x^2}\mathrm{d}x$

3. 计算不定下列积分

(1) $\int(x^2+2^x-\frac{2}{x})\mathrm{d}x$；　　(2) $\int\frac{(1-x)^2}{\sqrt{x}}\mathrm{d}x$；

(3) $\int\frac{1}{\sin^2 x\cos^2 x}\mathrm{d}x$；　　(4) $\int(\frac{2}{3x^2+3}+\frac{4}{\sqrt{9-9x^2}})\mathrm{d}x$；

(5) $\int\frac{\cos 2x}{\cos x-\sin x}\mathrm{d}x$.　　(6) $\int(3x+1)^{18}\mathrm{d}x$；

(7) $\int\frac{1}{(2x-3)^2}\mathrm{d}x$；　　(8) $\int x\cdot\sqrt{1+x^2}\mathrm{d}x$；

(9) $\int e^x e^{e^x}\mathrm{d}x$；　　(10) $\int\frac{\sin\sqrt{x}}{\sqrt{x}}\mathrm{d}x$；

(11) $\int \frac{1}{x(1+\ln^2 x)}\mathrm{d}x$；

(12) $\int \frac{1}{\cos^2 x\sqrt{\tan x-1}}\mathrm{d}x$；

(13) $\int \frac{\tan x}{\sqrt{\cos x}}\mathrm{d}x$

(14) $\int \frac{1}{1+\sqrt{x+1}}\mathrm{d}x$；

(15) $\int \frac{1}{x\sqrt{4-x^2}}\mathrm{d}x$；

(16) $\int \frac{x^2}{(1+x^2)^2}\mathrm{d}x$；

(17) $\int \frac{\sqrt{x^2-4}}{x}\mathrm{d}x$

(18) $\int x\mathrm{e}^{2x}\mathrm{d}x$；

(19) $\int \arccos x\mathrm{d}x$；

(20) $\int x\sin(x+1)\mathrm{d}x$；

(21) $\int \sin\sqrt{x}\,\mathrm{d}x$.

4. 计算下列定积分

(1) $\int_0^1 \mathrm{e}^{-\frac{1}{3}x}\mathrm{d}x$；

(2) $\int_1^{\mathrm{e}^3} \frac{1}{x\sqrt{1+\ln x}}\mathrm{d}x$；

(3) $\int_1^{\mathrm{e}} \frac{\ln^2 x}{x}\mathrm{d}x$；

(4) $\int_{\frac{1}{\pi}}^{\frac{2}{\pi}} \frac{1}{x^2}\cos\frac{1}{x}\mathrm{d}x$；

(5) $\int_{-2}^{1} |1+x|\mathrm{d}x$；

(6) $\int_{-\frac{1}{5}}^{\frac{1}{5}} x\sqrt{2-5x}\,\mathrm{d}x$；

(7) $\int_{\sqrt{2}}^{2} \frac{1}{x\sqrt{x^2-1}}\mathrm{d}x$；

(8) $\int_1^8 \frac{1}{\sqrt[3]{x}+1}\mathrm{d}x$；

(9) $\int_0^{\frac{1}{3}} \sqrt{1-9x^2}\,\mathrm{d}x$.

(10) $\int_0^{\pi} x^2\cos 2x\mathrm{d}x$；

(11) $\int_0^{\mathrm{e}} x\ln x\mathrm{d}x$；

(12) $\int_0^4 (1+x\mathrm{e}^{-x})\mathrm{d}x$.

5. 求由下列曲线所围成的平面图形的面积：

(1) 抛物线 $y=x^2$ 与直线 $y=2x$；

(2) 在区间$\left[0,\frac{\pi}{2}\right]$上，曲线 $y=\sin x$ 与直线 $x=\frac{\pi}{2}$，$y=0$；

(3) 抛物线 $x=y^2$ 与直线 $x-y-2=0$；

(4) 曲线 $y=\frac{1}{x}$ 与直线 $y=x$，$y=2$.

6. 已知边际成本函数 $C'(q)=12\mathrm{e}^{0.5q}$，固定成本为26，求总成本函数.

7. 已知某产品的边际成本和边际收入分别为：$C'(x)=x^2-4x+6$，$R'(x)=105-2x$，且固定成本为100万元，其中 x 为生产量(台).

求：(1) 总成本函数，总收入函数，总利润函数.

(2) 生产量为多少时，总利润最大？最大利润是多少？

(3) 在利润最大的产出水平上，若多生产了2台，总利润有何改变？

模块二

线性代数

在科学技术与经济活动中，经常遇到解线性方程组（即一次方程组）的问题，行列式和矩阵是讨论和计算线性方程组的重要工具．本模块将介绍行列式和矩阵的一些基本概念及运算，并讨论线性方程组的求解问题．

项目 6　行列式

本项目包含:二阶与三阶行列式,n 阶行列式,行列式的性质及应用,行列式依行(列)展开,克莱姆法则等五个任务.

任务 1　二阶与三阶行列式

【学习目标】

了解二阶行列式和三阶行列式,并会利用公式计算二、三阶行列式.

【工作任务】

(1) 二阶行列式.

(2) 三阶行列式.

【相关知识】

一、二阶行列式

定义 1　我们用记号 $\begin{vmatrix} a_{11} & a_{12} \\ a_{21} & a_{22} \end{vmatrix}$ 表示代数和 $a_{11}a_{22}-a_{12}a_{21}$,称为**二阶行列式**,即

$$\begin{vmatrix} a_{11} & a_{12} \\ a_{21} & a_{22} \end{vmatrix}=a_{11}a_{22}-a_{12}a_{21}$$

其中数 $a_{11}, a_{12}, a_{21}, a_{22}$ 叫作行列式的**元素**,横排叫作**行**,竖排叫作**列**. 元素 a_{ij} 的第一个下标 i 叫作**行标**,表明该元素位于第 i 行;第二个下标 j 叫作**列标**,表明该元素位于第 j 列.

二阶行列式表示的代数和,可以用画线的方法记忆,即实线联结的两个元素的乘积减去虚线联结的两个元素的乘积(图 6-1-1).

图 6-1-1

二、二元线性方程组

用消元法解二元线性方程组 $\begin{cases} a_{11}x_1+a_{12}x_2=b_1 & (1) \\ a_{21}x_1+a_{22}x_2=b_2 & (2) \end{cases}$

式(1)$\times a_{22}-$式(2)$\times a_{12}$，得 $(a_{11}a_{22}-a_{12}a_{21})x_1=b_1a_{22}-b_2a_{12}$ (3)

式(2)$\times a_{11}-$式(1)$\times a_{21}$，得 $(a_{11}a_{22}-a_{12}a_{21})x_2=b_2a_{11}-b_1a_{21}$ (4)

利用二阶行列式的定义，记

$$D=a_{11}a_{22}-a_{12}a_{21}=\begin{vmatrix} a_{11} & a_{12} \\ a_{21} & a_{22} \end{vmatrix}$$

$$D_1=b_1a_{22}-b_2a_{12}=\begin{vmatrix} b_1 & a_{12} \\ b_2 & a_{22} \end{vmatrix}$$

$$D_2=b_2a_{11}-b_1a_{21}=\begin{vmatrix} a_{11} & b_1 \\ a_{21} & b_2 \end{vmatrix}$$

则式(3)和式(4)可改写为$\begin{cases} Dx_1=D_1, \\ Dx_2=D_2. \end{cases}$于是，在行列式 $D\neq 0$ 的条件下，所给方程组有唯一解：$x_1=\dfrac{D_1}{D}, x_2=\dfrac{D_2}{D}$.

从形式上看，这里分母 D 是由方程组的系数所确定的二阶行列式(称为**系数行列式**)，x_1 的分子 D_1 是用常数项 b_1、b_2 替换 D 中 x_1 的系数 a_{11}、a_{21} 所得的二阶行列式，x_2 的分子 D_2 是用常数项 b_1、b_2 替换 D 中 x_2 的系数 a_{12}、a_{22} 所得的二阶行列式. 本任务后面讨论的三元线性方程组亦有类似的规律性.

三、三阶行列式

定义 2 记号$\begin{vmatrix} a_{11} & a_{12} & a_{13} \\ a_{21} & a_{22} & a_{23} \\ a_{31} & a_{32} & a_{33} \end{vmatrix}$表示代数和

$$a_{11}a_{22}a_{33}+a_{12}a_{23}a_{31}+a_{13}a_{21}a_{32}-a_{13}a_{22}a_{31}-a_{11}a_{23}a_{32}-a_{12}a_{21}a_{33}$$

称为**三阶行列式**，即

$$\begin{vmatrix} a_{11} & a_{12} & a_{13} \\ a_{21} & a_{22} & a_{23} \\ a_{31} & a_{32} & a_{33} \end{vmatrix}=a_{11}a_{22}a_{33}+a_{12}a_{23}a_{31}+a_{13}a_{21}a_{32}-a_{13}a_{22}a_{31}-a_{11}a_{23}a_{32}-a_{12}a_{21}a_{33}$$

由上述定义可以看出，三阶行列式有 6 项，每一项均为不同行不同列的三个元素之积再冠于正负号，其运算的规律性可用“对角线法则”(图 6-1-2) 来表述之.

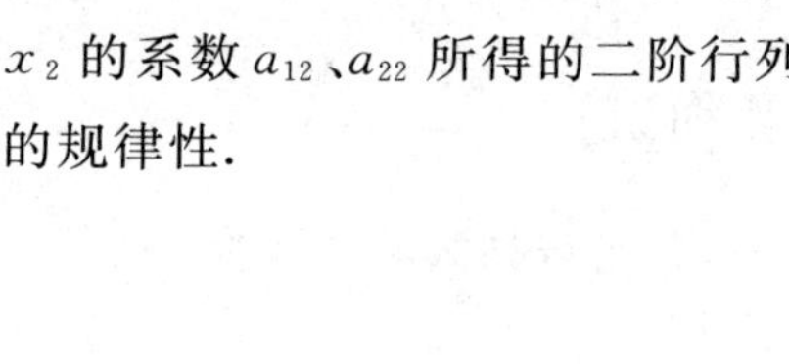

图 6-1-2

四、三元线性方程组

类似于二元线性方程组的讨论，对于三元线性方程组

$$\begin{cases}a_{11}x_1+a_{12}x_2+a_{13}x_3=b_1\\a_{21}x_1+a_{22}x_2+a_{23}x_3=b_2\\a_{31}x_1+a_{32}x_2+a_{33}x_3=b_3\end{cases}$$

记

$$D=\begin{vmatrix}a_{11}&a_{12}&a_{13}\\a_{21}&a_{22}&a_{23}\\a_{31}&a_{32}&a_{33}\end{vmatrix},\quad D_1=\begin{vmatrix}b_1&a_{12}&a_{13}\\b_2&a_{22}&a_{23}\\b_3&a_{32}&a_{33}\end{vmatrix}$$

$$D_2=\begin{vmatrix}a_{11}&b_1&a_{13}\\a_{21}&b_2&a_{23}\\a_{31}&b_3&a_{33}\end{vmatrix},\quad D_3=\begin{vmatrix}a_{11}&a_{12}&b_1\\a_{21}&a_{22}&b_2\\a_{31}&a_{32}&b_3\end{vmatrix}$$

若系数行列式 $D\neq0$，则该方程组有唯一解：

$$x_1=\frac{D_1}{D},\quad x_2=\frac{D_2}{D},\quad x_3=\frac{D_3}{D}$$

【相关实践】

例 1 $\begin{vmatrix}1&2\\3&4\end{vmatrix}=1\times4-2\times3=-2.$

例 2 设 $D=\begin{vmatrix}\lambda^2&\lambda\\3&1\end{vmatrix}$，问：

(1) 当 λ 为何值时，$D=0$；

(2) 当 λ 为何值时，$D\neq0$.

解 $D=\begin{vmatrix}\lambda^2&\lambda\\3&1\end{vmatrix}=\lambda^2-3\lambda$，$\lambda^2-3\lambda=0$，则 $\lambda=0$，$\lambda=3$. 因此可得

(1) 当 $\lambda=0$ 或 $\lambda=3$ 时，$D=0$；(2) 当 $\lambda\neq0$ 且 $\lambda\neq3$ 时，$D\neq0$.

例 3 解方程组 $\begin{cases}2x_1+3x_2=8,\\x_1-2x_2=-3.\end{cases}$

解

$$D=\begin{vmatrix}2&3\\1&-2\end{vmatrix}=2\times(-2)-3\times1=-7$$

$$D_1=\begin{vmatrix}8&3\\-3&-2\end{vmatrix}=8\times(-2)-3\times(-3)=-7$$

$$D_2=\begin{vmatrix}2 & 8\\1 & -3\end{vmatrix}=2\times(-3)-8\times1=-14$$

因 $D\neq0$，故题设方程组有唯一解：

$$x_1=\frac{D_1}{D}=\frac{-7}{-7}=1,x_2=\frac{D_2}{D}=\frac{-14}{-7}=2$$

例 4 计算三阶行列式 $\begin{vmatrix}1 & 0 & 2\\2 & -1 & 3\\3 & 2 & 0\end{vmatrix}$ 的值.

解 $\begin{vmatrix}1 & 0 & 2\\2 & -1 & 3\\3 & 2 & 0\end{vmatrix}=1\times(-1)\times0+0\times3\times3+2\times2\times2-2\times(-1)\times3-1\times$
$3\times2-0\times2\times0=8$

例 5 求解方程 $D=\begin{vmatrix}1 & 1 & 1\\2 & 3 & x\\4 & 9 & x^2\end{vmatrix}=0$.

解 方程左端 $D=3x^2+4x+18-12-9x-2x^2=x^2-5x+6$，由 $x^2-5x+6=0$ 解得 $x=2$ 或 $x=3$.

例 6 解三元线性方程组 $\begin{cases}x_1-2x_2+x_3=-2,\\2x_1+x_2-3x_3=1,\\-x_1+x_2-x_3=0.\end{cases}$

解 系数行列式

$$D=\begin{vmatrix}1 & -2 & 1\\2 & 1 & -3\\-1 & 1 & -1\end{vmatrix}$$

$$=1\times1\times(-1)+(-2)(-3)(-1)+1\times2\times1-1\times1\times(-1)$$
$$-1\times(-3)\times1-(-2)\times2\times(-1)=-5\neq0$$

$$D_1=\begin{vmatrix}-2 & -2 & 1\\1 & 1 & -3\\0 & 1 & -1\end{vmatrix}=-5,D_2=\begin{vmatrix}1 & -2 & 1\\2 & 1 & -3\\-1 & 0 & -1\end{vmatrix}=-10$$

$$D=\begin{vmatrix}1 & -2 & -2\\2 & 1 & 1\\-1 & 1 & 0\end{vmatrix}=-5$$

故所求方程组的解为 $x_1=\dfrac{D_1}{D}=1$，　$x_2=\dfrac{D_2}{D}=2$，　$x_3=\dfrac{D_3}{D}=1$.

【思考与练习】

1. 计算下列二阶行列式：

(1)$D=\begin{vmatrix}1 & 2\\ 1 & 3\end{vmatrix}$；　　(2)$D=\begin{vmatrix}2 & 1\\ -1 & 3\end{vmatrix}$；

(3)$D=\begin{vmatrix}a & b\\ a^2 & b^2\end{vmatrix}$；　　(4)$D=\begin{vmatrix}1 & \log_b a\\ \log_a b & 1\end{vmatrix}$.

2. 计算下列三阶行列式：

(1)$D=\begin{vmatrix}0 & a & 0\\ b & 0 & c\\ 0 & d & 0\end{vmatrix}$；　　(2)$D=\begin{vmatrix}1 & 2 & 3\\ 3 & 1 & 2\\ 2 & 3 & 1\end{vmatrix}$；

(3)$D=\begin{vmatrix}103 & 100 & 204\\ 199 & 200 & 395\\ 301 & 300 & 600\end{vmatrix}$；　　(4)$D=\begin{vmatrix}3 & 2 & 7\\ 0 & 5 & 2\\ 0 & 2 & 1\end{vmatrix}$.

任务 2　n 阶行列式

【学习目标】

了解 n 阶行列式.

【工作任务】

(1) 了解排列与逆序、对换的概念.

(2) 熟悉 n 阶行列式的定义.

【相关知识】

一、排列与逆序

定义 1　由自然数 $1,2,\cdots,n$ 组成的不重复的每一种有确定次序的排列，称为一个 n **级排列**(简称为**排列**).

例如，1234 和 4312 都是 4 级排列，而 24315 是一个 5 级排列.

定义 2　在一个 n 级排列($i_1i_2\cdots i_t\cdots i_s\cdots i_n$) 中，如果有较大的数 i_t 排在较小的数 i_s 前面($i_t>i_s$)，则称数 i_t 与 i_s 构成一个**逆序**. 一个 n 级排列中逆序的总数称为该排列的**逆序数**，记为 $N(i_1i_2\cdots i_n)$.

根据上述定义，可按如下方法计算排列的逆序数：

设在一个 n 级排列 $i_1i_2\cdots i_n$ 中，比 $i_t(t=1,2,\cdots,n)$ 大的且排在 i_t 前面的数共有 t_i 个，则 i_t 的逆序的个数为 t_i，而该排列中所有自然数的逆序的个数之和就是这个排列的逆序数. 即

$$N(i_1 i_2 \cdots i_n) = t_1 + t_2 + \cdots + t_n = \sum_{i=1}^{n} t_i$$

定义 3 逆序数为奇数的排列称为**奇排列**，逆序数为偶数的排列称为**偶排列**.

二、n 阶行列式的定义

我们观察二阶和三阶行列式：

$$\begin{vmatrix} a_{11} & a_{12} \\ a_{21} & a_{22} \end{vmatrix} = a_{11}a_{22} - a_{12}a_{21}$$

$$\begin{vmatrix} a_{11} & a_{12} & a_{13} \\ a_{21} & a_{22} & a_{23} \\ a_{31} & a_{32} & a_{33} \end{vmatrix} = a_{11}a_{22}a_{33} + a_{12}a_{23}a_{31} + a_{13}a_{21}a_{32} - a_{13}a_{22}a_{31} - a_{11}a_{23}a_{32} - a_{12}a_{21}a_{33}$$

易见：

(1) 二阶行列式共有 $2 = 2!$ 项，三阶行列式共有 $6 = 3!$ 项；

(2) 每项都是取自不同行不同列的两个(三个)元素的乘积；

(3) 每项的符号是：当该项元素的行标按自然数顺序排列后，若对应的列标构成的排列是偶排列则取正号，是奇排列则取负号.

故二阶行列式可定义为：

$$\begin{vmatrix} a_{11} & a_{12} \\ a_{21} & a_{22} \end{vmatrix} = \sum_{j_1 j_2} (-1)^{N(j_1 j_2)} a_{1j_1} a_{2j_2}$$

其中 $\sum\limits_{j_1 j_2}$ 为对所有二级排列 $j_1 j_2$ 求和；

三阶行列式可定义为：

$$\begin{vmatrix} a_{11} & a_{12} & a_{13} \\ a_{21} & a_{22} & a_{23} \\ a_{31} & a_{32} & a_{33} \end{vmatrix} = \sum_{j_1 j_2 j_3} (-1)^{N(j_1 j_2 j_3)} a_{1j_1} a_{2j_2} a_{3j_3}$$

其中 $\sum\limits_{j_1 j_2 j_3}$ 为对所有三级排列 $j_1 j_2 j_3$ 求和.

定义 4 由 n^2 个元素 $a_{ij}(i,j = 1,2,\cdots,n)$ 组成的记号

$$\begin{vmatrix} a_{11} & a_{12} & \cdots & a_{1n} \\ a_{21} & a_{22} & \cdots & a_{2n} \\ \vdots & \vdots & & \vdots \\ a_{n1} & a_{n2} & \cdots & a_{nn} \end{vmatrix}$$

称为 **n 阶行列式**，其中横排称为**行**，竖排称为**列**，它表示所有取自不同行、不同列

的 n 个元素乘积 $a_{1j_1}a_{2j_2}\cdots a_{nj_n}$ 的代数和，各项的符号是：当该项各元素的行标按自然顺序排列后，若对应的列标构成的排列是偶排列则取正号；是奇排列则取负号. 即

$$\begin{vmatrix} a_{11} & a_{12} & \cdots & a_{1n} \\ a_{21} & a_{22} & \cdots & a_{2n} \\ \vdots & \vdots & & \vdots \\ a_{n1} & a_{n2} & \cdots & a_{nn} \end{vmatrix} = \sum_{j_1j_2\cdots j_n}(-1)^{N(j_1j_2\cdots j_n)}a_{1j_1}a_{2j_2}\cdots a_{nj_n}$$

其中 $\sum\limits_{j_1j_2\cdots j_n}$ 表示对所有 n 级排列 $j_1j_2\cdots j_n$ 求和. 行列式有时也简记为 $\det(a_{ij})$ 或 $|a_{ij}|$，这里数 a_{ij} 称为行列式的**元素**，称 $(-1)^{N(i_1i_2\cdots j_n)}a_{1j_1}a_{2j_2}\cdots a_{nj_n}$ 为行列式的**一般项**.

n 阶行列式是 $n!$ 项的代数和，且冠以正号的项和冠以负号的项（不算元素本身所带的符号）各占一半. $a_{1j_1}a_{2j_2}\cdots a_{nj_n}$ 的符号为 $(-1)^{N(j_1j_2\cdots j_n)}$（不算元素本身所带的符号）.

规定一阶行列式 $|a|=a$，不要与绝对值记号相混淆.

定义 5　非主对角线上因素全为零的行列式称为**对角行列式**，对角线以下（上）的元素全为零的行列式称为**上(下)三角形行列式**.

三、对换

为进一步研究 n 阶行列式的性质，先要讨论对换的概念及其与排列奇偶性的关系.

定义 6　在排列中，将任意两个元素（例如 i,j）对调，其余的元素不动，这种做出新排列的变换称为**对换**，记为对换 (i,j). 将两个相邻元素对换，称为**相邻对换**.

定理 1　任意一个排列经过一个对换后，其奇偶性改变.

证明　(1) 首先讨论相邻对换的情形.

设排列为 $AijB$，其中 A,B 表示除 i,j 两个元素外其余的元素，经过对换 (i,j)，变为排列 $AjiB$. 比较上面两个排列中的逆序，显然，A,B 中元素的次序没有改变，并且 i,j 与 A,B 中元素的次序也没有改变，仅仅改变了 i 与 j 的次序，因此，新排列仅比原排列增加了一个逆序（当 $i<j$ 时），或减少了一个逆序（当 $i>j$ 时），所以它们的奇偶性相反.

(2) 再讨论一般对换的情形.

设原排列为 $Aik_1k_2\cdots k_sjB$，经过对换 (i,j)，变为新排列 $Ajk_1k_2\cdots k_siB$，由原排列中元素 i 依次与 $k_1,k_2,\cdots k_s,j$ 作 $s+1$ 次相邻对换，变为 $Ak_1k_2\cdots k_sjiB$，再将 j 依次与 $k_s,\cdots,k_2,k_1$ 作 s 次相邻对换，得到新排列 $Ajk_1k_2\cdots k_siB$，即新排列可以由原排列经过 $2s+1$ 次相邻对换得到. 由上面(1) 的结论可知它改变了奇数次奇偶性，所以它与原排列的奇偶性相反.

推论 1 奇排列变成自然顺序排列的对换次数为奇数，偶排列变成自然顺序排列的对换次数为偶数.

定理 2 n 个自然数($n>1$) 共有 $n!$ 个 n 级排列，其中奇偶排列各占一半.

证明 n 级排列的总数为 $n\cdot(n-1)\cdot\cdots\cdot2\cdot1=n!$，设其中奇排列为 p 个，偶排列为 q 个.

设想将每一个奇排列都施以同一对换，例如都对换(1,2)，则由定理1可知 p 个奇排列全部变为偶排列，于是有 $p\leqslant q$；同理，如果将全部偶排列也都施以同一对换，则 q 个偶排列全部变为奇排列，于是又有 $q\leqslant p$，所以得出 $p=q$，即奇偶排列数相等，各为 $\frac{n!}{2}$ 个.

定理 3 n 阶行列式也可定义为 $D=\sum(-1)^S a_{i_1j_1}a_{i_2j_2}\cdots a_{i_nj_n}$，其中 S 为行标与列标排列的逆序数之和，即 $S=N(i_1i_2\cdots i_n)+N(j_1j_2\cdots j_n)$.

证明 由于 $i_1i_2\cdots i_n$ 与 $j_1j_2\cdots j_n$ 都是 n 级排列，因此一般项

$$(-1)^S a_{i_1j_1}a_{i_2j_2}\cdots a_{i_nj_n} \tag{6-2-1}$$

中的 n 个元素是取自 D 的不同的行不同的列.

如果交换式(6-2-1)中两个元素 $a_{i_sj_s}$ 与 $a_{i_tj_t}$，则其行标排列由 $i_1\cdots i_s\cdots i_t\cdots i_n$ 换为 $i_1\cdots i_t\cdots i_s\cdots i_n$，由定理1可知其逆序数奇偶性改变；列标排列由 $j_1\cdots j_s\cdots j_t\cdots j_n$ 换为 $j_1\cdots j_t\cdots j_s\cdots j_n$，其逆序数奇偶性亦改变. 但对换后两下标排列逆序数之和的奇偶性则不改变，即 $(-1)^{N(i_1\cdots i_s\cdots i_t\cdots i_n)+N(j_1\cdots j_s\cdots j_t\cdots j_n)}=(-1)^{N(i_1\cdots i_t\cdots i_s\cdots i_n)+N(j_1\cdots j_t\cdots j_s\cdots j_n)}$，所以交换式(6-2-1)中元素的位置，其符号不改变. 这样我们总可以经过有限次交换式(6-2-1)中元素的位置，使其行标 $i_1i_2\cdots i_n$ 变为自然数顺序排列，设此时列标排列变为 $k_1k_2\cdots k_n$，则式(6-2-1)变为 $(-1)^{N(12\cdots n)+N(k_1k_2\cdots k_n)}a_{1k_1}a_{2k_2}\cdots a_{nk_n}=(-1)^{N(k_1k_2\cdots k_n)}a_{1k_1}a_{2k_2}\cdots a_{nk_n}$. 上式结果即为定义中 D 的一般项，也就是说 D 的一般项也可记为式(6-2-1)的形式.

推论 2 n 阶行列式也可定义为 $D=\sum(-1)^{N(i_1i_2\cdots i_n)}a_{i_11}a_{i_22}\cdots a_{i_nn}$.

【相关实践】

例 1 计算排列 32514 的逆序数.

解 因为 3 排在首位，故其逆序的个数为 0；

在 2 前面且比 2 大的数有 1 个，故其逆序的个数为 1；

在 5 前面且比 5 大的数有 0 个，故其逆序的个数为 0；

在 1 前面且比 1 大的数有 3 个，故其逆序的个数为 3；

在 4 前面且比 4 大的数有 1 个，故其逆序的个数为 1；

将上述结果排列成如下形式：

排列	3	2	5	1	4
	↓	↓	↓	↓	↓
t_k	0	1	0	3	1

易得所求排列的逆序数为 $N(32514)=0+1+0+3+1=5$.

例 2　判断排列 32514 的奇偶性.

解　由例 1 知排列 32514 的逆序数为 5,所以是奇排列.

例 3　求排列 $n(n-1)(n-1)\cdots 321$ 的逆序数，并讨论其奇偶性.

解　类似例 1 的讨论,可排出下表:

排列	n	$n-1$	$n-2$	$\cdots$	3	2	1
	↓	↓	↓	↓	↓	↓	↓
t_k	0	1	2	$\cdots$	$n-3$	$n-2$	$n-1$

则所求逆序数为:$N[n(n-1)(n-1)\cdots 321]=0+1+2+\cdots+(n-1)=\dfrac{n(n-1)}{2}$.

易见:当 $n=4k+2,4k+3$ 时,该排列是偶排列;当 $n=4k,4k+1$ 时,该排列是奇排列.

例 4　用行列式的定义计算行列式:$\begin{vmatrix} 0 & 1 & 0 & 1 \\ 1 & 0 & 1 & 0 \\ 0 & 1 & 0 & 0 \\ 0 & 0 & 1 & 1 \end{vmatrix}$.

解　用(i,j) 表示行列式中第 i 行第 j 列交叉点处元素的位置.

考察给定行列式的非零项,第三行和第一列均只有一个非零元素,因此非零项必取(2,1) 和(3,2) 处元素.取(2,1) 和(3,2) 处元素后,即不能取(2,3) 和(1,2) 处元素,因为如果取(2,3),则有两个元素取自第二行,如取(1,2),则有两个元素取自第二列,不取(2,3) 和(1,2),则只有取(4,3) 和(1,4).这样(1,4),(2,1),(3,2),(4,3) 处 4 个"1"取自不同行不同列,其乘积 1 构成行列式的一项.因 $N(4123)=3$ 为奇数,故该项前应冠负号,其他项中至少含有一个零元素,因此其他项皆为零.故有

$$\begin{vmatrix} 0 & 1 & 0 & 1 \\ 1 & 0 & 1 & 0 \\ 0 & 1 & 0 & 0 \\ 0 & 0 & 1 & 1 \end{vmatrix}=-1$$

例 5　计算上三角形行列式 $\begin{vmatrix} a_{11} & a_{12} & \cdots & a_{1n} \\ 0 & a_{22} & \cdots & a_{2n} \\ \vdots & \vdots & & \vdots \\ 0 & 0 & \cdots & a_{nn} \end{vmatrix}$　$(a_{11}a_{22}\cdots a_{nn}\neq 0)$.

解　一般项为 $(-1)^{N(j_1j_2\cdots j_n)}a_{1j_1}a_{2j_2}\cdots a_{nj_n}$,现考察不为零的项,$a_{nj_n}$ 取自第 n 行,但只有 $a_{nn}\neq 0$,故只可能取 $j_n=n$;$a_{n-1j_{n-1}}$ 不能取自第 n 列,从而 $j_{n-1}=n-1$;同

理可得，$j_{n-2}=n-2,\cdots,j_1=1$. 所以不为零的项只有$(-1)^{N(1,2,\cdots,n)}a_{11}a_{22}\cdots a_{nn}=a_{11}a_{22}\cdots a_{nn}$，故

$$\begin{vmatrix} a_{11} & a_{12} & \cdots & a_{1n} \\ 0 & a_{22} & \cdots & a_{2n} \\ \vdots & \vdots & & \vdots \\ 0 & 0 & \cdots & a_{nn} \end{vmatrix}=a_{11}a_{22}\cdots a_{nn}$$

类似可得下三角形行列式

$$D=\begin{vmatrix} a_{11} & 0 & \cdots & 0 \\ a_{21} & a_{22} & \cdots & 0 \\ \vdots & \vdots & & \vdots \\ a_{n1} & a_{n2} & \cdots & a_{nn} \end{vmatrix}=a_{11}a_{22}\cdots a_{nn}$$

对角行列式

$$D=\begin{vmatrix} a_{11} & 0 & \cdots & 0 \\ 0 & a_{22} & \cdots & 0 \\ \vdots & \vdots & & \vdots \\ 0 & 0 & \cdots & a_{nn} \end{vmatrix}=a_{11}a_{22}\cdots a_{nn}$$

例 6　试判断 $a_{14}a_{23}a_{31}a_{42}a_{56}a_{65}$ 和 $-a_{32}a_{43}a_{14}a_{51}a_{25}a_{66}$ 是否都是六阶行列式中的项.

解　$a_{14}a_{23}a_{31}a_{42}a_{56}a_{65}$ 行标排列为 123456，元素取自不同行；列标排列为 431265，元素取自不同的列，且逆序数 $N(431265)=6$，即 431265 为偶排列，所以元素乘积 $a_{14}a_{23}a_{31}a_{42}a_{56}a_{65}$ 前面应冠以正号，即 $a_{14}a_{23}a_{31}a_{42}a_{56}a_{65}$ 为六阶行列式中的项.

同理，$a_{32}a_{43}a_{14}a_{51}a_{25}a_{66}$ 行标排列为 341526，元素取自不同行；列标排列为 234156，元素取自不同的列，且逆序数 $N(341526)+N(234156)=5+3=8$，所以元素乘积 $a_{32}a_{43}a_{14}a_{51}a_{25}a_{66}$ 前面应冠以正号，即 $-a_{32}a_{43}a_{14}a_{51}a_{25}a_{66}$ 不是六阶行列式中的项.

例 7　在六阶行列式中，下列两项各应带什么符号：

(1) $a_{23}a_{31}a_{42}a_{56}a_{14}a_{65}$；

(2) $a_{33}a_{42}a_{14}a_{51}a_{66}a_{25}$.

解　(1) 按定义 4 计算：

$$a_{23}a_{31}a_{42}a_{56}a_{14}a_{65}=a_{14}a_{23}a_{31}a_{42}a_{56}a_{65}$$

而 431265 的逆序数 $N(431265)=0+1+2+2+0+1=6$，所以 $a_{23}a_{31}a_{42}a_{56}a_{14}a_{65}$ 前面应带正号.

(2) 按定理 3 计算：

行标排列 341526 的逆序数 $N(341562)=0+0+2+0+0+4=6$，

列标排列 324165 的逆序数 $N(324165)=0+1+0+3+0+1=5$，

$N(341562)+N(324165)=6+5=11$，所以 $a_{33}a_{42}a_{14}a_{51}a_{66}a_{25}$ 前面应带负号.

例 8　用行列式的定义计算 $D_n=\begin{vmatrix}0&0&\cdots&0&1&0\\0&0&\cdots&2&0&0\\\vdots&\vdots&&\vdots&\vdots&\vdots\\n-1&0&\cdots&0&0&0\\0&0&\cdots&0&0&n\end{vmatrix}$.

解　$D_n=(-1)^{N((n-1)\cdots2,1,n)}(n-1)\cdots2\cdot1\cdot n=(-1)^{\frac{(n-1)(n-2)}{2}}n!$

【思考与练习】

1. 计算下列排列的逆序数：

(1)41253；(2)3712456；(3)217986354；(4)$n(n-1)\cdots21$.

2. 若 $(-1)^{N(i432k)+N(52j14)}a_{i5}a_{42}a_{3j}a_{21}a_{k4}$ 是五阶行列式的一项，则 i,j,k 应为何值？此时该项的符号是什么？

3. 讨论当 k 为何值时，$\begin{vmatrix}1&1&0&0\\1&k&1&0\\0&0&k&2\\0&0&2&k\end{vmatrix}\neq0$.

4. 已知 $f(x)=\begin{vmatrix}x&1&1&2\\1&x&1&-1\\3&2&x&1\\1&1&2x&1\end{vmatrix}$，求 x^3 的系数.

5. 用行列式的定义计算下列行列式：

(1)$D=\begin{vmatrix}0&0&0&1\\0&0&2&0\\0&3&0&0\\4&0&0&0\end{vmatrix}$；　(2)$D=\begin{vmatrix}0&0&1&0\\0&1&0&0\\0&0&0&1\\1&0&0&0\end{vmatrix}$；

(3)$D=\begin{vmatrix}0&1&0&\cdots&0\\0&0&2&\cdots&0\\\vdots&\vdots&\vdots&&\vdots\\0&0&0&\cdots&n-1\\n&0&0&\cdots&0\end{vmatrix}$；　(4)$D=\begin{vmatrix}1&1&1&0\\0&1&0&1\\0&1&1&1\\0&0&1&0\end{vmatrix}$.

任务3 行列式的性质及应用

【学习目标】

熟悉行列式的性质，熟练掌握运用行列式的性质进行行列式的计算.

【工作任务】

(1) 行列式的性质.

(2) 行列式性质的应用.

【相关知识】

一、行列式的性质

将行列式D的行与列互换后得到的行列式，称为D的**转置行列式**，记作D^{T}或D'，即若

$$D=\begin{vmatrix} a_{11} & a_{12} & \cdots & a_{1n} \\ a_{21} & a_{22} & \cdots & a_{2n} \\ \vdots & \vdots & & \vdots \\ a_{n1} & a_{n2} & \cdots & a_{nn} \end{vmatrix}$$

则

$$D^{\mathrm{T}}=\begin{vmatrix} a_{11} & a_{21} & \cdots & a_{n1} \\ a_{12} & a_{22} & \cdots & a_{n2} \\ \vdots & \vdots & & \vdots \\ a_{1n} & a_{2n} & \cdots & a_{nn} \end{vmatrix}$$

性质1 行列式与它的转置行列式相等，即$D=D^{\mathrm{T}}$.

证明 记D的一般项为$(-1)^{N(j_1j_2\cdots j_n)}a_{1j_1}a_{2j_2}\cdots a_{nj_n}$，它的元素在$D$中位于不同的行和不同的列，因而在$D^{\mathrm{T}}$中位于不同的列和不同的行. 所以这$n$个元素的乘积在$D^{\mathrm{T}}$中应为$a_{j_11}a_{j_22}\cdots a_{j_nn}$. 由第2节定理3可知其符号也是$(-1)^{N(j_1j_2\cdots j_n)}$. 因此，$D$与$D^{\mathrm{T}}$是具有相同项的行列式，所以$D=D^{\mathrm{T}}$.

由性质1知道，行列式中的行与列具有相同的地位，行列式的行具有的性质，它的列也同样具有.

性质2 交换行列式的两行(列)，行列式变号.

证明 设

$$D=\begin{vmatrix} a_{11} & a_{12} & \cdots & a_{1n} \\ \vdots & \vdots & & \vdots \\ a_{i1} & a_{i2} & \cdots & a_{in} \\ \vdots & \vdots & & \vdots \\ a_{s1} & a_{s2} & \cdots & a_{sn} \\ \vdots & \vdots & & \vdots \\ a_{n1} & a_{n2} & \cdots & a_{nn} \end{vmatrix} \begin{matrix} \\ \\ i\text{行} \\ \\ s\text{行} \\ \\ \\ \end{matrix}$$

交换 D 的第 i 行和第 s 行，得到行列式

$$D_1=\begin{vmatrix} a_{11} & a_{12} & \cdots & a_{1n} \\ \vdots & \vdots & & \vdots \\ a_{s1} & a_{s2} & \cdots & a_{sn} \\ \vdots & \vdots & & \vdots \\ a_{i1} & a_{i2} & \cdots & a_{in} \\ \vdots & \vdots & & \vdots \\ a_{n1} & a_{n2} & \cdots & a_{nn} \end{vmatrix} \begin{matrix} \\ \\ i\text{行} \\ \\ s\text{行} \\ \\ \\ \end{matrix}$$

记 D 的一般项中 n 个元素的乘积为 $a_{1j_1}a_{2j_2}\cdots a_{nj_n}$，它的元素在 D 中位于不同的行不同的列，因而在 D_1 中也位于不同的行不同的列，所以也是 D_1 的一般项的 n 个元素的乘积. 由于 D_1 是交换 D 的第 i 行和第 s 行，而各元素所在的列并没有改变，所以它在 D 中的符号为 $(-1)^{N(1\cdots i\cdots s\cdots n)+N(j_1\cdots j_i\cdots j_s\cdots j_n)}$，在 D_1 中的符号则为 $(-1)^{N(1\cdots s\cdots i\cdots n)+N(j_1\cdots j_i\cdots j_s\cdots j_n)}$，由于排列 $1\cdots i\cdots s\cdots n$ 与排列 $1\cdots s\cdots i\cdots n$ 的奇偶性相反，所以

$$(-1)^{N(1\cdots i\cdots s\cdots n)+N(j_1\cdots j_i\cdots j_s\cdots j_n)}=-(-1)^{N(1\cdots s\cdots i\cdots n)+N(j_1\cdots j_i\cdots j_s\cdots j_n)},$$

因而 D_1 中的每一项都是 D 的相应项的相反数，所以 $D_1=-D$.

推论 1　若行列式中有两行（列）的对应元素相同，则此行列式为零.

性质 3　用数 k 乘行列式的某一行（列），等于用数 k 乘此行列式，即

$$D_1=\begin{vmatrix} a_{11} & a_{12} & \cdots & a_{1n} \\ \vdots & \vdots & & \vdots \\ ka_{i1} & ka_{i2} & \cdots & ka_{in} \\ \vdots & \vdots & & \vdots \\ a_{n1} & a_{n2} & \cdots & a_{nn} \end{vmatrix}=k\begin{vmatrix} a_{11} & a_{12} & \cdots & a_{1n} \\ \vdots & \vdots & & \vdots \\ a_{i1} & a_{i2} & \cdots & a_{in} \\ \vdots & \vdots & & \vdots \\ a_{n1} & a_{n2} & \cdots & a_{nn} \end{vmatrix}=kD$$

证明　因为行列式 D_1 的一般项为 $(-1)^{N(j_1j_2\cdots j_n)}a_{1j_1}\cdots(ka_{ij_i})\cdots a_{nj_n}=k[(-1)^{N(j_1j_2\cdots j_n)}a_{1j_1}\cdots a_{ij_i}\cdots a_{nj_n}]$.

上面等号右端方括号内是 D 的一般项，所以 $D_1=kD$.

推论 2　行列式的某一行(列) 中所有元素的公因子可以提到行列式符号的外面.

推论 3　行列式中若有两行(列) 元素成比例，则此行列式为零.

性质 4　若行列式的某一行(列) 的元素都是两数之和. 例如，

$$D=\begin{vmatrix} a_{11} & a_{12} & \cdots & a_{1n} \\ \vdots & \vdots & & \vdots \\ b_{i1}+c_{i1} & b_{i2}+c_{i2} & \cdots & b_{in}+c_{in} \\ \vdots & \vdots & & \vdots \\ a_{n1} & a_{n2} & \cdots & a_{nn} \end{vmatrix}$$

则

$$D=\begin{vmatrix} a_{11} & a_{12} & \cdots & a_{1n} \\ \vdots & \vdots & & \vdots \\ b_{i1} & b_{i2} & \cdots & b_{in} \\ \vdots & \vdots & & \vdots \\ a_{n1} & a_{n2} & \cdots & a_{nn} \end{vmatrix}+\begin{vmatrix} a_{11} & a_{12} & \cdots & a_{1n} \\ \vdots & \vdots & & \vdots \\ c_{i1} & c_{i2} & \cdots & c_{in} \\ \vdots & \vdots & & \vdots \\ a_{n1} & a_{n2} & \cdots & a_{nn} \end{vmatrix}=D_1+D_2$$

证明　因为行列式 D 的一般项为

$$\begin{aligned}&(-1)^{N(j_1j_2\cdots j_n)}a_{1j_1}\cdots(b_{ij_i}+c_{ij_i})\cdots a_{nj_n}\\ =&(-1)^{N(j_1j_2\cdots j_n)}a_{1j_1}\cdots b_{ij_i}\cdots a_{nj_n}+(-1)^{N(j_1j_2\cdots j_n)}a_{1j_1}\cdots c_{ij_i}\cdots a_{nj_n}\end{aligned}$$

上面等号右端第一项是 D_1 的一般项，第二项是 D_2 的一般项，所以 $D=D_1+D_2$.

推论 4　如果将行列式某一行(列) 的每个因素都写成 m(m 为大于 2 的整数) 个数的和，则此行列式可以写成 m 个行列式的和.

以二阶行列式为例，一般来说下式是不成立的

$$\begin{vmatrix} a_{11}+b_{11} & a_{12}+b_{12} \\ a_{21}+b_{21} & a_{22}+b_{22} \end{vmatrix}\neq\begin{vmatrix} a_{11} & a_{12} \\ a_{21} & a_{22} \end{vmatrix}+\begin{vmatrix} b_{11} & b_{12} \\ b_{21} & b_{22} \end{vmatrix}$$

对于 n 阶行列式也有类似结论.

例如　因为 $\begin{vmatrix} 3+1 & 2-2 \\ -1+2 & 3+0 \end{vmatrix}=\begin{vmatrix} 4 & 0 \\ 1 & 3 \end{vmatrix}=12$，而 $\begin{vmatrix} 3 & 2 \\ -1 & 3 \end{vmatrix}+\begin{vmatrix} 1 & -2 \\ 2 & 0 \end{vmatrix}=(9+2)+(0+4)=15$.

因此

$$\begin{vmatrix} 3+1 & 2-2 \\ -1+2 & 3+0 \end{vmatrix} \neq \begin{vmatrix} 3 & 2 \\ -1 & 3 \end{vmatrix} + \begin{vmatrix} 1 & -2 \\ 2 & 0 \end{vmatrix}$$

性质5　将行列式的某一行(列)的所有元素都乘以数k后加到另一行(列)对应位置的元素上，行列式不变.

证明　设

$$D=\begin{vmatrix} a_{11} & a_{12} & \cdots & a_{1n} \\ \vdots & \vdots & & \vdots \\ a_{i1} & a_{i2} & \cdots & a_{in} \\ \vdots & \vdots & & \vdots \\ a_{s1} & a_{s2} & \cdots & a_{sn} \\ \vdots & \vdots & & \vdots \\ a_{n1} & a_{n2} & \cdots & a_{nn} \end{vmatrix} \begin{matrix} \\ \\ i\text{行} \\ \\ s\text{行} \\ \\ \\ \end{matrix}$$

以数k乘D的第s行各元素后加到第i行的对应元素上，得

$$D_1=\begin{vmatrix} a_{11} & a_{12} & \cdots & a_{1n} \\ \vdots & \vdots & & \vdots \\ a_{i1}+ka_{s1} & a_{i2}+ka_{s2} & \cdots & a_{in}+ka_{sn} \\ \vdots & \vdots & & \vdots \\ a_{s1} & a_{s2} & \cdots & a_{sn} \\ \vdots & \vdots & & \vdots \\ a_{n1} & a_{n2} & \cdots & a_{nn} \end{vmatrix} \begin{matrix} \\ \\ i\text{行} \\ \\ s\text{行} \\ \\ \\ \end{matrix}$$

由性质4以及推论3可得

$$D_1=\begin{vmatrix} a_{11} & a_{12} & \cdots & a_{1n} \\ \vdots & \vdots & & \vdots \\ a_{i1} & a_{i2} & \cdots & a_{in} \\ \vdots & \vdots & & \vdots \\ a_{s1} & a_{s2} & \cdots & a_{sn} \\ \vdots & \vdots & & \vdots \\ a_{n1} & a_{n2} & \cdots & a_{nn} \end{vmatrix} + \begin{vmatrix} a_{11} & a_{12} & \cdots & a_{1n} \\ \vdots & \vdots & & \vdots \\ ka_{s1} & ka_{s2} & \cdots & ka_{sn} \\ \vdots & \vdots & & \vdots \\ a_{s1} & a_{s2} & \cdots & a_{sn} \\ \vdots & \vdots & & \vdots \\ a_{n1} & a_{n2} & \cdots & a_{nn} \end{vmatrix} = D+0=D$$

二、行列式性质的应用

利用行列式的性质计算行列式，可以使计算简化，下面举例说明.

【相关实践】

例 1　计算行列式

$$D=\begin{vmatrix} 2 & -4 & 1 \\ 3 & -6 & 3 \\ -5 & 10 & 4 \end{vmatrix}$$

解　因为第一列与第二列对应元素成比例，根据推论 3，得

$$D=\begin{vmatrix} 2 & -4 & 1 \\ 3 & -6 & 3 \\ -5 & 10 & 4 \end{vmatrix}=0$$

例 2　设 $\begin{vmatrix} a_{11} & a_{12} & a_{13} \\ a_{21} & a_{22} & a_{23} \\ a_{31} & a_{32} & a_{33} \end{vmatrix}=1$，求 $\begin{vmatrix} 6a_{11} & -2a_{12} & -10a_{13} \\ -3a_{21} & a_{22} & 5a_{23} \\ -3a_{31} & a_{32} & 5a_{33} \end{vmatrix}$.

解

$$\begin{vmatrix} 6a_{11} & -2a_{12} & -10a_{13} \\ -3a_{21} & a_{22} & 5a_{23} \\ -3a_{31} & a_{32} & 5a_{33} \end{vmatrix}=-2\begin{vmatrix} -3a_{11} & a_{12} & 5a_{13} \\ -3a_{21} & a_{22} & 5a_{23} \\ -3a_{31} & a_{32} & 5a_{33} \end{vmatrix}$$

$$=-2\times(-3)\times 5\begin{vmatrix} a_{11} & a_{12} & a_{13} \\ a_{21} & a_{22} & a_{23} \\ a_{31} & a_{32} & a_{33} \end{vmatrix}$$

$$=-2\times(-3)\times 5\times 1=30$$

计算行列式时，常用行列式的性质，把它化为三角形行列式来计算. 化为上三角形行列式的步骤是：

如果第一列第一个元素为 0，先将第一行与其他行交换使得第一列第一个元素不为 0；然后把第一行分别乘以适当的数加到其他各行，使得第一列除第一个元素外其余元素全为 0；

再用同样的方法处理除去第一行和第一列后余下的低一阶的行列式，如此继续下去，直至使它成为上三角形行列式，这时主对角线上元素的乘积就是所求行列式的值.

注意：在化为三角形行列式时，主要有以下三种变换：

(1) 互换行列式的某两行(列)，记为 $r_i \leftrightarrow r_j$(第 i 行与第 j 行互换)；

(2) 用一个非零的常数乘以行列式的某行(列)，记为 kr_i(第 i 行乘以 k 倍)；

(3) 用一个非零的常数乘以行列式的某行(列)后加到另一行(列)上去,记为 r_j+kr_i(第 i 行乘以 k 倍加到第 j 行上). 如果是对列的变化,则把符号换成 c,如 $c_i\leftrightarrow c_j$ 等.

例 3 计算 5 阶行列式

$$D=\begin{vmatrix}1&-1&2&-3&1\\-3&3&-7&9&-5\\2&0&4&-2&1\\3&-5&7&-14&6\\4&-4&10&-10&2\end{vmatrix}$$

解

$$D=\begin{vmatrix}1&-1&2&-3&1\\-3&3&-7&9&-5\\2&0&4&-2&1\\3&-5&7&-14&6\\4&-4&10&-10&2\end{vmatrix}\xlongequal{r_2+3r_1}$$

$$\begin{vmatrix}1&-1&2&-3&1\\0&0&-1&0&-2\\2&0&4&-2&1\\3&-5&7&-14&6\\4&-4&10&-10&2\end{vmatrix}\xlongequal{r_3+(-2)r_1}\begin{vmatrix}1&-1&2&-3&1\\0&0&-1&0&-2\\0&2&0&4&-1\\3&-5&7&-14&6\\4&-4&10&-10&2\end{vmatrix}\xlongequal{r_4+(-3)r_1}$$

$$\begin{vmatrix}1&-1&2&-3&1\\0&0&-1&0&-2\\0&2&0&4&-1\\0&-2&1&-5&3\\4&-4&10&-10&2\end{vmatrix}\xlongequal{r_5+(-4)r_1}\begin{vmatrix}1&-1&2&-3&1\\0&0&-1&0&-2\\0&2&0&4&-1\\0&-2&1&-5&3\\0&0&2&2&-2\end{vmatrix}\xlongequal{r_2\leftrightarrow r_4}$$

$$-\begin{vmatrix}1&-1&2&-3&1\\0&-2&1&-5&3\\0&2&0&4&-1\\0&0&-1&0&-2\\0&0&2&2&-2\end{vmatrix}\xlongequal{r_2+r_3}-\begin{vmatrix}1&-1&2&-3&1\\0&-2&1&-5&3\\0&0&1&-1&2\\0&0&-1&0&-2\\0&0&2&2&-2\end{vmatrix}\xlongequal{r_4+r_3}$$

$$
-\begin{vmatrix} 1 & -1 & 2 & -3 & 1 \\ 0 & -2 & 1 & -5 & 3 \\ 0 & 0 & 1 & -1 & 2 \\ 0 & 0 & 0 & -1 & 0 \\ 0 & 0 & 2 & 2 & -2 \end{vmatrix} \xlongequal{r_5+(-2)r_3} -\begin{vmatrix} 1 & -1 & 2 & -3 & 1 \\ 0 & -2 & 1 & -5 & 3 \\ 0 & 0 & 1 & -1 & 2 \\ 0 & 0 & 0 & -1 & 0 \\ 0 & 0 & 0 & 4 & -6 \end{vmatrix} \xlongequal{r_5+4r_4}
$$

$$
-\begin{vmatrix} 1 & -1 & 2 & -3 & 1 \\ 0 & -2 & 1 & -5 & 3 \\ 0 & 0 & 1 & -1 & 2 \\ 0 & 0 & 0 & -1 & 0 \\ 0 & 0 & 0 & 0 & -6 \end{vmatrix} = 12
$$

例 4　计算行列式

$$
D = \begin{vmatrix} 3 & 1 & 1 & 1 \\ 1 & 3 & 1 & 1 \\ 1 & 1 & 3 & 1 \\ 1 & 1 & 1 & 3 \end{vmatrix}
$$

解　注意到行列式中各行(列)中 4 个数之和都为 6,故可把第 2,3,4 行同时加到第 1 行,提出公因子 6,然后各行减去第 1 行,化为上三角形行列式来计算:

$$
D = \begin{vmatrix} 3 & 1 & 1 & 1 \\ 1 & 3 & 1 & 1 \\ 1 & 1 & 3 & 1 \\ 1 & 1 & 1 & 3 \end{vmatrix} \xlongequal{r_1+r_2+r_3+r_4} \begin{vmatrix} 6 & 6 & 6 & 6 \\ 1 & 3 & 1 & 1 \\ 1 & 1 & 3 & 1 \\ 1 & 1 & 1 & 3 \end{vmatrix} = 6\begin{vmatrix} 1 & 1 & 1 & 1 \\ 1 & 3 & 1 & 1 \\ 1 & 1 & 3 & 1 \\ 1 & 1 & 1 & 3 \end{vmatrix}
$$

$$
\xlongequal[\substack{r_3-r_1 \\ r_4-r_1}]{r_2-r_1} \begin{vmatrix} 1 & 1 & 1 & 1 \\ 0 & 2 & 0 & 0 \\ 0 & 0 & 2 & 0 \\ 0 & 0 & 0 & 2 \end{vmatrix} = 48
$$

仿照上述方法可得到更一般的结果:

$$
D_n = \begin{vmatrix} x & a & \cdots & a \\ a & x & \cdots & a \\ \vdots & \vdots & & \vdots \\ a & a & \cdots & x \end{vmatrix}
$$

$$
= \begin{vmatrix} [x+(n-1)a] & [x+(n-1)a] & \cdots & [x+(n-1)a] \\ a & x & \cdots & a \\ \vdots & \vdots & & \vdots \\ a & a & \cdots & x \end{vmatrix}
$$

$$=[x+(n-1)a]\begin{vmatrix} 1 & 1 & \cdots & 1 \\ a & x & \cdots & a \\ \vdots & \vdots & & \vdots \\ a & a & \cdots & x \end{vmatrix}$$

$$=[x+(n-1)a]\begin{vmatrix} 1 & 1 & \cdots & 1 \\ 0 & x-a & \cdots & 0 \\ \vdots & \vdots & & \vdots \\ 0 & a & \cdots & x-a \end{vmatrix}$$

$$=[x+(n-1)a](x-a)^{n-1}$$

例 5　计算行列式

$$D=\begin{vmatrix} a_1 & -a_1 & 0 & 0 \\ 0 & a_2 & -a_2 & 0 \\ 0 & 0 & a_3 & -a_3 \\ 1 & 1 & 1 & 1 \end{vmatrix}$$

解　根据行列式的特点,可将第 1 列加到第 2 列,然后将第 2 列加到第 3 列,再将第 3 列加到第 4 列,目的是使 D 中的零元素增多.

$$D=\begin{vmatrix} a_1 & -a_1 & 0 & 0 \\ 0 & a_2 & -a_2 & 0 \\ 0 & 0 & a_3 & -a_3 \\ 1 & 1 & 1 & 1 \end{vmatrix} \xlongequal{c_2+c_1} \begin{vmatrix} a_1 & 0 & 0 & 0 \\ 0 & a_2 & -a_2 & 0 \\ 0 & 0 & a_3 & -a_3 \\ 1 & 2 & 1 & 1 \end{vmatrix}$$

$$\xlongequal{c_3+c_2} \begin{vmatrix} a_1 & 0 & 0 & 0 \\ 0 & a_2 & 0 & 0 \\ 0 & 0 & a_3 & -a_3 \\ 1 & 2 & 3 & 1 \end{vmatrix} \xlongequal{c_4+c_3} \begin{vmatrix} a_1 & 0 & 0 & 0 \\ 0 & a_2 & 0 & 0 \\ 0 & 0 & a_3 & 0 \\ 1 & 2 & 3 & 4 \end{vmatrix} = 4a_1a_2a_3$$

【思考与练习】

1. 用行列式的性质计算下列行列式:

(1) $D=\begin{vmatrix} 34215 & 35215 \\ 28092 & 29092 \end{vmatrix}$;　(2) $D=\begin{vmatrix} 1 & 2 & 3 \\ 0 & 1 & 2 \\ 1 & 1 & 1 \end{vmatrix}$;

(3) $D=\begin{vmatrix} 1 & 4 & 1 & 0 \\ 2 & 8 & 3 & 5 \\ 0 & 0 & 1 & 4 \\ -1 & -4 & -5 & 7 \end{vmatrix}$;　(4) $D=\begin{vmatrix} 1 & 2 & 3 & 4 \\ 2 & 3 & 4 & 1 \\ 3 & 4 & 1 & 2 \\ 4 & 1 & 2 & 3 \end{vmatrix}$;

(5) $D=\begin{vmatrix} 1 & 1 & 1 & 1 \\ 1 & 2 & 3 & 4 \\ 1 & 3 & 6 & 10 \\ 1 & 4 & 10 & 20 \end{vmatrix}$;　(6) $D=\begin{vmatrix} 1 & 1 & 1 & 1 \\ -1 & 1 & 1 & 1 \\ -1 & -1 & 1 & 1 \\ -1 & -1 & -1 & 1 \end{vmatrix}$.

(7) $\begin{vmatrix} 1 & 0 & -1 & -1 \\ 1 & 1 & 3 & 1 \\ -1 & 0 & -2 & 5 \\ 0 & 5 & 4 & 1 \end{vmatrix}$； (8) $\begin{vmatrix} 2 & 1 & 1 & 1 \\ 1 & 3 & 1 & 1 \\ 1 & 1 & 4 & 1 \\ 1 & 1 & 1 & 5 \end{vmatrix}$；

(9) $\begin{vmatrix} 0 & 2 & 2 & 2 \\ 2 & 0 & 2 & 2 \\ 2 & 2 & 0 & 2 \\ 2 & 2 & 2 & 0 \end{vmatrix}$； (10) $\begin{vmatrix} 1 & 0 & 2 & a \\ 2 & 0 & b & 0 \\ 3 & c & 4 & 5 \\ d & 0 & 0 & 0 \end{vmatrix}$；

(11) $\begin{vmatrix} -ab & ac & ad \\ bd & -cd & de \\ bf & cf & -ef \end{vmatrix}$； (12) $\begin{vmatrix} 1 & 1 & 1 & 1 \\ a_1 & a_2 & a_3 & a_4 \\ a_1^2 & a_2^2 & a_3^2 & a_4^2 \\ a_1^3 & a_2^3 & a_3^3 & a_4^3 \end{vmatrix}$.

2. 计算行列式 $D = \begin{vmatrix} a & b & c & d \\ a & a+b & a+b+c & a+b+c+d \\ a & 2a+b & 3a+2b+c & 4a+3b+2c+d \\ a & 3a+b & 6a+3b+c & 10a+6b+3c+d \end{vmatrix}$.

3. 已知 $\begin{vmatrix} x & y & z \\ 2 & 0 & 1 \\ 3 & -2 & 1 \end{vmatrix} = 2$，求下列行列式的值：

(1) $\begin{vmatrix} x-3 & y+2 & z-1 \\ 3 & -2 & 1 \\ 1 & -2 & 0 \end{vmatrix}$； (2) $\begin{vmatrix} 2x+7 & 2y-2 & 2z+2 \\ 4 & 0 & 2 \\ 3 & -2 & 1 \end{vmatrix}$.

任务 4　行列式依行(列)展开

【学习目标】

行列式依一行(列)展开的计算方法.

【工作任务】

(1) 了解余子式、代数余子式的概念.

(2) 理解定理 1、定理 2，并综合利用定理 1、定理 2 及行列式的性质进行行列式的计算.

【相关知识】

一、行列式依一行(列)展开

观察三阶行列式的定义

$$\begin{vmatrix} a_{11} & a_{12} & a_{13} \\ a_{21} & a_{22} & a_{23} \\ a_{31} & a_{32} & a_{33} \end{vmatrix}$$

$$=a_{11}a_{22}a_{33}+a_{12}a_{23}a_{31}+a_{13}a_{21}a_{32}-a_{13}a_{22}a_{31}-a_{11}a_{23}a_{32}-a_{12}a_{21}a_{33}$$

$$=a_{11}(a_{22}a_{33}-a_{23}a_{32})+a_{12}(a_{23}a_{31}-a_{21}a_{33})+a_{13}(a_{21}a_{32}-a_{22}a_{31})$$

$$=a_{11}\begin{vmatrix}a_{22}&a_{23}\\a_{32}&a_{33}\end{vmatrix}-a_{12}\begin{vmatrix}a_{21}&a_{23}\\a_{31}&a_{33}\end{vmatrix}+a_{13}\begin{vmatrix}a_{21}&a_{22}\\a_{31}&a_{32}\end{vmatrix}$$

从中可得到这样的启示：三阶行列式可依第一行“展开”，对上式重新组合，易见该三阶行列式也可依其他行或列“展开”，从而将三阶行列式的计算转化为低一阶行列式的计算.

为从更一般的角度来考虑用低阶行列式表示高阶行列式的问题，先引入余子式和代数余子式的概念.

定义 1　在 n 阶行列式 D 中，去掉元素 a_{ij} 所在的第 i 行和第 j 列后，余下的 $n-1$ 阶行列式，称为 D 中元素 a_{ij} 的**余子式**，记为 M_{ij}，再记

$$A_{ij}=(-1)^{i+j}M_{ij}$$

称 A_{ij} 为元素 a_{ij} 的**代数余子式**.

例如，在三阶行列式 $D=\begin{vmatrix}a_{11}&a_{12}&a_{13}\\a_{21}&a_{22}&a_{23}\\a_{31}&a_{32}&a_{33}\end{vmatrix}$ 中，元素 a_{32} 的余子式和代数余子式分别为

$$M_{32}=\begin{vmatrix}a_{11}&a_{13}\\a_{21}&a_{23}\end{vmatrix},A_{32}=(-1)^{3+2}M_{32}=-M_{32}$$

若记 $D=\begin{vmatrix}a_{11}&a_{12}&a_{13}\\a_{21}&a_{22}&a_{23}\\a_{31}&a_{32}&a_{33}\end{vmatrix}$，则引例的结果可表示为 $D=a_{11}A_{11}+a_{12}A_{12}+a_{13}A_{13}$.

定理 1　n 阶行列式 $D=|a_{ij}|$ 等于它的任一行(列)的各元素与其对应的代数余子式乘积之和，即 $D=a_{i1}A_{i1}+a_{i2}A_{i2}+\cdots+a_{in}A_{in}(i=1,2,\cdots,n)$，或 $D=a_{1j}A_{1j}+a_{2j}A_{2j}+\cdots+a_{nj}A_{nj}(j=1,2,\cdots,n)$.

证明　(1) 首先讨论 D 的第一行中的元素除 $a_{11}\neq 0$ 外，其余元素均为零的特殊情况，即

$$D=\begin{vmatrix}a_{11}&0&\cdots&0\\a_{21}&a_{22}&\cdots&a_{2n}\\\vdots&\vdots&&\vdots\\a_{n1}&a_{n2}&\cdots&a_{nn}\end{vmatrix}$$

因为D的每一项都含有第一行中的元素,但第一行中仅有$a_{11}\neq 0$,所以D仅含有下面形式的项$(-1)^{N(1j_2\cdots j_n)}a_{11}a_{2j_2}\cdots a_{nj_n}=a_{11}[(-1)^{N(j_2\cdots j_n)}a_{2j_2}\cdots a_{nj_n}]$,等号右端方括号内正是$M_{11}$的一般项,所以$D=a_{11}M_{11}$,再由$A_{11}=(-1)^{1+1}M_{11}=M_{11}$,得到$D=a_{11}A_{11}$.

(2) 其次讨论行列式D中第i行的元素除$a_{ij}\neq 0$外,其余元素均为零的情况,即

$$D=\begin{vmatrix} a_{11} & \cdots & a_{1j-1} & a_{1j} & a_{1j+1} & \cdots & a_{1n} \\ \vdots & & \vdots & \vdots & \vdots & & \vdots \\ a_{i-11} & \cdots & a_{i-1j-1} & a_{i-1j} & a_{i-1j+1} & \cdots & a_{i-1n} \\ 0 & \cdots & 0 & a_{ij} & 0 & \cdots & 0 \\ a_{i+11} & \cdots & a_{i+1j-1} & a_{i+1j} & a_{i+1j+1} & \cdots & a_{i+1n} \\ \vdots & & \vdots & \vdots & \vdots & & \vdots \\ a_{n1} & \cdots & a_{nj-1} & a_{nj} & a_{nj+1} & \cdots & a_{nn} \end{vmatrix}$$

将D第i行依次与第$i-1,\cdots,2,1$行交换后,再将第j列依次与第$j-1,\cdots,2,1$列交换,共经过$i+j-2$次交换D的行和列,得

$$D=(-1)^{i+j-2}\begin{vmatrix} a_{ij} & 0 & \cdots & 0 & 0 & \cdots & 0 \\ a_{1j} & a_{11} & \cdots & a_{1j-1} & a_{1j+1} & \cdots & a_{1n} \\ \vdots & \vdots & & \vdots & \vdots & & \vdots \\ a_{i-1j} & a_{i-11} & \cdots & a_{i-1j-1} & a_{i-1j+1} & \cdots & a_{i-1n} \\ a_{i+1j} & a_{i+11} & \cdots & a_{i+1j-1} & a_{i+1j+1} & \cdots & a_{i+1n} \\ \vdots & \vdots & & \vdots & \vdots & & \vdots \\ a_{nj} & a_{n1} & \cdots & a_{nj-1} & a_{nj+1} & \cdots & a_{nn} \end{vmatrix}$$

$$=(-1)^{i+j}a_{ij}M_{ij}=a_{ij}A_{ij}$$

(3) 最后讨论一般情况:

$$D=\begin{vmatrix} a_{11} & a_{12} & \cdots & a_{1n} \\ \vdots & \vdots & & \vdots \\ a_{i1}+0+\cdots+0 & 0+a_{i2}+\cdots+0 & \cdots & 0+\cdots+0+a_{in} \\ \vdots & \vdots & & \vdots \\ a_{n1} & a_{n2} & \cdots & a_{nn} \end{vmatrix}$$

由任务 3 的推论 4 及上述(2) 的结论,可得

$$D=\begin{vmatrix} a_{11} & a_{12} & \cdots & a_{1n} \\ \vdots & \vdots & & \vdots \\ a_{i1} & 0 & \cdots & 0 \\ \vdots & \vdots & & \vdots \\ a_{n1} & a_{n2} & \cdots & a_{nn} \end{vmatrix}+\begin{vmatrix} a_{11} & a_{12} & \cdots & a_{1n} \\ \vdots & \vdots & & \vdots \\ 0 & a_{i2} & \cdots & 0 \\ \vdots & \vdots & & \vdots \\ a_{n1} & a_{n2} & \cdots & a_{nn} \end{vmatrix}+\cdots+\begin{vmatrix} a_{11} & a_{12} & \cdots & a_{1n} \\ \vdots & \vdots & & \vdots \\ 0 & 0 & \cdots & a_{in} \\ \vdots & \vdots & & \vdots \\ a_{n1} & a_{n2} & \cdots & a_{nn} \end{vmatrix}$$

$$=a_{i1}A_{i1}+a_{i2}A_{i2}+\cdots+a_{in}A_{in}$$

显然这一结果对任意 $i=1,2,\cdots,n$ 均成立.

同理可证将 D 依列展开的情形.

定理2　行列式某一行(列)的元素与另一行(列)的对应元素的代数余子式乘积之和等于零，即 $a_{i1}A_{j1}+a_{i2}A_{j2}+\cdots+a_{in}A_{jn}=0$，$(i\neq j)$，或 $a_{1i}A_{1j}+a_{2i}A_{2j}+\cdots+a_{ni}A_{nj}=0$，$(i\neq j)$.

证明　设将行列式 D 中第 j 行的元素换为第 i 行($i\neq j$)的对应元素，得到有两行相同的行列式 D_1，由本项目任务3中推论1得知 $D_1=0$，再将 D_1 依 j 行展开，则 $D_1=a_{i1}A_{j1}+a_{i2}A_{j2}+\cdots+a_{in}A_{jn}=0\quad(i\neq j)$.

同理，可证 D_1 依列展开的情况.

综上所述，可得到有关代数余子式的一个重要性质：

$$\sum_{k=1}^{n}a_{ki}A_{kj}=D\delta_{ij}=\begin{cases}D, & 当\ i=j,\\ 0, & 当\ i\neq j;\end{cases}\quad 或\quad \sum_{k=1}^{n}a_{ik}A_{jk}=D\delta_{ij}=\begin{cases}D, & 当\ i=j,\\ 0, & 当\ i\neq j.\end{cases}$$

其中，$\delta_{ij}=\begin{cases}1, & i=j,\\ 0, & i\neq j.\end{cases}$

二、行列式的计算

直接应用依行(列)展开法则计算行列式，运算量较大，尤其是高阶行列式.因此，计算行列式时，一般可先用行列式的性质将行列式中某一行(列)化为仅含有一个非零元素，再按此行(列)展开，化为低一阶的行列式，如此继续下去，直到化为三阶或二阶行列式.

行列式的计算在以后各任务中有广泛应用，是学习重点，一般而言，常用的计算方法如下：

(1)2阶、3阶行列式可直接利用“对角线法则”计算.

(2)化上(下)三角行列式法.一般情况下，可利用行列式的性质将行列式化为上(下)三角行列式，直接求值.

(3)降阶法.利用行列式性质，将行列式化为某行(列)仅有个别元素不等于零，然后按该行(列)展开，化为较低阶的行列式计算.

【相关实践】

例 1 设四阶行列式 $D=\begin{vmatrix}1&2&0&1\\2&0&-1&3\\3&1&1&4\\2&0&-3&5\end{vmatrix}$，求元素 $a_{12}=2$ 和 $a_{32}=1$ 的余子式及代数余子式.

解 元素 $a_{12}=2$ 和 $a_{32}=1$ 的余子式及代数余子式分别为

$$M_{12}=\begin{vmatrix}2&-1&3\\3&1&4\\2&-3&5\end{vmatrix}=8,M_{32}=\begin{vmatrix}1&0&1\\2&-1&3\\2&-3&5\end{vmatrix}=0$$

$$A_{12}=(-1)^{1+2}M_{12}=-8,A_{32}=(-1)^{3+2}M_{32}=0$$

例 2 依第二列展开行列式

$$D=\begin{vmatrix}2&-1&3\\-1&2&1\\4&1&2\end{vmatrix}$$

解 依第二列展开

$$D=(-1)\times(-1)^{1+2}\begin{vmatrix}-1&1\\4&2\end{vmatrix}+2\times(-1)^{2+2}\begin{vmatrix}2&3\\4&2\end{vmatrix}$$

$$+1\times(-1)^{3+2}\begin{vmatrix}2&3\\-1&1\end{vmatrix}$$

$$=(-1)\times(-1)\times(-6)+2\times1\times(-8)+1\times(-1)\times5$$

$$=-6-16-5=-27$$

例 3 计算行列式

$$D=\begin{vmatrix}1&2&3&4\\1&0&1&2\\3&-1&-1&0\\1&2&0&-5\end{vmatrix}$$

解 将 D 依第三列展开，则应有 $D=a_{13}A_{13}+a_{23}A_{23}+a_{33}A_{33}+a_{43}A_{43}$，其中，$a_{13}=3,a_{23}=1,a_{33}=-1,a_{43}=0$.

$$A_{13}=(-1)^{1+3}\begin{vmatrix}1 & 0 & 2\\3 & -1 & 0\\1 & 2 & -5\end{vmatrix}=19,\quad A_{23}=(-1)^{2+3}\begin{vmatrix}1 & 2 & 4\\3 & -1 & 0\\1 & 2 & -5\end{vmatrix}=-63$$

$$A_{33}=(-1)^{3+3}\begin{vmatrix}1 & 2 & 4\\1 & 0 & 2\\1 & 2 & -5\end{vmatrix}=18,\quad A_{43}=(-1)^{4+3}\begin{vmatrix}1 & 2 & 4\\1 & 0 & 2\\3 & -1 & 0\end{vmatrix}=-10$$

所以，$D=3\times 19+1\times(-63)+(-1)\times 18+0\times(-10)=-24$.

例 4　计算行列式

$$D=\begin{vmatrix}1 & 2 & 3 & 4\\1 & 0 & 1 & 2\\3 & -1 & -1 & 0\\1 & 2 & 0 & -5\end{vmatrix}$$

解

$$D=\begin{vmatrix}1 & 2 & 3 & 4\\1 & 0 & 1 & 2\\3 & -1 & -1 & 0\\1 & 2 & 0 & -5\end{vmatrix}\xlongequal[r_4+2r_3]{r_1+2r_3}\begin{vmatrix}7 & 0 & 1 & 4\\1 & 0 & 1 & 2\\3 & -1 & -1 & 0\\7 & 0 & -2 & -5\end{vmatrix}$$

$$=(-1)\times(-1)^{3+2}\begin{vmatrix}7 & 1 & 4\\1 & 1 & 2\\7 & -2 & -5\end{vmatrix}\xlongequal[r_3+2r_2]{r_1-r_2}\begin{vmatrix}6 & 0 & 2\\1 & 1 & 2\\9 & 0 & -1\end{vmatrix}$$

$$=1\times(-1)^{2+2}\begin{vmatrix}6 & 2\\9 & -1\end{vmatrix}=-6-18=-24$$

例 5　计算行列式

$$D=\begin{vmatrix}5 & 3 & -1 & 2 & 0\\1 & 7 & 2 & 5 & 2\\0 & -2 & 3 & 1 & 0\\0 & -4 & -1 & 4 & 0\\0 & 2 & 3 & 5 & 0\end{vmatrix}$$

解

$$D=\begin{vmatrix}5 & 3 & -1 & 2 & 0\\1 & 7 & 2 & 5 & 2\\0 & -2 & 3 & 1 & 0\\0 & -4 & -1 & 4 & 0\\0 & 2 & 3 & 5 & 0\end{vmatrix}=2\times(-1)^{2+5}\begin{vmatrix}5 & 3 & -1 & 2\\0 & -2 & 3 & 1\\0 & -4 & -1 & 4\\0 & 2 & 3 & 5\end{vmatrix}$$

$$=-10\begin{vmatrix}-2 & 3 & 1\\-4 & -1 & 4\\2 & 3 & 5\end{vmatrix}\xlongequal[r_3+r_1]{r_2-2r_1}-10\begin{vmatrix}-2 & 3 & 1\\0 & -7 & 2\\0 & 6 & 6\end{vmatrix}$$

$$=-10\times(-2)\begin{vmatrix}-7 & 2\\ 6 & 6\end{vmatrix}=20\times(-42-12)=-1080$$

例 6 求证：$\begin{vmatrix}1 & 2 & 3 & 4 & \cdots & n\\ 1 & 1 & 2 & 3 & \cdots & n-1\\ 1 & x & 1 & 2 & \cdots & n-2\\ 1 & x & x & 1 & \cdots & n-3\\ \vdots & \vdots & \vdots & \vdots & & \vdots\\ 1 & x & x & x & \cdots & 2\\ 1 & x & x & x & \cdots & 1\end{vmatrix}=(-1)^{n+1}x^{n-2}$.

证明

$$\begin{vmatrix}1 & 2 & 3 & 4 & \cdots & n\\ 1 & 1 & 2 & 3 & \cdots & n-1\\ 1 & x & 1 & 2 & \cdots & n-2\\ 1 & x & x & 1 & \cdots & n-3\\ \vdots & \vdots & \vdots & \vdots & & \vdots\\ 1 & x & x & x & \cdots & 2\\ 1 & x & x & x & \cdots & 1\end{vmatrix}\xlongequal[i=2,\cdots,n]{r_{i-1}-r_i}\begin{vmatrix}0 & 1 & 1 & 1 & \cdots & 1 & 1\\ 0 & 1-x & 1 & 1 & \cdots & 1 & 1\\ 0 & 0 & 1-x & 1 & \cdots & 1 & 1\\ 0 & 0 & 0 & 1-x & \cdots & 1 & 1\\ \vdots & \vdots & \vdots & \vdots & & \vdots & \vdots\\ 0 & 0 & 0 & 0 & \cdots & 1-x & 1\\ 1 & x & x & x & \cdots & x & 1\end{vmatrix}$$

$$=(-1)^{n+1}\begin{vmatrix}1 & 1 & 1 & \cdots & 1 & 1\\ 1-x & 1 & 1 & \cdots & 1 & 1\\ 0 & 1-x & 1 & \cdots & 1 & 1\\ 0 & 0 & 1-x & \cdots & 1 & 1\\ \vdots & \vdots & \vdots & & \vdots & \vdots\\ 0 & 0 & 0 & \cdots & 1-x & 1\end{vmatrix}\xlongequal[i=2,\cdots,n]{r_{i-1}-r_i}$$

$$(-1)^{n+1}\begin{vmatrix}x & 0 & 0 & \cdots & 0 & 0\\ 1-x & x & 0 & \cdots & 0 & 0\\ 0 & 1-x & x & \cdots & 0 & 0\\ 0 & 0 & 1-x & \cdots & 0 & 0\\ \vdots & \vdots & \vdots & & \vdots & \vdots\\ 0 & 0 & 0 & \cdots & 1-x & 1\end{vmatrix}=(-1)^{n+1}x^{n-2}$$

例 7 证明范德蒙德行列式

$$D_n=\begin{vmatrix}1 & 1 & \cdots & 1\\ x_1 & x_2 & \cdots & x_n\\ x_1^2 & x_2^2 & \cdots & x_n^2\\ \vdots & \vdots & & \vdots\\ x_1^{n-1} & x_2^{n-1} & \cdots & x_n^{n-1}\end{vmatrix}=\prod_{n\geqslant i>j\geqslant 1}(x_i-x_j)$$

其中记号"Π"表示全体同类因子的乘积.

证明 用数学归纳法证明.当$n=2$时，$D_2=\begin{vmatrix}1 & 1\\ x_1 & x_2\end{vmatrix}=x_2-x_1=\prod\limits_{2\geqslant i>j\geqslant 1}(x_i-x_j)$，所证等式成立.

假设所证等式对于$n-1$阶范德蒙行列式成立，现要证明所证等式对n阶范德蒙行列式也成立.为此，设法把D_n降阶：从第n行开始，后一行减去前一行的x_1

倍，有

$$D_n=\begin{vmatrix}1 & 1 & \cdots & 1\\ x_1 & x_2 & \cdots & x_n\\ x_1^2 & x_2^2 & \cdots & x_n^2\\ \vdots & \vdots & & \vdots\\ x_1^{n-1} & x_2^{n-1} & \cdots & x_n^{n-1}\end{vmatrix}\xlongequal[i=n,n-1,\cdots,2]{r_i-x_1r_{i-1}}$$

$$\begin{vmatrix}1 & 1 & 1 & \cdots & 1\\ 0 & x_2-x_1 & x_3-x_1 & \cdots & x_n-x_1\\ 0 & x_2(x_2-x_1) & x_3(x_3-x_1) & \cdots & x_n(x_n-x_1)\\ \vdots & \vdots & \vdots & & \vdots\\ 0 & x_2^{n-2}(x_2-x_1) & x_3^{n-2}(x_3-x_1) & \cdots & x_n^{n-2}(x_n-x_1)\end{vmatrix}$$

依第一列展开，并把每列的公因子(x_i-x_1)提出，就得到

$$D_n=(x_2-x_1)(x_3-x_1)\cdots(x_n-x_1)\begin{vmatrix}1 & 1 & \cdots & 1\\ x_2 & x_3 & \cdots & x_n\\ \vdots & \vdots & & \vdots\\ x_2^{n-2} & x_3^{n-2} & \cdots & x_n^{n-2}\end{vmatrix}$$

上式右端的行列式是$n-1$阶范德蒙行列式，按归纳假设，它等于所有(x_i-x_j)因子的乘积，其中$n\geqslant i>j\geqslant 2$. 故

$$D_n=(x_2-x_1)(x_3-x_1)\cdots(x_n-x_1)\prod_{n\geqslant i>j\geqslant 2}(x_i-x_j)=\prod_{n\geqslant i>j\geqslant 1}(x_i-x_j)$$

【思考与练习】

1. 设 $D=\begin{vmatrix}3 & -5 & 2 & 1\\ 1 & 1 & 0 & -5\\ -1 & 3 & 1 & 3\\ 2 & -4 & -1 & -3\end{vmatrix}$，$D$中元素$a_{ij}$的余子式和代数余子式依次记作$M_{ij}$和$A_{ij}$，求$A_{11}+A_{12}+A_{13}+A_{14}$及$M_{11}+M_{21}+M_{31}+M_{41}$.

2. 已知四阶行列式D中第三列元素依次为$-1,2,0,1$，它们的余子式依次分别为$5,3,-7,4$，求D.

3. 计算下列行列式：

(1) $D_n=\begin{vmatrix}a & 0 & \cdots & 0 & 1\\ 0 & a & \cdots & 1 & 0\\ \vdots & \vdots & & \vdots & \vdots\\ 0 & 1 & \cdots & a & 0\\ 1 & 0 & \cdots & 0 & a\end{vmatrix}$；

(2) $D_n=\begin{vmatrix}1 & 2 & 2 & \cdots & 2\\ 2 & 2 & 2 & \cdots & 2\\ 2 & 2 & 3 & \cdots & 2\\ \vdots & \vdots & \vdots & & \vdots\\ 2 & 2 & 2 & 2 & n\end{vmatrix}$；

$$(3)D=\begin{vmatrix} 1 & a_1 & a_2 & \cdots & a_n \\ 1 & a_1+b_1 & a_2 & \cdots & a_n \\ 1 & a_1 & a_2+b_2 & \cdots & a_n \\ \vdots & \vdots & \vdots & & \vdots \\ 1 & a_1 & a_2 & \cdots & a_n+b_n \end{vmatrix};$$

$$(4)D=\begin{vmatrix} 1 & 2 & 3 & \cdots & n-1 & n \\ -1 & 0 & 3 & \cdots & n-1 & n \\ -1 & -2 & 0 & \cdots & n-1 & n \\ \vdots & \vdots & \vdots & & \vdots & \vdots \\ -1 & -2 & -3 & \cdots & 0 & n \\ -1 & -2 & -3 & \cdots & -(n-1) & 0 \end{vmatrix};$$

$$(5)D=\begin{vmatrix} -a_1 & a_1 & 0 & \cdots & 0 & 0 \\ 0 & -a_2 & a_2 & \cdots & 0 & 0 \\ \vdots & \vdots & \vdots & & \vdots & \vdots \\ 0 & 0 & 0 & \cdots & -a_n & a_n \\ 1 & 1 & 1 & \cdots & 1 & 1 \end{vmatrix};$$

$$(6)D=\begin{vmatrix} x & y & 0 & \cdots & 0 & 0 \\ 0 & x & y & \cdots & 0 & 0 \\ \vdots & \vdots & \vdots & & \vdots & \vdots \\ 0 & 0 & 0 & \cdots & x & y \\ y & 0 & 0 & \cdots & 0 & x \end{vmatrix}.$$

任务 5　克莱姆法则

【学习目标】

了解克莱姆法则.

【工作任务】

(1) 熟悉定理 1 和定理 2.

(2) 能运用定理 1、定理 2 来判断线性方程组的解.

【相关知识】

我们已经知道二元一次方程组

$$\begin{cases} a_{11}x_1+a_{12}x_2=b_1 \\ a_{21}x_1+a_{22}x_2=b_2 \end{cases}$$

当 $a_{11}a_{22}-a_{21}a_{12}\neq 0$ 时,其解为

$$x_1=\frac{\begin{vmatrix} b_1 & a_{12} \\ b_2 & a_{22} \end{vmatrix}}{\begin{vmatrix} a_{11} & a_{12} \\ a_{21} & a_{22} \end{vmatrix}},x_2=\frac{\begin{vmatrix} a_{11} & b_1 \\ a_{21} & b_2 \end{vmatrix}}{\begin{vmatrix} a_{11} & a_{12} \\ a_{21} & a_{22} \end{vmatrix}}$$

设 $\begin{vmatrix} a_{11} & a_{12} \\ a_{21} & a_{22} \end{vmatrix}=D\neq 0$，$D_1=\begin{vmatrix} b_1 & a_{12} \\ b_2 & a_{22} \end{vmatrix}$，$D_2=\begin{vmatrix} a_{11} & b_1 \\ a_{21} & b_2 \end{vmatrix}$，则有 $x_i=\frac{D_i}{D}\quad(i=1,2)$.

类似地，对于三元一次方程组

$$\begin{cases} a_{11}x_1+a_{12}x_2+a_{13}x_3=b_1 \\ a_{21}x_1+a_{22}x_2+a_{23}x_3=b_2 \\ a_{31}x_1+a_{32}x_2+a_{33}x_3=b_3 \end{cases}$$

设 $D=\begin{vmatrix} a_{11} & a_{12} & a_{13} \\ a_{21} & a_{22} & a_{23} \\ a_{31} & a_{32} & a_{33} \end{vmatrix}$，$D_1=\begin{vmatrix} b_1 & a_{12} & a_{13} \\ b_2 & a_{22} & a_{23} \\ b_3 & a_{32} & a_{33} \end{vmatrix}$，$D_2=\begin{vmatrix} a_{11} & b_1 & a_{13} \\ a_{21} & b_2 & a_{23} \\ a_{31} & b_3 & a_{33} \end{vmatrix}$，

$D_3=\begin{vmatrix} a_{11} & a_{12} & b_1 \\ a_{21} & a_{22} & b_2 \\ a_{31} & a_{32} & b_3 \end{vmatrix}$.

当 $D\neq 0$ 时，则有 $x_i=\frac{D_i}{D}(i=1,2,3)$.

对更一般的线性方程组是否有类似的结果？答案是肯定的.

在引入克莱姆法则之前，我们先介绍有关 n 元线性方程组的概念.

含有 n 个未知数 $x_1,x_2,\cdots,x_n$ 的线性方程组

$$\begin{cases} a_{11}x_1+a_{12}x_2+\cdots+a_{1n}x_n=b_1 \\ a_{21}x_1+a_{22}x_2+\cdots+a_{2n}x_n=b_2 \\ \cdots\cdots\cdots\cdots \\ a_{n1}x_1+a_{n2}x_2+\cdots+a_{nn}x_n=b_n \end{cases}\qquad(6-5-1)$$

称为 **n 元线性方程组**. 当其右端的常数项 $b_1,b_2,\cdots,b_n$ 不全为零时，线性方程组(6-5-1)称为**非齐次线性方程组**，当 $b_1,b_2,\cdots,b_n$ 全为零时，线性方程组(6-5-1)称为**齐次线性方程组**，即

$$\begin{cases} a_{11}x_1+a_{12}x_2+\cdots+a_{1n}x_n=0 \\ a_{21}x_1+a_{22}x_2+\cdots+a_{2n}x_n=0 \\ \cdots\cdots\cdots\cdots \\ a_{n1}x_1+a_{n2}x_2+\cdots+a_{nn}x_n=0 \end{cases}\qquad(6-5-2)$$

线性方程组(6－5－1)的系数 a_{ij} 构成的行列式称为该方程组的**系数行列式** D,即

$$D=\begin{vmatrix} a_{11} & a_{12} & \cdots & a_{1n} \\ a_{21} & a_{22} & \cdots & a_{2n} \\ \vdots & \vdots & & \vdots \\ a_{n1} & a_{n2} & \cdots & a_{nn} \end{vmatrix}$$

下面不加证明地给出,含有 n 个方程的 n 元线性方程组的解有着和以上二元、三元线性方程组相同的求解法则,这个法则称之为**克莱姆法则**.

定理 1 (克莱姆法则)　含有 n 个方程的 n 元线性方程组,若它的系数行列式 $D\neq 0$,则方程有且仅有唯一解,$x_i=\dfrac{D_i}{D}\quad(i=1,2,\cdots,n)$.

对齐次线性方程组(6－5－2),易见 $x_1=x_2=\cdots=x_n=0$ 一定是该方程组的解,称其为齐次线性方程组(6－5－2)的**零解**.因此,可得到如下定理.

定理 2　如果一个含有 n 个方程的 n 元齐次线性方程组的系数行列式 $D\neq 0$,则它只有零解.

证明　因为 $D\neq 0$,根据克莱姆法则,齐次线性方程组(6－5－2)有唯一解

$$x_j=\frac{D_j}{D}\quad(j=1,2,\cdots,n)$$

又由于行列式 $D_j(j=1,2,\cdots,n)$ 中有一列的元素全为零,因而 $D_j=0(j=1,2,\cdots,n)$,所以,齐次线性方程组(6－5－2)仅有零解

$$x_j=\frac{D_j}{D}=0\quad(j=1,2,\cdots,n)$$

推论　如果一个含有 n 个方程的 n 元齐次线性方程组有非零解,则它的系数行列式 $D=0$.

克莱姆法则在一定条件下给出了线性方程组解的存在性、唯一性,与其在计算方面的作用相比,克莱姆法则更具有重大的理论价值.特别是它明确地揭示了方程组的解和系数之间的关系.

一般来说,用克莱姆法则求线性方程组的解时,特别是用克莱姆法则求解系数行列式不等于零的 n 元非齐次线性方程组时,需要计算 $n+1$ 个 n 阶行列式,计算量是比较大的.对具体的数字线性方程组,当未知数较多时往往可用计算机来求解.用计算机求解线性方程组目前已经有了一整套成熟的方法.

实际上关于数字系数的线性方程组(包括系数行列式等于零及方程个数和未知量个数不相同的线性方程组)的解法,一般都采用后续任务中介绍的方法来求解.

【相关实践】

例 1　解线性方程组$\begin{cases} x_1+2x_2-x_3=-1 \\ 2x_1-x_2=5 \\ -x_1+x_2+3x_3=0 \end{cases}$

解　因为

$$D=\begin{vmatrix} 1 & 2 & -1 \\ 2 & -1 & 0 \\ -1 & 1 & 3 \end{vmatrix}=-16\neq 0$$

根据克莱姆法则，方程组有且仅有唯一解，又

$$D_1=\begin{vmatrix} -1 & 2 & -1 \\ 5 & -1 & 0 \\ 0 & 1 & 3 \end{vmatrix}=-32, D_2=\begin{vmatrix} 1 & -1 & -1 \\ 2 & 5 & 0 \\ -1 & 0 & 3 \end{vmatrix}=16$$

$$D_3=\begin{vmatrix} 1 & 2 & -1 \\ 2 & -1 & 5 \\ -1 & 1 & 0 \end{vmatrix}=-16$$

所以，$x_1=\dfrac{D_1}{D}=2, x_2=\dfrac{D_2}{D}=-1, x_3=\dfrac{D_3}{D}=1.$

例 2　用克莱姆法则解线性方程组：

$$\begin{cases} 2x_1+x_2-5x_3+x_4=8 \\ x_1-3x_2-6x_4=9 \\ 2x_2-x_3+2x_4=-5 \\ x_1+4x_2-7x_3+6x_4=0 \end{cases}$$

解

$$D=\begin{vmatrix} 2 & 1 & -5 & 1 \\ 1 & -3 & 0 & -6 \\ 0 & 2 & -1 & 2 \\ 1 & 4 & -7 & 6 \end{vmatrix}=27,\quad D_1=\begin{vmatrix} 8 & 1 & -5 & 1 \\ 9 & -3 & 0 & -6 \\ -5 & 2 & -1 & 2 \\ 0 & 4 & -7 & 6 \end{vmatrix}=81$$

$$D_2=\begin{vmatrix} 2 & 8 & -5 & 1 \\ 1 & 9 & 0 & -6 \\ 0 & -5 & -1 & 2 \\ 1 & 0 & -7 & 6 \end{vmatrix}=-108,\quad D_3=\begin{vmatrix} 2 & 1 & 8 & 1 \\ 1 & -3 & 9 & -6 \\ 0 & 2 & -5 & 2 \\ 1 & 4 & 0 & 6 \end{vmatrix}=-27$$

$$D_4=\begin{vmatrix}2&1&-5&8\\1&-3&0&9\\0&2&-1&-5\\1&4&-7&0\end{vmatrix}=27$$

所以，$x_1=\dfrac{D_1}{D}=3, x_2=\dfrac{D_2}{D}=-4, x_3=\dfrac{D_3}{D}=-1, x_4=\dfrac{D_4}{D}=1.$

例 3 判定齐次线性方程组

$$\begin{cases}x_1+x_2+2x_3+3x_4=0\\x_1+2x_2+3x_3-x_4=0\\3x_1-x_2-x_3-2x_4=0\\2x_1+3x_2-x_3-x_4=0\end{cases}$$

是否仅有零解.

解 因为

$$D=\begin{vmatrix}1&1&2&3\\1&2&3&-1\\3&-1&-1&-2\\2&3&-1&-1\end{vmatrix}=-153\neq 0$$

所以方程组仅有零解.

例 4 问 λ 为何值时，齐次方程组$\begin{cases}(1-\lambda)x_1-2x_2+4x_3=0\\2x_1+(3-\lambda)x_2+x_3=0\\x_1+x_2+(1-\lambda)x_3=0\end{cases}$有非零解？

解 由推论可知，若所给齐次线性方程组有非零解，则其系数行列式 $D=0$. 而

$$D=\begin{vmatrix}1-\lambda&-2&4\\2&3-\lambda&1\\1&1&1-\lambda\end{vmatrix}=\lambda(\lambda-2)(3-\lambda)$$

所以，$\lambda(\lambda-2)(3-\lambda)=0$，解得 $\lambda=0$ 或 $\lambda=2$ 或 $\lambda=3$. 所以当 $\lambda=0$ 或 $\lambda=2$ 或 $\lambda=3$ 时，齐次线性方程组有非零解.

【思考与练习】

1. 用克莱姆法则解下列线性方程组：

(1) $\begin{cases}2x+5y=1,\\3x+7y=2;\end{cases}$ (2) $\begin{cases}6x-4y=10,\\5x+7y=29;\end{cases}$

(3) $\begin{cases} x+y-2z=-3, \\ 5x-2y+7z=22, \\ 2x-5y+4z=4; \end{cases}$　(4) $\begin{cases} x_1+2x_2+4x_3=31, \\ 5x_1+x_2+2x_3=29, \\ 3x_1-x_2+x_3=10; \end{cases}$

(5) $\begin{cases} 2a+b-5c+d=8, \\ a-3b-6d=9, \\ 2b-c+2d=-5, \\ a+4b-7c+6d=0; \end{cases}$　(6) $\begin{cases} 2x_1+3x_2+11x_3+5x_4=6, \\ x_1+x_2+5x_3+2x_4=2, \\ 2x_1+x_2+3x_3+4x_4=2, \\ x_1+x_2+3x_3+4x_4=2. \end{cases}$

2. 如果齐次线性方程组 $\begin{cases} kx_1+x_2+x_3=0 \\ x_1+kx_2-x_3=0 \\ 2x_1-x_2+x_3=0 \end{cases}$ 有非零解，k 应取什么值？

3. 判断齐次线性方程组 $\begin{cases} 2x_1+2x_2-x_3=0 \\ x_1-2x_2+4x_3=0 \\ 5x_1+8x_2-2x_3=0 \end{cases}$ 是否仅有零解？

项目 7　矩阵

矩阵是线性代数中的基本概念之一，它在数学的其他分支以及自然科学、现代经济学、管理学和工程技术领域等方面具有广泛应用.本项目包含：矩阵的概念、矩阵的运算、矩阵的分块、逆矩阵、矩阵的初等变换、矩阵的秩六个任务.

任务 1　矩阵的概念

【学习目标】

理解矩阵的概念，了解几种特殊的矩阵.

【工作任务】

(1) 理解矩阵的概念.

(2) 熟悉几种特殊的矩阵，特别是阶梯形矩阵、最简阶梯形矩阵.

【相关知识】

一、矩阵的概念

我们先看下面几个引例.

引例 1　某厂一、二、三车间都生产甲、乙两种产品，上半年的产量(单位：件)见表 7-1-1 所列.

表 7-1-1　某厂上半年产量　　单位：件

车间 / 产品	一	二	三
甲	1025	980	500
乙	700	1000	2000

为研究方便起见，我们把表 7-1-1 用矩形数表简明地表示出来：

$$
\begin{array}{r} \\ \text{甲产品} \\ \text{乙产品} \end{array}
\begin{array}{c} \begin{array}{ccc} \text{一车间} & \text{二车间} & \text{三车间} \end{array} \\ \begin{pmatrix} 1025 & 980 & 500 \\ 700 & 1000 & 2000 \end{pmatrix} \end{array}
$$

引例2　假若要将某种物资从5个产地运往4个销地，设 a_{ij} 表示由产地 $A_i(i=1,2,3,4,5)$ 运往销地 $B_j(j=1,2,3,4)$ 的数量，调运方案见表 7-1-2 所列.

表 7-1-2　调运方案

调运量（产地＼销地）	B_1	B_2	B_3	B_4
A_1	a_{11}	a_{12}	a_{13}	a_{14}
A_2	a_{21}	a_{22}	a_{23}	a_{24}
A_3	a_{31}	a_{32}	a_{33}	a_{34}
A_4	a_{41}	a_{42}	a_{43}	a_{44}
A_5	a_{51}	a_{52}	a_{53}	a_{54}

也可以用矩形数表简明地表示出来：

$$\begin{pmatrix} a_{11} & a_{12} & a_{13} & a_{14} \\ a_{21} & a_{22} & a_{23} & a_{24} \\ a_{31} & a_{32} & a_{33} & a_{34} \\ a_{41} & a_{42} & a_{43} & a_{44} \\ a_{51} & a_{52} & a_{53} & a_{54} \end{pmatrix}$$

定义1　由 $m\times n$ 个元素 $a_{ij}(i=1,2,\cdots,m;j=1,2,\cdots,n)$ 组成一个 m 行 n 列，并括以圆括弧（或方括弧）的矩形数表，称为 **m 行 n 列矩阵**，简称 **$m\times n$ 矩阵**. 记作

$$\begin{pmatrix} a_{11} & a_{12} & \cdots & a_{1n} \\ a_{21} & a_{22} & \cdots & a_{2n} \\ \vdots & \vdots & & \vdots \\ a_{m1} & a_{m2} & \cdots & a_{mn} \end{pmatrix}$$

矩阵通常用大写英文字母 $\boldsymbol{A},\boldsymbol{B},\boldsymbol{C},\boldsymbol{L}$ 来表示，通常用小写英文字母表示矩阵中的元素. 上述矩阵也可记作 $\boldsymbol{A}_{m\times n}$ 或 $(a_{ij})_{m\times n}$ 以表明行数 m 与列数 n，其中 a_{ij} 称为矩阵 $\boldsymbol{A}$ 的**第 i 行第 j 列的元素**.

所有元素均为零的矩阵称为**零矩阵**，记作 $\boldsymbol{O}$ 或 $\boldsymbol{O}_{m\times n}$.

所有元素均为非负数的矩阵称为**非负矩阵**.

若矩阵 $\boldsymbol{A}$ 的行数与列数都等于 n，则称 $\boldsymbol{A}$ 为 **n 阶方阵**，记为 $\boldsymbol{A}_n$.

需要注意，方阵与行列式是两个不同的概念. 方阵是一个数表，而行列式是一个代数和.

定义2　对于两个矩阵 $\boldsymbol{A}=(a_{ij})_{m\times n}$ 和 $\boldsymbol{B}=(b_{ij})_{s\times t}$，若 $m=s,n=t$，则称 $\boldsymbol{A}$ 与 $\boldsymbol{B}$ 是

同型矩阵.

例如，$\boldsymbol{A}=\begin{pmatrix}1 & 2 & 0 & -8\\6 & -6 & 1 & 7\end{pmatrix}$，$\boldsymbol{B}=\begin{pmatrix}-2 & 0 & 9 & 5\\2 & -1 & 1 & 4\end{pmatrix}$是同型矩阵.

定义3　设$\boldsymbol{A}=(a_{ij})$和$\boldsymbol{B}=(b_{ij})$是同型矩阵，且$a_{ij}=b_{ij}(i=1,2,\cdots,m;j=1,2,\cdots,n)$，则称**矩阵A与矩阵B相等**，记作$\boldsymbol{A}=\boldsymbol{B}$.

二、几种特殊形式的矩阵

含m行与n列的矩阵，仅是矩阵的一般形式.在以后的讨论中，还会经常用到一些特殊的矩阵，下面分别给出它们的名称.

(1) 行矩阵

只有一行的矩阵$\boldsymbol{A}=(a_1\quad a_2\quad\cdots\quad a_n)$称为**行矩阵**，为避免元素的混淆，行矩阵也记作$\boldsymbol{A}=(a_1,a_2,\cdots,a_n)$.

(2) 列矩阵

只有一列的矩阵$\boldsymbol{B}=\begin{pmatrix}b_1\\b_2\\\vdots\\b_m\end{pmatrix}$称为**列矩阵**.

(3) 对角矩阵

形如

$$\boldsymbol{A}=\begin{pmatrix}a_{11} & 0 & \cdots & 0\\0 & a_{22} & \cdots & 0\\\vdots & \vdots & & \vdots\\0 & 0 & \cdots & a_{nn}\end{pmatrix}$$

的n阶方阵，称为对角矩阵，即矩阵中主对角线上排列的元素不为零，而主对角线以外的元素全为零.对角矩阵可记作为：$\boldsymbol{A}=\mathrm{diag}(a_{11},a_{22},\cdots,a_{nn})$.

(4) 数量矩阵

当一个n阶对角方阵$\boldsymbol{A}$的对角元素全部相等且等于某一数a时，称$\boldsymbol{A}$为**n阶数量矩阵**，即$\boldsymbol{A}=\begin{pmatrix}a & 0 & \cdots & 0\\0 & a & \cdots & 0\\\vdots & \vdots & & \vdots\\0 & 0 & \cdots & a\end{pmatrix}$.

(5) 单位矩阵

n阶方阵$\begin{pmatrix}1 & 0 & \cdots & 0\\0 & 1 & \cdots & 0\\\vdots & \vdots & & \vdots\\0 & 0 & \cdots & 1\end{pmatrix}$称为**$n$阶单位矩阵**，$n$阶单位矩阵也记为

$$\boldsymbol{I}=\boldsymbol{I}_n(\text{或 } \boldsymbol{E}=\boldsymbol{E}_n)$$

(6) 上三角形矩阵和下三角形矩阵

形如

$$\boldsymbol{A}=\begin{pmatrix} a_{11} & a_{12} & \cdots & a_{1n} \\ 0 & a_{22} & \cdots & a_{2n} \\ \vdots & \vdots & & \vdots \\ 0 & 0 & \cdots & a_{nn} \end{pmatrix},\boldsymbol{B}=\begin{pmatrix} b_{11} & 0 & \cdots & 0 \\ b_{21} & b_{22} & \cdots & 0 \\ \vdots & \vdots & & \vdots \\ b_{n1} & b_{n2} & \cdots & b_{nn} \end{pmatrix}$$

的矩阵,即主对角线左下方或是右上方元素全为零的 n 阶矩阵,称为上三角形矩阵或是下三角形矩阵.

(7) 对称矩阵和反对称矩阵

如果 n 阶矩阵 $\boldsymbol{A}=(a_{ij})$ 满足 $a_{ij}=a_{ji}(i,j=1,2,\cdots,n)$,则称 $\boldsymbol{A}$ 为对称矩阵;如果 n 阶矩阵 $\boldsymbol{A}=(a_{ij})$ 满足 $a_{ij}=-a_{ji}(i,j=1,2,\cdots,n;且\ i\neq j)$,则称 $\boldsymbol{A}$ 为反对称矩阵,

例如 $\begin{pmatrix} 1 & 3 & 6 \\ 3 & 2 & 4 \\ 6 & 4 & 5 \end{pmatrix}$ 是对称矩阵,$\begin{pmatrix} 0 & 3 & -6 \\ -3 & 0 & -4 \\ 6 & 4 & 0 \end{pmatrix}$ 是反对称矩阵.

三、阶梯形矩阵

在矩阵中,若一行的元素皆为零,则称这行为**零行**;若一行的元素不全为零,则称这行为**非零行**. 在非零行中,从左往右数,第一个不为零的元素称为**首非零元素**.

定义 4　已知矩阵 $\boldsymbol{A}$,若它同时满足:

(1) 各非零行首非零元素分布在不同列;

(2) 当有零行时,零行在矩阵的最下端,

则称矩阵 $\boldsymbol{A}$ 为**阶梯形矩阵**.

定义 5　已知阶梯形矩阵 $\boldsymbol{A}$,若它同时还满足:

(1) 各非零行首非零元素皆为 1;

(2) 各非零行首非零元素所在列的其余元素全为零,

则进而称阶梯形矩阵 $\boldsymbol{A}$ 为**最简阶梯形矩阵**.

【相关实践】

例 1　设 $\boldsymbol{A}=\begin{pmatrix} 1 & 2-x & 3 \\ 2 & 6 & 5z \end{pmatrix}$,$\boldsymbol{B}=\begin{pmatrix} 1 & x & 3 \\ y & 6 & z-8 \end{pmatrix}$,已知 $\boldsymbol{A}=\boldsymbol{B}$,求 x,y,z.

解　因为 $2-x=x,2=y,5z=z-8$,所以 $x=1,y=2,z=-2$.

例 2　矩阵 $\begin{pmatrix} 1 & -1 & 1 & -1 & 0 \\ 0 & 2 & 0 & 0 & 2 \\ 0 & 0 & 0 & 1 & 1 \end{pmatrix}$ 和 $\begin{pmatrix} 3 & 4 & 1 & 2 & 3 \\ 0 & 0 & 0 & 1 & 1 \\ 0 & 0 & 0 & 0 & 0 \end{pmatrix}$ 均为阶梯形矩阵,而

$\begin{pmatrix} 1 & 1 & -2 & -3 \\ 0 & -1 & 3 & 7 \\ 0 & -2 & 5 & 11 \end{pmatrix}$为非阶梯形矩阵.

例 3　矩阵$\begin{pmatrix} 1 & 0 & 0 & -2 & 1 \\ 0 & 1 & 0 & 1 & 0 \\ 0 & 0 & 1 & -3 & -1 \end{pmatrix}$和$\begin{pmatrix} 1 & \frac{4}{3} & \frac{1}{3} & 0 & \frac{1}{3} \\ 0 & 0 & 0 & 1 & 1 \\ 0 & 0 & 0 & 0 & 0 \end{pmatrix}$均为最简阶梯形矩阵,而$\begin{pmatrix} 1 & 1 & 1 & 1 & 4 \\ 0 & 1 & 0 & 0 & 1 \\ 0 & 0 & 1 & 1 & 2 \end{pmatrix}$虽为阶梯形矩阵,但非最简阶梯形矩阵.

任务2　矩阵的运算

【学习目标】

掌握矩阵的线性运算、乘法、转置以及它们的运算规律,了解方阵的幂与方阵的行列式的性质.

【工作任务】

(1) 矩阵的线性运算.

(2) 矩阵的乘法.

(3) 矩阵的方幂.

(4) 矩阵的转置.

【相关知识】

用矩阵表示有关实际问题不仅形式简洁,更重要的是可以对矩阵定义具有实际意义的各种运算.

一、矩阵的线性运算

先来看一个例子,设将某物资(单位:t)从四个产地运往两个销地的两次调运方案分别用矩阵 $\boldsymbol{A}$ 和矩阵 $\boldsymbol{B}$ 表示为

$$\boldsymbol{A}=\begin{pmatrix} 6 & 5 \\ 4 & 1 \\ 2 & 3 \\ 8 & 5 \end{pmatrix},\boldsymbol{B}=\begin{pmatrix} 5 & 3 \\ 4 & 0 \\ 1 & 7 \\ 8 & 6 \end{pmatrix}$$

那么,从各产地运往各销地的两次调运的总调运方案是矩阵 $\boldsymbol{A}$ 和矩阵 $\boldsymbol{B}$ 的和,即

$$A+B=\begin{pmatrix}6&5\\4&1\\2&3\\8&5\end{pmatrix}+\begin{pmatrix}5&3\\4&0\\1&7\\8&6\end{pmatrix}=\begin{pmatrix}6+5&5+3\\4+4&1+0\\2+1&3+7\\8+8&5+6\end{pmatrix}=\begin{pmatrix}11&8\\8&1\\3&10\\16&11\end{pmatrix}$$

定义 1(加法运算)　设有两个 $m\times n$ 矩阵 $\boldsymbol{A}=(a_{ij})_{m\times n}$，$\boldsymbol{B}=(b_{ij})_{m\times n}$，那么矩阵 $\boldsymbol{A}$ 和 $\boldsymbol{B}$ 的和记作 $\boldsymbol{A}+\boldsymbol{B}$，规定为

$$\boldsymbol{A}+\boldsymbol{B}=\begin{pmatrix}a_{11}+b_{11}&a_{12}+b_{12}&\cdots&a_{1m}+b_{1n}\\a_{21}+b_{21}&a_{22}+b_{22}&\cdots&a_{2m}+b_{2n}\\\vdots&\vdots&&\vdots\\a_{m1}+b_{m1}&a_{m2}+b_{m2}&\cdots&a_{mn}+b_{mn}\end{pmatrix}$$

应该注意，只有当两个矩阵是同型矩阵时才能进行加法运算.

不难验证，矩阵加法满足下列运算规律：

(1) 交换律：$\boldsymbol{A}+\boldsymbol{B}=\boldsymbol{B}+\boldsymbol{A}$；

(2) 结合律：$(\boldsymbol{A}+\boldsymbol{B})+\boldsymbol{C}=\boldsymbol{A}+(\boldsymbol{B}+\boldsymbol{C})$；

其中 $\boldsymbol{A}$，$\boldsymbol{B}$，$\boldsymbol{C}$ 都是 $m\times n$ 矩阵.

设矩阵 $\boldsymbol{A}=(a_{ij})$，记 $-\boldsymbol{A}=(-a_{ij})$，$-\boldsymbol{A}$ 称为矩阵 $\boldsymbol{A}$ 的负矩阵，显然有 $\boldsymbol{A}+(-\boldsymbol{A})=0$.

并规定矩阵的减法为：$\boldsymbol{A}-\boldsymbol{B}=\boldsymbol{A}+(-\boldsymbol{B})$.

定义 2(数乘运算)　设 $m\times n$ 矩阵 $A=(a_{ij})_{m\times n}$，λ 是任意常数，用 λ 乘以矩阵 $\boldsymbol{A}$ 当中的每一个元素所得到的矩阵

$$\boldsymbol{C}=\begin{pmatrix}\lambda a_{11}&\lambda a_{12}&\cdots&\lambda a_{1n}\\\lambda a_{21}&\lambda a_{22}&\cdots&\lambda a_{2n}\\\vdots&\vdots&&\vdots\\\lambda a_{m1}&\lambda a_{m2}&\cdots&\lambda a_{mn}\end{pmatrix}$$

称为数 λ 与矩阵 $\boldsymbol{A}$ 的乘积(或 λ 与矩阵 $\boldsymbol{A}$ 的数乘)，记作 $\boldsymbol{C}=\lambda\boldsymbol{A}$，数乘矩阵得到的还是一个矩阵，它的元素是原矩阵相应位置上元素的 λ 倍.

根据数乘矩阵的定义，不难证明矩阵的数乘运算满足以下规律：

(1) 结合律：$(kl)\boldsymbol{A}=k(l\boldsymbol{A})$；

(2) 矩阵对数的分配律：$(k+l)\boldsymbol{A}=k\boldsymbol{A}+l\boldsymbol{A}$；

(3) 数对矩阵的分配律：$k(\boldsymbol{A}+\boldsymbol{B})=k\boldsymbol{A}+k\boldsymbol{B}$；

(4) 数 1 与矩阵满足：$1\cdot\boldsymbol{A}=\boldsymbol{A}$.

需要注意，数与方阵的乘法不要与行列式性质混淆. 对于方阵，有 $\begin{pmatrix}2&4\\6&8\end{pmatrix}=$

$2\begin{pmatrix}1 & 2\\3 & 4\end{pmatrix}$. 而对于行列式，则有 $\begin{vmatrix}2 & 4\\6 & 8\end{vmatrix}=2^2\begin{vmatrix}1 & 2\\3 & 4\end{vmatrix}\neq 2\begin{vmatrix}1 & 2\\3 & 4\end{vmatrix}$.

二、矩阵的乘法

我们再来看一个例子，某文具公司有两个车间生产钢笔、圆珠笔和铅笔，用矩阵 $\boldsymbol{A}$ 表示他们一个月的产量(单位:支)，三种笔的单位售价和单位利润(单位:元)用矩阵 $\boldsymbol{B}$ 表示，即

$$\boldsymbol{A}=\begin{matrix} \text{钢笔} & \text{圆珠笔} & \text{铅笔} & \\ \left(\begin{matrix} a_{11} \\ a_{21}\end{matrix}\right. & \begin{matrix} a_{12} \\ a_{22}\end{matrix} & \left.\begin{matrix} a_{13} \\ a_{23}\end{matrix}\right) & \begin{matrix}\text{车间 1}\\ \text{车间 2}\end{matrix}\end{matrix} \qquad \boldsymbol{B}=\begin{matrix} \text{单价} & \text{单位利润} & \\ \left(\begin{matrix} b_{11} \\ b_{21} \\ b_{31}\end{matrix}\right. & \left.\begin{matrix} b_{12} \\ b_{22} \\ b_{32}\end{matrix}\right) & \begin{matrix}\text{钢笔}\\ \text{圆珠笔}\\ \text{铅笔}\end{matrix}\end{matrix}$$

若用矩阵 $\boldsymbol{C}$ 表示两个车间一个月的总产值和总利润，则有

$$\boldsymbol{C}=\begin{matrix} \text{总产值} & \text{总利润} & \\ \left(\begin{matrix} c_{11} \\ c_{21}\end{matrix}\right. & \left.\begin{matrix} c_{12} \\ c_{22}\end{matrix}\right) & \begin{matrix}\text{车间 1}\\ \text{车间 2}\end{matrix}\end{matrix}=\begin{pmatrix} a_{11}b_{11}+a_{12}b_{21}+a_{13}b_{31} & a_{11}b_{12}+a_{12}b_{22}+a_{13}b_{32} \\ a_{21}b_{11}+a_{22}b_{21}+a_{23}b_{31} & a_{21}b_{12}+a_{22}b_{22}+a_{23}b_{32}\end{pmatrix}$$

可见，$\boldsymbol{C}$ 的元素 c_{11} 正是矩阵 $\boldsymbol{A}$ 的第一行与矩阵 $\boldsymbol{B}$ 的第一列所有对应元素的乘积之和，而 c_{21} 则是矩阵 $\boldsymbol{A}$ 的第二行与矩阵 $\boldsymbol{B}$ 的第一列所有对应元素的乘积之和，等等. 我们称矩阵 $\boldsymbol{C}$ 为矩阵 $\boldsymbol{A}$ 与矩阵 $\boldsymbol{B}$ 的乘积.

定义 3(乘法运算)　设 $\boldsymbol{A}=(a_{ij})$ 是一个 $m\times s$ 矩阵，$\boldsymbol{B}=(b_{ij})$ 是一个 $s\times n$ 矩阵，那么规定矩阵 $\boldsymbol{A}$ 与矩阵 $\boldsymbol{B}$ 的乘积是一个 $m\times n$ 的矩阵 $\boldsymbol{C}=(c_{ij})$，其中

$$c_{ij}=a_{i1}b_{1j}+a_{i2}b_{2j}+\cdots+a_{is}b_{sj}=\sum_{k=1}^{s}a_{ik}b_{kj},\ (i=1,2,\cdots m;j=1,2,\cdots,n)$$

将此乘积记作 $\boldsymbol{C}=\boldsymbol{AB}$.

由矩阵乘法的定义可知，进行矩阵乘法运算时需注意以下几点：

(1) 只有当左边矩阵 $\boldsymbol{A}$ 的列数与右边矩阵 $\boldsymbol{B}$ 的行数相同时，矩阵 $\boldsymbol{A}$ 与 $\boldsymbol{B}$ 才能相乘，得到 $\boldsymbol{AB}$.

(2) 两个矩阵的乘积 $\boldsymbol{AB}$ 是一个矩阵，它的行数等于左边矩阵 $\boldsymbol{A}$ 的行数，列数等于右边矩阵 $\boldsymbol{B}$ 的列数.

(3) 乘积 $\boldsymbol{C}=(c_{ij})_{m\times n}$ 的第 i 行第 j 列的元素等于矩阵 $\boldsymbol{A}$ 的第 i 行每一个元素与矩阵 $\boldsymbol{B}$ 的第 j 列的对应元素的乘积之和，简称行乘列法则.

(4) 矩阵的乘法不满足交换律，有时 $\boldsymbol{AB}$ 有意义，但未必 $\boldsymbol{BA}$ 有意义，即使 $\boldsymbol{BA}$ 有意义，也不一定和 $\boldsymbol{AB}$ 相等.

(5) 两个非零矩阵相乘也可能等于零矩阵. 这是与实数乘法不同的地方，由此说明，若 $\boldsymbol{AB}=\boldsymbol{O}$，一般不能推出 $\boldsymbol{A}=\boldsymbol{O}$ 或 $\boldsymbol{B}=\boldsymbol{O}$.

(6) 矩阵乘法一般也不满足消去律,即不能从 $\boldsymbol{AC}=\boldsymbol{BC}$ 必然推出 $\boldsymbol{A}=\boldsymbol{B}$.

虽然矩阵与矩阵的乘法同数与数的乘法在运算规律上存在较大差异,但也有相似之处,例如矩阵的乘法满足以下运算性质:

(1) 结合律:$(\boldsymbol{AB})\boldsymbol{C}=\boldsymbol{A}(\boldsymbol{BC})$;

(2) 分配律:$\boldsymbol{A}(\boldsymbol{B}+\boldsymbol{C})=\boldsymbol{AB}+\boldsymbol{AC}$,$(\boldsymbol{B}+\boldsymbol{C})\boldsymbol{A}=\boldsymbol{BA}+\boldsymbol{CA}$;

(3)$\lambda(\boldsymbol{AB})=(\lambda\boldsymbol{A})\boldsymbol{B}=\boldsymbol{A}(\lambda\boldsymbol{B})$;

(4)$\boldsymbol{E}_m\times\boldsymbol{A}_{m\times n}=\boldsymbol{A}_{m\times n}$,$\boldsymbol{A}_{m\times n}\times\boldsymbol{E}_n=\boldsymbol{A}_{m\times n}$.

具体证明这里从略.

定义 4　如果两矩阵相乘,有 $\boldsymbol{AB}=\boldsymbol{BA}$,则称**矩阵 $\boldsymbol{A}$ 与矩阵 $\boldsymbol{B}$ 可交换**. 简称 $\boldsymbol{A}$ 与 $\boldsymbol{B}$ 可换.

对于 n 阶单位矩阵 $\boldsymbol{E}$ 和任意 n 阶方阵 $\boldsymbol{A}$,容易证明

$$\boldsymbol{EA}=\boldsymbol{AE}=\boldsymbol{A}$$

从而可见 n 阶单位矩阵 $\boldsymbol{E}$ 与任意 n 阶方阵 $\boldsymbol{A}$ 可交换. 上式也反映出单位矩阵在矩阵乘法中的作用类似于数 1.

三、矩阵的方幂

设 $\boldsymbol{A}$ 为 n 阶矩阵,由矩阵乘法的结合律,$\underbrace{\boldsymbol{AA}\cdots\boldsymbol{A}}_{m个}$($m$ 为正整数)表示 m 个 $\boldsymbol{A}$ 连乘,结果是一个矩阵,记作

$$\boldsymbol{A}^m=\underbrace{\boldsymbol{AA}\cdots\boldsymbol{A}}_{m个}(m\text{ 为正整数})$$

称为矩阵 $\boldsymbol{A}$ 的 m 次幂,同时规定,$\boldsymbol{A}^0=\boldsymbol{E}$.

矩阵 A 的幂运算满足以下规律:

$$\boldsymbol{A}^k\boldsymbol{A}^l=\boldsymbol{A}^{k+l},(\boldsymbol{A}^k)^l=\boldsymbol{A}^{kl}(k,l\text{ 为非负整数})$$

由于矩阵乘法不适合交换律,因此一般地 $(\boldsymbol{AB})^k\neq\boldsymbol{A}^k\boldsymbol{B}^k$. 但若 $\boldsymbol{AB}=\boldsymbol{BA}$,则有 $(\boldsymbol{AB})^k=\boldsymbol{A}^k\boldsymbol{B}^k$.

四、矩阵的转置

定义 5　把矩阵 $\boldsymbol{A}$ 的行换成同序数的列得到的新矩阵,叫作 $\boldsymbol{A}$ 的转置矩阵,记作 $\boldsymbol{A}^{\mathrm{T}}$,即

$$\boldsymbol{A}=\begin{pmatrix}a_{11}&a_{12}&\cdots&a_{1n}\\a_{21}&a_{22}&\cdots&a_{2n}\\\vdots&\vdots&&\vdots\\a_{m1}&a_{m2}&\cdots&a_{mn}\end{pmatrix}_{m\times n}\quad 则\quad \boldsymbol{A}^{\mathrm{T}}=\begin{pmatrix}a_{11}&a_{21}&\cdots&a_{m1}\\a_{12}&a_{22}&\cdots&a_{m2}\\\vdots&\vdots&&\vdots\\a_{1n}&a_{2n}&\cdots&a_{mn}\end{pmatrix}_{n\times m}$$

例如

$$A=\begin{pmatrix}1&2\\3&4\\5&6\end{pmatrix}_{3\times 2},A^{\mathrm{T}}=\begin{pmatrix}1&3&5\\2&4&6\end{pmatrix}_{2\times 3}$$

当 $\boldsymbol{A}$ 为对称矩阵时，显然有 $\boldsymbol{A}^{\mathrm{T}}=\boldsymbol{A}$；而当 $\boldsymbol{A}$ 为反对称矩阵时，则 $\boldsymbol{A}^{\mathrm{T}}=-\boldsymbol{A}$.

对于矩阵的转置运算有下列性质：

性质 1　$(\boldsymbol{A}^{\mathrm{T}})^{\mathrm{T}}=\boldsymbol{A}$.

性质 2　$(\boldsymbol{A}+\boldsymbol{B})^{\mathrm{T}}=\boldsymbol{A}^{\mathrm{T}}+\boldsymbol{B}^{\mathrm{T}}$.

性质 3　$(\lambda\boldsymbol{A})^{\mathrm{T}}=\lambda\boldsymbol{A}^{\mathrm{T}}$.

性质 4　$(\boldsymbol{A}\boldsymbol{B})^{\mathrm{T}}=\boldsymbol{B}^{\mathrm{T}}\boldsymbol{A}^{\mathrm{T}}$.

矩阵的运算性质 4 还可以推广到多个矩阵相乘的情况，即

$$(\boldsymbol{A}_1\boldsymbol{A}_2\cdots\boldsymbol{A}_t)^{\mathrm{T}}=\boldsymbol{A}_t{}^{\mathrm{T}}\boldsymbol{A}_{t-1}^{\mathrm{T}}\cdots\boldsymbol{A}_1{}^{\mathrm{T}}$$

命题　设 $\boldsymbol{A},\boldsymbol{B}$ 均为 n 阶可交换方阵，则下列命题等价：

(1)$\boldsymbol{AB}=\boldsymbol{BA}$

(2) $(\boldsymbol{A}+\boldsymbol{B})^2=\boldsymbol{A}^2+2\boldsymbol{AB}+\boldsymbol{B}^2$

(3) $(\boldsymbol{A}-\boldsymbol{B})^2=\boldsymbol{A}^2-2\boldsymbol{AB}+\boldsymbol{B}^2$

(4)$(\boldsymbol{A}+\boldsymbol{B})(\boldsymbol{A}-\boldsymbol{B})=(\boldsymbol{A}-\boldsymbol{B})(\boldsymbol{A}+\boldsymbol{B})=\boldsymbol{A}^2-\boldsymbol{B}^2$

证明　(请读者自证).

【相关实践】

例 1　已知矩阵 $\boldsymbol{A}=\begin{pmatrix}1&2&3\\0&-1&4\end{pmatrix},\boldsymbol{B}=\begin{pmatrix}-1&4&2\\6&0&-5\end{pmatrix}$，求差 $3\boldsymbol{A}-2\boldsymbol{B}$.

解　$$3\boldsymbol{A}-2\boldsymbol{B}=3\begin{pmatrix}1&2&3\\0&-1&4\end{pmatrix}-2\begin{pmatrix}-1&4&2\\6&0&-5\end{pmatrix}$$

$$=\begin{pmatrix}3&6&9\\0&-3&12\end{pmatrix}-\begin{pmatrix}-2&8&4\\12&0&-10\end{pmatrix}=\begin{pmatrix}5&-2&5\\-12&-3&22\end{pmatrix}$$

例 2　设 $\boldsymbol{A}=\begin{pmatrix}4&-7&2\\1&3&0\end{pmatrix},\boldsymbol{B}=\begin{pmatrix}2&-3&7\\0&6&10\end{pmatrix}$ 满足 $\boldsymbol{X}-2\boldsymbol{A}=\boldsymbol{B}-2\boldsymbol{X}$，求矩阵 $\boldsymbol{X}$.

解　$$\boldsymbol{X}=\frac{1}{3}(2\boldsymbol{A}+\boldsymbol{B})=\begin{pmatrix}\frac{10}{3}&-\frac{17}{3}&\frac{11}{3}\\\frac{2}{3}&4&\frac{10}{3}\end{pmatrix}$$

例 3　设 $\boldsymbol{A}=\begin{pmatrix}3&-1\\0&3\\1&0\end{pmatrix},\boldsymbol{B}=\begin{pmatrix}1&0&1&-1\\0&2&1&0\end{pmatrix}$，求 $\boldsymbol{AB}$ 和 $\boldsymbol{BA}$.

解

$$AB=\begin{pmatrix}3\times1+(-1)\times0 & 3\times0+(-1)\times2 & 3\times1+(-1)\times1 & 3\times(-1)+(-1)\times0\\ 0\times1+3\times0 & 0\times0+3\times2 & 0\times1+3\times1 & 0\times(-1)+3\times0\\ 1\times1+0\times0 & 1\times0+0\times2 & 1\times1+0\times1 & 1\times(-1)+0\times0\end{pmatrix}$$

$$=\begin{pmatrix}3 & -2 & 2 & -3\\ 0 & 6 & 3 & 0\\ 1 & 0 & 1 & -1\end{pmatrix}$$

显然,$\boldsymbol{BA}$ 不满足矩阵乘法运算,无意义.

例 4 设 $\boldsymbol{A}=\begin{pmatrix}-2 & 4\\ 1 & -2\end{pmatrix}$,$\boldsymbol{B}=\begin{pmatrix}2 & 4\\ -3 & -6\end{pmatrix}$,计算 $\boldsymbol{AB}$ 和 $\boldsymbol{BA}$.

解 $\boldsymbol{AB}=\begin{pmatrix}-2 & 4\\ 1 & -2\end{pmatrix}\begin{pmatrix}2 & 4\\ -3 & -6\end{pmatrix}=\begin{pmatrix}-16 & -32\\ 8 & 16\end{pmatrix}$

$\boldsymbol{BA}=\begin{pmatrix}2 & 4\\ -3 & -6\end{pmatrix}\begin{pmatrix}-2 & 4\\ 1 & -2\end{pmatrix}=\begin{pmatrix}0 & 0\\ 0 & 0\end{pmatrix}$

显然 $\boldsymbol{AB}\neq\boldsymbol{BA}$. 例 4 也表明,两个非零矩阵相乘,其积可能是零矩阵. 故一般不能从 $\boldsymbol{AB}=\boldsymbol{O}$ 推出必然 $\boldsymbol{A}=\boldsymbol{O}$ 或 $\boldsymbol{B}=\boldsymbol{O}$.

例 5 设 $\boldsymbol{A}=\begin{pmatrix}1 & 2\\ 0 & 3\end{pmatrix}$,$\boldsymbol{B}=\begin{pmatrix}1 & 0\\ 0 & 4\end{pmatrix}$,$\boldsymbol{C}=\begin{pmatrix}1 & 1\\ 0 & 0\end{pmatrix}$,则

$$\boldsymbol{AC}=\begin{pmatrix}1 & 2\\ 0 & 3\end{pmatrix}\begin{pmatrix}1 & 1\\ 0 & 0\end{pmatrix}=\begin{pmatrix}1 & 1\\ 0 & 0\end{pmatrix}=\begin{pmatrix}1 & 0\\ 0 & 4\end{pmatrix}\begin{pmatrix}1 & 1\\ 0 & 0\end{pmatrix}=\boldsymbol{BC}$$

但显然 $\boldsymbol{A}\neq\boldsymbol{B}$. 这意味着矩阵乘法一般也不满足消去律,即不能从 $\boldsymbol{AC}=\boldsymbol{BC}$ 必然推出 $\boldsymbol{A}=\boldsymbol{B}$.

例 6 设矩阵

$\boldsymbol{A}=\begin{pmatrix}1 & -2 & 3\\ 0 & 1 & -2\\ 1 & -1 & 1\end{pmatrix}$,$\boldsymbol{B}=\begin{pmatrix}3 & 1\\ 1 & -1\\ 1 & 0\end{pmatrix}$,求 $\boldsymbol{A}^{\mathrm{T}}$,$\boldsymbol{B}^{\mathrm{T}}$,$\boldsymbol{AB}$,$(\boldsymbol{AB})^{\mathrm{T}}$,$\boldsymbol{B}^{\mathrm{T}}\boldsymbol{A}^{\mathrm{T}}$.

解 $\boldsymbol{A}^{\mathrm{T}}=\begin{pmatrix}1 & 0 & 1\\ -2 & 1 & -1\\ 3 & -2 & 1\end{pmatrix}$,$\boldsymbol{B}^{\mathrm{T}}=\begin{pmatrix}3 & 1 & 1\\ 1 & -1 & 0\end{pmatrix}$

$\boldsymbol{AB}=\begin{pmatrix}1 & -2 & 3\\ 0 & 1 & -2\\ 1 & -1 & 1\end{pmatrix}\begin{pmatrix}3 & 1\\ 1 & -1\\ 1 & 0\end{pmatrix}=\begin{pmatrix}4 & 3\\ -1 & -1\\ 3 & 2\end{pmatrix}$,$(\boldsymbol{AB})^{\mathrm{T}}=\begin{pmatrix}4 & -1 & 3\\ 3 & -1 & 2\end{pmatrix}$

$\boldsymbol{B}^{\mathrm{T}}\boldsymbol{A}^{\mathrm{T}}=\begin{pmatrix}3 & 1 & 1\\ 1 & -1 & 0\end{pmatrix}\begin{pmatrix}1 & 0 & 1\\ -2 & 1 & -1\\ 3 & -2 & 1\end{pmatrix}=\begin{pmatrix}4 & -1 & 3\\ 3 & -1 & 2\end{pmatrix}$

【思考与练习】

1. 设 $\boldsymbol{A}=\begin{pmatrix}1&0\\2&3\end{pmatrix}$，$\boldsymbol{B}=\begin{pmatrix}-1&2\\4&1\end{pmatrix}$，$\boldsymbol{C}=\begin{pmatrix}5&1\\2&-2\end{pmatrix}$，求：

(1) $2\boldsymbol{A}+3\boldsymbol{B}$　(2) $3\boldsymbol{A}+\boldsymbol{BC}$　(3) $(\boldsymbol{AB})\boldsymbol{C}$　(4) $\boldsymbol{A}(\boldsymbol{BC})$

2. 求下列矩阵运算：

(1) $\begin{pmatrix}0&1&0\\1&0&0\\0&0&1\end{pmatrix}\begin{pmatrix}1&2&0&3\\4&5&1&0\\2&-1&3&2\end{pmatrix}$　(2) $(2\quad 5\quad 3)\begin{pmatrix}3\\5\\2\end{pmatrix}$　(3) $\begin{pmatrix}3\\5\\2\end{pmatrix}(2\quad 5\quad 3)$

(4) $(x_1\quad x_2\quad x_3)\begin{pmatrix}a_{11}&a_{12}&a_{13}\\a_{21}&a_{22}&a_{23}\\a_{31}&a_{32}&a_{33}\end{pmatrix}\begin{pmatrix}x_1\\x_2\\x_3\end{pmatrix}$　(5) $\begin{pmatrix}1&1\\-1&-1\end{pmatrix}^3$　(6) $\begin{pmatrix}1&2\\0&1\end{pmatrix}^n$

(7) $\begin{pmatrix}a&0&0\\0&b&0\\0&0&c\end{pmatrix}^n$　(8) $\begin{pmatrix}0&1&0&0\\0&0&1&0\\0&0&0&1\\0&0&0&0\end{pmatrix}^n$

3. 设 $\boldsymbol{A}=\begin{pmatrix}a_{11}&a_{12}&a_{13}&a_{14}\\a_{21}&a_{22}&a_{23}&a_{24}\\a_{31}&a_{32}&a_{33}&a_{34}\end{pmatrix}$，计算

(1) $\begin{pmatrix}1&0&0\\0&1&0\\0&0&1\end{pmatrix}\boldsymbol{A}$；(2) $\begin{pmatrix}0&0&1\\0&1&0\\1&0&0\end{pmatrix}\boldsymbol{A}$；(3) $\begin{pmatrix}1&0&0\\0&0&1\\0&1&0\end{pmatrix}\boldsymbol{A}$；

(4) $\boldsymbol{A}\begin{pmatrix}1&0&0&0\\0&1&0&0\\0&0&1&0\\0&0&0&1\end{pmatrix}$；(5) $\boldsymbol{A}\begin{pmatrix}1&0&0&0\\0&1&0&0\\0&0&k&0\\0&0&0&1\end{pmatrix}$；(6) $\begin{pmatrix}1&0&0\\l&1&0\\0&0&1\end{pmatrix}\boldsymbol{A}$.

任务3　矩阵的分块

【学习目标】

了解分块矩阵的概念，理解分块矩阵的运算法则.

【工作任务】

(1) 矩阵分块的概念.

(2) 分块矩阵的运算.

【相关知识】

一、矩阵分块的概念

在利用矩阵对一些实际问题进行分析和处理的过程中，经常会遇到矩阵阶数

很高或结构特殊的情况，为清晰地体现矩阵的特殊结构，便于分析和计算，常常会将所讨论的矩阵分成若干个小矩阵.

具体做法是：用若干条横线和纵线将矩阵划分，形成若干个子块，每一个子块视作为矩阵中的一个元素. 划分方法有很多种，一般根据矩阵的特殊结构进行划分，例如

$$A=\begin{pmatrix}1 & 0 & \cdots & 1 & 0\\ 2 & 0 & \cdots & 0 & 1\\ \vdots & \vdots & & \vdots & \vdots\\ 0 & 0 & \cdots & 2 & 2\\ 0 & 0 & \cdots & 2 & 2\end{pmatrix}=\begin{pmatrix}\boldsymbol{A}_{11} & \boldsymbol{A}_{12}\\ \boldsymbol{A}_{21} & \boldsymbol{A}_{22}\end{pmatrix}$$

矩阵的分块通常有以下三种常见方式：

(1) **按列分块**. 即把 $\boldsymbol{A}$ 的每一列当作一个子块，这时每个子块为一列矩阵，也就是说，矩阵 $\boldsymbol{A}$ 是由 n 个列矩阵组成.

(2) **按行分块**. 即把 $\boldsymbol{A}$ 的每一行当作一个子块，这时每个子块为一行矩阵，也就是说，矩阵 $\boldsymbol{A}$ 是由 m 个行矩阵组成.

(3) **分块对角矩阵**（又称准对角矩阵）. 当 n 阶矩阵 $\boldsymbol{A}=(a_{ij})_n$ 中非零元都集中在主对角线附近时，有时可将 $\boldsymbol{A}$ 分块成下面的分块对角矩阵（准对角矩阵）.

$$\boldsymbol{A}=\begin{pmatrix}\boldsymbol{A}_1 & & & \boldsymbol{O}\\ & \boldsymbol{A}_2 & & \\ & & \ddots & \\ \boldsymbol{O} & & & \boldsymbol{A}_l\end{pmatrix}$$

其中，$\boldsymbol{A}_1,\boldsymbol{A}_2,\cdots,\boldsymbol{A}_l$ 均为方阵，例如

$$\boldsymbol{A}=\begin{pmatrix}1 & 2 & 0 & 0 & 0 & 0\\ 3 & 4 & 0 & 0 & 0 & 0\\ 0 & 0 & -1 & 2 & 0 & 0\\ 0 & 0 & -2 & 1 & 0 & 0\\ 0 & 0 & 0 & 0 & 2 & 4\\ 0 & 0 & 0 & 0 & 6 & 8\end{pmatrix}=\begin{pmatrix}\boldsymbol{A}_1 & \boldsymbol{O} & \boldsymbol{O}\\ \boldsymbol{O} & \boldsymbol{A}_2 & \boldsymbol{O}\\ \boldsymbol{O} & \boldsymbol{O} & \boldsymbol{A}_3\end{pmatrix}$$

其中，$\boldsymbol{A}_1=\begin{pmatrix}1 & 2\\ 3 & 4\end{pmatrix}$，$\boldsymbol{A}_2=\begin{pmatrix}-1 & 2\\ -2 & 1\end{pmatrix}$，$\boldsymbol{A}_3=\begin{pmatrix}2 & 4\\ 6 & 8\end{pmatrix}$.

二、分块矩阵的运算

将矩阵分块之后，运算时可将子块作为矩阵中的一个元素，直接运用矩阵的运算法则.

(1) 加法和减法运算.分块矩阵进行加减运算,必须要求为同型矩阵,且矩阵的分块方式相同,即每个对应位置上的子块也必须同型.

(2) 数 K 与分块矩阵相乘时,K 应与每一个子块相乘.

(3) 利用分块矩阵计算矩阵 $\boldsymbol{A}_{m\times s}$ 与 $\boldsymbol{B}_{s\times n}$ 的乘积时,$\boldsymbol{A}$ 矩阵分块后的列数应与 $\boldsymbol{B}$ 矩阵分块后的行数相同,然后按照矩阵乘法的运算法则进行,需要注意的是,在前一个矩阵的行子块乘以后一个矩阵列子块时,又要求相乘的两个子块前一子块的列数和后一子块的行数相同.

例如,设 $\boldsymbol{A}$ 为 $m\times s$ 矩阵,$\boldsymbol{B}$ 为 $s\times n$ 矩阵,根据两矩阵的特点将其分块后的形式各自为:

$$\boldsymbol{A}=\begin{pmatrix}\boldsymbol{A}_{11} & \cdots & \boldsymbol{A}_{1t}\\ \vdots & & \vdots\\ \boldsymbol{A}_{s1} & \cdots & \boldsymbol{A}_{st}\end{pmatrix}_{s\times t},\boldsymbol{B}=\begin{pmatrix}\boldsymbol{B}_{11} & \cdots & \boldsymbol{B}_{1r}\\ \vdots & & \vdots\\ \boldsymbol{B}_{t1} & \cdots & \boldsymbol{B}_{tr}\end{pmatrix}_{t\times r}$$

其中 $\boldsymbol{A}_{i1},\boldsymbol{A}_{i2},\cdots,\boldsymbol{A}_{it}(i=1,\cdots,s)$ 的列数分别等于 $\boldsymbol{B}_{1j},\boldsymbol{B}_{2j},\cdots,\boldsymbol{B}_{tj}(j=1,\cdots,r)$ 的行数,那么有

$$\boldsymbol{AB}=\begin{pmatrix}\boldsymbol{C}_{11} & \cdots & \boldsymbol{C}_{1r}\\ \vdots & & \vdots\\ \boldsymbol{C}_{s1} & \cdots & \boldsymbol{C}_{sr}\end{pmatrix}_{s\times r}$$

其中,$\boldsymbol{C}_{ij}=\sum\limits_{k=1}^{t}\boldsymbol{A}_{ik}\boldsymbol{B}_{kj}\,(i=1,\cdots,s;j=1,\cdots,r)$.

(4) 分块矩阵转置时,不但要将行列互换,而且行列互换后的各子矩阵都应转置.

如设 $\boldsymbol{A}=\begin{pmatrix}\boldsymbol{A}_{11} & \boldsymbol{A}_{12} & \cdots & \boldsymbol{A}_{1t}\\ \boldsymbol{A}_{21} & \boldsymbol{A}_{22} & \cdots & \boldsymbol{A}_{2t}\\ \vdots & \vdots & & \vdots\\ \boldsymbol{A}_{s1} & \boldsymbol{A}_{s2} & \cdots & \boldsymbol{A}_{st}\end{pmatrix}$,则 $\boldsymbol{A}^{\mathrm{T}}=\begin{pmatrix}\boldsymbol{A}_{11}^{\mathrm{T}} & \boldsymbol{A}_{21}^{\mathrm{T}} & \cdots & \boldsymbol{A}_{s1}^{\mathrm{T}}\\ \boldsymbol{A}_{12}^{\mathrm{T}} & \boldsymbol{A}_{22}^{\mathrm{T}} & \cdots & \boldsymbol{A}_{s2}^{\mathrm{T}}\\ \vdots & \vdots & & \vdots\\ \boldsymbol{A}_{1t}^{\mathrm{T}} & \boldsymbol{A}_{2t}^{\mathrm{T}} & \cdots & \boldsymbol{A}_{st}^{\mathrm{T}}\end{pmatrix}$.

例 1 设 $\boldsymbol{A}=\begin{pmatrix}1 & 0 & 0 & 0\\ 0 & 1 & 0 & 0\\ -2 & 2 & 1 & 0\\ 2 & 2 & 0 & 1\end{pmatrix}$,$\boldsymbol{B}=\begin{pmatrix}3 & 0 & 0 & 0\\ 0 & 3 & 0 & 0\\ 1 & 0 & 3 & 2\\ 0 & -1 & 1 & 0\end{pmatrix}$,求 $\boldsymbol{AB}$.

解 把 $\boldsymbol{A}$、$\boldsymbol{B}$ 分块成

$$\boldsymbol{A}=\begin{pmatrix}\boldsymbol{E} & \boldsymbol{O}\\ \boldsymbol{A}_1 & \boldsymbol{E}\end{pmatrix},\boldsymbol{B}=\begin{pmatrix}\boldsymbol{E} & \boldsymbol{O}\\ \boldsymbol{A}_1 & \boldsymbol{E}\end{pmatrix}=\begin{pmatrix}3\boldsymbol{E} & \boldsymbol{O}\\ \boldsymbol{B}_1 & \boldsymbol{B}_2\end{pmatrix}$$

其中

$$E=\begin{pmatrix}1&0\\0&1\end{pmatrix},O=\begin{pmatrix}0&0\\0&0\end{pmatrix},A_1=\begin{pmatrix}-2&2\\2&2\end{pmatrix},B_1=\begin{pmatrix}1&0\\0&-1\end{pmatrix},B_2=\begin{pmatrix}3&2\\1&0\end{pmatrix}$$

则 $AB=\begin{pmatrix}E&O\\A_1&E\end{pmatrix}\begin{pmatrix}3E&O\\B_1&B_2\end{pmatrix}=\begin{pmatrix}3E&O\\3A_1+B_1&B_2\end{pmatrix}=\begin{pmatrix}3&0&0&0\\3&0&0&0\\-5&6&3&2\\6&5&1&0\end{pmatrix}$.

【思考与练习】

1. 利用分块矩阵计算下列矩阵的乘积.

(1) $\begin{pmatrix}1&2&0&0&0\\3&4&0&0&0\\0&0&1&0&1\\0&0&-1&2&1\\0&0&0&3&1\end{pmatrix}\begin{pmatrix}1&4&0&0&0\\3&-1&0&0&0\\1&0&1&0&1\\0&1&-1&2&1\\1&1&0&3&1\end{pmatrix}$;

(2) $\begin{pmatrix}a&0&0&0\\0&a&0&0\\1&0&b&0\\0&1&0&b\end{pmatrix}\begin{pmatrix}1&0&0&0\\0&1&0&0\\0&0&0&c\\0&0&c&0\end{pmatrix}$.

任务 4　逆矩阵

【学习目标】

理解逆矩阵的概念,掌握逆矩阵的性质以及矩阵可逆的充分必要条件,理解伴随矩阵的概念,会用伴随矩阵求逆矩阵.

【工作任务】

(1) 方阵的行列式.

(2) 逆矩阵的概念.

(3) 矩阵可逆的条件.

(4) 可逆矩阵的性质.

(5) 矩阵方程.

【相关知识】

一、方阵的行列式

定义 1　已知 n 阶方阵 $A=\begin{pmatrix}a_{11}&a_{12}&\cdots&a_{1n}\\a_{21}&a_{22}&\cdots&a_{2n}\\\vdots&\vdots&&\vdots\\a_{n1}&a_{n2}&\cdots&a_{nn}\end{pmatrix}$,将构成 n 阶方阵 A 的 n^2 个元

素按照原来的顺序作一个 n 阶行列式，这个 n 阶行列式称为 n **阶方阵 A 的行列式**，记作

$$|\boldsymbol{A}|=\begin{vmatrix} a_{11} & a_{12} & \cdots & a_{1n} \\ a_{21} & a_{22} & \cdots & a_{2n} \\ \vdots & \vdots & & \vdots \\ a_{n1} & a_{n2} & \cdots & a_{nn} \end{vmatrix}$$

可以证明，方阵的行列式具有下列性质：

性质 1 已知方阵 $\boldsymbol{A}$，则行列式 $|\boldsymbol{A}^{\mathrm{T}}|=|\boldsymbol{A}|$.

性质 2 如果方阵 $\boldsymbol{A}$ 为 n 阶方阵，k 为数，则行列式 $|k\boldsymbol{A}|=k^n|\boldsymbol{A}|$.

性质 3 如果方阵 $\boldsymbol{A},\boldsymbol{B}$ 为同阶方阵，则行列式 $|\boldsymbol{AB}|=|\boldsymbol{A}||\boldsymbol{B}|$.

下面讨论方阵的一种重要运算.

二、逆矩阵的概念

在数的运算中，对于数 $a\neq 0$，总存在唯一的一个数 a^{-1}，使得 $a\cdot a^{-1}=a^{-1}\cdot a=1$. a^{-1} 称为数 a 的逆. 数的逆在解方程中起着重要作用，例如，解一元线性方程 $ax=b$，当 $a\neq 0$ 时，其解为 $x=a^{-1}b$.

对一个矩阵 $\boldsymbol{A}$，是否也存在类似的运算？在回答这个问题之前，我们先引入可逆矩阵与逆矩阵的概念.

定义 2 已知 n 阶方阵 $\boldsymbol{A}$，若存在 n 阶方阵 $\boldsymbol{B}$，使得 $\boldsymbol{AB}=\boldsymbol{BA}=\boldsymbol{E}$，则称 n 阶方阵 **$\boldsymbol{A}$ 可逆**，并称 n 阶方阵 $\boldsymbol{B}$ 为 n 阶方阵 $\boldsymbol{A}$ 的**逆矩阵**，记作 $\boldsymbol{A}^{-1}=\boldsymbol{B}$.

由逆矩阵的定义可以看出：

(1) 只有方阵才可能有逆矩阵；

(2) 如果矩阵 $\boldsymbol{A}$ 可逆，则 $\boldsymbol{A}$ 的逆矩阵一定是唯一的. 这是因为，如果设 $\boldsymbol{B}_1$ 和 $\boldsymbol{B}_2$ 都是 $\boldsymbol{A}$ 的逆阵，则 $\boldsymbol{B}_1$ 和 $\boldsymbol{B}_2$ 都应同时满足

$$\boldsymbol{AB}_1=\boldsymbol{B}_1\boldsymbol{A}=\boldsymbol{E},\boldsymbol{AB}_2=\boldsymbol{B}_2\boldsymbol{A}=\boldsymbol{E}$$

从而有 $\boldsymbol{B}_1=\boldsymbol{B}_1\boldsymbol{E}=\boldsymbol{B}_1(\boldsymbol{AB}_2)=(\boldsymbol{B}_1\boldsymbol{A})\boldsymbol{B}_2=\boldsymbol{EB}_2=\boldsymbol{B}_2$.

所以 $\boldsymbol{A}$ 的逆矩阵一定是唯一的.

(3) 若 $\boldsymbol{A}$ 可逆，那么 $\boldsymbol{A}$ 的逆矩阵 $\boldsymbol{A}^{-1}$ 也可逆，且 $(\boldsymbol{A}^{-1})^{-1}=\boldsymbol{A}$.

三、矩阵可逆的条件

如何判断一个矩阵是否可逆，若可逆又如何求其逆矩阵呢？一种方法自然是设逆阵. 然后根据逆阵的定义通过解方程组得到，但计算量较大，为此，需要通过其他的方式求解，首先介绍两个定义.

定义 3 如果 n 阶矩阵 $\boldsymbol{A}$ 的行列式 $|\boldsymbol{A}|\neq 0(\det\boldsymbol{A}\neq 0)$，则称 $\boldsymbol{A}=(a_{ij})_n$ 是非奇异矩阵（或非退化矩阵），否则称 $\boldsymbol{A}=(a_{ij})_n$ 是奇异矩阵（或退化矩阵）.

定义 4 设 $\boldsymbol{A}=(a_{ij})_n$，$A_{ij}$ 为 $\boldsymbol{A}$ 的元素 $a_{ij}(i,j=1,2,\cdots,n)$ 的代数余子式，则

矩阵

$$\begin{pmatrix} A_{11} & A_{21} & \cdots & A_{n1} \\ A_{12} & A_{22} & \cdots & A_{n2} \\ \vdots & \vdots & & \vdots \\ A_{1n} & A_{2n} & \cdots & A_{nn} \end{pmatrix}$$

称为矩阵 $\boldsymbol{A}$ 的**伴随矩阵**,记作 $\boldsymbol{A}^*$. 即

$$\boldsymbol{A}^* = \begin{pmatrix} A_{11} & A_{21} & \cdots & A_{n1} \\ A_{12} & A_{22} & \cdots & A_{n2} \\ \vdots & \vdots & & \vdots \\ A_{1n} & A_{2n} & \cdots & A_{nn} \end{pmatrix}$$

定理 n 阶方阵 $\boldsymbol{A}$ 可逆的充分必要条件是 $\boldsymbol{A}$ 为非奇异矩阵,即行列式 $|\boldsymbol{A}| \neq 0$,且当 $\boldsymbol{A}$ 可逆时,有

$$\boldsymbol{A}^{-1} = \frac{1}{|\boldsymbol{A}|}\boldsymbol{A}^*$$

其中 $\boldsymbol{A}^*$ 为 $\boldsymbol{A}$ 的伴随矩阵.

证明 必要性. 由 $\boldsymbol{A}$ 可逆,知存在 n 阶方阵 $\boldsymbol{B}$ 满足 $\boldsymbol{AB} = \boldsymbol{E}$,从而

$$|\boldsymbol{A}|\,|\boldsymbol{B}| = |\boldsymbol{AB}| = |\boldsymbol{E}| = 1 \neq 0$$

因此 $|\boldsymbol{A}| \neq 0$,同时 $|\boldsymbol{B}| \neq 0$.

充分性. 设 $\boldsymbol{A} = (a_{ij})_{n\times n}$,则

$$\boldsymbol{AA}^* = \begin{pmatrix} a_{11} & a_{12} & \cdots & a_{1n} \\ a_{21} & a_{22} & \cdots & a_{2n} \\ \vdots & \vdots & & \vdots \\ a_{n1} & a_{n2} & \cdots & a_{nn} \end{pmatrix} \begin{pmatrix} A_{11} & A_{21} & \cdots & A_{n1} \\ A_{12} & A_{22} & \cdots & A_{n2} \\ \vdots & \vdots & & \vdots \\ A_{1n} & A_{2n} & \cdots & A_{nn} \end{pmatrix} = \begin{pmatrix} |\boldsymbol{A}| & 0 & \cdots & 0 \\ 0 & |\boldsymbol{A}| & \cdots & 0 \\ \vdots & \vdots & & \vdots \\ 0 & 0 & \cdots & |\boldsymbol{A}| \end{pmatrix}$$

$$= |\boldsymbol{A}|\boldsymbol{E}$$

且当 $|\boldsymbol{A}| \neq 0$,有 $\boldsymbol{A}\left(\frac{1}{|\boldsymbol{A}|}\boldsymbol{A}^*\right) = \boldsymbol{E}$.

类似地,可得 $\boldsymbol{A}^*\boldsymbol{A} = |\boldsymbol{A}|\boldsymbol{E}$,且当 $|\boldsymbol{A}| \neq 0$ 时,有 $\left(\frac{1}{|\boldsymbol{A}|}\boldsymbol{A}^*\right)\boldsymbol{A} = \boldsymbol{E}$.

由定义 2 知,矩阵 $\boldsymbol{A}$ 可逆,且 $\boldsymbol{A}^{-1} = \frac{1}{|\boldsymbol{A}|}\boldsymbol{A}^*$.

推论 设 $\boldsymbol{A}$、$\boldsymbol{B}$ 均为 n 阶矩阵,且满足 $\boldsymbol{AB} = \boldsymbol{E}$,则 $\boldsymbol{A}$、$\boldsymbol{B}$ 都可逆,且 $\boldsymbol{A}^{-1} = \boldsymbol{B}$,$\boldsymbol{B}^{-1} = \boldsymbol{A}$.

该定理不但解决了如何去判断一个方阵是否可逆的问题，同时还给出了一种求解逆矩阵的方法，即利用矩阵元素的代数余子式来求解，我们称之为伴随矩阵求逆矩阵法.

四、可逆矩阵的性质

下面不加证明地给出可逆矩阵的一系列性质：

(1) 若矩阵 $\boldsymbol{A}$ 可逆，则 $\boldsymbol{A}^{-1}$ 也可逆，且 $(\boldsymbol{A}^{-1})^{-1}=\boldsymbol{A}$.

(2) 若矩阵 $\boldsymbol{A}$ 可逆，数 $k\neq 0$，则 $(k\boldsymbol{A})^{-1}=\frac{1}{k}\boldsymbol{A}^{-1}$.

(3) 两个同阶可逆矩阵 $\boldsymbol{A},\boldsymbol{B}$ 的乘积是可逆矩阵，且 $(\boldsymbol{AB})^{-1}=\boldsymbol{B}^{-1}\boldsymbol{A}^{-1}$.

(4) 若矩阵 $\boldsymbol{A}$ 可逆，则 $\boldsymbol{A}^{\mathrm{T}}$ 也可逆，且有 $(\boldsymbol{A}^{\mathrm{T}})^{-1}=(\boldsymbol{A}^{-1})^{\mathrm{T}}$.

(5) 若矩阵 $\boldsymbol{A}$ 可逆，则 $|\boldsymbol{A}^{-1}|=|\boldsymbol{A}|^{-1}$.

应该注意，若 n 阶方阵 $\boldsymbol{A}$ 与 $\boldsymbol{B}$ 都可逆，$\boldsymbol{A}\pm\boldsymbol{B}$ 不一定可逆；即使 $\boldsymbol{A}\pm\boldsymbol{B}$ 可逆，但 $(\boldsymbol{A}\pm\boldsymbol{B})^{-1}=\boldsymbol{A}^{-1}\pm\boldsymbol{B}^{-1}$ 也不一定成立.

五、矩阵方程

对于标准矩阵方程

$$\boldsymbol{AX}=\boldsymbol{B},\boldsymbol{XA}=\boldsymbol{B},\boldsymbol{AXB}=\boldsymbol{C}$$

利用矩阵乘法的运算规律和逆矩阵的运算性质，通过在方程两边左乘或右乘相应矩阵的逆矩阵，可求出其解分别为

$$\boldsymbol{X}=\boldsymbol{A}^{-1}\boldsymbol{B},\boldsymbol{X}=\boldsymbol{BA}^{-1},\boldsymbol{X}=\boldsymbol{A}^{-1}\boldsymbol{CB}^{-1}$$

而其他形式的矩阵方程，则可通过矩阵的有关运算性质转化为标准矩阵方程后进行求解.

求解矩阵方程是常见的题型，做这类题时，先要做化简工作，不要急于代值运算，经化简，矩阵方程变为 $\boldsymbol{AX}=\boldsymbol{B}$ 或 $\boldsymbol{XA}=\boldsymbol{B}$ 的形式. 解法是：若 $|\boldsymbol{A}|=0$，或 $\boldsymbol{A}$ 不是方阵，则应设 $\boldsymbol{X}=(x_{ij})$，代入转化为线性方程组求解；若 $|\boldsymbol{A}|\neq 0$，即可逆，可以求 $\boldsymbol{A}^{-1}$，从而得出 $\boldsymbol{X}=\boldsymbol{A}^{-1}\boldsymbol{B}$ 或 $\boldsymbol{X}=\boldsymbol{BA}^{-1}$.

【相关实践】

例 1 已知方阵 $\boldsymbol{A}$ 为 3 阶方阵，且行列式 $|\boldsymbol{A}|=3$，求下列行列式的值：

(1) $|3\boldsymbol{A}^{\mathrm{T}}|$； (2) $|-\boldsymbol{A}|$.

解 根据方阵的行列式性质，得到行列式

(1) $|3\boldsymbol{A}^{\mathrm{T}}|=3^3|\boldsymbol{A}^{\mathrm{T}}|=3^3|\boldsymbol{A}|=3^3\times 3=81$；

(2) $|-\boldsymbol{A}|=(-1)^3|\boldsymbol{A}|=(-1)^3\times 3=-3$.

例 2 设矩阵 $\boldsymbol{A}=\begin{pmatrix}1&0&1\\2&1&0\\-3&2&-5\end{pmatrix}$，求矩阵 $\boldsymbol{A}$ 的伴随矩阵 $\boldsymbol{A}^*$.

解 按定义,因为

$$A_{11}=\begin{vmatrix}1&0\\2&-5\end{vmatrix}=-5,A_{12}=-\begin{vmatrix}2&0\\-3&-5\end{vmatrix}=10,A_{13}=\begin{vmatrix}2&1\\-3&2\end{vmatrix}=7$$

$$A_{21}=-\begin{vmatrix}0&1\\2&-5\end{vmatrix}=2,A_{22}=\begin{vmatrix}1&1\\-3&-5\end{vmatrix}=-2,A_{23}=-\begin{vmatrix}1&0\\-3&2\end{vmatrix}=-2$$

$$A_{31}=\begin{vmatrix}0&1\\1&0\end{vmatrix}=-1,A_{32}=-\begin{vmatrix}1&1\\2&0\end{vmatrix}=2,A_{33}=\begin{vmatrix}1&0\\2&1\end{vmatrix}=1$$

所以,$\boldsymbol{A}^*=\begin{pmatrix}-5&2&-1\\10&-2&2\\7&-2&1\end{pmatrix}$.

例 3 求例 2 中矩阵 $\boldsymbol{A}$ 的逆矩阵 $\boldsymbol{A}^{-1}$.

解 因 $|\boldsymbol{A}|=\begin{vmatrix}1&0&1\\2&1&0\\-3&2&-5\end{vmatrix}=2\neq 0$,故矩阵 $\boldsymbol{A}$ 可逆,由例 2 的结果,已知

$\boldsymbol{A}^*=\begin{pmatrix}-5&2&-1\\10&-2&2\\7&-2&1\end{pmatrix}$. 于是 $\boldsymbol{A}^{-1}=\frac{1}{|\boldsymbol{A}|}\boldsymbol{A}^*=\frac{1}{2}\begin{pmatrix}-5&2&-1\\10&-2&2\\7&-2&1\end{pmatrix}$

$=\begin{pmatrix}-5/2&1&-1/2\\5&-1&1\\7/2&-1&1/2\end{pmatrix}$.

例 4 设 n 阶方阵 $\boldsymbol{A}=\begin{pmatrix}1&0&0\\0&1&0\\0&0&3\end{pmatrix}$,$\boldsymbol{B}=\begin{pmatrix}1&0&0\\0&-1&0\\0&0&-3\end{pmatrix}$,显然 $|\boldsymbol{A}|=3\neq 0$,

$|\boldsymbol{B}|=-3\neq 0$,尽管 $\boldsymbol{A}$、$\boldsymbol{B}$ 都可逆,但 $\boldsymbol{A}+\boldsymbol{B}=\begin{pmatrix}2&0&0\\0&0&0\\0&0&6\end{pmatrix}$,由于 $|\boldsymbol{A}+\boldsymbol{B}|=0$,故 $\boldsymbol{A}+\boldsymbol{B}$

不可逆. 又 $\boldsymbol{A}+\boldsymbol{A}=\begin{pmatrix}2&0&0\\0&2&0\\0&0&6\end{pmatrix}$,由于 $|\boldsymbol{A}+\boldsymbol{A}|=24\neq 0$,故 $\boldsymbol{A}+\boldsymbol{A}=2\boldsymbol{A}$ 可逆. 但

$$(\boldsymbol{A}+\boldsymbol{A})^{-1}=(2\boldsymbol{A})^{-1}=\frac{1}{2}\boldsymbol{A}^{-1}=\frac{1}{2}\begin{pmatrix}1&0&0\\0&1&0\\0&0&\frac{1}{3}\end{pmatrix}=\begin{pmatrix}\frac{1}{2}&0&0\\0&\frac{1}{2}&0\\0&0&\frac{1}{6}\end{pmatrix}$$

$$A^{-1}+A^{-1}=\begin{pmatrix}1&0&0\\0&1&0\\0&0&\frac{1}{3}\end{pmatrix}+\begin{pmatrix}1&0&0\\0&1&0\\0&0&\frac{1}{3}\end{pmatrix}=\begin{pmatrix}2&0&0\\0&2&0\\0&0&\frac{2}{3}\end{pmatrix}$$

显然$(A+A)^{-1}\neq A^{-1}+A^{-1}$.

例 5 已知方阵A,B皆为n阶方阵,且均可逆,则矩阵方程$AX=B^{-1}A$的解X=(　　).

(a)B　(b)B^{-1}　(c)$(AB)^{-1}A$　(d)$(BA)^{-1}A$

解 用逆矩阵A^{-1}左乘矩阵方程$AX=B^{-1}A$等号两端,有$A^{-1}AX=A^{-1}B^{-1}A$,由逆矩阵的性质3,得到矩阵方程$AX=B^{-1}A$的解$X=(BA)^{-1}A$.这个正确答案恰好就是备选答案(d),所以选择(d).

例 6 解线性方程组

$$\begin{cases}3x_1-x_2=2\\-2x_1+x_2+x_3=5\\2x_1-x_2+4x_3=10\end{cases}$$

解 将方程组改写成矩阵方程$AX=B$,其中

$$A=\begin{pmatrix}3&-1&0\\-2&1&1\\2&-1&4\end{pmatrix},B=\begin{pmatrix}2\\5\\10\end{pmatrix},X=\begin{pmatrix}x_1\\x_2\\x_3\end{pmatrix}$$

因为$|A|=5\neq 0$,故A^{-1}存在且$A^{-1}=\begin{pmatrix}1&\frac{4}{5}&-\frac{1}{5}\\2&\frac{12}{5}&-\frac{1}{5}\\0&\frac{1}{5}&\frac{1}{5}\end{pmatrix}$,从而

$$X=A^{-1}B=\begin{pmatrix}1&\frac{4}{5}&-\frac{1}{5}\\2&\frac{12}{5}&-\frac{1}{5}\\0&\frac{1}{5}&\frac{1}{5}\end{pmatrix}\begin{pmatrix}2\\5\\10\end{pmatrix}=\begin{pmatrix}4\\10\\3\end{pmatrix}$$

所以原方程组的解为$\begin{cases}x_1=4,\\x_2=10,\\x_3=3.\end{cases}$

【思考与练习】

1. 已知 $A^{-1}=\begin{pmatrix}1&2&1\\0&1&3\\1&2&4\end{pmatrix}$，$B^{-1}=\begin{pmatrix}2&1&0\\-1&2&1\\-2&3&1\end{pmatrix}$，求 $(AB)^{-1}$，$(A^{T}B)^{-1}$，$(A^{T}B^{T})^{-1}$.

2. 判断下列矩阵是否可逆，若可逆，利用伴随矩阵求其逆矩阵.

(1) $\begin{pmatrix}3&2\\4&1\end{pmatrix}$　(2) $\begin{pmatrix}1&-2\\-2&4\end{pmatrix}$　(3) $\begin{pmatrix}1&0&0\\-1&2&0\\0&-2&3\end{pmatrix}$

(4) $A=\begin{pmatrix}1&0&8\\0&1&0\\0&0&1\end{pmatrix}$　(5) $A=\begin{pmatrix}2&2&3\\1&-1&0\\-1&2&1\end{pmatrix}$

3. 求解下列矩阵方程.

(1) $\begin{pmatrix}2&5\\1&4\end{pmatrix}X=\begin{pmatrix}3&1\\2&5\end{pmatrix}$　(2) $\begin{pmatrix}1&3\\-1&2\end{pmatrix}X\begin{pmatrix}1&0\\-1&2\end{pmatrix}=\begin{pmatrix}4&5\\1&7\end{pmatrix}$

任务 5　矩阵的初等变换

【学习目标】

了解矩阵的初等变换和初等矩阵及矩阵等价的概念，掌握用初等变换求矩阵的逆矩阵的方法.

【工作任务】

(1) 矩阵的初等变换和初等矩阵.

(2) 利用初等行变换求逆矩阵.

【相关知识】

一、矩阵的初等变换和初等矩阵

定义 1　矩阵的初等变换是指对矩阵实施以下三种变换：

(1) 交换 A 中的某两行(列)的位置，记作 $r_i \to r_j$ 或($c_i \to c_j$)；

(2) 用一个非零的数 k 遍乘以 A 的某一行(列)的所有元素，记作 kr_i 或(kc_i，$k \neq 0$)；

(3) 将 A 的某一行(列)元素的 k 倍加到另一行(列)对应元素上，记作(r_i+kr_j)或(c_i+kc_j).

由于矩阵经过初等行变换后，对应元素一般不相等. 因此，若 A 经初等变换化为 B，我们不用等号，而改用箭头，并在上方注明所做的初等变换. 如 $A\xrightarrow{r_i\leftrightarrow r_j}B$，表

示矩阵 $\boldsymbol{A}$ 经过对调第 i 行和第 j 行的元素后得到矩阵 $\boldsymbol{B}$.

定义 2 由单位矩阵 $\boldsymbol{E}$ 经过一次初等变换得到的矩阵称为初等矩阵.

由定义 1 可以得到三种相应的初等矩阵：

(1) 交换 $\boldsymbol{E}$ 的第 i,j 行(列)，得到的初等矩阵记作 $\boldsymbol{P}(i,j)$，即

$$\boldsymbol{P}(i,j)=\begin{pmatrix} 1 & & & & & & & & \\ & \ddots & & & & & & & \\ & & 0 & & \cdots & & 1 & & \\ & & & 1 & & & & & \\ & & & & \ddots & & & & \\ & & & & & 1 & & & \\ & & 1 & & \cdots & & 0 & & \\ & & & & & & & \ddots & \\ & & & & & & & & 1 \end{pmatrix}\begin{matrix} \\ \\ i\text{行} \\ \\ \\ \\ j\text{行} \\ \\ \\ \end{matrix}$$

(2) 用非零常数 k 乘以 $\boldsymbol{E}$ 的第 i 行(列)，得到的矩阵记作 $\boldsymbol{P}(i(k))$，即

$$\boldsymbol{P}(i(k))=\begin{pmatrix} 1 & & & & & & \\ & \ddots & & & & & \\ & & 1 & & & & \\ & & & k & & & \\ & & & & 1 & & \\ & & & & & \ddots & \\ & & & & & & 1 \end{pmatrix}\begin{matrix} \\ \\ \\ i\text{行} \\ \\ \\ \\ \end{matrix}$$

(3) 将 $\boldsymbol{E}$ 的第 j 行的 k 倍加到第 i 行(或第 i 列的 k 倍加到第 j 列)，得到的初等矩阵记作 $\boldsymbol{P}(i,j(k))$，即

$$\boldsymbol{P}(i,j(k))=\begin{pmatrix} 1 & & & & & & \\ & \ddots & & & & & \\ & & 1 & \cdots & k & & \\ & & & \ddots & \vdots & & \\ & & & & 1 & & \\ & & & & & \ddots & \\ & & & & & & 1 \end{pmatrix}\begin{matrix} \\ \\ i\text{行} \\ \\ j\text{行} \\ \\ \\ \end{matrix}$$

例如，对于三阶单位矩阵

$$E_3=\begin{pmatrix}1&0&0\\0&1&0\\0&0&1\end{pmatrix}$$

可得下列初等矩阵：

$$P(1,3)=\begin{pmatrix}0&0&1\\0&1&0\\1&0&0\end{pmatrix},P(2(3))=\begin{pmatrix}1&0&0\\0&3&0\\0&0&1\end{pmatrix},P(2,1(-3))=\begin{pmatrix}1&0&0\\-3&1&0\\0&0&1\end{pmatrix}$$

不难看出，初等矩阵具有以下性质：

(1) 初等矩阵的转置矩阵仍为初等矩阵；

(2) 初等矩阵均为可逆矩阵，并且其逆矩阵仍为同类型的初等矩阵(证明略)，其中：

$$P(i,j)^{-1}=P(i,j),P(i(k))^{-1}=P\left(i\left(\frac{1}{k}\right)\right),P(i,j(k))^{-1}=P(i,j(-k))$$

对于初等矩阵和矩阵的初等变换有如下重要定理：

定理 1 设 $A=(a_{ij})$ 是 $m\times n$ 矩阵，则

(1) 对 A 进行一次行初等变换，相当于用一个相应 m 阶初等矩阵左乘 A；

(2) 对 A 进行一次列初等变换，相当于用一个相应 n 阶初等矩阵右乘 A.

(证明略)

例如，将矩阵 $A=\begin{pmatrix}1&2&3\\4&5&6\\7&8&0\end{pmatrix}$ 第 1 行的 3 倍加到第 3 行，得到 $B=\begin{pmatrix}1&2&3\\4&5&6\\10&14&9\end{pmatrix}$，相当于

$$P(3,3(1))A=\begin{pmatrix}1&0&0\\0&1&0\\3&0&1\end{pmatrix}\begin{pmatrix}1&2&3\\4&5&6\\7&8&0\end{pmatrix}=\begin{pmatrix}1&2&3\\4&5&6\\10&14&9\end{pmatrix}$$

二、利用初等行变换求逆矩阵

前面我们给出了利用伴随矩阵求逆矩阵 A^{-1} 的一种方法，即 $A^{-1}=\frac{1}{|A|}A^*$，这种方法称为**伴随矩阵法**. 对于较高阶的矩阵，用伴随矩阵法求逆矩阵计算量太大，下面介绍一种较为简便的方法：**初等变换法**.

定理 2 矩阵的初等变换不改变矩阵的奇异性

证明略.

事实上，假如矩阵 $\boldsymbol{A}$ 可逆，即有 $|\boldsymbol{A}|\neq 0$，若对矩阵 $\boldsymbol{A}$ 施以三种变换中任何一种形式得到矩阵 $\boldsymbol{B}$，则由行列式的性质可知，必有 $|\boldsymbol{B}|\neq 0$，所以，即 $\boldsymbol{B}$ 也可逆.

推论　任意一个非奇异矩阵都可经过一系列初等行变换化为同阶单位矩阵.

例如　设 $\boldsymbol{A}=\begin{pmatrix}3&5&7\\1&2&5\\-1&0&6\end{pmatrix}$，试利用初等行变换判别 $\boldsymbol{A}$ 的奇异性.

解　因为

$$\boldsymbol{A}=\begin{pmatrix}3&5&7\\1&2&5\\-1&0&6\end{pmatrix}\to\begin{pmatrix}1&2&5\\3&5&7\\-1&0&6\end{pmatrix}\to\begin{pmatrix}1&2&5\\0&-1&-8\\0&2&11\end{pmatrix}\to\begin{pmatrix}1&2&5\\0&-1&-8\\0&0&-5\end{pmatrix}=\boldsymbol{B}$$

而 $|\boldsymbol{B}|=5\neq 0$，所以 $\boldsymbol{B}$ 是非奇异的，故此 $\boldsymbol{A}$ 也是非奇异的.

还可以继续利用初等变换将 $\boldsymbol{B}$ 化为单位矩阵，即

$$\boldsymbol{B}=\begin{pmatrix}1&2&5\\0&-1&-8\\0&0&-5\end{pmatrix}\to\begin{pmatrix}1&2&5\\0&-1&-8\\0&0&1\end{pmatrix}\to\begin{pmatrix}1&2&0\\0&-1&0\\0&0&1\end{pmatrix}\to\begin{pmatrix}1&0&0\\0&1&0\\0&0&1\end{pmatrix}=\boldsymbol{E}$$

由定理 1 及定理 2 的推论，对于非奇异矩阵 $\boldsymbol{A}$，可通过一系列初等变换亦即左乘一系列初等矩阵将其化为同阶单位矩阵，即：$\boldsymbol{P}_s\cdots\boldsymbol{P}_2\boldsymbol{P}_1\boldsymbol{A}=\boldsymbol{E}$

根据逆阵的定义，$\boldsymbol{A}\boldsymbol{A}^{-1}=\boldsymbol{E}$，则 $\boldsymbol{P}_s\cdots\boldsymbol{P}_2\boldsymbol{P}_1\boldsymbol{A}\boldsymbol{A}^{-1}=\boldsymbol{E}\boldsymbol{A}^{-1}=\boldsymbol{A}^{-1}=\boldsymbol{P}_s\cdots\boldsymbol{P}_2\boldsymbol{P}_1\boldsymbol{E}$.

上式说明，当对矩阵 $\boldsymbol{A}$ 施以一系列行变换得到单位矩阵的同时，也对单位矩阵施以同样的变换，就得到了矩阵 $\boldsymbol{A}$ 的逆矩阵 $\boldsymbol{A}^{-1}$.

因此，求矩阵 $\boldsymbol{A}$ 的逆矩阵 $\boldsymbol{A}^{-1}$ 时，可把 $\boldsymbol{A}$，$\boldsymbol{E}$ 这两个 $n\times n$ 矩阵凑在一起构造 $n\times 2n$ 矩阵 $(\boldsymbol{A}\mid\boldsymbol{E})$，然后对其施以初等行变换将矩阵 $\boldsymbol{A}$ 化为单位矩阵 $\boldsymbol{E}$，则上述初等行变换同时也将其中的单位矩阵 $\boldsymbol{E}$ 化为 $\boldsymbol{A}^{-1}$，即 $(\boldsymbol{A}|\boldsymbol{E})\xrightarrow{\text{初等行变换}}(\boldsymbol{E}|\boldsymbol{A}^{-1})$，这就是求逆矩阵的初等变换法.

注意掌握矩阵可逆和求逆矩阵的方法：

(1) 若 n 阶矩阵 $\boldsymbol{A}$ 可逆，则有以下等价形式：

$\boldsymbol{A}$ 可逆 $\Leftrightarrow\boldsymbol{A}$ 非奇异，即 $|\boldsymbol{A}|\neq 0$

$\Leftrightarrow\boldsymbol{A}$ 经若干次初等变换化为单位矩阵 $\boldsymbol{E}$

$\Leftrightarrow\boldsymbol{A}$ 可被若干初等矩阵乘积表示

$\Leftrightarrow\boldsymbol{A}$ 的秩等于 n

$\Leftrightarrow\boldsymbol{A}$ 的行(列)向量组线性无关

$\Leftrightarrow\boldsymbol{A}$ 的齐次线性方程组 $\boldsymbol{A}\boldsymbol{X}=\boldsymbol{0}$ 仅有零解

基本上涉及线性代数各部分的内容，解题时要注意拓宽思路.

(2) 熟练掌握求逆矩阵的方法，掌握公式 $\boldsymbol{A}^{-1}=\dfrac{1}{|\boldsymbol{A}|}\boldsymbol{A}^{*}$，或 $\boldsymbol{A}^{*}=|\boldsymbol{A}|\boldsymbol{A}^{-1}$. 然

而，利用这一公式求 $\boldsymbol{A}^{-1}$，计算量过大，故仅具有理论意义，一般，设 $\boldsymbol{A}$ 为 n 阶可逆矩阵，则对 $n\times 2n$ 的矩阵 $(\boldsymbol{A}\mid\boldsymbol{E})$ 作初等行变换，当子块 $\boldsymbol{A}$ 化为 $\boldsymbol{E}$ 时，子块 $\boldsymbol{E}$ 同时化为 $\boldsymbol{A}^{-1}$，即 $(\boldsymbol{A}\mid\boldsymbol{E})\xrightarrow{\text{初等行变换}}(\boldsymbol{E}\mid\boldsymbol{A}^{-1})$.

【相关实践】

例 1　利用初等行变换求 $\boldsymbol{A}=\begin{pmatrix}1&0&-1\\0&2&1\\1&1&-1\end{pmatrix}$ 的逆矩阵.

解

$$(\boldsymbol{A}\mid\boldsymbol{E})=\to\left(\begin{array}{ccc|ccc}1&0&-1&1&0&0\\0&2&1&0&1&0\\1&1&-1&0&0&1\end{array}\right)\to\left(\begin{array}{ccc|ccc}1&0&-1&1&0&0\\0&2&1&0&1&0\\0&1&0&-1&0&1\end{array}\right)$$

$$\to\left(\begin{array}{ccc|ccc}1&0&-1&1&0&0\\0&1&0&-1&0&1\\0&2&1&0&1&0\end{array}\right)\to\left(\begin{array}{ccc|ccc}1&0&-1&1&0&0\\0&1&0&-1&0&1\\0&0&1&2&1&-2\end{array}\right)$$

$$\to\left(\begin{array}{ccc|ccc}1&0&0&3&1&-2\\0&1&0&-1&0&1\\0&0&1&2&1&-2\end{array}\right)\to(\boldsymbol{E}\mid\ \boldsymbol{A}^{-1})$$

即 $\boldsymbol{A}^{-1}=\begin{pmatrix}3&1&-2\\-1&0&1\\2&1&-2\end{pmatrix}$.

【思考与练习】

1. 利用初等变换法求下列矩阵的逆矩阵.

(1) $\begin{pmatrix}1&0&0\\-1&2&0\\0&-2&3\end{pmatrix}$；(2) $\begin{pmatrix}1&2&-1\\2&2&3\\1&1&0\end{pmatrix}$；(3) $\begin{pmatrix}0&2&-1\\1&1&2\\-1&-1&-1\end{pmatrix}$；

(4) $\begin{pmatrix}1&1&1&1\\1&1&1&0\\1&1&0&0\\1&0&0&0\end{pmatrix}$；(5) $\begin{pmatrix}22&-6&-26&17\\-17&5&20&-13\\-1&0&2&-1\\4&-1&-5&3\end{pmatrix}$；(6) $\begin{pmatrix}1&-a&0&0\\0&1&-a&0\\0&0&1&-a\\0&0&0&1\end{pmatrix}$.

2. 设 $\boldsymbol{A}^k=\boldsymbol{O}$（$k$ 为正整数），证明：$(\boldsymbol{E}-\boldsymbol{A})^{-1}=\boldsymbol{E}+\boldsymbol{A}+\boldsymbol{A}^2+\cdots+\boldsymbol{A}^{k-1}$.

任务6　矩阵的秩

【学习目标】

理解矩阵的秩的概念，掌握用初等变换求矩阵的秩的方法.

【工作任务】

(1) 矩阵秩的定义.

(2) 利用矩阵初等变换求矩阵的秩.

【相关知识】

矩阵的秩是矩阵本质属性的重要概念之一，在矩阵理论及线性方程组理论中都有着重要的意义.

一、矩阵秩的定义

定义1　在一个 $m\times n$ 的矩阵中，任取 k 行 k 列($k\leqslant m$ 且 $k\leqslant n$)位于这些行与列交叉点处的元素(不改变元素原来的相应位置)所构成的 k 阶行列式称为矩阵的 k 阶子式.

定义2　对于矩阵 $\boldsymbol{A}_{m\times n}$，如果至少存在一个 r 阶子式不为零，而所有的 $r+1$ 阶子式全为零，则称矩阵 $\boldsymbol{A}$ 的秩为 r，记作 $r(\boldsymbol{A})=r$，且规定零矩阵的秩为 0.

根据矩阵秩的定义，可知矩阵的秩具有以下性质：

(1) 如果 $r(\boldsymbol{A})=r$，则 $\boldsymbol{A}$ 至少存在一个非零的 r 阶子式，而所有 $r+1$ 阶子式全为零，且更高阶的子式均为零；

(2) 如果 $\boldsymbol{A}$ 是 $m\times n$ 的矩阵，则必有 $r(\boldsymbol{A})\leqslant \min(m,n)$；

(3) 如果 $\boldsymbol{A}$ 为 n 阶方阵，则 $r(\boldsymbol{A})\leqslant n$，且仅当 $|\boldsymbol{A}|\neq 0$(或 $\det(\boldsymbol{A})\neq 0$) 时，$r(\boldsymbol{A})=n$，反之，如果 $r(\boldsymbol{A})=n$，则 $|\boldsymbol{A}|\neq 0$(或 $\det(\boldsymbol{A})\neq 0$)，故此，方阵 $\boldsymbol{A}$ 可逆的充分必要条件是 $r(\boldsymbol{A})=n$.

二、利用矩阵初等变换求矩阵的秩

由矩阵秩的定义来计算矩阵的秩，往往要对众多的行列式进行计算，比较麻烦，而对于较大的矩阵就显得更为困难. 但通过定义我们知道，对于秩只是要知道子式是否为零，而并非要求子式的确定值，又注意到初等变换不会改变行列式的值是否为零的特性，因此，我们可以设想通过初等变换来解决矩阵秩的求解.

定理1　矩阵进行初等行变换不改变矩阵的秩.

定理2　矩阵 $\boldsymbol{A}$ 的秩 $r(\boldsymbol{A})=k$ 的充要条件就是通过初等行变换可以把 $\boldsymbol{A}$ 化为具有 k 个非零行的阶梯形矩阵.

推论　设 $\boldsymbol{A}$ 为 m 阶可逆矩阵，$\boldsymbol{B}$ 为 $m\times n$ 矩阵，$\boldsymbol{C}$ 为 n 阶可逆矩阵，则有：$r(\boldsymbol{AB})=r(\boldsymbol{B})=r(\boldsymbol{BC})$.

【相关实践】

例 1　已知矩阵 $\boldsymbol{A}=\begin{pmatrix}2&3&5&7\\1&3&2&4\\2&6&4&8\end{pmatrix}$，求 $\boldsymbol{A}$ 的秩.

解　因为 $\boldsymbol{A}$ 中第二行与第三行元素成比例，所有 $\boldsymbol{A}$ 中所有三阶子式都等于零，而二阶子式中至少有一个不为零，例如 $\begin{vmatrix}2&3\\1&3\end{vmatrix}=3\neq 0$，所以 $r(\boldsymbol{A})=2$.

例 2　求矩阵 $\boldsymbol{A}=\begin{pmatrix}1&0&-1&3&2\\0&-1&3&-1&2\\2&4&0&1&1\\2&3&3&0&3\end{pmatrix}$ 的秩.

解

$$\boldsymbol{A}=\begin{pmatrix}1&0&-1&3&2\\0&-1&3&-1&2\\2&4&0&1&1\\2&3&3&0&3\end{pmatrix}\xrightarrow[r_4+(-2)r_1]{r_3+(-2)r_1}\begin{pmatrix}1&0&-1&3&2\\0&-1&3&-1&2\\0&4&2&-5&-3\\0&3&5&-6&-1\end{pmatrix}$$

$$\xrightarrow[r_4+3r_2]{r_3+4r_2}\begin{pmatrix}1&0&-1&3&2\\0&-1&3&-1&2\\0&0&14&-9&5\\0&0&14&-9&5\end{pmatrix}\xrightarrow{r_4+(-1)r_3}\begin{pmatrix}1&0&-1&3&2\\0&-1&3&-1&2\\0&0&14&-9&5\\0&0&0&0&0\end{pmatrix}=\boldsymbol{B}$$

在 $\boldsymbol{B}$ 中显然至少有一个不为零的三阶子式

$$\begin{vmatrix}1&0&-1\\0&-1&3\\0&0&14\end{vmatrix}=-14\neq 0$$

而 $\boldsymbol{B}$ 中的第四行全为 0，故此所有四阶子式全为 0，所以 $r(\boldsymbol{A})=3$.

通过上面这个例子可以看出，对于矩阵秩的求解，只需对矩阵进行初等行变换，将其化为例 2 中的形式（该形式称为阶梯形矩阵），全零行参与的子式必为 0，故此，矩阵的秩就是阶梯形矩阵中非零行的个数.

【思考与练习】

1. 求下列矩阵的秩.

(1) $\begin{pmatrix} 1 & 1 & 0 & 1 & 0 & 0 & 1 \\ 1 & 1 & 1 & 0 & 1 & 1 & 0 \\ 2 & 2 & 1 & 1 & 0 & 1 & 1 \end{pmatrix}$；(2) $\begin{pmatrix} 1 & 0 & 0 \\ 0 & 1 & 0 \\ 0 & 0 & 1 \\ 0 & 1 & 1 \\ 1 & 1 & 0 \end{pmatrix}$；

(3) $\begin{pmatrix} 1 & 0 & 1 & 0 & 0 & 1 \\ -1 & 1 & 1 & 0 & 1 & 0 \\ 0 & 0 & 1 & 2 & 1 & 1 \\ -1 & 1 & 2 & 2 & 2 & 1 \end{pmatrix}$；(4) $\begin{pmatrix} 1 & 0 & 1 & 0 & 1 & 1 & 3 & 0 \\ 2 & 1 & 0 & 1 & 5 & 1 & 3 & 1 \\ -1 & -1 & 1 & -1 & -4 & 0 & 0 & -1 \\ 0 & -1 & 2 & -1 & -3 & 1 & 3 & -1 \end{pmatrix}$.

2. 求 λ 值，使矩阵

$$\boldsymbol{A} = \begin{pmatrix} 1 & 2 & 4 \\ 2 & \lambda & 1 \\ 1 & 1 & 0 \end{pmatrix}$$

的秩有最小值.

项目 8 线性方程组

在前面项目中我们初步讨论了线性方程组的解，当线性方程组中方程的个数与未知数个数相等，且方程组系数行列式不为零时，我们可以用克莱姆法则求出其解，但是，如果一个方程组系数行列式为零，或方程个数与未知数个数不相等时，又应如何解决？在一般情况下，一个线性方程组是否有解？有多少解？这是本项目所要讨论的主要问题.

本项目包含：线性方程组的消元法、n 维向量及其线性相关性、向量组的秩、线性方程组解的结构等四个任务.

任务 1 线性方程组的消元法

【学习目标】

了解消元法与矩阵的初等行变换的关系及线性方程组解的判定定理.

【工作任务】

(1) 线性方程组的矩阵表示方法.

(2) 消元法与矩阵的初等行变换的关系.

(3) 线性方程组解的判定定理.

【相关知识】

对于线性方程组的求解，在中学曾经应用消元法可以解一些未知量较少、方程个数不多的线性方程组. 在这任务中，我们将从消元法出发，给出线性方程组的矩阵表示方法，用初等行变换方法替代消元法，并通过线性方程组的系数矩阵和增广矩阵的秩来判断解的存在性.

一、线性方程组的矩阵表示方法

n 元线性方程组的一般形式为：

$$\begin{cases} a_{11}x_1 + a_{12}x_2 + \cdots + a_{1n}x_n = b_1 \\ a_{21}x_1 + a_{22}x_2 + \cdots + a_{2n}x_n = b_2 \\ \cdots\cdots\cdots\cdots \\ a_{m1}x_1 + a_{m2}x_2 + \cdots + a_{mn}x_n = b_m \end{cases} \tag{8-1-1}$$

其矩阵形式：　$\boldsymbol{Ax}=\boldsymbol{b}$.

其中：$\boldsymbol{A}=\begin{pmatrix} a_{11} & a_{12} & \cdots & a_{1n} \\ a_{21} & a_{22} & \cdots & a_{2n} \\ \vdots & \vdots & & \vdots \\ a_{m1} & a_{m2} & \cdots & a_{mn} \end{pmatrix}$ 称为式(8－1－1)的**系数矩阵**，

$\boldsymbol{b}=\begin{pmatrix} b_1 \\ b_2 \\ \vdots \\ b_m \end{pmatrix}$ 称为式(8－1－1)的**常数项矩阵**，$\boldsymbol{x}=\begin{pmatrix} x_1 \\ x_2 \\ \vdots \\ x_n \end{pmatrix}$ 称为式(8－1－1)的未知数矩阵.

$$(\boldsymbol{A}\quad \boldsymbol{b})=\begin{pmatrix} a_{11} & a_{12} & \cdots & a_{1n} & b_1 \\ a_{21} & a_{22} & \cdots & a_{2n} & b_2 \\ \vdots & \vdots & & \vdots & \vdots \\ a_{m1} & a_{m2} & \cdots & a_{mn} & b_m \end{pmatrix} \qquad (8-1-2)$$

称为式(8－1－1)的**增广矩阵**，记为 $\overline{\mathbf{A}}$.

二、消元法与矩阵的初等行变换的关系

为求解线性方程组，我们采用消元法，很容易地就可以将其化成阶梯形方程组.

例如　解线性方程组：$\begin{cases} x_1+x_2+3x_3=1 \\ x_1+2x_2+5x_3=2 \\ x_1+5x_2-x_3=9 \end{cases}$

解　其增广矩阵为：$\begin{pmatrix} 1 & 1 & 3 & 1 \\ 1 & 2 & 5 & 2 \\ 1 & 5 & -1 & 9 \end{pmatrix}$ 下面对其进行初等行变换

$$\begin{pmatrix} 1 & 1 & 3 & 1 \\ 1 & 2 & 5 & 2 \\ 1 & 5 & -1 & 9 \end{pmatrix} \xrightarrow{r_2+r_1\times(-1),\ r_3+r_1\times(-1)} \begin{pmatrix} 1 & 1 & 3 & 1 \\ 0 & 1 & 2 & 1 \\ 0 & 4 & -4 & 8 \end{pmatrix} \xrightarrow{r_3+r_2\times(-4)}$$

$$\longrightarrow \begin{pmatrix} 1 & 1 & 3 & 1 \\ 0 & 1 & 2 & 1 \\ 0 & 0 & -12 & 4 \end{pmatrix} \xrightarrow{r_3\times(\frac{1}{3})} \begin{pmatrix} 1 & 1 & 3 & 1 \\ 0 & 1 & 2 & 1 \\ 0 & 0 & -3 & 1 \end{pmatrix}$$

将其还原为方程组，即$\begin{cases} x_1+x_2+3x_3=1 \\ x_2+2x_3=1 \\ -3x_3=1 \end{cases}$

逐步迭代得：$x_1=\frac{1}{3}, x_2=\frac{5}{3}, x_3=-\frac{1}{3}$.

从本质上说，消元法的过程，即是对线性方程组中的增广矩阵进行初等行变换，使之成为上三角矩阵，然后逐步迭代得出方程组的解.

以上方法是通过逐步迭代得到方程组的解，我们还可将上述增广矩阵通过初等行变换，化为最简阶梯形矩阵，同样可以得到相同结果.

$$\begin{pmatrix} 1 & 1 & 3 & 1 \\ 1 & 2 & 5 & 2 \\ 1 & 5 & -1 & 9 \end{pmatrix} \xrightarrow{\times(-1)} \begin{pmatrix} 1 & 1 & 3 & 1 \\ 0 & 1 & 2 & 1 \\ 0 & 4 & -4 & 8 \end{pmatrix} \xrightarrow{\times(-4)}$$

$$\begin{pmatrix} 1 & 1 & 3 & 1 \\ 0 & 1 & 2 & 1 \\ 0 & 0 & -12 & 4 \end{pmatrix} \xrightarrow{\times(\frac{1}{12})} \begin{pmatrix} 1 & 1 & 3 & 1 \\ 0 & 1 & 2 & 1 \\ 0 & 0 & 1 & -\frac{1}{3} \end{pmatrix} \xrightarrow{\times(-2),\ \times(-3)}$$

$$\begin{pmatrix} 1 & 1 & 0 & 2 \\ 0 & 1 & 0 & \frac{5}{3} \\ 0 & 0 & 1 & -\frac{1}{3} \end{pmatrix} \xrightarrow{\times(-1)} \begin{pmatrix} 1 & 1 & 0 & \frac{1}{3} \\ 0 & 1 & 0 & \frac{5}{3} \\ 0 & 0 & 1 & -\frac{1}{3} \end{pmatrix}$$

还原为方程组 $\begin{cases} x_1 = \dfrac{1}{3} \\ x_2 = \dfrac{5}{3} \\ x_3 = -\dfrac{1}{3} \end{cases}$，即：$x_1 = \dfrac{1}{3}, x_2 = \dfrac{5}{3}, x_3 = -\dfrac{1}{3}$.

由上面的例子可以看出，如果对一个线性方程组的增广矩阵 $\bar{\mathbf{A}}$ 作初等行变换，则变换前后所对应的线性方程组是同解方程组.

三、线性方程组解的判定

1. 非齐次线性方程组 $\mathbf{A}\boldsymbol{x} = \boldsymbol{b}$

定理 1　线性方程组 $\mathbf{A}\boldsymbol{x} = \boldsymbol{b}$ 有解的充分必要条件是：$r(\mathbf{A}\quad \boldsymbol{b}) = r(\mathbf{A})$.

(1) 当 $r(\mathbf{A}\quad \boldsymbol{b}) = r(\mathbf{A}) = n$ 时，方程组有唯一解；

(2) 当 $r(\mathbf{A}\quad \boldsymbol{b}) = r(\mathbf{A}) < n$ 时，方程组有无穷多解；

(3) 当 $r(\mathbf{A}\quad \boldsymbol{b}) \neq r(\mathbf{A})$ 时，方程组无解.

2. 齐次线性方程组 $\mathbf{A}\boldsymbol{x} = \mathbf{0}$

齐次线性方程组一定有解，由于常数矩阵为零矩阵，增广矩阵最后一列全为零，故永远有 $r(\mathbf{A}) = r(\mathbf{A}\quad \boldsymbol{b})$，因此可只对系数矩阵进行初等行变换求齐次线性方程组的解. 由本节定理 1 可知，当 $r(\mathbf{A}) = n$ 时，$\mathbf{A}\boldsymbol{x} = \mathbf{0}$ 只有零解，当 $r(\mathbf{A}) < n$ 时，$\mathbf{A}\boldsymbol{x} = \mathbf{0}$ 有无穷多解，于是有下面定理 2.

定理 2 齐次线性方程组有非零解的充分必要条件是：$r(\boldsymbol{A}) < n$.

【相关实践】

例 1 解方程组：$\begin{cases} x_1 + x_2 + 2x_3 + 3x_4 = 1 \\ x_1 + 2x_2 + 3x_3 - x_4 = -4 \\ 3x_1 - x_2 - x_3 - 2x_4 = -4 \\ 2x_1 + 3x_2 - x_3 - x_4 = -6 \end{cases}$

解 对其增广矩阵进行初等行变换，化为上三角矩阵.

$$(\boldsymbol{A}\ \boldsymbol{b}) = \begin{pmatrix} 1 & 1 & 2 & 3 & 1 \\ 1 & 2 & 2 & -1 & 1 \\ 3 & -1 & 2 & 2 & 4 \\ 2 & 3 & -1 & 2 & 6 \end{pmatrix} \begin{matrix} \times(-1)\ \times(-3)\ \times(-2) \end{matrix} \longrightarrow$$

$$\begin{pmatrix} 1 & 1 & 2 & 3 & 1 \\ 0 & 1 & 1 & -4 & -5 \\ 0 & -4 & -7 & -11 & -7 \\ 0 & 1 & -5 & -7 & -8 \end{pmatrix} \begin{matrix} \times 4\ \ \times(-1) \end{matrix} \longrightarrow \begin{pmatrix} 1 & 1 & 2 & 3 & 1 \\ 0 & 1 & 1 & -4 & -5 \\ 0 & 0 & -3 & -27 & -27 \\ 0 & 0 & -6 & -3 & -3 \end{pmatrix} \begin{matrix} \times(-2) \end{matrix}$$

$$\longrightarrow \begin{pmatrix} 1 & 1 & 2 & 3 & 1 \\ 0 & 1 & 1 & -4 & -5 \\ 0 & 0 & -3 & -27 & -27 \\ 0 & 0 & 0 & 51 & 51 \end{pmatrix}$$

因为 $r(\boldsymbol{A}\quad \boldsymbol{b}) = r(\boldsymbol{A}) = 4 = n$，所以方程组有唯一解. 进行回代后可得方程组的解

$$\begin{cases} x_1 = -1 \\ x_2 = -1 \\ x_3 = 0 \\ x_4 = 1 \end{cases}$$

例 2 解方程组：$\begin{cases} x_1 + 3x_2 - 2x_3 + x_4 = 3 \\ 2x_1 + x_2 - 3x_3 = 2 \\ x_1 - 2x_2 - x_3 - x_4 = -1 \end{cases}$

解

$$(\boldsymbol{A}\ \boldsymbol{b}) = \begin{pmatrix} 1 & 3 & -2 & 1 & 3 \\ 2 & 1 & -3 & 0 & 2 \\ 1 & -2 & -1 & -1 & -1 \end{pmatrix} \begin{matrix} \times(-2)\ \times(-1) \end{matrix} \longrightarrow$$

$$\begin{pmatrix}1 & 3 & -2 & 1 & 3\\0 & -5 & 1 & -2 & -4\\0 & -5 & 1 & -2 & -4\end{pmatrix} \xrightarrow{r_2\times(-1)+r_3}$$

$$\begin{pmatrix}1 & 3 & -2 & 1 & 3\\0 & -5 & 1 & -2 & -4\\0 & 0 & 0 & 0 & 0\end{pmatrix} \xrightarrow{r_2\div(-5)}$$

$$\begin{pmatrix}1 & 3 & -2 & 1 & 3\\0 & 1 & -\frac{1}{5} & \frac{2}{5} & \frac{4}{5}\\0 & 0 & 0 & 0 & 0\end{pmatrix} \xrightarrow{r_2\times(-3)+r_1} \begin{pmatrix}1 & 0 & -\frac{7}{5} & -\frac{1}{5} & \frac{3}{5}\\0 & 1 & -\frac{1}{5} & \frac{2}{5} & \frac{4}{5}\\0 & 0 & 0 & 0 & 0\end{pmatrix}$$

因为 $r(\boldsymbol{A}\quad\boldsymbol{b})=r(\boldsymbol{A})=2<4=n$，所以方程组有无穷多解，将其还原为方程组：

$$\begin{cases}x_1-\frac{7}{5}x_3-\frac{1}{5}x_4=\frac{3}{5}\\x_2-\frac{1}{5}x_3+\frac{2}{5}x_4=\frac{4}{5}\end{cases}$$

即

$$\begin{cases}x_1=\frac{3}{5}+\frac{7}{5}x_3+\frac{1}{5}x_4\\x_2=\frac{4}{5}+\frac{1}{5}x_3-\frac{2}{5}x_4\end{cases}$$

原方程通过消元只剩下两个方程，说明第三个方程为多余方程.

取 $x_3=c_1, x_4=c_2$（c_1, c_2 为任意常数）方程组的解为：

$$\begin{cases}x_1=\frac{3}{5}+\frac{7}{5}c_1+\frac{1}{5}c_2\\x_2=\frac{4}{5}+\frac{1}{5}c_1-\frac{2}{5}c_2\\x_3=c_1\\x_4=c_2\end{cases}$$

因 c_1, c_2 为任意常数，故方程组有无穷多解，其中 x_3, x_4 称为自由未知量.

例 3　解方程组：$\begin{cases}x_1-x_2+x_3=-1\\2x_1-x_2+5x_3=1\\x_1+x_2+7x_3=10\\3x_1-5x_2-3x_3=-9\end{cases}$

解 $(\boldsymbol{A}\ \boldsymbol{b})=\begin{pmatrix}1 & -1 & 1 & -1\\2 & -1 & 5 & -1\\1 & 1 & 7 & 10\\3 & -5 & -3 & -9\end{pmatrix}$ ×(-2) ×(-1) ×(-3) $\longrightarrow$

$$\begin{pmatrix}1 & -1 & 1 & -1\\0 & -1 & 3 & 3\\0 & 2 & 6 & 11\\0 & -2 & -6 & -6\end{pmatrix}\ \times 2\ \ \times(-2)\ \longrightarrow\begin{pmatrix}1 & -1 & 1 & -1\\0 & -1 & 3 & 3\\0 & 0 & 0 & 5\\0 & 0 & 0 & 0\end{pmatrix}$$

因为 $r(\boldsymbol{A}\quad\boldsymbol{b})=3\neq r(\boldsymbol{A})=2$,故方程组无解.

实际上,将矩阵第三行还原为方程,即 $0x_1+0x_2+0x_3=5$,显然,它是一个矛盾方程,故无解.

例 4 解方程组:$\begin{cases}x_1+2x_2+x_3+x_4=0\\2x_1+4x_2+x_3-2x_4=0\\x_3+x_4=0\end{cases}$

解 对其系数矩阵进行初等行变换

$$\boldsymbol{A}=\begin{pmatrix}1 & 2 & 1 & 1\\2 & 4 & 1 & -2\\0 & 0 & 1 & 1\end{pmatrix}\ \times(-2)\ \longrightarrow\begin{pmatrix}1 & 2 & 1 & 1\\0 & 0 & -1 & -4\\0 & 0 & 1 & 4\end{pmatrix}\ \times 1\ \ \times(-1)$$

$$\longrightarrow\begin{pmatrix}1 & 2 & 1 & 1\\0 & 0 & 1 & 4\\0 & 0 & 0 & 0\end{pmatrix}\ \times(-1)\ \longrightarrow\begin{pmatrix}1 & 2 & 0 & -3\\0 & 0 & 1 & 4\\0 & 0 & 0 & 0\end{pmatrix}$$

由此得,$r(\boldsymbol{A})=2<n=4$,方程组有非零解.因 $n-r=2$,即有 2 个自由未知量,x_2,x_4 为自由未知量,将其还原为方程,得$\begin{cases}x_1=-2x_2+3x_4\\x_3=-4x_4\end{cases}$,取 $x_2=C_1$,$x_4=C_2$ 得方程组的解为:

$$\begin{cases}x_1=-2C_1+3C_2\\x_2=C_1\\x_3=-4C_2\\x_4=C_2\end{cases}$$

其中 C_1,C_2 为任意常数.

【思考与练习】

1. 用消元法解下列线性方程组:

(1)$\begin{cases}2x_2-x_3=1\\x_1-x_2+x_3=0\\2x_1+x_2-x_3=-2\end{cases}$

(2) $\begin{cases} x_1 - 2x_2 + x_3 + x_4 = 1 \\ x_1 - 2x_2 + x_3 - x_4 = -1 \\ x_1 - 2x_2 + x_3 - 5x_4 = 5 \end{cases}$

(3) $\begin{cases} x_1 - x_2 + x_3 - x_4 = 1 \\ x_1 - x_2 - x_3 + x_4 = 0 \\ x_1 - x_2 - 2x_3 + 2x_4 = -1/2 \end{cases}$

(4) $\begin{cases} x_1 + x_2 - 2x_3 - x_4 = -1 \\ x_1 + 5x_2 - 3x_3 - 2x_4 = 0 \\ 3x_1 - x_2 + x_3 + 4x_4 = 2 \\ -2x_1 + 2x_2 + x_3 - x_4 = 1 \end{cases}$

2. 判别下列线性方程组解的情况：

(1) $\begin{cases} 2x_1 - 4x_2 + 5x_3 + 3x_4 = 1 \\ 3x_1 - 6x_2 + 4x_3 + 2x_4 = 2 \\ 4x_1 - 8x_2 + 3x_3 + x_4 = 3 \end{cases}$

(2) $\begin{cases} 2x_1 - 4x_2 + 5x_3 + 3x_4 = 1 \\ 3x_1 - 6x_2 + 4x_3 + 2x_4 = 2 \\ 4x_1 - 8x_2 + 3x_3 + x_4 = 2 \end{cases}$

(3) $\begin{cases} x_1 + 3x_2 + x_3 = 0 \\ 3x_1 + 2x_2 + 3x_3 = -1 \\ -x_1 + 4x_2 + 2x_3 = 2 \end{cases}$

任务 2　n 维向量及其线性相关性

【学习目标】

了解向量的概念，掌握向量的加法和数乘运算法则；理解向量的线性组合与线性表示，向量组线性相关、线性无关的概念，掌握向量组线性相关、线性无关的有关性质和判别法.

【工作任务】

(1) n 维向量.

(2) 线性组合.

(3) 线性方程组的线性相关性.

【相关知识】

为进一步探讨线性方程组的解，我们引入向量的概念以及向量组的线性相关性，并由此讨论线性方程组的解与线性相关性的关系.

一、n 维向量

定义 1 由 n 个实数组成的 n 元有序数组 $(a_1,a_2,\cdots,a_n)$ 称为 n 维向量，n 维行向量记为：$\boldsymbol{\alpha}=(a_1,a_2,\cdots,a_n)$，其中 $a_j(j=1,2,\cdots,n)$ 称为向量 $\boldsymbol{\alpha}$ 的第 j 个分量.

n 维列向量记为：$\boldsymbol{\beta}=\begin{pmatrix}b_1\\b_2\\\vdots\\b_n\end{pmatrix}$

对于线性方程组系数矩阵 $\boldsymbol{A}=\begin{pmatrix}a_{11}&a_{12}&\cdots&a_{1n}\\a_{21}&a_{22}&\cdots&a_{2n}\\\vdots&\vdots&&\vdots\\a_{m1}&a_{m2}&\cdots&a_{mn}\end{pmatrix}$ 中的每一行 $(a_{i1},a_{i2},\cdots,a_{in})$ $(i=1,2,\cdots,m)$ 都是 n 维行向量，同理，每一列 $(a_{1j},a_{2j},\cdots,a_{mj})^{\mathrm{T}}(j=1,2,\cdots,n)$ 都是 m 维列向量.

我们可以将向量看成 $1\times n$ 或 $m\times 1$ 矩阵，那么，对于矩阵的相等、相加、相减、数乘、零矩阵等概念，可以转换为相应向量的对应概念.

例如，设 $\boldsymbol{\alpha}=(2,1,5)$，$\boldsymbol{\beta}=(3,2,6)$，则 $2\boldsymbol{\alpha}+3\boldsymbol{\beta}=(13,8,28)$.

对于线性方程组(8-1-1)，在引入向量概念后，我们可将其表示为常数列向量与系数列向量的如下线性关系

$$x_1\boldsymbol{\alpha}_1+x_2\boldsymbol{\alpha}_2+\cdots+x_n\boldsymbol{\alpha}_n=\boldsymbol{\beta}$$

称为线性方程组(8-1-1)的向量形式，其中，$\boldsymbol{\alpha}_j=(a_{1j},a_{2j},\cdots,a_{mj})^{\mathrm{T}}(j=1,2,\cdots,n)$，$\boldsymbol{\beta}=(b_1,b_2,\cdots,b_m)^{\mathrm{T}}$ 均为 m 维列向量，于是，线性方程组(8-1-1)是否有解，即可理解为是否存在一组数 $k_1,k_2,\cdots,k_n$，使关系式 $k_1\boldsymbol{\alpha}_1+k_2\boldsymbol{\alpha}_2+\cdots+k_n\boldsymbol{\alpha}_n=\boldsymbol{\beta}$ 成立.

二、线性组合

定义 2 对于向量组 $\boldsymbol{\beta},\boldsymbol{\alpha}_1,\boldsymbol{\alpha}_2,\cdots\boldsymbol{\alpha}_s$，如果存在一组数 $k_1,k_2,\cdots,k_s$，使关系式

$$\boldsymbol{\beta}=k_1\boldsymbol{\alpha}_1+k_2\boldsymbol{\alpha}_2+\cdots+k_s\boldsymbol{\alpha}_s$$

成立，则称向量 $\boldsymbol{\beta}$ 是向量组 $\boldsymbol{\alpha}_1,\boldsymbol{\alpha}_2,\cdots,\boldsymbol{\alpha}_s$ 的线性组合，或称向量 $\boldsymbol{\beta}$ 可由向量组 $\boldsymbol{\alpha}_1,\boldsymbol{\alpha}_2,\cdots,\boldsymbol{\alpha}_s$ 线性表示.

三、线性方程组的线性相关性

对于齐次线性方程组 $\boldsymbol{Ax}=\boldsymbol{0}$，其向量形式为

$$x_1\boldsymbol{\alpha}_1+x_2\boldsymbol{\alpha}_2+\cdots+x_n\boldsymbol{\alpha}_n=\boldsymbol{0}$$

其中 $\boldsymbol{\alpha}_j=\begin{pmatrix}a_{1i}\\a_{2j}\\\vdots\\a_{mj}\end{pmatrix}(j=1,2,\cdots,n)$，$\boldsymbol{0}=\begin{pmatrix}0\\0\\\vdots\\0\end{pmatrix}$.

由下文中例 1 所知，零向量是任意向量组的线性组合，故齐次线性方程组必有零解，即 $0\cdot\boldsymbol{\alpha}_1+0\cdot\boldsymbol{\alpha}_2+\cdots+0\cdot\boldsymbol{\alpha}_n=\boldsymbol{0}$ 总是成立的，我们所关心的是，齐次线性方程组是否还有非零解，即是否存在一组不全为零的数 $k_1,k_2,\cdots,k_n$，使关系式

$$k_1\boldsymbol{\alpha}_1+k_2\boldsymbol{\alpha}_2+\cdots+k_n\boldsymbol{\alpha}_n=\boldsymbol{0}$$

成立，由此引出线性相关性的概念.

定义 3　对于向量组 $\boldsymbol{\alpha}_1,\boldsymbol{\alpha}_2,\cdots,\boldsymbol{\alpha}_s$，如果存在一组不全为零的数 $k_1,k_2,\cdots,k_s$，使

$$k_1\boldsymbol{\alpha}_1+k_2\boldsymbol{\alpha}_2+\cdots+k_s\boldsymbol{\alpha}_s=\boldsymbol{0}$$

成立，则称向量组 $\boldsymbol{\alpha}_1,\boldsymbol{\alpha}_2,\cdots,\boldsymbol{\alpha}_s$ 线性相关，如果上式当且仅当 $k_1=k_2=\cdots=k_s=0$ 时成立，则称向量组 $\boldsymbol{\alpha}_1,\boldsymbol{\alpha}_2,\cdots,\boldsymbol{\alpha}_s$ 线性无关.

由相关性的定义，我们还可得出以下有关线性相关性的结论：

(1)n 个 n 维向量 $\boldsymbol{\alpha}_j=(a_{1j},a_{2j},\cdots,a_{nj})(j=1,2,\cdots,n)$ 组成的向量组 $\boldsymbol{\alpha}_1,\boldsymbol{\alpha}_2,\cdots,\boldsymbol{\alpha}_n$ 线性相关的充分必要条件是：

$$\begin{vmatrix} a_{11} & a_{12} & \cdots & a_{1n} \\ a_{21} & a_{22} & \cdots & a_{2n} \\ \vdots & \vdots & & \vdots \\ a_{n1} & a_{n2} & \cdots & a_{nn} \end{vmatrix}=0$$

或者说，n 个 n 维向量 $\boldsymbol{\alpha}_j=(a_{1j},a_{2j},\cdots,a_{nj})(j=1,2,\cdots,n)$ 组成的向量组 $\boldsymbol{\alpha}_1,\boldsymbol{\alpha}_2,\cdots,\boldsymbol{\alpha}_n$ 线性无关的充分必要条件是：

$$\begin{vmatrix} a_{11} & a_{12} & \cdots & a_{1n} \\ a_{21} & a_{22} & \cdots & a_{2n} \\ \vdots & \vdots & & \vdots \\ a_{n1} & a_{n2} & \cdots & a_{nn} \end{vmatrix}\neq 0$$

(2)$n+1$ 个 n 维向量必线性相关.

(3) 若向量组 $\boldsymbol{\alpha}_1,\boldsymbol{\alpha}_2,\cdots,\boldsymbol{\alpha}_s$ 线性无关，则它的任意部分组也是线性无关的. 若向量组 $\boldsymbol{\alpha}_1,\boldsymbol{\alpha}_2,\cdots,\boldsymbol{\alpha}_s$ 的部分组线性相关，则该向量组必线性相关.

(4) 向量组 $\boldsymbol{\alpha}_1,\boldsymbol{\alpha}_2,\cdots,\boldsymbol{\alpha}_s(s>2)$ 线性相关的充分必要条件是其中至少有一个向量是其余向量的线性组合.

(5) 如果向量组 $\boldsymbol{\alpha}_1,\boldsymbol{\alpha}_2,\cdots,\boldsymbol{\alpha}_s,\boldsymbol{\beta}$ 线性相关，而 $\boldsymbol{\alpha}_1,\boldsymbol{\alpha}_2,\cdots,\boldsymbol{\alpha}_s$ 线性无关，则 $\boldsymbol{\beta}$ 可由向量组 $\boldsymbol{\alpha}_1,\boldsymbol{\alpha}_2,\cdots,\boldsymbol{\alpha}_s$ 线性表示，且表示法唯一.

以上结论的证明，有兴趣的读者可自行完成.

【相关实践】

例 1 n 维零向量 $\mathbf{0}=(0,0,\cdots,0)$ 是任一向量组 $\boldsymbol{\alpha}_1,\boldsymbol{\alpha}_2,\cdots,\boldsymbol{\alpha}_n$ 的线性组合. 因为存在一组数 $0,0,\cdots,0$，使 $\mathbf{0}=0\boldsymbol{\alpha}_1+0\boldsymbol{\alpha}_2+\cdots 0\boldsymbol{\alpha}_n$ 成立.

例 2 任何三维向量 $\boldsymbol{\alpha}=(a_1,a_2,a_3)$ 都是三维向量组 $\boldsymbol{\varepsilon}_1=(1,0,0),\boldsymbol{\varepsilon}_2=(0,1,0),\boldsymbol{\varepsilon}_3=(0,0,1)$ 的线性组合.

因为 $\boldsymbol{\alpha}=(a_1,a_2,a_3)=a_1\boldsymbol{\varepsilon}_1+a_2\boldsymbol{\varepsilon}_2+a_3\boldsymbol{\varepsilon}_3$.

向量组 $\boldsymbol{\varepsilon}_1,\boldsymbol{\varepsilon}_2,\boldsymbol{\varepsilon}_3$ 称为单位向量组.

例 3 向量组 $\boldsymbol{\alpha}_1,\boldsymbol{\alpha}_2,\cdots,\boldsymbol{\alpha}_s$ 中任一向量 $\boldsymbol{\alpha}_j(j=1,2,\cdots,s)$ 都是该向量组的线性组合. 因为 $\boldsymbol{\alpha}_j=0\cdot\boldsymbol{\alpha}_1+\cdots+1\cdot\boldsymbol{\alpha}_j+\cdots+0\cdot\boldsymbol{\alpha}_s$.

例 4 设 $\boldsymbol{\alpha}_1=\begin{pmatrix}1\\1\\1\end{pmatrix},\boldsymbol{\alpha}_2=\begin{pmatrix}2\\2\\2\end{pmatrix},\boldsymbol{\alpha}_3=\begin{pmatrix}4\\5\\6\end{pmatrix}$，因为存在一组不全为零的数 $-2,1,0$，使 $-2\boldsymbol{\alpha}_1+\boldsymbol{\alpha}_2+0\cdot\boldsymbol{\alpha}_3=\mathbf{0}$，故 $\boldsymbol{\alpha}_1,\boldsymbol{\alpha}_2,\boldsymbol{\alpha}_3$ 线性相关，注意，除上述这组数外，还存在 $-4,2,0$，使 $-4\boldsymbol{\alpha}_1+2\boldsymbol{\alpha}_2+0\cdot\boldsymbol{\alpha}_3=\mathbf{0}$ 成立，另外，式子 $0\cdot\boldsymbol{\alpha}_1+0\cdot\boldsymbol{\alpha}_2+0\cdot\boldsymbol{\alpha}_3=\mathbf{0}$ 仍成立.

例 5 一个非零向量线性无关，一个零向量线性相关.

因为当 $\boldsymbol{\alpha}\neq\mathbf{0}$ 时，仅有 $k=0$ 才能使 $k\boldsymbol{\alpha}=\mathbf{0}$ 成立. 而对于零向量，对于任意 $k\neq 0$，都有 $k\cdot\boldsymbol{\alpha}=\mathbf{0}$.

例 6 定义中当 $s=2$ 时，对于 $k_1\boldsymbol{\alpha}_1+k_2\boldsymbol{\alpha}_2=\mathbf{0}$，如 $\boldsymbol{\alpha}_1,\boldsymbol{\alpha}_2$ 线性相关，则 k_1,k_2 不全为 0，不妨设 $k_1\neq 0$，由 $k_1\boldsymbol{\alpha}_1+k_2\boldsymbol{\alpha}_2=\mathbf{0}$ 可得，$\boldsymbol{\alpha}_1=-\dfrac{k_2}{k_1}\boldsymbol{\alpha}_2$，由此可得：两个向量线性相关的充分必要条件是对应分量成比例.

例 7 证明单位向量组 $\boldsymbol{\varepsilon}_1=(1,0,0),\boldsymbol{\varepsilon}_2=(0,1,0),\boldsymbol{\varepsilon}_3=(0,0,1)$ 是线性无关的.

证 设有一组数 k_1,k_2,k_3，使 $k_1\boldsymbol{\varepsilon}_1+k_2\boldsymbol{\varepsilon}_2+k_3\boldsymbol{\varepsilon}_3=\mathbf{0}$，即

$$k_1(1,0,0)+k_2(0,1,0)+k_3(0,0,1)=(0,0,0)$$

由此得 $k_1=k_2=k_3=0$.

所以 $\boldsymbol{\varepsilon}_1,\boldsymbol{\varepsilon}_2,\boldsymbol{\varepsilon}_3$ 线性无关.

注意，例 7 可以推广到 n 维单位向量组的情形，结论仍然成立.

例 8 设向量组 $\boldsymbol{\alpha}_1=\begin{pmatrix}1\\3\\1\end{pmatrix},\boldsymbol{\alpha}_2=\begin{pmatrix}-1\\1\\3\end{pmatrix},\boldsymbol{\alpha}_3=\begin{pmatrix}-5\\-7\\3\end{pmatrix}$，判断向量组的线性相关性.

解 设有 k_1,k_2,k_3，使 $k_1\boldsymbol{\alpha}_1+k_2\boldsymbol{\alpha}_2+k_3\boldsymbol{\alpha}_3=\mathbf{0}$，即

$$k_1\begin{pmatrix}1\\3\\1\end{pmatrix}+k_2\begin{pmatrix}-1\\1\\3\end{pmatrix}+k_3\begin{pmatrix}-5\\-7\\3\end{pmatrix}=\begin{pmatrix}0\\0\\0\end{pmatrix}$$

还原为方程组，得$\begin{cases}k_1-k_2-5k_3=0,\\3k_1+k_2-7k_3=0,\\k_1+3k_2+3k_3=0.\end{cases}$

它是一个齐次线性方程组，我们可对其系数矩阵进行初等行变换化为阶梯形矩阵：

$$\boldsymbol{A}=\begin{pmatrix}1&-1&-5\\3&1&-7\\1&3&3\end{pmatrix}\begin{matrix}\times(-3)\ \times(-1)\\ \\ \\ \end{matrix}\longrightarrow\begin{pmatrix}1&-1&-5\\0&4&8\\0&4&8\end{pmatrix}\begin{matrix}\\ \times(-1)\ \times\frac{1}{4}\\ \end{matrix}$$

$$\longrightarrow\begin{pmatrix}1&-1&-5\\0&1&2\\0&0&0\end{pmatrix}\times1\longrightarrow\begin{pmatrix}1&0&-3\\0&1&2\\0&0&0\end{pmatrix}$$

因为 $r(\boldsymbol{A})=2<3=n$，所以方程组有非零解，即 k_1,k_2,k_3 不全为零，故向量组 $\boldsymbol{\alpha}_1$，$\boldsymbol{\alpha}_2,\boldsymbol{\alpha}_3$ 是线性相关的. 将上述矩阵还原为方程组的形式，得

$$\begin{cases}k_1-3k_3=0\\k_2+2k_3=0\end{cases}\quad 即\begin{cases}k_1=3k_3\\k_2=-k_3\end{cases}$$

取 $k_3=1$，得$\begin{cases}k_1=3\\k_2=-2\\k_3=1\end{cases}$，所以，得线性关系式：$3\boldsymbol{\alpha}_1-2\boldsymbol{\alpha}_2+\boldsymbol{\alpha}_3=\boldsymbol{0}$.

由此也看到，$\boldsymbol{\alpha}_3$ 可表为 $\boldsymbol{\alpha}_1,\boldsymbol{\alpha}_2$ 的线性组合：$\boldsymbol{\alpha}_3=-3\boldsymbol{\alpha}_1+2\boldsymbol{\alpha}_2$. 同理，我们可得到 $\boldsymbol{\alpha}_1$ 和 $\boldsymbol{\alpha}_2$ 用其余向量线性表示.

【思考与练习】

1. 已知向量 $\boldsymbol{\alpha}=(1,1,0,-1)$，$\boldsymbol{\beta}=(-2,1,0,0)$，$\boldsymbol{\gamma}=(-1,-2,0,1)$，求：$\boldsymbol{\xi}=3\boldsymbol{\alpha}-2\boldsymbol{\beta}+\boldsymbol{\gamma}$.

2. 已知向量 $\boldsymbol{\alpha}=(3,5,7,9)$，$\boldsymbol{\beta}=(-1,5,2,0)$.

(1) 如果 $\boldsymbol{\alpha}+\boldsymbol{\xi}=\boldsymbol{\beta}$，求 $\boldsymbol{\xi}$；(2) 如果 $3\boldsymbol{\alpha}-2\boldsymbol{\eta}=5\boldsymbol{\beta}$，求 $\boldsymbol{\eta}$.

3. 试将 $\boldsymbol{\beta}=(1,2,1,1)$ 表示为向量组 $\boldsymbol{\alpha}_1=(1,1,1,1)$，$\boldsymbol{\alpha}_2=(1,1,-1,-1)$，$\boldsymbol{\alpha}_3=(1,-1,1,-1)$，$\boldsymbol{\alpha}_4=(1,-1,-1,1)$ 的线性组合.

4. 判断下列向量组的线性相关性，如线性相关，写出它们的线性关系式：

(1)$\boldsymbol{\alpha}_1=(1,3,1)$，$\boldsymbol{\alpha}_2=(-1,1,3)$，$\boldsymbol{\alpha}_3=(-5,-7,3)$；

(2)$\boldsymbol{\alpha}_1=(1,2,5)$，$\boldsymbol{\alpha}_2=(1,1,1)$，$\boldsymbol{\alpha}_3=(2,3,5)$；

(3)$\boldsymbol{\alpha}_1=(1,-1,0)$，$\boldsymbol{\alpha}_2=(1,3,-1)$，$\boldsymbol{\alpha}_3=(2,1,1)$；

(4)$\boldsymbol{\alpha}_1=(2.1,2,0)$，$\boldsymbol{\alpha}_2=(4,-1,-5,-6)$，$\boldsymbol{\alpha}_3=(-1,-3,-4,-5)$，$\boldsymbol{\alpha}_4=(1,2,1,3)$.

任务3　向量组的秩

【学习目标】

理解向量组的极大线性无关组的概念，会求向量组的极大线性无关组及秩；理解矩阵的秩与其行(列)向量组的秩之间的关系.

【工作任务】

(1) 向量组的极大线性无关组的概念及求法.

(2) 会判断向量组的秩.

【相关知识】

上一任务我们讨论的是向量组的线性相关性，对线性方程组而言，我们更关心的是向量组中最多有多少个向量是线性无关的.

定义1　对于向量组 $\boldsymbol{\alpha}_1,\boldsymbol{\alpha}_2,\cdots,\boldsymbol{\alpha}_s$，如其中有 $k(k\leqslant s)$ 个向量满足：

(1) $\boldsymbol{\alpha}_{j_1},\boldsymbol{\alpha}_{j_2},\cdots,\boldsymbol{\alpha}_{j_k}$ 线性无关[$\boldsymbol{\alpha}_{j_i}(i=1,2,\cdots,k)$ 为 $\boldsymbol{\alpha}_1,\boldsymbol{\alpha}_2,\cdots,\boldsymbol{\alpha}_s$ 的部分组].

(2) $\boldsymbol{\alpha}_{j_1},\boldsymbol{\alpha}_{j_2},\cdots,\boldsymbol{\alpha}_{j_k}$ 加上 $\boldsymbol{\alpha}_1,\boldsymbol{\alpha}_2,\cdots,\boldsymbol{\alpha}_s$ 中任一向量都线性相关.

则称 $\boldsymbol{\alpha}_{j_1},\boldsymbol{\alpha}_{j_2},\cdots,\boldsymbol{\alpha}_{j_k}$ 为向量组 $\boldsymbol{\alpha}_1,\boldsymbol{\alpha}_2,\cdots,\boldsymbol{\alpha}_s$ 的一个极大无关组.

注意：极大无关组不唯一，但一个向量组中极大无关组所含向量的个数是唯一的.

如向量组：$\boldsymbol{\alpha}_1=(1,0),\boldsymbol{\alpha}_2=(0,1),\boldsymbol{\alpha}_3=(1,1),\boldsymbol{\alpha}_4=(0,2)$，$\boldsymbol{\alpha}_1,\boldsymbol{\alpha}_2$；$\boldsymbol{\alpha}_1,\boldsymbol{\alpha}_3$；$\boldsymbol{\alpha}_1,\boldsymbol{\alpha}_4$ 均为向量组的一个极大无关组.

故极大无关组所含向量的个数与极大无关组的选择无关. 一个 n 维向量组，只要不全为零向量，不论其线性相关性如何，都存在极大无关组(至少是一个向量)，如果向量组线性无关，则极大无关组就是其本身.

定理1　如果 $\boldsymbol{\alpha}_{j_1},\boldsymbol{\alpha}_{j_2},\cdots,\boldsymbol{\alpha}_{j_k}$ 是 $\boldsymbol{\alpha}_1,\boldsymbol{\alpha}_2,\cdots,\boldsymbol{\alpha}_s$ 的线性无关部分组，则它是极大无关组的充分必要条件是 $\boldsymbol{\alpha}_1,\boldsymbol{\alpha}_2,\cdots,\boldsymbol{\alpha}_s$ 中任一向量都可由 $\boldsymbol{\alpha}_{j_1},\boldsymbol{\alpha}_{j_2},\cdots,\boldsymbol{\alpha}_{j_k}$ 线性表示.

证略.

定义2　向量组 $\boldsymbol{\alpha}_1,\boldsymbol{\alpha}_2,\cdots,\boldsymbol{\alpha}_s$ 的极大无关组所含向量的个数，称为向量组的秩，记为 $r(\boldsymbol{\alpha}_1,\boldsymbol{\alpha}_2,\cdots,\boldsymbol{\alpha}_s)$.

我们规定 $r(\mathbf{0},\mathbf{0},\cdots,\mathbf{0})=0$.

对于一个矩阵 $\boldsymbol{A}$，它的所有行可以组成矩阵的行向量组，它的所有列也可以组成矩阵的列向量组，那么向量组的秩与矩阵的秩有什么关系呢？我们有下面定理：

定理2　矩阵 $\boldsymbol{A}$ 的行向量组的秩 $=$ 矩阵 $\boldsymbol{A}$ 的列向量组的秩 $=$ 矩阵 $\boldsymbol{A}$ 的秩.

定理3　矩阵的初等行(列)变换不改变其列(行)向量间的线性关系.

由定理3可知，初等变换不改变矩阵的秩，因此，我们可以把求向量组的秩转化为求矩阵的秩.

【相关实践】

例 1　求向量组 $\boldsymbol{\alpha}_1=(2,4,2)$, $\boldsymbol{\alpha}_2=(1,1,0)$, $\boldsymbol{\alpha}_3=(2,3,1)$, $\boldsymbol{\alpha}_4=(3,5,2)$ 的一个极大无关组,并将其余向量用该极大无关组线性表示.

解一　利用初等行变换.

对矩阵 $\boldsymbol{A}=(\boldsymbol{\alpha}_1^{\mathrm{T}},\boldsymbol{\alpha}_2^{\mathrm{T}},\boldsymbol{\alpha}_3^{\mathrm{T}},\boldsymbol{\alpha}_4^{\mathrm{T}})$ 仅施以初等行变换:

$$\boldsymbol{A}=\begin{pmatrix}2&1&2&3\\4&1&3&5\\2&0&1&2\end{pmatrix}\begin{matrix}\times(-2)\ \ \times(-1)\\ \\ \\ \end{matrix}\longrightarrow$$

$$\begin{pmatrix}2&1&2&3\\0&-1&-1&-1\\0&-1&-1&-1\end{pmatrix}\begin{matrix}\\ \times(-1)\quad\times(-1)\\ \\ \end{matrix}\longrightarrow$$

$$\begin{pmatrix}2&1&2&3\\0&1&1&1\\0&0&0&0\end{pmatrix}\begin{matrix}\\ \times(-1)\\ \\ \end{matrix}\longrightarrow\begin{pmatrix}1&0&1/2&1\\0&1&1&1\\0&0&0&0\end{pmatrix}$$

由最后一个矩阵可知, $r(\boldsymbol{A})=2$, $\boldsymbol{\alpha}_1,\boldsymbol{\alpha}_2$ 为一个极大无关组,要将 $\boldsymbol{\alpha}_3,\boldsymbol{\alpha}_4$ 用 $\boldsymbol{\alpha}_1,\boldsymbol{\alpha}_2$ 线性表示,可把最后一个矩阵还原为方程组:

$$\begin{cases}k_1+\dfrac{1}{2}k_3+k_4=0\\ k_2+k_3+k_4=0\end{cases},\text{即}\quad\begin{cases}k_1=-\dfrac{1}{2}k_3-k_4\\ k_2=-k_3-k_4\end{cases}$$

分别取 $k_3=1,k_4=0$ 及 $k_3=0,k_4=1$,可得 $\begin{cases}\boldsymbol{\alpha}_3=\dfrac{1}{2}\boldsymbol{\alpha}_1+\boldsymbol{\alpha}_2,\\ \boldsymbol{\alpha}_4=\boldsymbol{\alpha}_1+\boldsymbol{\alpha}_2.\end{cases}$

解二　利用逐个判别法.

$\boldsymbol{\alpha}_1\neq\boldsymbol{0}$ 线性无关;

$\boldsymbol{\alpha}_1,\boldsymbol{\alpha}_2$ 对应分量不成比例,线性无关;

对于 $\boldsymbol{\alpha}_1,\boldsymbol{\alpha}_2,\boldsymbol{\alpha}_3$,可设 $\boldsymbol{\alpha}_3=k_1\boldsymbol{\alpha}_1+k_2\boldsymbol{\alpha}_2$,即 $\begin{cases}2k_1+k_2=2\\ 4k_1+k_2=3,\\ 2k_1=1\end{cases}$

求得 $\begin{cases}k_1=\dfrac{1}{2}\\ k_2=1\end{cases}$,所以 $\boldsymbol{\alpha}_3=\dfrac{1}{2}\boldsymbol{\alpha}_1+\boldsymbol{\alpha}_2$(如方程组无解,则说明 $\boldsymbol{\alpha}_1,\boldsymbol{\alpha}_2,\boldsymbol{\alpha}_3$ 线性无关).

同理可得 $\boldsymbol{\alpha}_4=\boldsymbol{\alpha}_1+\boldsymbol{\alpha}_2$.

【思考与练习】

1. 下列各题给定向量组 $\boldsymbol{\alpha}_1,\boldsymbol{\alpha}_2,\boldsymbol{\alpha}_3,\boldsymbol{\alpha}_4$，试判定 $\boldsymbol{\alpha}_1,\boldsymbol{\alpha}_2,\boldsymbol{\alpha}_3$ 是一个极大无关组，并将 $\boldsymbol{\alpha}_4$ 由 $\boldsymbol{\alpha}_1,\boldsymbol{\alpha}_2,\boldsymbol{\alpha}_3$ 线性表示：

(1) $\boldsymbol{\alpha}_1=(1,0,0,1)$　$\boldsymbol{\alpha}_2=(0,1,0,-1)$　$\boldsymbol{\alpha}_3=(0,0,1,-1)$　$\boldsymbol{\alpha}_4=(2,-1,3,0)$

(2) $\boldsymbol{\alpha}_1=(1,0,1,0,1)$　$\boldsymbol{\alpha}_2=(0,1,1,0,1)$　$\boldsymbol{\alpha}_3=(1,1,0,0,1)$　$\boldsymbol{\alpha}_4=(-3,-2,3,0,-1)$

2. 求下列向量组的一个极大无关组：

(1) $\boldsymbol{\alpha}_1=(1,1,3,1)$　$\boldsymbol{\alpha}_2=(-1,1,-1,3)$　$\boldsymbol{\alpha}_3=(5,-2,8,-9)$　$\boldsymbol{\alpha}_4=(-1,3,1,7)$

(2) $\boldsymbol{\alpha}_1=(1,1,2,3)$　$\boldsymbol{\alpha}_2=(1,-1,1,1)$　$\boldsymbol{\alpha}_3=(1,3,3,5)$　$\boldsymbol{\alpha}_4=(4,-2,5,6)$

$\boldsymbol{\alpha}_5=(-3,-1,-5,-7)$

3. 求下列向量组的秩，并用秩判断向量组的线性相关性：

(1) $\boldsymbol{\alpha}_1=(1,3,2,-4)$　$\boldsymbol{\alpha}_2=(0,1,5,2)$　$\boldsymbol{\alpha}_3=(2,-1,0,3)$

(2) $\boldsymbol{\alpha}_1=(3,0,1,-2)$　$\boldsymbol{\alpha}_2=(4,2,-3,1)$　$\boldsymbol{\alpha}_3=(-1,2,0,3)$　$\boldsymbol{\alpha}_4=(6,4,-2,2)$

任务 4　线性方程组解的结构

【学习目标】

理解齐次线性方程组的基础解系的概念，掌握齐次线性方程组的基础解系和通解的求法；理解非齐次线性方程组解的结构及通解的概念；掌握非齐次线性方程组的基础解系和通解求法.

【工作任务】

(1) 齐次线性方程组解的结构.

(2) 非齐次线性方程组的结构.

【相关知识】

由前面可知，对于线性方程组 $\boldsymbol{Ax}=\boldsymbol{b}$.

$r(\overline{\mathbf{A}})=r(\mathbf{A})$ 方程组有解，当 $r(\overline{\mathbf{A}})=r(\mathbf{A})=n$ 时，方程组有唯一解；

$r(\overline{\mathbf{A}})=r(\mathbf{A})<n$ 时，方程组有无穷多解；

$r(\overline{\mathbf{A}})\neq r(\mathbf{A})$ 时，方程组无解. 对于有唯一解和无解的情形，自然无方程组解的结构问题，以下所讨论的都是方程组有无穷多解的问题. 通过讨论，我们将得出结论：当线性方程组有无穷多解时，其全部解可用有限个解来表示.

一、齐次线性方程组解的结构

齐次线性方程组的矩阵形式为 $\boldsymbol{Ax}=\mathbf{0}$，其中 $\boldsymbol{A}=(a_{ij})_{m\times n}$，$\boldsymbol{x}=(x_1,x_2,\cdots,x_n)^{\mathrm{T}}$.

对于齐次线性方程组的解，我们有如下性质：

性质 1　如果 $\boldsymbol{\alpha}_1,\boldsymbol{\alpha}_2$ 为 $\boldsymbol{Ax}=\mathbf{0}$ 的两个解，则 $\boldsymbol{\alpha}_1+\boldsymbol{\alpha}_2$ 也是 $\boldsymbol{Ax}=\mathbf{0}$ 的解.

性质 2　如果 $\boldsymbol{\alpha}$ 为 $\boldsymbol{Ax}=\mathbf{0}$ 的解，k 为任意常数，则 $k\boldsymbol{\alpha}$ 也是 $\boldsymbol{Ax}=\mathbf{0}$ 的解.

性质3　如果 $\boldsymbol{\alpha}_1,\boldsymbol{\alpha}_2,\cdots,\boldsymbol{\alpha}_s$ 都是 $\boldsymbol{Ax}=\boldsymbol{0}$ 的解，则其线性组合 $k_1\boldsymbol{\alpha}_1+k_2\boldsymbol{\alpha}_2+\cdots+k_s\boldsymbol{\alpha}_s$ 也是它的解，其中 $k_1,k_2,\cdots,k_s$ 为任意常数.

由以上性质可知，当齐次线性方程组有非零解时，则它就有无穷多解，这无穷多解构成一个 n 维向量组，由于 n 维向量组最多只有 n 个向量构成极大无关组，如能求出这个向量组的一个极大无关组，我们就能用它的线性组合来表示其全部解.

定义　设 $\boldsymbol{\alpha}_1,\boldsymbol{\alpha}_2,\cdots,\boldsymbol{\alpha}_s$ 是齐次线性方程组 $\boldsymbol{Ax}=\boldsymbol{0}$ 的一组解向量，如果它们满足条件：

(1) $\boldsymbol{\alpha}_1,\boldsymbol{\alpha}_2,\cdots,\boldsymbol{\alpha}_s$ 线性无关；

(2) $\boldsymbol{Ax}=\boldsymbol{0}$ 中任一个解向量都可表示为 $\boldsymbol{\alpha}_1,\boldsymbol{\alpha}_2,\cdots,\boldsymbol{\alpha}_s$ 的线性组合.

则称 $\boldsymbol{\alpha}_1,\boldsymbol{\alpha}_2,\cdots,\boldsymbol{\alpha}_s$ 为齐次线性方程组 $\boldsymbol{Ax}=\boldsymbol{0}$ 的一个基础解系.

显然线性方程组的一个基础解系，就是它解向量组的一个极大无关组.

定理1　对于齐次线性方程组 $\boldsymbol{Ax}=\boldsymbol{0}$，若 $r(\boldsymbol{A})<n$，则一定存在基础解系，且基础解系所含向量的个数为 $n-r$（其中 r 为系数矩阵 $\boldsymbol{A}$ 的秩，n 为未知量的个数）.

二、非齐次线性方程组的结构

非齐次线性方程组的矩阵形式为 $\boldsymbol{Ax}=\boldsymbol{b}$，取 $\boldsymbol{b}=\boldsymbol{0}$ 则得到对应的齐次线性方程组 $\boldsymbol{Ax}=\boldsymbol{0}$，我们称其为非齐次线性方程组的导出组.

非齐次线性方程组 $\boldsymbol{Ax}=\boldsymbol{b}$ 的解与其导出组 $\boldsymbol{Ax}=\boldsymbol{0}$ 的解之间有如下性质：

性质1　如果 $\boldsymbol{\beta}_1$ 是 $\boldsymbol{Ax}=\boldsymbol{b}$ 的一个解，$\boldsymbol{\alpha}_1$ 是其导出组 $\boldsymbol{Ax}=\boldsymbol{0}$ 的一个解，则 $\boldsymbol{\beta}_1+\boldsymbol{\alpha}_1$ 也是 $\boldsymbol{Ax}=\boldsymbol{b}$ 的一个解.

性质2　如果 $\boldsymbol{\beta}_1,\boldsymbol{\beta}_2$ 为非齐次线性方程组 $\boldsymbol{Ax}=\boldsymbol{b}$ 的两个解，则 $\boldsymbol{\beta}_1-\boldsymbol{\beta}_2$ 是其导出组 $\boldsymbol{Ax}=\boldsymbol{0}$ 的解.

定理2　如果 $\boldsymbol{\beta}_1$ 是非齐次线性方程组 $\boldsymbol{Ax}=\boldsymbol{b}$ 的一个解，$\boldsymbol{\alpha}$ 是其导出组 $\boldsymbol{Ax}=\boldsymbol{0}$ 的全部解，则非齐次线性方程组 $\boldsymbol{Ax}=\boldsymbol{b}$ 的全部解可表为 $\boldsymbol{\beta}=\boldsymbol{\beta}_1+\boldsymbol{\alpha}$. 其中 $\boldsymbol{\beta}_1$ 称为非齐次线性方程组 $\boldsymbol{Ax}=\boldsymbol{b}$ 的一个特解.

由定理 2 可知，非齐次线性方程组 $\boldsymbol{Ax}=\boldsymbol{b}$ 的全部解可以表示为它的一个特解 $\boldsymbol{\beta}_1$ 与其导出组的一个解向量 $\boldsymbol{\alpha}$ 之和，而导出组 $\boldsymbol{Ax}=\boldsymbol{0}$ 的全部解我们可以通过求基础解系的方法来完成.

【相关实践】

例 1　求齐次线性方程组 $\begin{cases} x_1+x_2-2x_3+x_4+3x_5=0 \\ 2x_1-x_2+2x_3+2x_4-3x_5=0 \\ -3x_1-2x_2+4x_3+3x_4+18x_5=0 \end{cases}$ 的一个基础解系，并用基础解系表示其全部解.

解　对系数矩阵 $\boldsymbol{A}$ 进行初等行变换：

$$\boldsymbol{A}=\begin{pmatrix} 1 & 3 & -2 & 1 & 3 \\ 2 & -1 & 2 & 2 & -3 \\ -3 & -2 & 4 & 3 & 18 \end{pmatrix} \begin{matrix} \times(-2)\ \times 3 \\ \leftarrow \\ \leftarrow \end{matrix} \longrightarrow$$

$$\begin{pmatrix}1&1&-2&1&3\\2&-3&6&0&-9\\0&1&-2&6&27\end{pmatrix}\times\left(-\frac{1}{3}\right)\longrightarrow$$

$$\begin{pmatrix}1&1&-2&1&3\\2&1&-2&0&3\\0&1&-2&6&27\end{pmatrix}\times(-1)\longrightarrow$$

$$\begin{pmatrix}1&0&0&1&0\\0&1&-2&0&3\\0&1&0&6&24\end{pmatrix}\times\left(-\frac{1}{6}\right)\longrightarrow$$

$$\begin{pmatrix}1&0&0&1&0\\0&1&-2&0&3\\0&0&0&1&4\end{pmatrix}\times(-1)\longrightarrow\begin{pmatrix}1&0&0&0&-4\\0&1&-2&0&3\\0&0&0&1&4\end{pmatrix}$$

$r=3,n-r=2$ 为自由未知量的个数，取 x_3,x_5 为自由未知量，得

$$\begin{cases}x_1=4x_5\\x_2=2x_3-3x_5\\x_4=-4x_5\end{cases}\quad 取\quad\begin{pmatrix}x_3\\x_5\end{pmatrix}=\begin{pmatrix}1\\0\end{pmatrix}及\begin{pmatrix}0\\1\end{pmatrix}$$

得一基础解系 $\boldsymbol{\alpha}_1=(0,2,1,0,0)^{\mathrm{T}},\boldsymbol{\alpha}_2=(4,-3,0,-4,1)^{\mathrm{T}}$.

所以，其全部解为：$\begin{pmatrix}x_1\\x_2\\x_3\\x_4\\x_5\end{pmatrix}=C_1\begin{pmatrix}0\\2\\1\\0\\0\end{pmatrix}+C_2\begin{pmatrix}4\\-3\\0\\-4\\1\end{pmatrix}$，其中 C_1,C_2 为任意常数.

例 2 求线性方程组 $\begin{cases}-x_1-x_3+x_4=3\\3x_1+x_2+x_3=1\\7x_1+7x_3-3x_4=3\end{cases}$ 的全部解.

解 对非齐次线性方程组的增广矩阵进行初等行变换，将其化为阶梯形矩阵.

$$\bar{\boldsymbol{A}}=\begin{pmatrix}-1&0&-1&1&3\\3&1&1&0&1\\7&0&7&-3&3\end{pmatrix}\begin{matrix}\times3\quad\times7\quad\times(-1)\\ \\ \\ \end{matrix}\longrightarrow$$

$$\begin{pmatrix}1&0&1&-1&-3\\0&1&-2&3&10\\0&0&0&4&24\end{pmatrix}\times\frac{1}{4}\longrightarrow\begin{pmatrix}1&0&1&-1&-3\\0&1&-2&3&10\\0&0&0&1&6\end{pmatrix}\begin{matrix}\\ \\ \times(-3)\quad\times1\end{matrix}$$

$$\longrightarrow\begin{pmatrix}1&0&1&0&3\\0&1&-2&0&-8\\0&0&0&1&6\end{pmatrix}$$

$r(\bar{\mathbf{A}})=r(\mathbf{A})=3<4=n$,自由未知量个数为 $n-r=1$.

还原为方程组,得 $\begin{cases}x_1+x_3=3\\x_2-2x_3=-8\\x_4=6\end{cases}$,即 $\begin{cases}x_1=3-x_3\\x_2-8+2x_3\\x_4=6\end{cases}$.

其中 x_3 为自由未知量,令 $x_3=0$,得非齐次线性方程组的一个特解:

$$\boldsymbol{\beta}_1=(3,-8,0,6)^{\mathrm{T}}$$

又其导出组为 $\begin{cases}-x_1-x_3+x_4=0,\\3x_1+x_2+x_3=0,\\7x_1+7x_3-3x_4=0,\end{cases}$

我们只需将非齐次增广矩阵经行变换后的最后一个矩阵去掉最后一列,可以得到对应的导出组最简阶梯形矩阵.得同解方程为:

$$\begin{cases}x_1=-x_3\\x_2=2x_3\\x_4=0\end{cases}$$

取自由变量 $x_3=1$,得其导出组的一个基础解系:

$$\boldsymbol{\alpha}=(-1,2,1,0)^{\mathrm{T}}$$

所以方程组的全部解为 $\boldsymbol{x}=\boldsymbol{\beta}_1+C\boldsymbol{\alpha}$,即

$$\begin{pmatrix}x_1\\x_2\\x_3\\x_4\end{pmatrix}=\begin{pmatrix}3\\-8\\0\\6\end{pmatrix}+C\begin{pmatrix}-1\\2\\1\\0\end{pmatrix}$$

【思考与练习】

1.求下列齐次线性方程组的一个基础解系.

(1) $\begin{cases}x_1-2x_2+4x_3-7x_4=0\\2x_1+x_2-2x_3+x_4=0\\3x_1-x_2+2x_3-4x_4=0\end{cases}$

(2) $\begin{cases}x_1+x_2+x_5=0\\x_1+x_2-x_3=0\\x_3+x_4+x_5=0\end{cases}$

2. 求下列线性方程组的全部解.

(1) $\begin{cases} x_1 + 3x_2 + 2x_3 + x_4 = 1 \\ x_2 + 3x_3 - 3x_4 = -1 \\ x_1 + 2x_2 + 3x_4 = 3 \end{cases}$

(2) $\begin{cases} x_1 + 4x_2 - 3x_3 + 5x_4 = -2 \\ 2x_1 + x_2 - x_3 + x_4 = 1 \\ 3x_1 - 2x_2 + x_3 - 3x_4 = 4 \end{cases}$

复 习 题

1. 单项选择题

(1) 若三阶行列式 $\begin{vmatrix} a_1 & a_2 & a_3 \\ 2b_1 - a_1 & 2b_2 - a_2 & 2b_3 - a_3 \\ c_1 & c_2 & c_3 \end{vmatrix} = 6$，则 $\begin{vmatrix} a_1 & a_2 & a_3 \\ b_1 & b_2 & b_3 \\ c_1 & c_2 & c_3 \end{vmatrix} = (\quad)$.

(A) -3　(B) 3　(C) -6　(D) 6

(2) 如果齐次线性方程组 $\begin{cases} 3x_1 + kx_2 - x_3 = 0 \\ 4x_2 + x_3 = 0 \\ kx_1 - 5x_2 - x_3 = 0 \end{cases}$ 仅有零解，则 k 可以为(　　).

(A) $k = 0$　(B) $k = -3$　(C) $k = -1$　(D) $k = -3$ 或 $k = -1$

(3) 设 n 阶方阵 $\boldsymbol{A},\boldsymbol{B}$ 满足 $\boldsymbol{AB} = \boldsymbol{0}$，则必有(　　).

(A) $\boldsymbol{A} = \boldsymbol{0}$ 或 $\boldsymbol{B} = \boldsymbol{0}$　(B) $\boldsymbol{A} + \boldsymbol{B} = \boldsymbol{0}$

(C) $|\boldsymbol{A}| = 0$ 或 $|\boldsymbol{B}| = 0$　(D) $|\boldsymbol{A}| + |\boldsymbol{B}| = 0$

(4) 设 $\boldsymbol{A},\boldsymbol{B},\boldsymbol{C}$ 均为 n 阶方阵，且 $\boldsymbol{AB} = \boldsymbol{BA}, \boldsymbol{AC} = \boldsymbol{CA}$，则 $\boldsymbol{ABC} = (\quad)$.

(A) $\boldsymbol{ACB}$　(B) $\boldsymbol{CBA}$　(C) $\boldsymbol{BCA}$　(D) $\boldsymbol{CAB}$

(5) 设 $\boldsymbol{A}$ 是三阶矩阵，且 $|\boldsymbol{A}| = 2$，则 $|-|\boldsymbol{A}|\boldsymbol{A}| = (\quad)$.

(A) 4　(B) -4　(C) 16　(D) -16

(6) 已知 $\boldsymbol{A}$ 为 n 阶可逆矩阵，则下列结果不正确的是(　　).

(A) $|\boldsymbol{A}^{-1}| = \dfrac{1}{|\boldsymbol{A}|}$　(B) $|k\boldsymbol{A}^{-1}| = \dfrac{k}{|\boldsymbol{A}|}$

(C) $|\boldsymbol{A}^*| = |\boldsymbol{A}|^{k-1}$　(D) $|(k\boldsymbol{A})^{-1}| = \dfrac{1}{k^n|\boldsymbol{A}|}$

(7) 下列各矩阵中，初等矩阵是(　　).

(A) $\begin{pmatrix} 0 & 1 & 0 \\ 0 & 0 & 1 \\ 1 & 0 & 0 \end{pmatrix}$　(B) $\begin{pmatrix} 0 & 0 & 1 \\ 0 & 1 & 0 \\ 2 & 0 & 0 \end{pmatrix}$　(C) $\begin{pmatrix} 1 & 0 & 2 \\ 0 & 1 & 0 \\ 0 & 0 & 1 \end{pmatrix}$　(D) $\begin{pmatrix} 0 & 0 & 1 \\ 0 & 1 & 0 \\ 1 & 0 & 2 \end{pmatrix}$

(8) 设 $\boldsymbol{A}$ 为 $m \times n$ 矩阵，$r(\boldsymbol{A}) = r$，已知 $r \leqslant m, r \leqslant n$，则(　　).

(A) $\boldsymbol{A}$ 中任一 r 阶子式不等于零

(B) $\boldsymbol{A}$ 中任一 $r-1$ 阶子式不等于零

(C) $\boldsymbol{A}$ 中任一 $r+1$ 阶子式都等于零

(D) $\boldsymbol{A}$ 中任一 $r-1$ 阶子式都等于零

(9) 设有 n 维向量组 $\boldsymbol{\alpha}_1,\boldsymbol{\alpha}_2,\cdots,\boldsymbol{\alpha}_m$，下列结论正确的是(　　).

(A) 若 $k_1\boldsymbol{\alpha}_1+k_2\boldsymbol{\alpha}_2+\cdots+k_m\boldsymbol{\alpha}_m=\mathbf{0}$，则 $\boldsymbol{\alpha}_1,\boldsymbol{\alpha}_2,\cdots,\boldsymbol{\alpha}_m$ 线性相关.

(B) 若对任意一组不全为零的数 $k_1,k_2,\cdots,k_m$，都有 $k_1\boldsymbol{\alpha}_1+k_2\boldsymbol{\alpha}_2+\cdots+k_m\boldsymbol{\alpha}_m\neq\mathbf{0}$ 则 $\boldsymbol{\alpha}_1,\boldsymbol{\alpha}_2,\cdots,\boldsymbol{\alpha}_m$ 线性无关.

(C) 若 $\boldsymbol{\alpha}_1,\boldsymbol{\alpha}_2,\cdots,\boldsymbol{\alpha}_m$ 线性相关，则对任意一组不全为零的数 $k_1,k_2,\cdots,k_m$，都有 $k_1\boldsymbol{\alpha}_1+k_2\boldsymbol{\alpha}_2+\cdots+k_m\boldsymbol{\alpha}_m=\mathbf{0}$.

(D) 若 $0\cdot\boldsymbol{\alpha}_1+0\cdot\boldsymbol{\alpha}_2+\cdots+0\cdot\boldsymbol{\alpha}_m=\mathbf{0}$，则 $\boldsymbol{\alpha}_1,\boldsymbol{\alpha}_2,\cdots,\boldsymbol{\alpha}_m$ 线性无关.

(10) 向量组 $\boldsymbol{\alpha}_1,\boldsymbol{\alpha}_2,\cdots,\boldsymbol{\alpha}_s(s>2)$ 线性相关的充分必要条件是(　　).

(A) $\boldsymbol{\alpha}_1,\boldsymbol{\alpha}_2,\cdots,\boldsymbol{\alpha}_s$ 中至少有一个是零向量

(B) $\boldsymbol{\alpha}_1,\boldsymbol{\alpha}_2,\cdots,\boldsymbol{\alpha}_s$ 中至少两个向量成比例

(C) $\boldsymbol{\alpha}_1,\boldsymbol{\alpha}_2,\cdots,\boldsymbol{\alpha}_s$ 中至少有一个向量可由其余 $s-1$ 个向量线性表示

(D) $\boldsymbol{\alpha}_1,\boldsymbol{\alpha}_2,\cdots,\boldsymbol{\alpha}_s$ 中的任一部分组线性相关

(11) 已知 n 个向量 $\boldsymbol{\alpha}_1,\boldsymbol{\alpha}_2,\cdots,\boldsymbol{\alpha}_n$ 线性无关，从这个向量组中去掉一个向量 $\boldsymbol{\alpha}_n$，剩下的 $n-1$ 个向量(　　).

(A) 线性相关　　(B) 线性无关

(C) 和原向量组等价　　(D) 无法确定其线性关系

(12) 对于向量组 $\boldsymbol{\alpha}_1,\boldsymbol{\alpha}_2,\cdots,\boldsymbol{\alpha}_n$，因为有 $0\cdot\boldsymbol{\alpha}_1+0\cdot\boldsymbol{\alpha}_2+\cdots+0\cdot\boldsymbol{\alpha}_n=\mathbf{0}$，则 $\boldsymbol{\alpha}_1,\boldsymbol{\alpha}_2,\cdots,\boldsymbol{\alpha}_n$ 是(　　)向量组.

(A) 全为零向量　　(B) 线性相关

(C) 线性无关　　(D) 任意

(13) 设有向量组 $\boldsymbol{\alpha}_1=(1,-1,2,4)$，$\boldsymbol{\alpha}_2=(0,3,1,2)$，$\boldsymbol{\alpha}_3=(3,0,7,14)$，$\boldsymbol{\alpha}_4=(1,-2,2,0)$，$\boldsymbol{\alpha}_5=(2,1,5,10)$，则该向量组的极大无关组是(　　).

(A) $\boldsymbol{\alpha}_1,\boldsymbol{\alpha}_2,\boldsymbol{\alpha}_3$　　(B) $\boldsymbol{\alpha}_1,\boldsymbol{\alpha}_2,\boldsymbol{\alpha}_4$

(C) $\boldsymbol{\alpha}_1,\boldsymbol{\alpha}_2,\boldsymbol{\alpha}_5$　　(D) $\boldsymbol{\alpha}_1,\boldsymbol{\alpha}_2,\boldsymbol{\alpha}_4,\boldsymbol{\alpha}_5$

(14) 设矩阵 $\boldsymbol{A}$ 为 $m\times n$ 矩阵，$r(\boldsymbol{A})=r<n$，则(　　).

(A) $\boldsymbol{A}$ 的列向量组中，任意 r 个向量线性无关

(B) $\boldsymbol{A}$ 的列向量组中，任一个向量可由其他 r 个列向量线性表示

(C) $\boldsymbol{A}$ 的列向量组中，任意 $r+1$ 个行向量线性相关

(D) $\boldsymbol{A}$ 的任一 r 阶子式不等于零

(15) 设由向量组构成的 $m\times n$ 矩阵 $\boldsymbol{A}$ 的秩为 n，则必有(　　).

(A) $m=n$　　(B) $m<n$

(C) $m>n$　　(D) $m\geqslant n$

(16) n 阶矩阵 $\boldsymbol{A}$ 是可逆矩阵的充分必要条件是(　　).

(A) $\boldsymbol{A}$ 有每一行都不为零　　(B) $\boldsymbol{A}\neq\mathbf{0}$

(C) $\boldsymbol{A}$ 中行向量两两线性无关　　(D) $\boldsymbol{A}$ 的秩等于 n

(17) 方程组 $\begin{cases}x_1-3x_2+2x_3=0\\-2x_1+6x_2-4x_3=0\end{cases}$ 的一组基础解系由(　　)个向量组成.

(A) 1　　(B) 2

(C) 3　　(D) 4

2. 填空题

(1) 若 $D=\begin{vmatrix} a_{11} & a_{12} & a_{13} \\ a_{21} & a_{22} & a_{23} \\ a_{31} & a_{32} & a_{33} \end{vmatrix}=1$，则 $D_1=\begin{vmatrix} 4a_{11} & 2a_{11}-3a_{12} & a_{13} \\ 4a_{21} & 2a_{21}-3a_{22} & a_{23} \\ 4a_{31} & 2a_{31}-3a_{32} & a_{33} \end{vmatrix}=$ ________.

(2) 若线性方程组 $\begin{cases} ax_1+x_2=0 \\ 2x_1+ax_2+2x_3=0 \\ x_2+ax_3=0 \end{cases}$ 有非零解，则 $a=$ ________.

(3) $\boldsymbol{A}$ 为三阶方阵，且 $|\boldsymbol{A}|=\dfrac{1}{2}$，则 $|3\boldsymbol{A}^{-1}-2\boldsymbol{A}^*|=$ ________.

(4) 设 $\boldsymbol{A}^{-1}=\begin{pmatrix} 1 & 1 & 1 \\ -1 & 0 & -1 \\ -1 & -1 & 0 \end{pmatrix}$，则 $\boldsymbol{A}=$ ________.

(5) $\begin{pmatrix} 0 & 0 & 1 \\ 0 & 1 & 0 \\ 1 & 0 & 0 \end{pmatrix}^2 \begin{pmatrix} a_{11} & a_{12} & a_{13} \\ a_{21} & a_{22} & a_{23} \\ a_{31} & a_{32} & a_{33} \end{pmatrix} \begin{pmatrix} 0 & 0 & 1 \\ 0 & 1 & 0 \\ 1 & 0 & 0 \end{pmatrix}=$ ________.

(6) 设矩阵 $\boldsymbol{A}=\begin{pmatrix} 1 & 2 & -1 & \lambda \\ 2 & 5 & \lambda & -1 \\ 1 & 1 & -6 & 10 \\ -1 & -3 & -4 & 4 \end{pmatrix}$，已知 $\boldsymbol{A}$ 的秩 $r(\boldsymbol{A})=2$，则 $\lambda=$ ________.

(7) 齐次线性方程组 $\begin{cases} \lambda x_1+x_2+x_3=0 \\ x_1+\lambda x_2+x_3=0 \\ x_1+x_2+\lambda x_3=0 \end{cases}$ 有非零解的充分必要条件是 $\lambda=$ ________.

(8) 已知方程组 $\begin{pmatrix} 1 & 2 & 1 \\ 2 & 3 & a+2 \\ 1 & a & -2 \end{pmatrix}\begin{pmatrix} x_1 \\ x_2 \\ x_3 \end{pmatrix}=\begin{pmatrix} 1 \\ 3 \\ 0 \end{pmatrix}$ 无解，则 $a=$ ________.

(9) 设 $\boldsymbol{\alpha}_1=(2,1,-2)$，$\boldsymbol{\alpha}_2=(-4,2,3)$，$\boldsymbol{\alpha}_3=(-8,8,5)$，数 k 使得 $2\boldsymbol{\alpha}_1+k\boldsymbol{\alpha}_2-\boldsymbol{\alpha}_3=0$，则 k $=$ ________.

(10) 已知向量组 $\boldsymbol{\alpha}_1=(1,1,0)$，$\boldsymbol{\alpha}_2=(1,0,1)$，$\boldsymbol{\alpha}_3=(0,1,1)$，向量 $\boldsymbol{\alpha}=(2,0,0)$ 可由 $\boldsymbol{\alpha}_1,\boldsymbol{\alpha}_2,\boldsymbol{\alpha}_3$ 线性表示为________.

(11) 设 $\boldsymbol{\alpha}_1=(k,1,1)$，$\boldsymbol{\alpha}_2=(0,2,3)$，$\boldsymbol{\alpha}_3=(1,2,1)$，则当 $k=$ ________时，$\boldsymbol{\alpha}_1,\boldsymbol{\alpha}_2,\boldsymbol{\alpha}_3$ 线性相关.

模块三

概率论与数理统计初步

概率论是研究现实世界中随机现象规律性的一门数学学科，是近代数学的重要组成部分，它在自然科学、企业管理及经济工作中有着广泛的应用，同时也是数理统计的基础. 本模块将简要介绍随机事件及其概率、随机变量及其概率分布以及随机变量的数字特征、数理统计初步等有关概率论与数理统计方面的基础知识.

项目 9　随机事件及其概率

本项目包含：随机事件、随机事件的概率、条件概率、事件的独立性等四个任务.

任务 1　随机事件

【学习目标】

理解随机试验、随机事件概念，掌握事件间的关系及运算法则.

【工作任务】

(1) 随机事件的概念.

(2) 事件的关系和运算.

【相关知识】

一、随机事件的概念

自然界和社会上发生的现象是多种多样的. 有一类现象，在一定条件下必然发生(或必然不发生)，如向上抛的石子必然落下，异性电荷必然相吸等，这类现象我们称之为确定性现象. 原来曾经所学的高等数学、线性代数等就是研究这类必然现象的数学工具. 然而在自然界中还存在另一类现象，如在相同条件下抛一枚硬币，其结果是可能正面朝上，也可能反面朝上. 还有新生儿性别、掷骰子等，这类现象归结起来可以看作是在相同条件下进行一系列试验或观察，每次试验或观察的结果不止一个，且在每次试验或观察之前无法预知. 我们称之为**随机现象**.

在人们经过长期实践并深入研究之后，发现这类现象虽然就某一次试验或观察具有不确定性，但在大量重复试验或观察下其结果又呈现出某种规律性，如在硬币均匀的情况下，出现正、反面的机会是均等的. 这种在大量重复试验或观察中所呈现出的规律性，我们称之为统计规律性.

概率论与数理统计就是研究随机现象统计规律性的一门学科，是近代数学的重要组成部分，它的应用是很广泛的，目前已遍及所有科学技术领域和国民经济的各个部门中，如天气预报、水文预报、产品的检验、寻求最佳生产条件的试验设计、元件和系统的可靠性评估等. 概率论与数理统计的方法正向许多基础学科、工程学科渗透，与其他学科相结合发展了许多边缘学科如生物统计、数学地质、统计物理等，概率论与数理统计也是可靠性理论、信息论、控制论等重要学科的理论基础.

随机试验：对随机现象所进行的试验或观察称为随机试验. 所谓随机试验是指具有以下三个特点的试验：

(1) 在相同条件下试验可以重复进行；

(2) 每次试验的结果不止一个，但事先可明确所有可能结果；

(3) 在试验之前不能准确预言出现哪种结果.

随机试验的例子：

E1：抛一枚硬币，观察正、反面；

E2：丢一颗骰子，观察所得点数；

E3：向某目标射击，观察落弹点的位置；

E4：从一批灯泡中任取一只，观察其寿命.

本书以后提及的试验都指的是随机试验.

随机事件(事件)：随机试验的每一个可能结果. 一般用 A、B 等表达.

例如：在 $0\sim 9$ 十个数字中任取一个，我们可设：A—— 取得数字 0，B—— 取得数字 1. 也可设：A_1—— 取得偶数，B_1—— 大于 3 的数.

基本事件：不可能再分的事件. 如上例中的 A、B 等.

复合事件：由若干基本事件组合而成. 如上例中的 A_1、B_1 等.

必然事件：在一定条件下必然发生. 记为：Ω.

不可能事件：在一定条件下必然不发生. 记为：$\varnothing$.

如随机试验的例 $E2$，抛一颗骰子，"点数不大于 6"为必然事件，"点数大于 6"为不可能事件，但同时抛两颗骰子，"点数之和大于 12"又成了不可能事件，所以必然事件和不可能事件本来没有不确定性，也就是说它们不是随机事件，但为了今后讨论方便起见，我们把它们作为一种特殊的随机事件.

样本点：即基本事件.

样本空间：随机试验中所有样本点所组成的集合.

二、事件的关系和运算

为研究事件的需要，下面介绍事件间的关系及事件的运算.

1. 事件的包含

如果事件 A 的发生必然导致事件 B 的发生，则称事件 B 包含事件 A，或称事件 A 包含于事件 B，记为 $B\supset A$，或 $A\subset B$.

显然对任何事件 A，有：$\varnothing\subset A\subset\Omega$.

2. 事件的相等

如果 $A\supset B$，且 $B\supset A$，即 A、B 中的样本点完全相同，则称 A 与 B 相等，记为 $A=B$.

3. 事件的并(和)

事件 A 或事件 B 中至少有一个发生，记为 $A+B$ 或 $A\cup B$.

$$A+B=\{x\mid x\in A\text{ 或 }x\in B\}$$

一般地，如 n 个事件 $A_1,A_2,\cdots,A_n$ 中至少有一个发生，称为事件 $A_1,A_2,\cdots,A_n$ 的和，记为 $A_1+A_2+\cdots+A_n$ 或 $A_1\cup A_2\cup\cdots\cup A_n$.

对于可列个事件 $A_1,\cdots,A_n,\cdots$ 的和，可类似定义为 $\sum\limits_{i=1}^{\infty}A_i$ 或 $\bigcup\limits_{i=1}^{\infty}A_i$.

4. 事件的交(积)

事件 A 与事件 B 同时发生，记为 AB 或 $A\cap B$.

$$AB=\{x\mid x\in A\text{ 且 }x\in B\}$$

一般地，如 n 个事件 $A_1,A_2,\cdots,A_n$ 中同时发生，称为事件 $A_1,A_2,\cdots,A_n$ 的积，记为

$$A_1A_2\cdots A_n\text{ 或 }A_1\cap A_2\cap\cdots A_n$$

对于可列个事件 $A_1,\cdots,A_n,\cdots$ 的积，可类似定义为 $\prod\limits_{i=1}^{\infty}A_i$ 或 $\bigcap\limits_{i=1}^{\infty}A_i$.

5. 事件的差

事件 A 发生而事件 B 不发生，记为 $A-B$.

$$A-B=\{x\mid x\in A\text{ 且 }x\notin B\}$$

6. 互不相容事件(互斥事件)

事件 A 与事件 B 不能同时发生，即 $AB=\varnothing$.

如 A 与 B 互斥，则 A 与 B 没有相同的样本点，显然，基本事件间是互斥的.

7. 对立事件(互逆事件)

如 A 与 B 满足 $A+B=\Omega$ 且 $AB=\varnothing$，则称 A 与 B 对立，A 的对立事件记为 $\overline{A}$，显然，$A\overline{A}=\varnothing$，$A+\overline{A}=\Omega$，$\overline{A}=\Omega-A$，$\overline{\overline{A}}=A$.

需要注意，A、B 两事件互不相容仅指 $AB=\varnothing$，而 A、B 两事件互逆则要求 $AB=\varnothing$ 和 $A+B=\Omega$ 同时成立. 显然，如果 A 与 B 互逆，则它们一定互不相容；反之却未必.

8. 完备事件组

如事件组 $A_1,A_2,\cdots,A_n$ 满足：

(1) $A_1,A_2,\cdots,A_n$ 两两互斥；

(2) $A_1+A_2+\cdots+A_n=\Omega$，

则称事件组 $A_1,A_2,\cdots,A_n$ 为完备事件组.

各事件间的关系及运算可由图 9-1-1 所示.

在进行事件运算时经常要用到下面的定律：

设 A、B、C 为三个事件，则有

(1) 交换律：$A\cup B=B\cup A$，$A\cap B=B\cap A$

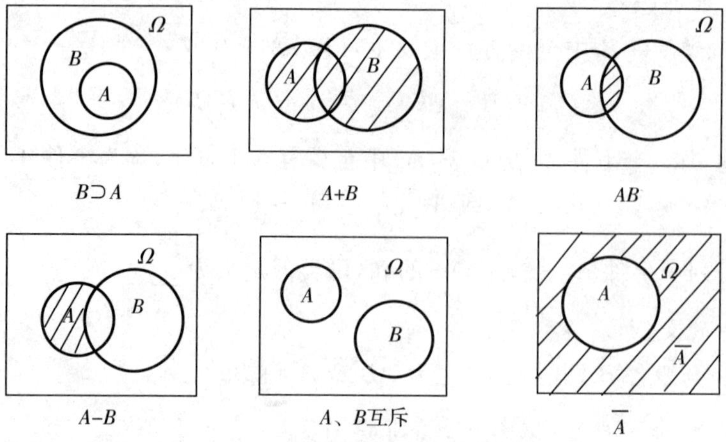

图 9-1-1　各事件中的关系及运算

(2) 结合律：$A\cup(B\cup C)=(A\cup B)\cup C$，$A\cap(B\cap C)=(A\cap B)\cap C$

(3) 分配律：$A\cup(B\cap C)=(A\cup B)\cap(A\cup C)$

$A\cap(B\cup C)=(A\cap B)\cup(A\cap C)$

(4) 对偶律：$\overline{A\cup B}=\overline{A}\cap\overline{B}$，$\overline{A\cap B}=\overline{A}\cup\overline{B}$

以下我们都用和与积的形式来表达事件的运算.

【相关实践】

例 1　设 A、B、C 为三个事件，则

(1)A、B、C 都发生为 ABC.

(2)A、B、C 都不发生为 $\overline{A}\,\overline{B}\,\overline{C}$.

(3)A、B、C 不都发生为$\overline{ABC}$.

(4)A 发生为 A.

(5) 只有 A 发生为 $A\overline{B}\,\overline{C}$.

(6)A、B、C 中至少有一个发生为 $A+B+C$.

(7)A、B、C 中至少有两个发生为 $AB+AC+BC$.

(8)A、B、C 不多于两个发生为$\overline{ABC}$.

(9)A、B、C 不多于一个发生为$\overline{AB+AC+BC}$.

例 2　一射手向某个目标射击三次，设事件 A_i 表示第 i 次击中目标($i=1,2,3$)，用文字叙述下列事件：

(1)A_1+A_2：前两次至少有一次击中；

(2) $\overline{A_2}$：第二次未击中；

(3)$A_1\overline{A_2}A_3$：仅有第二次未击中；

(4)$A_3\overline{A_2}=A_3-A_2$：第三次击中而第二次未击中；

(5) $\overline{A_1+A_2}=\overline{A_1}\,\overline{A_2}$：前两次都未击中；

(6) $\overline{A_2}+\overline{A_3}=\overline{A_2A_3}$:后两次至少有一次未击中.

【思考与练习】

1. 用步枪射击目标5次,设A_i为"第i次击中目标"($i=1,2,3,4,5$),B为"5次中击中次数大于2",用文字叙述下列事件:

(1)$A=\sum_{i=1}^{5}A_i$　(2)$\overline{A}$　(3)$\overline{B}$

2. 设A、B为两个事件,用文字写出下列事件:

(1)$\overline{A}+\overline{B}$　(2) $\overline{A+B}$　(3) $\overline{AB}$　(4)$\overline{A}\overline{B}$

任务2　随机事件的概率

【学习目标】

了解概率的两种定义和概率的基本性质,理解和掌握古典概率公式.

【工作任务】

(1) 概率的统计定义.
(2) 概率的古典定义.
(3) 概率的性质、概率的加法法则.

【相关知识】

一、概率的统计定义

概率论所研究的是随机现象的统计规律性,因此,我们不仅要了解在随机试验中哪些事件可能发生,而且还必须对随机事件发生的可能性大小进行量的描述.

设在n次试验中某事件A发生了m次,则比值$\frac{m}{n}$称为事件A发生的频率,显然,必然事件发生的频率为1,不可能事件发生的频率为0.任给事件A的频率应介于0到1之间.

历史上,有许多人进行了抛硬币的试验,见表9-2-1所列.

表9-2-1

试验者	抛掷次数n	正面出现的次数m	正面出现的频率m/n
德·摩根	2048	1061	0.518
蒲丰	4040	2048	0.5069
皮尔逊	12000	6019	0.5016
皮尔逊	24000	12012	0.5005
维尼	30000	14994	0.4998

从表中可看到,因抛掷次数不同,出现正面的频率也不尽相同,但都在0.5附

近摆动，并且抛掷次数越多，波动的幅度越小，也越接近于0.5.经验告诉我们，在多次重复进行同一试验时，随机现象呈现出一定的量的规律，用数学语言表达，就是随着试验次数的增加，事件A的频率具有一定的稳定性，而且一般说来，试验次数越多，事件A的频率就越稳定在某一个常数.这种特性称为频率的稳定性.它是事件特有的内在属性，是概率这一概念的试验基础.

定义1 在相同条件下重复进行n次试验，当n充分大时，事件A发生的频率稳定在某个常数附近，而且一般地，n越大，摆动的幅度越小，则称常数P为事件A的概率，记为$P(A)$.由于频率来源于统计计算，所以上述定义称为概率的统计定义，该定义的好处是非常直观，但也有其局限性，如无法确定一个准确的数字，不适合一些破坏性的试验等.我们只能说概率的统计定义仅仅指出了事件的概率是客观存在的，但在实际中并不是通过这个定义来计算事件的概率.

二、概率的古典定义

先看下面的一些例子：

从编上号码的30名学生中随机选一人参加社会实践，显然，每个人都有可能被选到，即有30个样本点，而且由于选到30名学生中的任何一名机会均等，故选到每名学生的可能性都是1/30.类似地将一枚骰子抛两次，观察所得点数，或抛一枚硬币，观察所得正反面的情况，或从一副扑克牌(52张)中任取13张，观察牌的情况，发现这类试验都具备以下两个特点：

(1) 所有可能的试验结果只有有限种.

(2) 由于某种对称性，每个结果出现的可能性都相同.

这是一类特殊的随机试验，这类试验我们称为**古典概型**，古典概型也称为**等可能概型**，它是概率论发展初期的主要研究对象，在实际中也是最常见的一种概率模型.

定义2 若试验共有n个基本事件，并且这些事件出现的可能性都相同，而事件A由其中的m个基本事件组成，则事件A的概率为：

$$P(A)=\frac{A\text{所含的基本事件数}}{\text{基本事件总数}}=\frac{m}{n}$$

上面所述的n个基本事件构成一完备事件组.

三、概率的性质、概率的加法法则

性质1 任给事件A，有$0\leqslant P(A)\leqslant 1$.

性质2 $P(\Omega)=1$，$P(\varnothing)=0$.

性质3 设A、B为两个事件，若$A\subset B$，则$P(A)\leqslant P(B)$.

性质4 设事件A、B互不相容，则$P(A+B)=P(A)+P(B)$.这个性质称为**概率的加法法则.**

由概率的加法法则，我们可以得到以下结论：

(1) 设 n 个事件 A_1、A_2、…、A_n 两两互不相容,则

$$P(A_1+A_2+\cdots+A_n)=P(A_1)+P(A_2)+\cdots+P(A_n)$$

更一般地,如果可列个事件 A_1、A_2、…、A_n 两两互不相容,则有:

$$P(\sum_{i=1}^{\infty}A_i)=\sum_{i=1}^{\infty}P(A_i)$$

(2) 若 n 个事件 A_1、A_2、…、A_n 构成一完备事件组,则

$$P(A_1+A_2+\cdots+A_n)=1$$

特别地,$P(A)+P(\overline{A})=1$,或为 $P(A)=1-P(\overline{A})$.

(3) 设 $B\supset A$,则 $P(B-A)=P(B)-P(A)$.

(4) 对任意事件 A、B,有

$$P(A+B)=P(A)+P(B)-P(AB)$$

上式又称**广义加法法则**,我们不难将其推广到任意有限个事件的和,如

$$P(A+B+C)=P(A)+P(B)+P(C)-P(AB)-P(AC)-P(BC)+P(ABC)$$

证明请读者自行完成.

【相关实践】

例 1　袋中有5个白球,3个黑球,从任取3个球,求取出的3个球都是白球的概率.

解　设所求事件为 A,袋中共有 8 个球,从中任取 3 个,基本事件总数为 $n=C_{5+3}^3$

A 所含基本事件数为 $m=C_5^3$,根据古典概型的概率公式,得

$$P(A)=\frac{m}{n}=\frac{C_5^3}{C_8^3}=\frac{5}{28}\approx 0.179$$

例 2　两封信随机地投入四个邮筒,求第二个邮筒恰好投入一封信的概率.

解　设事件 A 为"第二个邮筒恰好投入一封信",将两封信随机地投入四个邮筒,共有 4^2 种等可能的投法.即基本事件总数 $n=4^2$,而第二个邮筒恰好投入一封信,共有 $C_2^1C_3^1$ 种投法,则事件 A 的概率 $P(A)=\frac{m}{n}=\frac{C_2^1C_3^1}{4^2}=0.375$.

例 3　在 $1\sim6$ 共六个数字中,等可能的取两个数,求它们都是奇数的概率.

解　设事件 A 为"取出的数都是奇数",下面考虑用两种方法求解.

(1) 如考虑顺序,则事件 A 的概率 $P(A)=\frac{P_3^2}{P_6^2}=\frac{1}{5}=0.2$.

(2) 如不考虑顺序,则事件 A 的概率 $P(A)=\frac{C_3^2}{C_6^2}=\frac{1}{5}=0.2$.

由此看到,当问题本身没有明确要求顺序时,可用两种方法求解,但在计算时,分子、分母只能用同种方法.

例 4 从 6 双不同的鞋子中任取 4 只，求：

(1) 其中恰有一双配对的概率；

(2) 至少有两只鞋子配成一双的概率.

解 (1) 分析：先从 6 双中取出一双，两只全取；再从剩下的 5 双中任取两双，每双中取到一只，则(1) 中所含基本事件数为 $C_6^1C_2^2C_5^2C_2^1C_2^1$，设 A 表示"恰有一双配对"，所以所求概

$$P(A)=\frac{C_6^1C_2^2C_5^2C_2^1C_2^1}{C_{12}^4}=\frac{16}{33}$$

(2) 设 B 表示'至少有两只鞋子配成一双'，则

$$P(B)=1-P(\overline{B})=1-\frac{C_6^4C_2^1C_2^1C_2^1C_2^1}{C_{12}^4}=\frac{17}{33}$$

或 $P(B)=\dfrac{C_6^1C_5^2C_2^1C_2^1+C_6^2}{C_{12}^4}=\dfrac{17}{33}$.

例 5 计算例 1 中取出的 3 个球中至少有 2 个白球的概率.

解 设事件 A 为"取出的 3 个球中至少有 2 个白球"，事件 A_i 为"恰取得 i 个白球"($i=1,2$)，则 $A=A_1+A_2$ 且 A_1，A_2 互不相容，根据古典概率计算公式，有 $P(A_1)=\dfrac{C_5^2C_3^1}{C_8^3}\approx 0.536$，$P(A_2)=\dfrac{C_5^3}{C_8^3}\approx 0.179$，应用加法公式得

$$P(A)=P(A_1)+P(A_2)=0.715$$

例 6 50 个产品中有 46 个合格品与 4 个废品，从中一次抽取 3 个，求其中有废品的概率.

解 设事件 A 为"取得的 3 个产品中有废品"，此处"有废品"应理解为"至少有一个废品"，一般地，对于这种情况，我们用对立事件来计算比较好. A 的对立事件 $\overline{A}$ 应为"没有一个废品"，则

$$P(\overline{A})=\frac{C_{46}^3}{C_{50}^3}=\frac{759}{980}\approx 0.7745$$

$$P(A)=1-P(\overline{A})=1-0.7745\approx 0.2255$$

【思考与练习】

1. 一部 4 卷的文集随便放在桌子上，问恰好各卷自左向右或自右向左的卷号为 1,2,3,4 的概率.

2. 设有 7 个数，其中 4 个负数、3 个正数，从中任取两个数做乘法运算，求两数乘积为正数的概率.

3. 从五个数字 1,2,3,4,5 中等可能地、有放回地连续抽取 3 个数字，试求下列事件的概率：

(1)3 个数字完全不同；

(2)3 个数字不含 1 和 5；

(3)3 个数字中 5 恰好出现两次；

(4)3 个数字中至少有一次出现 5.

4. 袋内有 5 个红球，3 个白球，2 个黑球，求任取 3 个球恰为一红、一白、一黑的概率.

5. 从 1 到 100 这 100 个自然数中任取一个，求：

(1) 取到奇数的概率；

(2) 取到的数能被 3 整除的概率；

(3) 取到的数是能被 3 整除的偶数的概率.

6. 100 个产品中有 3 个次品，任取 5 个，求其次品数分别为 0、1、2、3 的概率.

7. 10 把钥匙中有 3 把能打开门，任取 2 把，求能打开门的概率.

8. 两封信随机地投入四个邮筒，求下列事件概率：

(1) 前两个邮筒内没有信；(2) 第一个邮筒内只有一封信.

9. 一批产品中，一、二、三等品到品率分别为 0.8、0.16、0.04，若规定一、二等品为合格品，求产品的合格率.

10. 在某城市中发行三种报纸 A、B、C，经调查，订阅 A 报的有 45%，订阅 B 报的有 35%，订阅 C 报的有 30%，同时订阅 A 报及 B 报的有 10%，同时订阅 A 报及 C 报的有 8%，同时订阅 B 报及 C 报的有 5%，同时订阅 A、B、C 报的有 3%，求下列事件的概率：

(1) 只订 A 报的；

(2) 只订 A 报及 B 报的；

(3) 只订一种报纸的；

(4) 正好订两种报纸的；

(5) 至少订一种报纸的；

(6) 不订阅任何报纸的；

(7) 最多订阅一种报纸的.

11. 10 个螺丝钉中有 3 个是坏的，随机抽取 4 个，求：(1) 恰有 2 个是坏的概率；(2)4 个全是好的概率.

12. 袋内装有两个 5 分、三个 2 分、五个 1 分的硬币，任意取出 5 个，求总数超过 1 角的概率.

任务 3　条件概率

【学习目标】

理解和掌握古典概率公式、条件概率、乘法公式、全概率公式及贝叶斯公式等，熟练运用以上公式进行概率的计算.

【工作任务】

(1) 条件概率.

(2) 乘法公式.

(3) 全概率定理和贝叶斯定理.

【相关知识】

一、条件概率

条件概率是概率论中一个重要而实用的概念.

如抽签问题，设 10 个考签中有 4 个难签，先后分别由甲、乙、丙抽签考试，采用不放回抽样，每人抽取一次．可以证明，3 人抽得难签的概率是相同的．但在抽签过程中已发现某人抽得难签，则其他人抽得难签的概率将发生变化．此时该问题已转化为条件概率问题．

定义 1　设 A,B 是两个随机事件，且 $P(B)>0$，记 $P(A\mid B)=\dfrac{P(AB)}{P(B)}$，并称 $P(A\mid B)$ 为在事件 B 发生的条件下，事件 A 发生的概率．

二、乘法公式

由条件概率公式 $P(A\mid B)=\dfrac{P(AB)}{P(B)}$，将 $P(B)$ 移至等号的另一边，可得 $P(AB)=P(B)P(A\mid B)$，由对称性，同理有 $P(AB)=P(A)P(B\mid A)$

相应地，对 n 个事件 $A_1,A_2,\cdots,A_n$，乘法公式为

$$P(A_1A_2\cdots A_n)=P(A_1)P(A_2\mid A_1)(A_3\mid A_1A_2)\cdots P(A_n\mid A_1A_2\cdots A_{n-1})$$

三、全概率定理和贝叶斯定理

定理 1(全概率定理)　设 $A_1,A_2,\cdots$ 为一完备事件组，且 $P(A_i)>0(i=1,2,\cdots)$，则任给事件 B，有

$$P(B)=\sum_i P(A_i)P(B\mid A_i)$$

定理 2(贝叶斯定理)　设 $A_1,A_2,\cdots$ 为一完备事件组，且 $P(A_i)>0(i=1,2,\cdots)$，则任给事件 B，有

$$P(A_n\mid B)=\frac{P(A_n)P(B\mid A_n)}{\sum\limits_i P(A_i)P(B\mid A_i)}\quad(n=1,2,\cdots)$$

贝叶斯公式也称为逆概公式，此处 B 为一复杂事件，贝叶斯定理可理解为已知 B 发生，我们反过来求是由事件 A_i 导致的可能性．

【相关实践】

例 1　某种动物由出生活到 20 岁的概率为 0.8，活到 25 岁的概率为 0.4，问现年 20 岁的这种动物活到 25 岁的概率是多少？

解　设事件 A 为"活到 20 岁"，事件 B 为"活到 25 岁"，由所设，应有 $B\subset A$，故 $AB=B$，

$$P(B\mid A)=\frac{P(AB)}{P(A)}=\frac{P(B)}{P(A)}=\frac{0.4}{0.8}=0.5$$

例 2　某大学一年级 1000 名学生中，有男生 800 人(设为事件 A)，女生 200 人，来自西藏的有 200 人(设为事件 B)，其中男生 120 人，女生 80 人，求以下事件的概率：$P(A)$，$P(B)$，$P(AB)$，$P(B\mid A)$，$P(A\mid B)$．

解　由题意得：

$$P(A)=\frac{800}{1000}=0.8,P(B)=\frac{200}{1000}=0.2,P(AB)=\frac{120}{1000}=0.12$$

$$P(B\mid A)=\frac{120}{800}=0.15,P(A\mid B)=\frac{120}{200}=0.6$$

例 3　已知在 10 个晶体管中有 2 个是次品，在其中任取两次，每次取一个(不放回)，求下列事件的概率：(1) 两只都是正品；(2) 一正一次；(3) 第二次取出的是正品.

解　设 A_i 为“第 i 次取的是正品”($i=1,2$)，则$\overline{A_i}$ 为“第 i 次取的是次品”. 由乘法公式，

(1)$P(A_1A_2)=P(A_1)P(A_2\mid A_1)=\frac{8}{10}\cdot\frac{7}{9}=\frac{28}{45}$

(2)$P(A_1\overline{A_2}+\overline{A_1}A_2)=P(A_1\overline{A_2})+P(\overline{A_1}A_2)=P(A_1)P(\overline{A_2}\mid A_1)+P(\overline{A_1})P(A_2\mid\overline{A_1})=\frac{8}{10}\cdot\frac{2}{9}+\frac{2}{10}\cdot\frac{8}{9}=\frac{16}{45}$

(3) 另设 B 为第二次取出的是正品，则事件 B 的发生与第一次是否取得正品有关. 所求概率为：

$$\begin{aligned}P(B)&=P(A_1B+\overline{A_1}B)=P(A_1B)+P(\overline{A_1}B)\\&=P(A_1)P(B\mid A_1)+P(\overline{A_1})P(\overline{A_1}\mid B)\\&=\frac{8}{10}\cdot\frac{7}{9}+\frac{2}{10}\cdot\frac{8}{9}=\frac{4}{5}\end{aligned}$$

实际上，(3) 中事件 B 为一复杂事件，仅用加法法则或乘法法则无法计算其概率，所以我们将复杂事件 B 分解为两个较简单的事件 A_1B、$\overline{A_1}B$，再将加法法则与乘法法则相结合，计算所求概率. 更一般地，我们引出全概率定理.

例 4　某工厂有三个车间生产同一产品，第一车间的次品率为 0.05，第二车间的次品率为 0.03，第三车间的次品率为 0.01，各车间的产品数量分别为 2500，2000，1500 件，出厂时，三个车间的产品完全混合，现从中任取一产品，求该产品是次品的概率.

解　设 $B=\{$取到次品$\}$，$A_i=\{$取到第 i 个车间的产品$\}$，$i=1,2,3$. 则有

$$A_1\cup A_2\cup A_3=\Omega,\text{且 }A_1\cap A_2=\varnothing,A_1\cap A_3=\varnothing,A_2\cap A_3=\varnothing$$

利用全概率公式，得

$$\begin{aligned}P(B)=\sum_{i=1}^{3}P(A_i)P(B\mid A_i)&=P(A_1)P(B\mid A_1)\\&+P(A_2)P(B\mid A_2)+P(A_3)P(B\mid A_3)\end{aligned}$$

$$=\frac{2500}{6000}\cdot 5\%+\frac{2000}{6000}\cdot 3\%+\frac{1500}{6000}\cdot 1\%=3.3\%$$

例 5 12 个乒乓球中有 9 个是新的，3 个旧的，第一次比赛同时取出 3 个，用后放回，第二次比赛再取出 3 个，求第二次取出的 3 个球都是新球的概率.

解 设事件 B 为"第二次取出的 3 个球都是新球"，A_i 为"第一次比赛取出 $i(i=0,1,2,3)$ 个新球"，显然 A_i 构成一完备事件组.

由全概率公式

$$P(B)=\sum_{i=0}^{3}P(A_i)P(B\mid A_i)=\sum_{i=0}^{3}\frac{C_9^iC_3^{3-i}}{C_{12}^3}\cdot\frac{C_{9-i}^3}{C_{12}^3}\approx 0.146$$

例 6 有朋友从远方来，他乘火车来（设为事件 A_1）的可能性为 $\frac{3}{10}$（记为 $P(A_1)$），乘火车迟到的可能性为 $\frac{1}{4}$（记为 $P(B\mid A_1)$）；他坐船来（设为事件 A_2）的可能性为 $\frac{1}{5}$（记为 $P(A_2)$），坐船迟到的可能性为 $\frac{1}{3}$（记为 $P(B\mid A_2)$）；他坐汽车来（设为事件 A_3）的可能性为 $\frac{1}{10}$（记为 $P(A_3)$），坐汽车迟到的可能性为 $\frac{1}{12}$（记为 $P(B\mid A_3)$）；他乘飞机来（设为事件 A_4）的可能性为 $\frac{2}{5}$（记为 $P(A_4)$），乘飞机迟到的可能性为 0（记为 $P(B\mid A_4)$）

现在，他迟到了，问他迟到是因为乘火车来的可能性是多少？

解 设事件 B 为"迟到了". 求 $P(A_1\mid B)$，由贝叶斯公式

$$P(A_1\mid B)=\frac{P(A_1)P(B\mid A_1)}{\sum_{i=1}^{4}P(A_i)(P(B\mid A_i)}=\frac{\frac{3}{10}\times\frac{1}{4}}{\frac{3}{10}\times\frac{1}{4}+\frac{1}{5}\times\frac{1}{3}+\frac{1}{10}\times\frac{1}{12}+\frac{2}{5}\times 0}=0.5$$

例 7 某机器由 A、B、C 三类元件构成，其所占比例分别为 0.1，0.4，0.5，且其发生故障的概率分别为 0.7，0.1，0.2. 现机器发生了故障，问应从哪个元件开始检查？

解 设 D："发生故障"；A："元件是 A 类"；B："元件是 B 类"；C："元件是 C 类". 则 $P(D)=P(A)P(D/A)+P(B)P(D/B)+P(C)P(D/C)=0.1\times 0.7+0.4\times 0.1+0.5\times 0.2=0.21$.

所以 $P(A/D)=P(AD)/P(D)=7/21$；$P(B/D)=4/21$；$P(C/D)=10/21$. 故应从 C 元件开始检查.

【思考与练习】

1. 已知 $P(A)=\frac{1}{4}$，$P(B\mid A)=\frac{1}{3}$，$P(A\mid B)=\frac{1}{2}$，求：$P(A+B)$.

2. 10 个考签中有 4 个难签，3 人参加抽签考试，不重复抽取，每人一次，甲先，乙次，丙最后，证明 3 人抽到难签的概率相等.

3. 用 3 台机床加工同一种零件，零件由各机床加工的概率分别为 0.5、0.3、0.2，各机床加工的零件为合格品的概率分别等于 0.94、0.9、0.95，求全部产品的合格率.

4. 12 个乒乓球中有 9 个新的，3 个旧的，第一次比赛取出了 3 个，用完后放回，第二次比赛又取出 3 个，求第二次取到的 3 个球中有 2 个新球的概率.

5. 一个机床有 $\frac{1}{3}$ 的时间加工零件 A，其余时间加工零件 B，加工零件 A 时，停机的概率是 0.3，加工零件 B 时，停机的概率是 0.4，求这个机床停机的概率.

6. 有两个口袋，甲袋中装有 2 个白球，1 个黑球，乙袋中装有 1 个白球，2 个黑球. 由甲袋任取 1 个球放入乙袋，再从乙袋中取出 1 个球，求取到白球的概率.

7. 上题中若发现从乙袋中取出的是白球，问从甲袋中取出放入乙袋的球，黑、白哪种颜色可能性较大？

8. 某工厂有机器 B_1，B_2，B_3，各生产产品总数的 25%，35% 和 40%，它们生产的产品中分别有 5%，4%，2% 的次品，将这些产品混在一起，今任取一只产品，发现是次品，问这一次品是由机器 B_1，B_2，B_3 生产的概率各为多少？

任务 4　事件的独立性

【学习目标】

理解事件的独立性及 n 重伯努利试验，熟练掌握重复独立试验的概率计算.

【工作任务】

（1）事件的独立性.

（2）独立重复试验.

【相关知识】

一、事件的独立性

一般情况下，$P(A)$ 与 $P(A \mid B)$ 是不同的，但在某些条件下，事件 B 的发生与否对事件 A 不产生影响，即，事件 A 与事件 B 之间存在某种“独立性”.

如设有三个白球，两个红球，每次任取一个，有放回地取两次，求在第一次取得白球的条件下，第二次取得白球的概率.

我们可设事件 A 为“第一次取得白球”，事件 B 为“第二次取得白球”，则 $P(B \mid A) = P(B) = \frac{3}{5}$.

定义 1　如果事件 A 的发生与否和事件 B 无关，即 $P(A \mid B) = P(A)$，则称事件 A 对事件 B 是独立的.

显然，如 A 对于 B 独立，则 B 对于 A 也一定独立，故此时一般称 A 与 B 相互独立.

事件独立性的有关结论：

（1）若 A 与 B 相互独立，则 $P(AB) = P(A)P(B)$，反之亦然.

(2) 若 A 与 B 独立，则 A 与 $\overline{B}$、$\overline{A}$ 与 B、$\overline{A}$ 与 $\overline{B}$ 亦相互独立.

(3) 若 $n(n>2)$ 个事件 $A_1,A_2,\cdots,A_n$ 中任一事件 $A_i(i=1,2,\cdots,n)$ 的发生与否都不受其他事件发生的影响，则称 $A_1,A_2,\cdots,A_n$ 相互独立，并有：

$$P(A_1A_2\cdots A_n)=P(A_1)P(A_2)\cdots P(A_n)=\prod_{i=1}^{n}P(A_i)$$

$$P(A_1+A_2+\cdots+A_n)=1-P(\overline{A_1})P(\overline{A_2})\cdots P(\overline{A_n})=1-\prod_{i=1}^{n}P(\overline{A_i})$$

二、独立重复试验

在了解了事件的独立性这一概念之后，我们再回顾以前所举出的一些例子，可以发现有许多例子都具有独立性这一特征，如抛硬币、产品有放回的抽样检验、射击等，这些试验都有一些重要特征，我们可归结为以下几点：

(1) 每次试验都可在相同条件下进行；

(2) 各次试验是相互独立的；

(3) 每次试验有且仅有两种结果，即 A 和 $\overline{A}$；

(4) 每次试验的结果发生的概率相同，即：

$$P(A)=p,P(\overline{A})=q=1-p$$

凡具有上述特征的可重复进行的试验我们就称为**独立重复试验**，若试验进行了 n 次，则称为 n **重独立重复试验**(或称 n **重伯努利试验**).

一般地，如果在 n 次重复独立试验中每次事件 A 发生的概率为 $p(0<p<1)$，则在 n 次试验中 A 恰好发生 $k(0\leqslant k\leqslant n)$ 次的概率为

$$P_n(k)=C_n^k p^k q^{n-k}\quad (q=1-p,k=0,1,2,\cdots,n)$$

这个公式称为**伯努利概率公式**.

【相关实践】

例 1　甲、乙、丙三部机床独立工作，由一个工人照管，某段时间内它们不需要工人照管的概率分别为 0.9、0.8 及 0.85，求下列事件的概率：

(1) 有机床需要照管；(2) 机床因无人照管而停工.

解　设事件 A 为“甲机床需照管”，事件 B 为“乙机床需照管”，事件 C 为“丙机床需照管”，则 A、B、C 相互独立，且 $P(A)=0.9,P(B)=0.8,P(C)=0.85$.

(1) 有机床需照管即至少有一台机床需照管，可表为事件 $\overline{A}+\overline{B}+\overline{C}=\overline{ABC}$，

$$P(\overline{ABC})=1-P(ABC)=1-P(A)P(B)P(C)=0.388$$

(2) 机床因无人照管而停工即至少有两台需同时照管，可表为事件 $\overline{AB}+\overline{AC}+\overline{BC}$，

$$P(\overline{AB}+\overline{AC}+\overline{BC})=P(\overline{AB})+P(\overline{AC})+P(\overline{BC})-2P(\overline{ABC})=0.059$$

例 2　甲、乙两门高射炮同时向一敌机射击，若甲、乙击中敌机的概率分别

为 0.6 和 0.5，求敌机被击中的概率.

解　设事件 A 为“甲击中”，事件 B 为“乙击中”，则 A、B 相互独立.“敌机被击中”应理解为“至少有一门炮击中”，故所求概率为：

$$P(A+B)=1-P(\overline{A+B})=1-P(\overline{A}\overline{B})=1-0.4\times0.5=0.8$$

例 3　例1中若3部机床性能相同，设 $P(A)=P(B)=P(C)=0.8$，求这段时间内恰有一部机床需要照管的概率.

解　由伯努利概率公式，所求概率为

$$P_3(1)=C_3^1\times0.2\times(0.8)^2=0.384$$

例 4　一批产品的次品率为20%，每次从中任取一件，有放回地共取5次，求其中有 2 件次品的概率及至少有 2 件次品的概率.

解　设事件 A 为“恰有 2 件次品”，事件 B 为“至少有 2 件次品”.

由伯努利概率公式

$$P(A)=P_5(2)=C_5^2\times(0.2)^2\times(0.8)^3=0.2048$$

$$P(B)=\sum_{k=2}^{5}P_5(k)=1-P_5(0)-P_5(1)=1-0.3277-0.4096=0.2677$$

例 5　某型号高炮，每门炮发射一发炮弹击中飞机的概率为 0.6，现若干门炮同时各射一发，问：欲以 99% 的把握击中一架来犯的敌机至少需配置几门炮?

解　设需配置 n 门炮. 因为 n 门炮是各自独立发射的，因此，该问题可以看作 n 重伯努利试验.

设 A 表示“高炮击中飞机”，$P(A)=0.6$，B 表示“敌机被击落”，问题可归结为求满足下面不等式的 n：

$$P(B)=\sum_{k=1}^{n}C_n^k\times0.6^k\times0.4^{n-k}\geqslant0.99$$

由 $P(B)=1-P(\overline{B})=1-0.4^n\geqslant0.99$，或$0.4^n\leqslant0.01$，解得 $n\geqslant5.03$. 至少应配置 6 门炮才能达到要求.

【思考与练习】

1. 甲乙两人独立地对同一目标射击一次，其命中率分别为0.6和0.5，现已知目标被击中，求是甲击中的概率.

2. 甲、乙两人射击，甲击中的概率为 0.8，乙击中的概率为 0.7，两人同时射击，并假定中靶与否是独立的. 求：(1) 两人都中靶的概率；(2) 甲中乙不中的概率；(3) 甲不中乙中的概率.

3. 3 人独立地去破译一个密码，他们能译出的概率分别为$\frac{1}{5}$，$\frac{1}{3}$，$\frac{1}{4}$，问能将此密码译出的概率是多少?

4. 电灯泡使用寿命在1000小时以上的概率为 0.2，求 3 个灯泡在使用1000小时后，最多只有1个坏了的概率.

项目 10 随机变量及其数字特征

本项目包含：随机变量及其分布函数、离散型随机变量及其分布、连续型随机变量及其分布、随机变量函数的分布、随机变量的数字特征等五个任务.

任务 1 随机变量及其分布函数

【学习目标】

理解随机变量的概念，理解分布函数的概念及性质，会计算与随机变量相联系的事件的概率.

【工作任务】

(1) 随机变量.

(2) 随机变量分布函数.

(3) 分布函数的性质.

【相关知识】

一、随机变量

简单地说，随机变量是指随机事件的数量表现. 例如一批注入某种毒物的动物，在一定时间内死亡的只数；某地若干名男性健康成人中，每人血红蛋白量的测定值，等等. 另有一些现象并不直接表现为数量，例如人口的男女性别、试验结果的阳性或阴性等，但我们可以规定男性为 1，女性为 0，则非数量标志也可以用数量来表示. 这些例子中所提到的量，尽管它们的具体内容是各式各样的，但从数学观点来看，它们表现了同一种情况，这就是每个变量都可以随机地取得不同的数值. 随机变量取不同的值代表不同的随机事件，随机变量一般用 ξ 或 X 来表示，ξ 或 X 取不同的值代表不同的随机事件.

按照随机变量可能取得的值，可以把它们分为两种基本类型：

(1) 离散型随机变量，即在一定区间内变量取值为有限个，或数值可以一一列举出来. 例如某地区某年人口的出生数、死亡数，某药治疗某病病人的有效数、无效数等.

例如用 ξ 表示掷一颗骰子出现的点数，则 ξ 的可能取值为 1，2，3，4，5，6. 出现 i 点可用 $\xi=i$ 表示 $(i=1,2,3,4,5,6)$，并且取这些值的概率 $P(\xi=i)=\frac{1}{6}(i=1,2,3,$

4,5,6).

(2) 连续型随机变量,即在一定区间内变量取值有无限种可能,或数值无法一一列举出来.例如某地区男性健康成人的身长值、体重值,一批传染性肝炎患者的血清转氨酶测定值等.

例如,设某路城市公交车每隔5分钟发一趟,某人随机到一车站候车,如果用 ξ 表示其候车时间,则 ξ 的可能取值为区间 $[0,5]$.

二、随机变量分布函数

当我们要描述一个随机变量时,不仅要说明它能够取哪些值,而且还要指出它取这些值的概率.只有这样,才能真正完整地刻画一个随机变量,为此,我们引入随机变量的分布函数的概念.

定义　若 ξ 是一个随机变量(离散或连续),对任何实数 x,设 $F(x)=P(\xi\leqslant x)$,称 $F(x)$ 是随机变量 ξ 的分布函数.

注意:$F(x)$ 所表达的是事件"$\xi\leqslant x$"的概率,是关于 x 的一个函数,对任意实数 $x_1<x_2$,有 $P(x_1<\xi\leqslant x_2)=P(\xi\leqslant x_2)-P(\xi\leqslant x_1)=F(x_2)-F(x_1)$.

三、分布函数的性质

从概率的性质可知,随机变量 ξ 的分布函数有下述性质:

(1) 单调性:若 $x_1<x_2$,则 $F(x_1)\leqslant F(x_2)$,即 $F(x)$ 是关于 x 的不减函数.

(2) 有界性:任给 $x\in(-\infty,+\infty)$,有 $0\leqslant F(x)\leqslant 1$.

(3) $F(-\infty)=\lim\limits_{x\to-\infty}F(x)=0$, $F(+\infty)=\lim\limits_{x\to+\infty}F(x)=1$.

(4) 对离散型分布函数,$F(x)$ 至多有可列个间断点,且在其间断点上是右连续的.如果 ξ 是一个离散型随机变量,那么 ξ 的分布函数为 $F(x)=P(\xi\leqslant x)=\sum\limits_{x_i\leqslant x}P(\xi=x_i)$.

任务2　离散型随机变量及其分布

【学习目标】

理解离散型随机变量及其概率分布的概念,掌握0-1分布、二项分布、超几何分布、泊松分布及其应用.

【工作任务】

(1) 离散型随机变量及其分布表.

(2) 常见的离散型分布.

【相关知识】

一、离散型随机变量及其分布表

定义　若随机变量 ξ 只能取有限个数值 $x_1,x_2,\cdots,x_n$ 或可列无穷多个数值

$x_1,x_2,\cdots,x_n,\cdots$ 则称为 ξ **离散型随机变量**；ξ 取任一可能值 x_i 的概率记作 $P(x_i)$ 其中 $i=1,2,\cdots,n,\cdots$，则有概率分布表（列或律）：

ξ	x_1	x_2	$\cdots$	x_n	$\cdots$
$P(\xi=x_i)$	$P(x)$	$P(x_2)$	$\cdots$	$P(x_n)$	$\cdots$

概率分布表有如下的性质：

(1) $P(x_i)\geqslant 0$，其中，$i=1,2,\cdots,n,\cdots$；

(2) $\sum_i P(x_i)=1$.

当 ξ 只能取有限个可能值时，$\sum_i$ 表示有限项的和；当 ξ 取得可列无穷多个可能值时，$\sum_i$ 表示收敛级数的和.

二、常见的离散型分布

1. 二项分布

服从二项分布的随机变量 ξ 的分布列为：$p_k=P(\xi=k)=C_n^k p^k q^{n-k}$，$0\leqslant k\leqslant n$，容易验证：

(1) $p_k>0$，$0\leqslant k\leqslant n$；

(2) $\sum_{k=0}^{n} p_k=\sum_{k=0}^{n} C_n^k p^k q^{n-k}=(p+q)^n=1$.

读者可以注意到

$$p_k=C_n^k p^k q^{n-k},\quad 0\leqslant k\leqslant n$$

恰好是二项式 $(p+q)^n$ 的展开式中的第 $k+1$ 项，由此人们给分布列 $p_k=C_n^k p^k q^{n-k}$，$0\leqslant k\leqslant n$ 起了一个名字，称它为**二项分布**，并可记为 $\xi\sim B(n,p)$.

一个随机变量的分布列如果是二项分布，也称该随机变量服从二项分布.

2. 0-1 分布

在二项分布中，如果 $n=1$，那么 k 只能取值 0 或 1，这时显然有

$$P(\xi=0)=q,\quad P(\xi=1)=p$$

也可以表示成：

ξ	0	1
p_i	q	p

这个分布列称为0-1分布或二点分布，记为 $\xi\sim(0\text{-}1)$. 它是二项分布的特例，如抛掷硬币的例子中，随机变量 ξ 的分布列为：

ξ	0	1
p_i	$\frac{1}{2}$	$\frac{1}{2}$

它就是 0-1 分布当 $p=\frac{1}{2}$ 时的特例.

3. 超几何分布

设 N 个元素分为两类，有 N_1 个属于第一类，N_2 个属于第二类，$N_1+N_2=N$. 从中按不重复抽取 n 个，令 ξ 表示这 n 个中第一（或第二）类元素的个数，则 ξ 的分布称为**超几何分布**. 其概率函数为：

$$P(\xi=k)=\frac{C_{N_1}^{k}C_{N_2}^{n-k}}{C_N^n},(k=0,1,2,\cdots,n)$$

4. 泊松（普哇松）分布

观察某电话局在单位时间内收到用户的呼唤次数、某公共汽车站在单位时间里来站乘车的乘客、宇宙中单位体积内星球的个数、耕地上单位面积内杂草的数目等，如果相应的变量用 ξ 表示，那么实践表明，ξ 的统计规律近似地为：

$$P(\xi=k)=\frac{\lambda^k}{k!}e^{-\lambda},k=0,1,2,\cdots$$

其中 $\lambda>0$ 是某个常数，我们把随机变量 ξ 满足这个概率函数的分布称作是参数为 λ 的一个**泊松(Poisson)分布**，并记作 $\xi\sim\pi(\lambda)$.

易验证有：

(1) $P(\xi=k)>0,k=0,1,2,\cdots$；

(2) $\sum\limits_{k=0}^{\infty}P(\xi=k)=\sum\limits_{k=0}^{\infty}\frac{\lambda^k}{k!}e^{-\lambda}=1$.

由于泊松分布的计算可以通过对泊松分布数值表查表来解决，所以运用十分方便. 在满足一定的条件下，泊松分布可作为二项分布的近似.

【相关实践】

例 1　设随机变量 ξ 为抛掷两枚硬币时徽花向上的硬币数，求 ξ 的概率分布及 ξ 小于 2 的概率.

解　ξ 的可能取值为 0,1,2,则

$$P(\xi=0)=0.25,P(\xi=1)=0.25+0.25=0.5,P(\xi=2)=0.25$$

ξ 的概率分布表为：

ξ	0	1	2
$P(\xi=x_i)$	0.25	0.5	0.25

$$P(\xi<2)=P(\xi=0)+P(\xi=1)=0.25+0.5=0.75$$

例 2　袋中有1个白球，2个红球，4个黑球.现从中任取一球观察其颜色，试确定这个随机试验中的随机变量，并指出在这个随机试验中随机变量可能取的值及分布表、分布函数.

解　令 $\xi=1$ 为"取到的球为白色的球"，$\xi=2$ 为"取到的球为红色的球"，$\xi=3$ 为"取到的球为黑色的球"，这样，我们确定 ξ 是一个随机变量.

ξ 分别取1,2,3三个值的概率分别为 $P(\xi=1)=\dfrac{1}{7}$，$P(\xi=2)=\dfrac{2}{7}$，$P(\xi=3)=\dfrac{4}{7}$.

ξ 的分布表为：

ξ	1	2	3
$P(\xi=x_i)$	$\frac{1}{7}$	$\frac{2}{7}$	$\frac{4}{7}$

分布函数是：$F(x)=\begin{cases}0, & x<1,\\ \dfrac{1}{7}, & 1\leqslant x<2,\\ \dfrac{3}{7}, & 2\leqslant x<3,\\ 1, & x\geqslant 3.\end{cases}$

例 3　袋中装有5只同样大小的球，编号为1,2,3,4,5，从中同时取出3只球，求取出的最大号 ξ 的分布列及其分布函数并画出其图形.

解　先求 ξ 的分布列：由题知，ξ 的可能取值为3,4,5，且

$$P\{\xi=3\}=1/C_5^3=1/10,P\{\xi=4\}=C_3^2/C_5^3=3/10,P\{\xi=5\}=C_4^2/C_5^3=6/10$$

所以 ξ 的分布列为：$\begin{bmatrix}3 & 4 & 5\\ 1/10 & 3/10 & 6/10\end{bmatrix}$，由 $F(x)=P\{\xi\leqslant x_i\}=\sum\limits_{x_i\leqslant x}p_i$，得

$$F(x)=\begin{cases}0, & x<3,\\ 1/10, & 3\leqslant x<4,\\ 2/5, & 4\leqslant x<5,\\ 1, & x\geqslant 5.\end{cases}$$

其图形如图10-2-1所示.

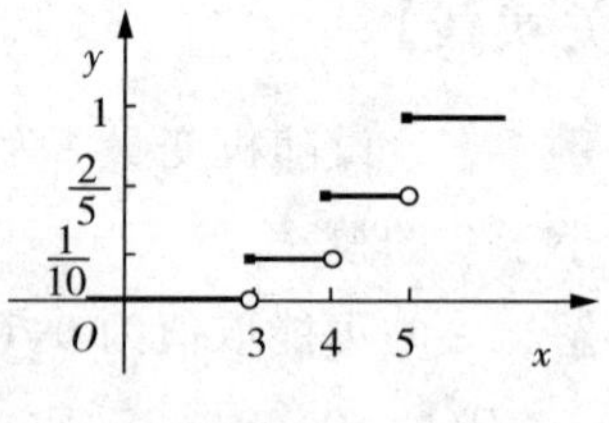

图 10-2-1

例 4　某班有学生20名，其中有5名女生，今从班上任选4名学生去参观展览，被选到的女生数 ξ 为是一个随机变量，求 ξ 的分布.

解　显然 ξ 服从超几何分布，ξ 可以取0,1,2,3,4这5个值，相应的概率应按下式计算：$P(\xi=k)=\dfrac{C_5^kC_{15}^{4-k}}{C_{20}^4}$，$(k=0,1,2,3,4)$.

计算结果列成概率分布表如下：

ξ	0	1	2	3	4
$P(\xi = x_i)$	0.2817	0.4696	0.2167	0.0310	0.0010

【思考与练习】

1. 一袋中装有5只球，编号为1，2，3，4，5. 在袋中同时取3只，以 X 表示取出的3只球中的最小号码，写出随机变量 X 的分布律.

2. 设在15只同类型的零件中有2只是次品，在其中取3次，每次任取一只，做不放回抽样. 以 X 表示取出次品的只数. (1) 求 X 的分布律；(2) 画出分布律的图形.

3. 设

X	0	1	2
p_i	1/3	1/6	1/2

，求 $F(x)$.

4. 设随机变量 X 的分布函数为：$F(x)=\begin{cases} 0, & x<1, \\ 9/19, & 1 \leqslant x<2, \\ 15/19, & 2 \leqslant x<3, \\ 1, & x \geqslant 3. \end{cases}$ 求 X 的概率分布表.

5. 设随机变量 X 的概率分布表为：

X	-1	2	4
p_i	1/4	1/2	1/4

，求：$P\{X \leqslant 1/2\}$，$P\{3/2 < X \leqslant 5/2\}$，$P\{2 \leqslant X \leqslant 3\}$.

任务3　连续型随机变量及其分布

【学习目标】

理解连续型随机变量及其概率密度的概念，掌握均匀分布、指数分布、正态分布及其应用.

【工作任务】

(1) 连续型随机变量及其概率密度函数.

(2) 常见的连续型分布.

【相关知识】

上一任务我们研究了离散型随机变量，这类随机变量的特点是它的可能取值及其相对应的概率能被逐个地列出. 这一节我们将要研究的连续型随机变量就不具有这样的性质了.

一、连续型随机变量及其概率密度函数

定义 1 如果随机变量 ξ 的可能取值是充满某个区间或整个数轴，则称它为**连续型随机变量**.

连续型随机变量的特点是它的可能取值连续地充满某个区间甚至整个数轴. 例如，测量一个工件长度，因为在理论上说这个长度的值 ξ 可以取区间 $(0,+\infty)$ 上的任何一个值.

此外，连续型随机变量取某特定值的概率总是零. 例如，抽检一个工件，其长度 X 刚好是其固定值(如 1.824m) 的事件 $\{X=1.824\}$ 几乎是不可能的，应认为 $P(X=1.824)=0$. 因此讨论连续型随机变量在某点的概率是毫无意义的.

定义 2 若对随机变量 ξ 的分布函数 $F(x)$，存在非负函数 $f(x)$，使对于任意实数 x 有

$$F(x)=\int_{-\infty}^{x} f(t)\mathrm{d}t$$

则称 ξ 为连续型随机变量，其中 $f(x)$ 称为随机变量 ξ 的**概率密度函数**，简称**概率密度或密度函数**.

概率密度函数 $f(x)$ 具有以下性质：

(1) $f(x)\geqslant 0$；

(2) $\int_{-\infty}^{+\infty} f(x)\mathrm{d}x=1$；

(3) $P(x_1<\xi\leqslant x_2)=F(x_2)-F(x_1)=\int_{x_1}^{x_2} f(x)\mathrm{d}x$；

(4) 若 $f(x)$ 在 x 点处连续，则有 $F'(x)=f(x)$.

而且很容易推导出：$P(a\leqslant\xi<b)=P(a<\xi\leqslant b)=P(a<\xi<b)=P(a\leqslant\xi\leqslant b)$.

即在计算连续型随机变量落在某区间上的概率时，可不必区分该区间端点的情况. 此外还要说明的是，事件 $\{\xi=a\}$“几乎不可能发生”，但并不保证绝不会发生，它是“零概率事件”而不是不可能事件.

二、常见的连续型分布

1. 均匀分布

若连续型随机变量 ξ 具有概率密度

$$f(x)=\begin{cases}\dfrac{1}{b-a}, & a\leqslant x\leqslant b,\\ 0, & \text{其他}.\end{cases}$$

则称 ξ 在区间 (a,b) 上服从**均匀分布**(Uniform distribution)，记为 $\xi\sim U(a,b)$，

易知

$$f(x)\geqslant 0\ 且\int_{-\infty}^{\infty}f(x)\mathrm{d}x=\int_{a}^{b}\frac{1}{b-a}\mathrm{d}x=1$$

易得 ξ 的分布函数为

$$F(x)=\begin{cases}0, & x<a,\\ \dfrac{x-a}{b-a}, & a\leqslant x<b,\\ 1, & x\geqslant b.\end{cases}$$

如果 ξ 在 $[a,b]$ 上服从均匀分布，设 $a\leqslant c<d\leqslant b$，则 $P\{c<X<d\}=\dfrac{d-c}{b-a}$.

上述公式表明，如果 ξ 在区间 $[a,b]$ 上服从均匀分布，则 ξ 落在 $[a,b]$ 中任一子区间 (c,d) 内的概率与区间 (c,d) 的长度成正比.

2. 指数分布

若随机变量 ξ 的密度函数为

$$f(x)=\begin{cases}\lambda \mathrm{e}^{-\lambda x}, & x>0,\\ 0, & x\leqslant 0.\end{cases}$$

其中 $\lambda>0$ 为常数，则称 ξ 服从参数为 λ 的**指数分布**(exponentially distribution)，记作 $\xi\sim E(\lambda)$.

显然 $f(x)\geqslant 0$，且 $\int_{-\infty}^{\infty}f(x)\mathrm{d}x=\int_{0}^{\infty}\lambda \mathrm{e}^{-\lambda x}\mathrm{d}x=1$.

容易得到 ξ 的分布函数为

$$F(x)=\begin{cases}1-\mathrm{e}^{-\lambda x}, & x>0,\\ 0, & x\leqslant 0.\end{cases}$$

3. 正态分布

若连续型随机变量 ξ 的概率密度为

$$f(x)=\frac{1}{\sqrt{2\pi}\,\sigma}\mathrm{e}^{-\frac{(x-\mu)^2}{2\sigma^2}},-\infty<x<+\infty$$

其中 $\mu,\sigma(\sigma>0)$ 为常数，则称 ξ 服从参数为 μ,σ 的正态分布(normal distribution)，记为 $\xi\sim N(\mu,\sigma^2)$.

正态分布是概率论和数理统计中最重要的分布之一. 在实际问题中，大量的随机变量服从或近似服从正态分布. 只要某一个随机变量受到许多相互独立随机因素的影响，而每个个别因素的影响都不能起决定性作用，那么就可以断定随机变量服从或近似服从正态分布. 例如，因人的身高、体重受到种族、饮食习惯、地域、运动等因素影响，但这些因素又不能对身高、体重起决定性作用，所以我们可以认为身高、体重服从或近似服从正态分布.

特别地，当 $\mu=0,\sigma=1$ 时，称 ξ 服从标准正态分布 $N(0,1)$，其概率密度和分布函数分别用 $\varphi(x)$，$\Phi(x)$ 来表示，即有

$$\varphi(x)=\frac{1}{\sqrt{2\pi}}\mathrm{e}^{-\frac{x^2}{2}},\quad \Phi(x)=\frac{1}{\sqrt{2\pi}}\int_{-\infty}^{x}\mathrm{e}^{-\frac{t^2}{2}}\mathrm{d}t$$

$\Phi(x)$ 的值可用近似方法求得，为了便于计算，根据不同的 x 值我们已事先编制了 $\Phi(x)$ 的数值表，称为标准正态分布表(见本书附表 3)，可以查表求其值.

对于任意实数 $a,b(a<b)$ 有：

$$P(a\leqslant\xi\leqslant b)=P(\xi\leqslant b)-P(\xi\leqslant a)=\Phi(b)-\Phi(a)$$

同时，由标准正态分布曲线的对称性易知：

$$\Phi(-x)=1-\Phi(x)$$

因此，标准正态分布的概率计算只要查表就行了.

一般地，若 $\xi\sim N(\mu,\sigma^2)$，则有 $\frac{\xi-\mu}{\sigma}\sim N(0,1)$. 证明从略.

因此，若 $\xi\sim N(\mu,\sigma^2)$，则可利用标准正态分布函数 $\Phi(x)$，通过查表求得 ξ 落在任一区间 (x_1,x_2) 内的概率，即

$$\begin{aligned}P(x_1<\xi\leqslant x_2)&=P\left\{\frac{x_1-\mu}{\sigma}<\frac{\xi-\mu}{\sigma}\leqslant\frac{x_2-\mu}{\sigma}\right\}\\&=P\left\{\frac{\xi-\mu}{\sigma}\leqslant\frac{x_2-\mu}{\sigma}\right\}-P\left\{\frac{\xi-\mu}{\sigma}\leqslant\frac{x_1-\mu}{\sigma}\right\}\\&=\Phi\left(\frac{x_2-\mu}{\sigma}\right)-\Phi\left(\frac{x_1-\mu}{\sigma}\right).\end{aligned}$$

【相关实践】

例 1 设连续型随机变量 ξ 的分布函数为

$$F(x)=\begin{cases}0, & x<0,\\ Ax^2, & 0\leqslant x<1,\\ 1, & x\geqslant 1.\end{cases}$$

试求：

(1) 系数 A；

(2) ξ 落在区间 $(0.3,0.7)$ 内的概率；

(3)ξ 的密度函数.

解　(1) 由于 $F(x)$ 为连续型随机变量,故 $F(x)$ 是连续函数,因此有

$$1=F(1)=\lim_{x\to 0^+}F(x)=\lim_{x\to 0^+}Ax^2=A$$

即 $A=1$,于是有

$$F(x)=\begin{cases}0, & x<0,\\ x^2, & 0\leqslant x<1,\\ 1, & x\geqslant 1.\end{cases}$$

(2)$P(0.3<\xi<0.7)=F(0.7)-F(0.3)=(0.7)^2-(0.3)^2=0.4$.

(3)ξ 的密度函数为

$$f(x)=F'(x)=\begin{cases}2x, & 0\leqslant x<1;\\ 0, & \text{其他}.\end{cases}$$

例 2　设随机变量 ξ 具有密度函数

$$f(x)=\begin{cases}kx, & 0\leqslant x<3,\\ 2-\dfrac{x}{2}, & 3\leqslant x\leqslant 4,\\ 0, & \text{其他}.\end{cases}$$

(1) 确定常数 k;(2) 求 ξ 的分布函数 $F(x)$;(3) 求 $P(1<\xi\leqslant\frac{7}{2})$.

解　(1) 由 $\int_{-\infty}^{\infty}f(x)\mathrm{d}x=1$,得

$$\int_0^3 kx\,\mathrm{d}x+\int_3^4\left(2-\frac{x}{2}\right)\mathrm{d}x=1$$

解得 $k=\dfrac{1}{6}$,故 ξ 的密度函数为

$$f(x)=\begin{cases}\dfrac{x}{6}, & 0\leqslant x<3,\\ 2-\dfrac{x}{2}, & 3\leqslant x\leqslant 4,\\ 0, & \text{其他}.\end{cases}$$

(2) 当 $x<0$ 时,$F(x)=P\{\xi\leqslant x\}=\int_{-\infty}^{x}f(t)\mathrm{d}t=0$;

当 $0\leqslant x<3$ 时,$F(x)=P\{\xi\leqslant x\}=\int_{-\infty}^{x}f(t)\mathrm{d}t$

$$=\int_{-\infty}^{0}f(t)\mathrm{d}t+\int_0^x f(t)\mathrm{d}t=\int_0^x\frac{t}{6}\mathrm{d}t=\frac{x^2}{12};$$

当 $3\leqslant x<4$ 时, $F(x)=P\{\xi\leqslant x\}=\int_{-\infty}^{x}f(t)\mathrm{d}t$

$$=\int_{-\infty}^{0}f(t)\mathrm{d}t+\int_{0}^{3}f(t)\mathrm{d}t+\int_{3}^{x}f(t)\mathrm{d}t$$

$$=\int_{0}^{3}\frac{t}{6}\mathrm{d}t+\int_{3}^{x}(2-\frac{t}{2})\mathrm{d}t=-\frac{x^2}{4}+2x-3;$$

当 $x\geqslant 4$ 时, $F(x)=P\{\xi\leqslant x\}=\int_{-\infty}^{x}f(t)\mathrm{d}t$

$$=\int_{-\infty}^{0}f(t)\mathrm{d}t+\int_{0}^{3}f(t)\mathrm{d}t+\int_{3}^{4}f(t)\mathrm{d}t+\int_{4}^{x}f(t)\mathrm{d}t$$

$$=\int_{0}^{3}\frac{t}{6}\mathrm{d}t+\int_{3}^{4}(2-\frac{t}{2})\mathrm{d}t=1.$$

即

$$F(x)=\begin{cases}0, & x<0,\\ \dfrac{x^2}{12}, & 0\leqslant x<3,\\ -\dfrac{x^2}{4}+2x-3, & 3\leqslant x<4,\\ 1, & x\geqslant 4.\end{cases}$$

(3) $P(1<\xi\leqslant\frac{7}{2})=F(\frac{7}{2})-F(1)=\frac{41}{48}$.

例 3 某公共汽车站从上午7时开始,每15分钟来一辆车,如某乘客到达此站的时间是7时到7时30分之间的均匀分布的随机变量,试求他等车少于5分钟的概率.

解 设乘客于7时过 ξ 分钟到达车站,由于 ξ 在[0,30]上服从均匀分布,即有

$$f(x)=\begin{cases}\dfrac{1}{30}, & 0\leqslant x\leqslant 30,\\ 0, & 其他.\end{cases}$$

显然,只有乘客在7:10到7:15之间或7:25到7:30之间到达车站时,他(或她)等车的时间才少于5分钟,因此所求概率为

$$P(10<\xi\leqslant 15)+P(25<\xi\leqslant 30)=\int_{10}^{15}\frac{1}{30}\mathrm{d}x+\int_{25}^{30}\frac{1}{30}\mathrm{d}x=\frac{1}{3}$$

例 4 设随机变量 ξ 表示一种电灯泡的使用寿命,其概率密度为

$$p(x)=\begin{cases}\dfrac{1}{100}\mathrm{e}^{-\frac{x}{100}}, & x\geqslant 0,\\ 0, & x<0.\end{cases}$$

求电灯泡使用寿命超过100小时的概率.

解　$P\{\xi > 100\} = 1 - P\{\xi \leqslant 100\}$

$$= 1 - \int_{-\infty}^{100} p(x)\mathrm{d}x$$

$$= 1 - \int_{0}^{100} \frac{1}{100}\mathrm{e}^{-\frac{x}{100}}\mathrm{d}x$$

$$= \mathrm{e}^{-1} \approx 0.368$$

例 5　设 $\xi \sim N(0,1)$，试求：$P(1 < \xi < 2)$，$P(|\xi| < 1)$，$P(\xi \leqslant -1)$，$P(|\xi| > 2)$.

解　$P(1 < \xi < 2) = \Phi(2) - \Phi(1) = 0.9772 - 0.8413 = 0.1359$

$$P(|\xi| < 1) = P(-1 < \xi < 1) = \Phi(1) - \Phi(-1) = 2\Phi(1) - 1$$

$$= 2 \times 0.8413 - 1 = 0.6826$$

$$P(\xi \leqslant -1) = \Phi(-1) = 1 - \Phi(1) = 1 - 0.8413 = 0.1587$$

$$P(|\xi| > 2) = P(\xi > 2) + P(\xi < -2) = 1 - \Phi(2) + \Phi(-2)$$

$$= 2 - 2\Phi(2) = 2 - 2 \times 0.9722 = 0.0456$$

例 6　设 $\xi \sim N(1.5,4)$，求 $P\{\xi < 3.5\}$，$P\{\xi < -4\}$，$P\{|\xi| < 3\}$，$P(1 \leqslant \xi \leqslant 2)$.

解　$\mu = 1.5, \sigma = 2$

$$P\{\xi < 3.5\} = F(3.5) = \Phi(\frac{3.5 - 1.5}{2}) = \Phi(1) = 0.8413$$

$$P\{\xi < -4\} = F(-4) = \Phi(\frac{-4 - 1.5}{2}) = \Phi(-2.75) = 1 - \Phi(2.75) = 0.0030$$

$$P\{|\xi| < 3\} = P\{-3 < \xi < 3\} = F(3) - F(-3)$$

$$= \Phi(\frac{3 - 1.5}{2}) - \Phi(\frac{-3 - 1.5}{2})$$

$$= \Phi(0.75) - \Phi(-2.25) = 0.7734 - 0.0122 = 0.7612$$

$$P(1 \leqslant \xi \leqslant 2) = P\left\{\frac{-1 - 1.5}{2} \leqslant \frac{\xi - 1.5}{2} \leqslant \frac{2 - 1.5}{2}\right\}$$

$$= \Phi(0.25) - \Phi(-1.25) = \Phi(0.25) - [1 - \Phi(1.25)]$$

$$= 0.5987 - 1 + 0.8944 = 0.4931$$

例 7　设 $\xi \sim N(\mu, \sigma^2)$，由 $\Phi(x)$ 函数表可得

$$P(|\xi - \mu| < \sigma) = P(\mu - \sigma < \xi < \mu + \sigma)$$

$$= P(\frac{\mu - \sigma - \mu}{\sigma} < \frac{\xi - \mu}{\sigma} < \frac{\mu + \sigma - \mu}{\sigma})$$

$$= \Phi(1) - \Phi(-1) = 2\Phi(1) - 1 = 0.6826$$

同理

$$P(|\xi-\mu|<2\sigma)=2\Phi(2)-1=0.9544$$

$$P(|\xi-\mu|<3\sigma)=2\Phi(3)-1=0.9974$$

我们看到，尽管正态变量ξ的取值范围是$(-\infty,+\infty)$，但它的值几乎都落在$(\mu-3\sigma,\mu+3\sigma)$内，因此在实际问题中，基本上可以认为有$|\xi-\mu|<3\sigma$. 这就是人们所说的"$3\sigma$原则".

例 8 公共汽车车门的高度是按成年男子与车门顶碰头的机会在1%以下来设计的. 设男子身高ξ服从$\mu=170\text{cm},\sigma=6\text{cm}$的正态分布，即$\xi\sim N(170,6^2)$，问车门高度应如何确定？

解 设车门高度为h(cm)，按设计要求$P(\xi\geqslant h)\leqslant 0.01$或$P(\xi<h)\geqslant 0.99$，因为$\xi\sim N(170,6^2)$，故

$$P(\xi<h)=P\left\{\frac{\xi-170}{6}<\frac{h-170}{6}\right\}=\Phi\left(\frac{h-170}{6}\right)\geqslant 0.99$$

查表得：$\Phi(2.33)=0.9901>0.99$

故取$\dfrac{h-170}{6}=2.33$，即$h=184$. 设计车门高度为184cm时，可使成年男子与车门碰头的机会不超过1%.

【思考与练习】

1. 设X是连续型随机变量，其密度函数为：$f(x)=\begin{cases}\ln x & x\in(1,b]\\ 0 & x\notin(1,b]\end{cases}$，求：常数$b$.

2. 设随机变量X的概率密度为$f(x)=a\mathrm{e}^{-|x|}$，$-\infty<x<+\infty$，求：(1) 系数a；(2)X落在区间$(-1,1)$内的概率.

3. 设$X\sim N(0,1)$，借助标准正态分布表计算：(1)$P(X<2)$；(2)$P(X>1.76)$；(3)$P(X<-0.78)$；(4)$P(|X|<1.55)$；(5)$P(|X|>2.5)$.

4. 设$X\sim N(3,2^2)$，(1) 求$P(2<X\leqslant 5)$，$P(-4<X\leqslant 10)$，$P(|X|>2)$，$P(X>3)$；(2) 确定c使得$P(X>c)=P(X\leqslant c)$.

5. 设$X\sim N(2,\sigma^2)$，已知$P(2\leqslant x\leqslant 4)=0.4$，求：$P(x\leqslant 0)$.

6. 已知$X\sim N(2,2^2)$，若$aX+b\sim N(0,1)$求：a,b的值.

7. 在一次数学考试中，其分数服从均值为65，标准为10的正态分布，求分数在$60\sim 75$的概率.

任务4 随机变量函数的分布

【学习目标】

了解随机变量之间的函数关系，通过已知的随机变量的分布求出与其有函数关系的另一个随机变量的分布.

【工作任务】

(1) 随机变量的函数.

(2) 离散型随机变量函数的分布.

(3) 连续型随机变量函数的分布.

【相关知识】

我们常常遇到一些随机变量,它们的分布往往难以直接得到(如测量轴承滚珠体积值 Y 等),但是与它们有函数关系的另一些随机变量,其分布却是容易知道的(如滚珠直径测量值 X).因此,要研究随机变量之间的函数关系,从而通过这种关系由已知的随机变量的分布求出与其有函数关系的另一个随机变量的分布.为了叙述方便,往后随机变量用 X 来表示.

一、随机变量的函数

定义　如果存在一个函数 $g(X)$,使得随机变量 X,Y 满足:

$$Y=g(X)$$

则称随机变量 Y 是随机变量 X 的函数.

注:　在微积分中,我们讨论变量间的函数关系时,主要研究函数关系的确定性特征,例如:导数、积分等.而在概率论中,我们主要研究是随机变量函数的随机性特征,即由自变量 X 的统计规律性出发研究因变量 Y 的统计性规律.

一般地,对任意区间 I,令 $C=\{x \mid g(x)\in I\}$,则

$$\{Y\in I\}=\{g(x)\in I\}=\{X\in C\}$$

$$P\{Y\in I\}=P\{g(x)\in I\}=P\{X\in C\}$$

随机变量 Y 与 X 的函数关系确定,为从 X 的分布出发导出 Y 的分布提供了可能.

二、离散型随机变量函数的分布

设离散型随机变量 X 的概率分布为

$$P\{X=x_i\}=p_i, i=1,2,\cdots$$

易见,X 的函数 $Y=g(X)$ 显然还是离散型随机变量.

如何由 X 的概率分布出发导出 Y 的概率分布?其一般方法是:先根据自变量 X 的可能取值确定因变量 Y 的所有可能取值,然后对 Y 的每一个可能取值 $y_i, i=1,2,\cdots$,确定相应的 $C_i=\{x_j \mid g(x_j)=y_i\}$,于是

$$\{Y=y_i\}=\{g(x_i)=y_i\}=\{X\in C_i\}$$

$$P\{Y=y_i\}=P\{X\in C_i\}=\sum_{x_j\in C_i}P\{X=x_j\}$$

从而求得 Y 的概率分布.

三、连续型随机变量函数的分布

一般地，连续型随机变量的函数不一定是连续型随机变量，但我们主要讨论连续型随机变量的函数还是连续型随机变量的情形，此时我们不仅希望求出随机变量函数的分布函数，而且还希望求出其概率密度函数.

设已知 X 的分布函数 $F_X(x)$ 或概率密度函数 $f_X(x)$，则随机变量函数 $Y=g(X)$ 的分布函数可按如下方法求得：

$$F_Y(y)=P\{Y\leqslant y\}=P\{g(X)\leqslant y\}=P\{X\in C_y\}$$

其中 $C_y=\{x\mid g(x)\leqslant y\}$.

而 $P\{X\in C_y\}$ 常常可由 X 的分布函数 $F_X(x)$ 来表达或用其概率密度函数 $f_X(x)$ 的积分来表达：

$$P\{X\in C_y\}=\int_{C_y}f_X(x)\mathrm{d}x$$

进而可通过 Y 的分布函数 $F_Y(x)$，求出 Y 的密度函数.

定理 设随机变量 X 具有概率密度函数 $f_X(x)$，$x\in(-\infty,+\infty)$，又设 $y=g(x)$ 处处可导且恒有 $g'(x)>0$（或恒有 $g'(x)<0$），则 $Y=g(X)$ 是一个连续型随机变量，其概率密度为

$$f_Y(y)=\begin{cases}f[h(y)\mid h'(y)\mid,\alpha<y<\beta\\0,\text{其他}\end{cases}$$

其中 $x=h(y)$ 是 $y=g(x)$ 的反函数，且

$$\alpha=\min(g(-\infty),g(+\infty)),\beta=\max(g(-\infty),g(+\infty))$$

【相关实践】

例 1 设随机变量 X 具有如下表所示的分布律，试求 X^2 的分布律.

X	-1	0	1	1.5	3
p_i	0.2	0.1	0.3	0.3	0.1

解 由于在 X 的取值范围内，事件“$X=0$”“$X=1.5$”“$X=3$”分别与事件“$X^2=0$”“$X^2=2.25$”“$X^2=9$”等价，所以

$$P(X^2=0)=P(X=0)=0.1$$

$$P(X^2=2.25)=P(X=1.5)=0.3$$

$$P(X^2=9)=P(X=3)=0.1$$

事件“$X^2=1$”是两个互斥事件“$X=-1$”及“$X=1$”的和，其概率为这两事件概率和，即

$$P(X^2=1)=P(X=-1)+P(X=1)=0.2+0.3=0.5$$

于是得 X^2 的分布律见下表所列.

X^2	0	1	2.25	9
p_i	0.1	0.5	0.3	0.1

例 2　设连续型随机变量 X 具有概率密度 $f_X(x)$，$-\infty < x < +\infty$，求 $Y = g(X) = X^2$ 的概率密度.

解　先求 Y 的分布函数 $F_Y(y)$，由于 $Y = g(X) = X^2 \geqslant 0$，故当 $y \leqslant 0$ 时事件“$Y \leqslant y$”的概率为 0，即 $F_Y(y) = P(Y \leqslant y) = 0$，当 $y > 0$ 时，有

$$F_Y(y) = P(Y \leqslant y) = P(X^2 \leqslant y) = P(-y \leqslant X \leqslant y) = \int_{-\sqrt{y}}^{\sqrt{y}} f_X(x)\mathrm{d}x$$

将 $F_Y(y)$ 关于 y 求导，即得 Y 的概率密度为

$$f_Y(y) = \begin{cases} \dfrac{1}{2\sqrt{y}}\left[f_X(\sqrt{y}) + f_X(-\sqrt{y})\right], y > 0, \\ 0, y \leqslant 0. \end{cases}$$

【思考与练习】

X 的分布列为：

X	-1	0	1	2	5/2
p_i	2/5	1/10	1/10	1/10	3/10

，试求：$2X$ 的分布列.

任务 5　随机变量的数字特征

【学习目标】

理解随机变量数字特征（数学期望、方差）的概念及基本性质，掌握常用的（离散型、连续型）随机变量分布的数字特征.

【工作任务】

(1) 数学期望.

(2) 数学方差.

【相关知识】

在分析现实问题时，人们发现对某些随机现象的认识并不要求了解它的确切分布，而只要求掌握他们的某些重要特征，这些特征往往更能集中地反映随机现象的特点. 例如要评价两个不同厂家生产的灯泡的质量，人们最关心的是谁家的灯泡使用的平均寿命更长些，而不需要知道其寿命的完全分布，同时还要考虑其寿命与平均寿命的偏离程度等，这些数据反映了它在某些方面的重要特征. 我们把刻画随

机变量(或其分布)某些特征的确定的数值称为**随机变量的数字特征**.实际上,描述随机变量的平均值和偏离程度的某些数字特征在理论和实践上都具有重要的意义,它们能更直接、更简洁、更清晰和更实用的反映出随机变量的本质.

本节主要介绍反应随机变量取值的平均集中位置、分散程度以及随机变量之间的线性相依程度的数字特征 —— **数学期望、方差.**

一、数学期望

1. 数学期望的概念

平均值是日常生活中最常用的一个数字特征,它对评判事物、做出决策等具有重要作用.

定义 1 设 X 是离散型随机变量的概率分布为

$$P\{X=x_i\}=p_i, i=1,2,\cdots$$

如果 $\sum_{i=1}^{\infty} x_i p_i$ 绝对收敛,则定义 X 的数学期望(又称均值) 为 $E(X)=\sum_{i=1}^{\infty} x_i p_i$.

定义 2 设 X 是连续型随机变量,其密度函数为 $f(x)$,如果

$$\int_{-\infty}^{\infty} x f(x) \mathrm{d} x$$

绝对收敛,定义 X 的数学期望为 $E(X)=\int_{-\infty}^{\infty} x f(x) \mathrm{d} x$.

2. 数学期望的性质

现在来证明数学期望的几个重要性质(以下设所遇到的随机变量的数学期望存在).

(1) 设 C 是常数,则有 $E(C)=C$.

(2) 设 X 是一个随机变量,C 是常数,则有 $E(CX)=CE(X)$.

(3) 设 X、Y 是两个随机变量,则有 $E(X+Y)=E(X)+E(Y)$.

这一性质可以推广到任意有限个随机变量之和的情况.

(4) 设 X、Y 是相互独立的随机变量,则有 $E(XY)=E(X)E(Y)$.

这一性质可以推广到任意有限个相互独立的随机变量之积的情况.

3. 一些常用分布的数学期望

计算可得一些常用分布的数学期望.

(1)0-1 分布

X	0	1
p_k	$1-p$	p

$$E(X)=0 \times(1-p)+1 \times p=p$$

(2) 二项分布

$X \sim B(n, p)$ 则 $E(X)=np$.

(3) 超几何分布

$X \sim P(\xi = k) = \dfrac{C_{N_1}^{k} C_{N_2}^{n-k}}{C_N^n}, (k = 0,1,2,\cdots,n)$ 则 $E(X) = n \cdot \dfrac{N_1}{N}$.

(4) 泊松(普哇松)分布

$X \sim \pi(\lambda)$,则 $E(X) = \lambda$.

因为,$E(X) = \sum\limits_{K=0}^{+\infty} K \dfrac{\lambda^K}{K!} e^{-\lambda} = \sum\limits_{K=1}^{+\infty} \dfrac{\lambda^K}{(K-1)!} e^{-\lambda} = \lambda \sum\limits_{K=1}^{+\infty} \dfrac{\lambda^{K-1}}{(K-1)!} e^{-\lambda} = \lambda e^{\lambda} e^{-\lambda} = \lambda$.

(5) 均匀分布

$X \sim U[a,b]$,则 $E(X) = \dfrac{a+b}{2}$.

(6) 指数分布

$X \sim E(\lambda)$,则 $E(X) = \dfrac{1}{\lambda}$.

(7) 正态分布

$X \sim N(\mu, \sigma^2)$,则 $E(X) = \mu$.

二、方差

1. 方差的概念

我们研究了随机变量的重要数字特征 —— 数学期望.它描述了随机变量一切可能取值的平均水平.但在一些实际问题中,仅知道平均值是不够的,因为它有很大的局限性,还不能够完全反映问题的实质.例如,某厂生产两类手表,甲类手表日走时误差均匀分布为 $-10 \sim 10$ 秒;乙类手表日走时误差均匀分布为 $-20 \sim 20$ 秒,易知其数学期望均为 0,即两类手表的日走时误差平均都是 0.所以由此并不能比较出哪类手表走得好,但我们从直觉上易得出甲类手表比乙类手表走得较准,这是由于甲的日走时误差与其平均值偏离度较小,质量稳定.由此可见,我们有必要研究随机变量取值与其数学期望值的偏离程度 —— **方差**.

定义 3　设 X 是一个随机变量,若 $E\{[X-E(X)]^2\}$ 存在,则称 $E\{[X-E(X)]^2\}$ 为 X 的方差,记为 $D(X)$.即 $D(X) = E\{[X-E(X)]^2\}$.并称 $\sqrt{D(X)}$ 为 X 的**标准差或均方差**.随机变量 X 的方差表达了 X 的取值与其均值的偏离程度.

根据定义,若 X 是离散型随机变量,分布律为:

$$P\{X = x_k\} = p_k, k = 1,2,\cdots, \quad 则\ D(X) = \sum_{K=1}^{\infty} [x_k - E(X)]^2 p_k$$

若 X 是连续型随机变量,密度函数为 $f(x)$,则 $D(X) = \int_{-\infty}^{+\infty} [x - E(X)]^2 f(x) dx$.

一般地,方差常用下面公式计算:$D(X) = E(X^2) - [E(X)]^2$.

事实上,$D(X) = E\{[X-E(X)]^2\} = E\{X^2 - 2XE(X) + E^2(X)\}$

$$=E(X^2)-2E(X)E(X)+E^2(X)=E(X^2)-E^2(X).$$

2. 方差的性质：

(1) 设 C 是常数，则 $D(C)=0$.

(2) X 是随机变量，C 是常数，则有：$D(CX)=C^2D(X)$.

(3) X 是随机变量，B，C 均为常数，则有：$D(CX+B)=C^2D(X)$.

(4) 若随机变量 X，Y 相互独立，则有：$D(X+Y)=D(X)+D(Y)$.

这一性质可以推广到任意有限多个相互独立的随机变量之和的情况.

3. 一些常用分布的方差

为方便使用，下面归纳了一些常用分布的方差：

(1) 0 - 1 分布

X	0	1
p_k	$1-p$	p

$X\sim(0-1)$，则 $D(X)=pq$.

(2) 二项分布 $X\sim B(n,p)$，则 $D(X)=npq$.

(3) 超几何分布

$X\sim P(\xi=k)=\dfrac{C_{N_1}^k C_{N_2}^{n-k}}{C_N^n}$，$(k=0,1,2,\cdots,n)$，则 $D(X)=n\cdot\dfrac{N_1}{N}\cdot\dfrac{N_2}{N}\cdot\dfrac{N-n}{N-1}$.

(4) 泊松分布 $X\sim\pi(\lambda)$，则 $D(X)=\lambda$.

(5) 均匀分布 $X\sim U[a,b]$，则 $D(X)=\dfrac{(b-a)^2}{12}$.

(6) 指数分布 $X\sim E(\lambda)$，则 $D(X)=\dfrac{1}{\lambda^2}$.

(7) 正态分布 $X\sim N(\mu,\sigma^2)$，则 $D(X)=\sigma^2$.

【相关实践】

例 1 设用一个匀称的骰子来玩游戏. 在这样的游戏中，若骰子向上为 2，则玩游戏的人赢 20 元，若向上为 4 则赢 40 元，若向上为 6 则输 30 元，若其他的面向上，则玩游戏的人既不赢也不输，求玩游戏的人赢得钱数的期望.

解 令 X 为任何一次抛掷中赢得钱数，则的分布列为 $\begin{bmatrix}0 & 20 & 40 & -30\\ 1/2 & 1/6 & 1/6 & 1/6\end{bmatrix}$. 由离散型随机变量数学期望的定义可知：$E(X)=0\times 1/2+20\times 1/6+40\times 1/6-30\times 1/6=5$.

从而玩游戏的人可期望赢 5 元. 因此，在一个公正的游戏中，玩游戏的人为了参加游戏应当付 5 元底金.

例 2 设连续型随机变量 ξ 的密度函数为 $p(x)=$

$\begin{cases} x, & 0 < x \leqslant 1, \\ 2-x, & 1 < x \leqslant 2, \\ 0, & 其他, \end{cases}$ 求 $E(\xi)$.

解　由连续型随机变量数学期望的定义可知:

$$E(\xi)=\int_{-\infty}^{+\infty} xp(x)\mathrm{d}x=\int_0^1 x^2\mathrm{d}x+\int_1^2 x(2-x)\mathrm{d}x=\frac{1}{3}x^3\Big|_0^1+(x^2-1/3x^3)\Big|_1^2=1$$

例 3　设随机变量 $X \sim (0-1)$ 分布,其分布律为:

X	0	1
p_k	$1-p$	p

求 $D(X)$.

解　$E(X)=0\cdot(1-p)+1\cdot p=p, E(X^2)=0^2\cdot(1-p)+1^2\cdot p=p$

$D(X)=E(X^2)-E^2(X)=p-p^2=p(1-p)$

例 4　设 $X \sim U[a,b]$,求 $D(X)$.

解　X 的概率密度为:$f(x)=\begin{cases} \dfrac{1}{b-a}, a < x \leqslant b, \\ 0, \quad 其他, \end{cases}$　而 $E(X)=\dfrac{a+b}{2}$,方差为

$$D(X)=E(X^2)-[E(X)]^2=\int_a^b x^2\frac{1}{b-a}\mathrm{d}x-(\frac{a+b}{2})^2=\frac{(b-a)^2}{12}$$

例 5　设随机变量 X 服从指数分布,其概率密度为 $f(x)=\begin{cases} \dfrac{1}{\theta}\mathrm{e}^{-x/\theta}, x > 0, \\ 0, \quad x \leqslant 0. \end{cases}$

其中 $\theta > 0$,求 $E(X), D(X)$.

解　$E(X)=\int_{-\infty}^{\infty} xf(x)\mathrm{d}x=\int_0^{\infty} x-\frac{1}{\theta}\mathrm{e}^{-x/\theta}\mathrm{d}x=-x\mathrm{e}^{-x/\theta}\Big|_0^{\infty}+\int_0^{\infty}\frac{1}{\theta}\mathrm{e}^{-x/\theta}\mathrm{d}x=\theta$

$E(X^2)=\int_{-\infty}^{\infty} x^2 f(x)\mathrm{d}x=\int_0^{\infty} x^2\frac{1}{\theta}\mathrm{e}^{-x/\theta}\mathrm{d}x=-x^2\mathrm{e}^{-x/\theta}\Big|_0^{\infty}+\int_0^{\infty} 2x\frac{1}{\theta}\mathrm{e}^{-x/\theta}\mathrm{d}x=2\theta^2$

于是 $D(X)=E(X^2)-[E(X)]^2=2\theta^2-\theta^2=\theta^2$.

即有 $E(X=\theta), D(X)=\theta^2$.

例 6　若连续型随机变量 X 的概率密度是 $f(x)=\begin{cases} ax^2+bx+c, & 0 < x < 1, \\ 0, & 其他. \end{cases}$

已知 $E(X)=0.5, D(X)=0.15$,求系数 a,b,c.

解　$\because \int_{-\infty}^{+\infty} f(x)\mathrm{d}x=1, \therefore \int_0^1 (ax^2+bx+c)\mathrm{d}x=1$,即

$$\frac{1}{3}a+\frac{b}{2}+c=1 \qquad (1)$$

$\because E(X)=0.5, \therefore \int_0^1 x(ax^2+bx+c)\mathrm{d}x=0.5$，

即

$$\frac{1}{4}a+\frac{1}{3}b+\frac{1}{2}c=0.5 \tag{2}$$

$\because D(X)=0.15, E(X)=0.5, \therefore E(X^2)=0.4$，

即

$$\int_0^1 x^2(ax^2+bx+c)\mathrm{d}x=\frac{1}{5}a+\frac{1}{4}b+\frac{1}{3}c=0.4 \tag{3}$$

解由式(1)、式(2)、式(3)所组成的关于 a,b,c 的方程组，得到：

$$a=12, b=-12, c=3$$

例 7　设 $X \sim N(\mu,\sigma^2)$，求 $E(X)$，$D(X)$.

解　先求标准正态变量 $Z=\dfrac{X-\mu}{\sigma}$ 的数学期望和方差.

因为 Z 的概率密度为 $\varphi(t)=\dfrac{1}{\sqrt{2\pi}}\mathrm{e}^{-\frac{t^2}{2}}$，所以

$$E(Z)=\frac{1}{\sqrt{2\pi}}\int_{-\infty}^{+\infty} t\mathrm{e}^{-t^2/2}\mathrm{d}t=\frac{-1}{\sqrt{2\pi}}\mathrm{e}^{-t^2/2}\Big|_{-\infty}^{+\infty}=0$$

$$D(Z)=E(Z^2)\frac{1}{\sqrt{2\pi}}\int_{-\infty}^{+\infty} t\mathrm{e}^{-t^2/2}\mathrm{d}t=\frac{-1}{\sqrt{2\pi}}\mathrm{e}^{-t^2/2}\Big|_{-\infty}^{+\infty}+\frac{1}{\sqrt{2\pi}}\int_{-\infty}^{+\infty}\mathrm{e}^{-t^2/2}\mathrm{d}t=1$$

因 $X=\mu+\sigma Z$，即得 $E(X)=E(\mu+\sigma Z)=\mu+\sigma E(Z)=\mu+\sigma\cdot 0=\mu$；

$$\begin{aligned} D(X)&=D(\mu+\sigma Z)=E\{[\mu+\sigma Z-E(\mu+\sigma Z)]^2\} \\ &=E(\sigma^2 Z^2)=\sigma^2 E(Z^2)=\sigma^2 D(Z)=\sigma^2 \end{aligned}$$

这就是说，正态分布的概率密度中的两个参数 μ 和 σ 分别就是该分布的数学期望和均方差，因而正态分布完全可由它的数学期望和方差所确定.

【思考与练习】

1. 随机变量的密度函数为 $f(X)=\begin{cases} 3(x-1)^2, & 1\leqslant x\leqslant 2, \\ 0, & \text{其他}, \end{cases}$ 求：(1) $P(1.5<x<2.5)$；(2) $E(X)$；(3) $D(X)$.

2. $X \sim B(n,p)$，$EX=2.4$，$DX=1.44$ 求：n,p.

3. 随机变量的分布密度为：$f(X)=\begin{cases} \dfrac{2x}{\pi^2}, & 0\leqslant x\leqslant \pi \\ 0, & \text{其他} \end{cases}$，求：$D(2-3\xi)$.

4. 设随机变量服从几何分布，其分布律为 $P(X=k)=p(1-p)^{k-1}(k=1,2,\cdots)$，其中 $0<p<1$ 是常数. 求 $E(X)$，$D(X)$.

项目 11　数理统计初步

数理统计运用概率论的基本理论，对于所要研究的随机现象进行部分试验，根据得到的数据资料，对随机现象整体的某些统计特征进行估计或推断，是一门应用性很强的学科. 本项目包含：数理统计的基本概念及常用统计分布、参数估计、假设检验等三个任务.

任务 1　数理统计的基本概念及常用统计分布

【学习目标】

了解总体与个体、样本等基本概念，熟悉常用的统计量和统计量分布.

【工作任务】

（1）总体、个体、样本.

（2）统计量和统计量的分布.

【相关知识】

一、总体、个体、样本

1. 总体、个体的概念

在一个统计问题中，把研究对象的全体组成的集合称为**总体**，组成总体的每个元素称为**个体**.

例如，考察一灯泡厂在某天生产的灯泡的质量，则该天生产的所有灯泡就是总体，每个灯泡就是个体.

关于总体、个体的概念，应该注意两点：

（1）我们所要研究的对象是就其某个数量指标而言的. 如灯泡的质量，主要指其使用寿命（小时数）. 所以，上例中的总体实际上是指所有灯泡的使用寿命（小时数）的全体，而个体是每个灯泡的使用寿命（小时数）.

（2）总体是随机变量. 例如，一个灯泡厂同一天所生产的灯泡，由于受各种因素的影响，每个灯泡的使用寿命各不相同. 若用 X 表示灯泡的使用寿命，则 X 就是随机变量. 所以总体是随机变量可能取值的全体. 即总体是一个随机变量.

2. 样本

为推断总体的分布及各种特征，按一定的规则从总体中抽取若干个体进行观察试验，以获得有关总体的信息. 这一抽取过程称为“抽样”. 所抽取的部分个体称为**样本**. 通常记为

$$(X_1, X_2, \cdots, X_n)$$

样本中所包含的个体数目 n 称为**样本容量**.

容量为 n 的样本可以看作 n 维随机变量. 但是，一旦取定一组样本，得到的就是 n 个具体的数 $(x_1, x_2, \cdots, x_n)$，称此为样本的一次**观察值**，简称**样本值**.

为了使样本能很好地反映总体的情况，当然应该要求总体中每一个个体被抽到的可能性是均等的，并且在抽取一个个体后总体的成分不改变. 这种抽取个体的方法称为**简单随机抽样**. 被抽出的部分个体，叫作总体的一个**简单随机样本**（简称为**样本**）.

二、统计量和统计量的分布

1. 常用统计量

样本是总体的代表，是统计推断的依据. 在应用时，往往不是直接使用样本本身，而是针对不同的问题构造样本的函数，来进行统计推断.

设 $(X_1, \cdots, X_n)$ 为来自总体 X 的样本，称不含任何总体未知参数的样本的函数 $U(X_1, \cdots, X_n)$ 为**统计量**.

设 $x_1, x_2, \cdots, x_n$ 是相应于样本 $X_1, \cdots, X_n$ 的样本值，则称 $U(x_1, x_2, \cdots, x_n)$ 是统计量 $U(X_1, \cdots, X_n)$ 的观测值.

在统计推断中，常用到以下几个统计量：

(1) 样本平均数：$\overline{X} = \dfrac{1}{n}\sum\limits_{i=1}^{n} X_i$；

(2) 样本方差：$S^2 = \dfrac{1}{n-1}\sum\limits_{i=1}^{n} (X_i - \overline{X})^2$；

(3) 样本 k 阶原点距：$A_k = \dfrac{1}{n}\sum\limits_{i=1}^{n} X_i^k, k = 1, 2, \cdots$. 显然 $A_1 = \overline{X}$；

(4) 样本 k 阶中心距：$B_k = \dfrac{1}{n}\sum\limits_{i=1}^{n} (X_i - \overline{X})^k, k = 2, 3, \cdots$. 显然，$B_2 = \dfrac{n-1}{n}S^2$.

实际应用中，当给出样本的一组观测值 $(x_1, \cdots, x_n)$ 时，则容易求出上述统计量的观测值.

2. 常用统计分布

设随机变量 X 的分布函数为 $F(x)$，对给定的实数 $\alpha(0 < \alpha < 1)$，若实数 F_α 满足不等式

$$P\{X > F_\alpha\} = \alpha$$

则称 F_α 为随机变量 X 的分布的水平 α 的**上侧分位数**.

若实数 T_α 满足不等式

$$P\{|X| > T_\alpha\} = \alpha$$

则称 T_α 为随机变量 X 的分布的水平 α 的**双侧分位数**.

(1)χ^2 分布

设 $X_1, X_2, \cdots, X_n$ 是取自总体 $N(0,1)$ 的样本,则称统计量

$$\chi^2 = X_1^2 + X_2^2 + \cdots + X_n^2$$

服从**自由度为 n 的 χ^2 分布**,记作 $\chi^2 \sim \chi^2(n)$.

这里,自由度是指上述统计量中所含独立变量的个数.

$\chi^2(n)$ 分布的概率密度:

$$f(x) = \begin{cases} \dfrac{1}{2^{n/2}\Gamma(n/2)} x^{\frac{n}{2}-1} e^{-\frac{1}{2}x}, & x > 0 \\ 0, & x \leqslant 0 \end{cases}$$

其中 $\Gamma(\cdot)$ 为 Gamma 函数 $\Gamma(s) = \int_0^{+\infty} x^{s-1} e^{-x} dx (s > 0)$,图 11-1-1 分别是 $n = 1, n = 5$ 和 $n = 15$ 的 χ^2 分布的密度函数图形.

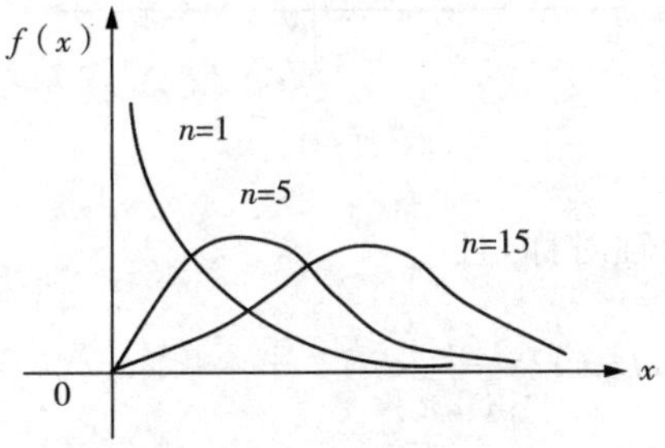

图 11-1-1

χ^2 分布具有如下性质:

性质 1　若 $\chi^2 \sim \chi^2(n)$,则 $E(\chi^2) = n, D(\chi^2) = 2n$.

性质 2　若 $\chi_1^2 \sim \chi^2(m), \chi_2^2 \sim \chi^2(n)$,且 χ_1^2, χ_2^2 相互独立,则 $\chi_1^2 + \chi_2^2 \sim \chi^2(m+n)$.

性质 3　设 $X \sim N(\mu, \sigma^2), X_1, X_2, \cdots, X_n$ 是总体 X 的样本,若

$$\frac{1}{\sigma^2}\sum_{i=1}^{n}(X_i - \mu)^2 \sim \chi^2(n)$$

则 $\dfrac{X_i - \mu}{\sigma} \sim N(0,1)$.

设 $\chi^2 \sim \chi^2(n)$,对给定的实数 $\alpha(0 < \alpha < 1)$,称满足条件

$$P\{\chi^2 > \chi_\alpha^2(n)\} = \int_{\chi_\alpha^2(n)}^{+\infty} f(x) dx = \alpha$$

的点 $\chi_{\alpha}^{2}(n)$ 为 $\chi^{2}(n)$ 分布的**水平 α 的上侧分位数**. 简称为**上侧 α 分位数**. 对不同的 α 与 n,分位数的值已经编制成表供查用(参见附录).

(2)t 分布

设 $X \sim N(0,1)$,$Y \sim \chi^{2}(n)$,且 X 与 Y 相互独立,则称随机变量

$$t=\frac{X}{\sqrt{Y/n}}$$

服从自由度为 n 的 t **分布**,记作 $t \sim t(n)$,其概率密度为:

$$f(x)=\frac{\Gamma[(n+1)/2]}{\sqrt{\pi n}\Gamma(n/2)}\left(1+\frac{x^{2}}{n}\right)^{-\frac{n+1}{2}},-\infty<t<+\infty$$

如图 11-1-2 所示,分别是 $n=1$,$n=4$ 和 $n=10$ 的 t 分布的密度函数图形.

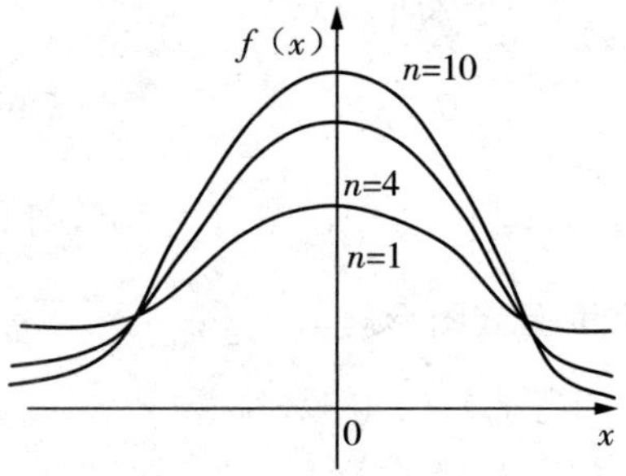

图 11-1-2

$f(x)$ 的图形关于 y 轴对称,且

$$\lim_{n\to\infty}f(x)=\frac{1}{\sqrt{2\pi}}\mathrm{e}^{-\frac{x^{2}}{2}},-\infty<x<+\infty$$

设 $t \sim t(n)$,对于给定正数 $\alpha(0<\alpha<1)$,称满足条件

$$P\{t>t_{\alpha}(n)\}=\alpha$$

的点 $t_{\alpha}(n)$ 为 $t(n)$ 分布的**上侧 α 分位数**,且有

$$-t_{\alpha}(n)=t_{1-\alpha}(n),t_{\alpha}(n)\approx u_{\alpha}$$

类似地,我们可以给出 t 分布的**双侧分位数**

$$P\{|T|>t_{\alpha/2}(n)\}=\int_{-\infty}^{-t_{\alpha/2}(n)}f(x)\mathrm{d}x+\int_{t_{\alpha/2}(n)}^{+\infty}f(x)\mathrm{d}x=\alpha$$

显然有

$$P\{T>t_{\alpha/2}(n)\}=\frac{\alpha}{2},P\{T<-t_{\alpha/2}(n)\}=\frac{\alpha}{2}$$

对不同的 α 与 n,t 分布的双侧分位数可从附表查得.

下面介绍来自正态总体的样本均值与样本方差的抽样分布. 这是参数估计与

假设检验的基础.我们不加证明地给出如下结论:

定理 1　设总体 $X\sim N(\mu,\sigma^2)$,$X_1,X_2,\cdots,X_n$ 为来自总体 X 的样本,则

$$\overline{X}=\frac{1}{n}\sum_{i=1}^{n}X_i\sim N\left(\mu,\frac{\sigma^2}{n}\right),\frac{\overline{X}-\mu}{\sigma/\sqrt{n}}\sim N(0,1)$$

定理 2　设 $X_1,\cdots,X_n$ 是来自正态总体 $N(\mu,\sigma^2)$ 的一个样本,则

$$\frac{1}{\sigma^2}\sum_{i=1}^{n}(X_i-\mu)^2\sim\chi^2(n)$$

定理 3　设 $X_1,\cdots,X_n$ 是来自正态总体 $N(\mu,\sigma^2)$ 的一个样本,则样本均值 $\overline{X}$ 与样本方差 $S^2=\frac{1}{n-1}\sum_{i=1}^{n}(X_i-\overline{X})^2$ 相互独立,且有

$$\frac{(n-1)S^2}{\sigma^2}\sim\chi^2(n-1)$$

定理 4　设 $X_1,\cdots,X_n$ 是来自正态总体 $N(\mu,\sigma^2)$ 的一个样本,$\overline{X}$ 与 S^2 分别为样本均值与样本方差,则有

$$\frac{\overline{X}-\mu}{S/\sqrt{n}}\sim t(n-1)$$

【相关实践】

例　从总体 $N(52,6.3^2)$ 中随机抽取一容量为 36 的样本,求样本均值 $\overline{X}$ 落在 50.8 到 53.8 之间的概率.

解　这里 $n=36,\mu=52,\sigma=6.3$.由 $\frac{\overline{X}-\mu}{\sigma/\sqrt{n}}\sim N(0,1)$,即 $u=\frac{\overline{X}-52}{6.3}\times 6\sim N(0,1)$ 得所求概率为

$$P\{50.8<\overline{X}<53.8\}=P\left\{\frac{50.8-52}{6.3}\times 6<\frac{\overline{X}-52}{6.3}\times 6<\frac{53.8-52}{6.3}\times 6\right\}$$

$$=P\{-1.14<u<1.71\}=\Phi(1.71)-\Phi(-1.14)$$

$$=\Phi(1.71)+\Phi(1.14)-1=0.9564+0.8729-1=0.8293$$

【思考与练习】

1.从总体 X 中任意抽取一个容量为 10 的样本,样本值为

4.5　2.0　1.0　1.5　3.5　4.5　6.5　5.0　3.5　4.0

试分别计算样本均值 $\overline{X}$ 及样本方差 s^2.

2.设总体 X 服从正态分布 $N(10,3^2)$,$X_1,X_2,\cdots,X_6$ 是它的一组样本,$\overline{X}=\frac{1}{6}\sum_{i=1}^{6}X_i$,

(1) 写出 $\overline{X}$ 所服从的分布;(2) 求 $\overline{X}>11$ 的概率.

3. 查表求标准正态分布的下列上侧分位数:$u_{0.4}$,$u_{0.2}$,$u_{0.1}$ 与 $u_{0.05}$.

4. 查表求 χ^2 分布的下列上侧分位数:$\chi^2_{0.95}(5)$,$\chi^2_{0.05}(5)$,$\chi^2_{0.99}(10)$,$\chi^2_{0.01}(10)$.

5. 查表求 t 分布的下列上侧分位数:$t_{0.05}(3)$,$t_{0.01}(5)$,$t_{0.10}(7)$.

任务 2　参数估计

【学习目标】

掌握参数估计的两种方法:点估计和区间估计.

【工作任务】

(1) 点估计.

(2) 区间估计.

【相关知识】

在实际问题中,当所研究的总体分布类型已知,有时我们比较关心总体的某些数字特征(也称参数),例如均值和方差. 如何根据样本来估计未知参数,这就是参数估计问题.

本任务介绍参数估计的两种方法:点估计和区间估计. 所谓点估计就是用一个样本观测值作为总体未知参数的估计值;区间估计就是对于未知参数给出一个范围,并且在一定的可靠度下使这个范围包含未知参数的真值.

一、点估计

设 $X_1,X_2,\cdots X_n$ 是取自总体 X 的一个样本,$x_1,x_2,\cdots,x_n$ 是相应的一组样本值. θ 是总体分布中的未知参数. 为估计未知参数 θ,需构造一个适当的统计量

$$\hat{\theta}(X_1,X_2,\cdots,X_n)$$

然后用其观察值

$$\hat{\theta}(x_1,x_2,\cdots,x_n)$$

来估计 θ 的值. $\hat{\theta}(X_1,X_2,\cdots,X_n)$ 称为 θ 的**估计量**;$\hat{\theta}(x_1,x_2,\cdots,x_n)$ 称为 θ 的**估计值**. 估计量与估计值统称为**点估计**,简称为**估计**,并简记为 $\hat{\theta}$.

分别用样本均值和样本方差的观测值 $\overline{X}$ 和 S^2,作为总体均值 μ 和总体方差 σ^2 的估计值,即 $\hat{\mu}=\overline{X}$,$\hat{\sigma}^2=S^2$,这就是**点估计**. 其中 $\overline{X}$ 和 S^2 称为**估计量**,μ 和 σ^2 称为**被估计量**.

对同一个参数,用不同的方法进行估计会得到不同的估计量,因而有必要建立评价估计量好坏的标准. 下面介绍一个评价估计量好坏的标准 —— 无偏性.

定义　设 $\hat{\theta}(X_1,X_2,\cdots,X_n)$ 是未知参数 θ 的估计量,若 $E(\hat{\theta})=\theta$,则称 $\hat{\theta}$ 为 θ 的

无偏估计量.

定理　设 $X_1,X_2,\cdots,X_n$ 是取自总体 X 的样本，总体 X 的均值为 μ，方差为 σ^2，则

(1) 样本均值 $\overline{X}$ 是 μ 的无偏估计量；

(2) 样本方差 S^2 是 σ^2 的无偏估计量.

二、区间估计

点估计虽然给出了总体的待估参数 q 的一个估计值 $\hat{\theta}$，但它却没有告诉我们估计值 $\hat{\theta}$ 与参数 q 的接近精度和可信程度. 对于总体的待估参数 q，人们希望给出一个区间，使参数 q 以一定的概率落在此区间内，这就是区间估计.

所谓**区间估计**，就是根据样本确定两个统计量 θ_1 和 θ_2，使得区间 $[\theta_1,\theta_2]$ 以给定的概率包含被估计量 θ，即

$$P(\theta_1\leqslant\theta\leqslant\theta_2)=1-\alpha$$

其中，α 是给定的常数，称为**显著性水平**，一般为 0.01，0.05，0.1 等，$1-\alpha$ 称为**置信水平或置信度**，区间 $[\theta_1,\theta_2]$ 称为 θ 的置信水平为 $1-\alpha$ 的**置信区间**.

由于样本是随机抽取的，观测值不同，置信区间也就不同，所以置信区间是随机区间. 区间估计就是用随机区间去估计未知参数. 虽然区间估计也是近似估计，但给出了判断估计的可靠程度.

下面介绍正态总体的均值和方差的区间估计.

1. 已知方差，对均值的区间估计

设总体 $X\sim N(\mu,\sigma^2)$，σ^2 已知，对均值 μ 做区间估计的具体步骤如下：

(1) 构造统计量，并确定其分布：

$$u=\frac{\overline{X}-\mu}{\sigma/\sqrt{n}}\sim N(0,1)$$

(2) 对于给定的显著性水平 α，查正态分布表找出一个临界值 $u_{\frac{\alpha}{2}}$，使得

$$P\left(\left|\frac{\overline{X}-\mu}{\sigma/\sqrt{n}}\right|\leqslant u_{\frac{\alpha}{2}}\right)=1-\alpha$$

(3) 从上式解出 μ，得

$$P\left(\overline{X}-u_{\frac{\alpha}{2}}\frac{\sigma}{\sqrt{n}}\leqslant\mu\leqslant\overline{X}+u_{\frac{\alpha}{2}}\frac{\sigma}{\sqrt{n}}\right)=1-\alpha$$

从而得到 μ 的置信水平为 $1-\alpha$ 的置信区间

$$\left(\overline{X}-u_{\frac{\alpha}{2}}\frac{\sigma}{\sqrt{n}},\overline{X}+u_{\frac{\alpha}{2}}\frac{\sigma}{\sqrt{n}}\right)\qquad(11-2-1)$$

需要注意，如果总体不是正态分布，但样本容量较大，也可用上述方法把

$\left(\overline{X}-u_{\frac{\alpha}{2}}\dfrac{\sigma}{\sqrt{n}},\overline{X}+u_{\frac{\alpha}{2}}\dfrac{\sigma}{\sqrt{n}}\right)$ 作为 μ 的置信区间.

2. 未知方差，对均值的区间估计

未知方差，对均值做区间估计的具体步骤如下：

(1) 构造统计量，并确定其分布：

$$t=\frac{\overline{X}-\mu}{S}\sqrt{n-1}\sim t(n-1)$$

(2) 对于给定的显著性水平 α，查 t 分布表得自由度为 $n-1$ 的临界值 $t_{\frac{\alpha}{2}}$，使得

$$P\left(\left|\frac{\overline{X}-\mu}{S}\sqrt{n-1}\right|\leqslant t_{\frac{\alpha}{2}}\right)=1-\alpha$$

(3) 从上式解出 μ，得

$$P\left(\overline{X}-t_{\frac{\alpha}{2}}\frac{S}{\sqrt{n-1}}\leqslant\mu\leqslant\overline{X}+t_{\frac{\alpha}{2}}\frac{S}{\sqrt{n-1}}\right)=1-\alpha$$

从而得到 μ 的置信水平为 $1-\alpha$ 的置信区间

$$\left(\overline{X}-t_{\frac{\alpha}{2}}\frac{S}{\sqrt{n-1}},\overline{X}+t_{\frac{\alpha}{2}}\frac{S}{\sqrt{n-1}}\right)\qquad(11-2-2)$$

3. 对总体方差的区间估计

对总体方差进行区间估计的具体步骤如下：

(1) 构造统计量，并确定其分布：

$$\chi^2=\frac{(n-1)S^2}{\sigma^2}\sim\chi^2(n-1)$$

(2) 对于给定的置信水平 $1-\alpha$，查 χ^2 分布表得自由度为 $n-1$ 的临界值 $\chi^2_{1-\frac{\alpha}{2}}$ 和 $\chi^2_{\frac{\alpha}{2}}$，使得

$$P\left\{\chi^2_{1-\alpha/2}(n-1)<\frac{(n-1)S^2}{\sigma^2}<\chi^2_{\alpha/2}(n-1)\right\}=1-\alpha$$

(3) 从上式中解出 σ^2，得

$$P\left(\frac{(n-1)S^2}{\chi^2_{\frac{\alpha}{2}}}<\sigma^2<\frac{(n-1)S^2}{\chi^2_{1-\frac{\alpha}{2}}}\right)=1-\alpha$$

从而得到 σ^2 的置信水平为 $1-\alpha$ 的置信区间为

$$\left(\frac{(n-1)S^2}{\chi^2_{\frac{\alpha}{2}}},\frac{(n-1)S^2}{\chi^2_{1-\frac{\alpha}{2}}}\right)\qquad(11-2-3)$$

【相关实践】

例 1　设某种零件的长度(以 cm 记) $X\sim N(\mu,\sigma^2)$. 随机地取 8 只零件测得其长度分别为

37.0　37.4　38.0　37.3　38.1　37.1　37.6　37.9

试求参数 μ,σ^2 的点估计.

解　由于 $X\sim N(\mu,\sigma^2)$，$\mu=E(X)$，$\sigma^2=D(X)$，故可以分别用样本均值 $\overline{X}$ 和样本方差 S^2 作为 μ,σ^2 的点估计. 因

$$\overline{X}=(37.0+37.4+\cdots+37.9)/8=37.55$$

$$S^2=\sum_{i=1}^{8}(x_i-\overline{X})^2/7=0.17$$

所以 $\hat{\mu}=37.55(\text{cm})$，$\hat{\sigma}^2=0.17(\text{cm}^2)$.

例 2　在一化学制品厂随机地选择 10 天测得其日产量为

776　810　790　788　822　806　795　807　812　791

试以该样本估计这个工厂的日产量的平均值 μ 与标准差 σ.

解　日产量的样本平均值与样本标准差分别为

$$\overline{X}=\frac{1}{10}(776+810+\cdots+791)=799.7$$

$$\sigma=\sqrt{\frac{1}{9}\sum_{i=1}^{10}(x_i-\overline{X})^2}=13.897$$

故得 μ 与 σ 的点估计 $\hat{\mu}=799.7$(吨)，$\hat{\sigma}=13.897$(吨).

例 3　某棉区 36 个单行的皮棉平均产量为 $\overline{X}=4.1\text{kg}$，已知 $\sigma=0.09\text{kg}$，如果皮棉产量服从正态分布，求该棉区单行皮棉产量的置信水平为 0.99 的置信区间.

解　这里 $1-\alpha=0.99$，从而 $\alpha/2=0.005$. 查正态分布表得临界值 $u_{0.005}=2.58$. 根据式(11-2-1)，得单行皮棉产量的置信水平为 0.99 的置信区间为(4.06，4.14).

例 4　有一大批糖果. 现从中随机地取 16 袋，称得重量(以克计)如下：

506　508　499　503　504　510　497　512

514　505　493　496　506　502　509　496

设袋装糖果的重量服从正态分布，试求总体均值 μ 的置信水平为 0.95 的置信区间.

解　这里 $1-\alpha=0.95$，$\alpha/2=0.025$，$n=16$. 由所给数据算得

$$\overline{X}=503.75,\ S=6.2022$$

查 t 分布表得临界值 $t_{0.025}(15)=2.1315$. 于是由式(11-2-2)得总体均值 μ 的置信水平为 0.95 的置信区间为(500.4，507.1).

例 5　试求例 4 中总体方差 σ^2 的置信水平为 0.95 的置信区间.

解　这里 $\frac{\alpha}{2}=0.025$，$1-\frac{\alpha}{2}=0.975$，$n-1=15$. 查 χ^2 分布表得自由度为 15 的

临界值 $\chi^2_{0.025}(15)=27.488$，$\chi^2_{0.975}(15)=6.262$，则由式(11-2-3)，得总体方差 σ^2 的置信水平为 0.95 的置信区间为(3.38，14.86).

【思考与练习】

1. 某旅行社为调查当地旅游者的平均消费额，随机访问了 100 名旅游者，得知平均消费额 $\overline{X}=80$ 元，根据经验，已知旅游者的消费额服从正态分布，且标准差 $\sigma=12$ 元，求该地旅游者平均消费额 μ 的置信度为 95% 的置信区间.

2. 某旅行社随机访问了 25 名旅游者，得知平均消费额 $\overline{X}=80$ 元，样本标准差 $\sigma=12$ 元，已知旅游者的消费额服从正态分布，求该地旅游者平均消费额 μ 的置信度为 95% 的置信区间.

3. 为考察某大学成年男性的胆固醇水平，现抽取了样本容量为 25 的一个样本，并测得样本均值 $\overline{X}=186$，样本标准差 $S=12$. 假定所论胆固醇水平 $X\sim N(\mu,\sigma^2)$，μ 与 σ^2 均未知，试分别求出 μ 以及 σ 的 90% 置信区间.

4. 一批产品中含有废品，从中随机地抽取 60 件，发现废品 4 件，试用点估计法估计这批产品的废品率.

任务 3　假设检验

【学习目标】

理解假设检验的基本原理，掌握正态总体的假设检验方法.

【工作任务】

(1) 假设检验的基本原理.

(2) 正态总体的假设检验.

【相关知识】

统计推断的另一类重要问题是假设检验. 在总体分布未知或虽知其类型但含有未知参数的时候，为推断总体的某些未知特性，提出某些关于总体的假设. 我们需要根据样本所提供的信息以及运用适当的统计量，对提出的假设做出接受或拒绝的决策，假设检验是做出这一决策的过程.

一、假设检验的基本原理

设一箱中有红白两种颜色的球共 100 个，甲说这里有 98 个白球，乙从箱中任取一个，发现是红球，问甲的说法是否正确？

先作假设 H_0：箱中确有 98 个白球.

如果假设 H_0 正确，则从箱中任取一个球是红球的概率只有 0.02，是小概率事件. 通常认为在一次随机试验中，概率小的事件不易发生，因此，若乙从箱中任取一个，发现是白球，则没有理由怀疑假设的正确性. 乙从箱中任取一个，发现是红球，即小概率事件竟然在一次试验中发生了，故有理由拒绝假设 H_0，即认为甲的说法不正确.

假设检验的基本思想实质上是带有某种概率性质的反证法.为了检验一个假设 H_0 是否正确，首先假定该假设 H_0 正确，然后根据抽取到的样本对假设 H_0 做出接受或拒绝的决策.如果样本观察值导致了不合理的现象发生，就应拒绝假设 H_0，否则应接受假设 H_0.

假设检验中所谓的"不合理"，并非逻辑中的绝对矛盾，而是基于人们在实践中广泛采用的原则，即小概率事件在一次试验中几乎是不发生的.但概率小到什么程度才能算作"小概率事件"？显然，小概率事件的概率越小，否定原假设就越有说服力.常记这个概率值为 $\alpha(0<\alpha<1)$，称为**检验的显著性水平**.对不同的问题，检验的显著性水平 α 不一定相同，但一般应取为较小的值，如 0.1，0.05 或 0.01 等.

在假设检验问题中，把要检验的假设 H_0 称为**原假设**.

二、正态总体的假设检验

1. 已知方差 σ^2，检验 $H_0:\mu=\mu_0$

设总体 $X\sim N(\mu,\sigma^2)$，其中总体方差 σ^2 已知，$X_1,X_2,\cdots,X_n$ 是取自总体 X 的一个样本，$\overline{X}$ 为样本均值.对正态总体的均值的假设检验的具体步骤如下：

(1) 提出原假设 $H_0:\mu=\mu_0$；

(2) 构造统计量，并确定其分布

$$u=\frac{\overline{X}-\mu_0}{\sigma/\sqrt{n}}\sim N(0,1)$$

(3) 在给定显著性水平 α 的条件下，由 $P(|u|\geqslant u_{\alpha/2})=\alpha$ 查正态分布表确定临界值 $u_{\alpha/2}$；

(4) 由样本值算出统计量 u 的观测值 u_0；

(5) 做出决定：

当 $|u_0|\geqslant u_{\alpha/2}$ 时，拒绝原假设，

当 $|u_0|<u_{\alpha/2}$ 时，接受原假设.

这种检验法称为 **u 检验法**.

2. 未知方差 σ^2，检验 $H_0:\mu=\mu_0$

设总体 $X\sim N(\mu,\sigma^2)$，其中总体方差 σ^2 未知，$X_1,X_2,\cdots,X_n$ 是取自 X 的一个样本，$\overline{X}$ 与 S^2 分别为样本均值与样本方差.对正态总体数学期望的假设检验的具体步骤如下：

(1) 提出原假设 $H_0:\mu=\mu_0$；

(2) 构造统计量，并确定其分布

$$T=\frac{\overline{X}-\mu_0}{S/\sqrt{n}}\sim t(n-1)$$

(3) 在给定显著性水平 α 的条件下，由 $P\{|T| \geqslant t_{\alpha/2}(n-1)\}=\alpha$ 查自由度为 $n-1$ 确定临界值 $t_{\alpha/2}$；

(4) 由样本值算出统计量 T 的值 T_0；

(5) 做出决定：

当 $|T_0| \geqslant t_{\alpha/2}$ 时，拒绝原假设，

当 $|T_0| < t_{\alpha/2}$ 时，接受原假设.

这种检验法称为 t **检验法**.

3. 未知 μ，检验 $H_0:\sigma^2=\sigma_0^2$；

这种情形时，检验的具体步骤如下：

(1) 提出原假设 $H_0:\sigma^2=\sigma_0^2$；

(2) 构造统计量，并确定其分布

$$\chi^2=\frac{n-1}{\sigma_0^2}S^2 \sim \chi^2(n-1)$$

(3) 对于给定的显著性水平 α，由

$$P\{\chi^2 \geqslant \chi^2_{\frac{\alpha}{2}}(n-1)\}=\frac{\alpha}{2} \text{ 和 } P\{\chi^2 \geqslant \chi^2_{\frac{\alpha}{2}}(n-1)\}=\frac{\alpha}{2}$$

查自由度为 $n-1$ 的 χ^2 分布表确定临界值 $\chi^2_{1-\alpha/2}(n-1)$，$\chi^2_{\alpha/2}(n-1)$；

(4) 根据样本值算出 χ^2 的观测值 χ_0^2；

(5) 判断当 $\chi^2 \geqslant \chi^2_{\alpha/2}(n-1)$ 或 $\chi^2 \leqslant \chi^2_{1-\alpha/2}(n-1)$ 时，拒绝原假设 H_0；否则，接受原假设.

这种检验法称为 χ^2 **检验法**.

例 1　由经验知某零件的重量 $X \sim N(\mu,\sigma^2)$，$\mu=15$，$\sigma=0.05$；技术革新后，抽出 6 个零件，测得重量为(单位：克)：

14.7　15.1　14.8　15.0　15.2　14.6

已知方差不变，试统计推断，平均重量是否仍为 15 克？($\alpha=0.05$)

解　这是一个方差已知，正态总体的均值检验. 用 u 检验法.

(1) 假设 $H_0:\mu=0.5$；

(2) 构造统计量，并确定其分布

$$u=\frac{\overline{X}-\mu_0}{\sigma/\sqrt{n}} \sim N(0,1)$$

(3) 在 $\alpha=0.05$ 的条件下，由 $P(|u| \geqslant u_{0.025})=0.05$ 查正态分布表得临界值 $u_{0.025}=1.96$；

(4) 由样本值算出统计量 u 的值

$$u_0=\frac{14.9-15}{0.05/\sqrt{6}}=-4.9$$

(5) 因为 $|u_0|=4.9>u_{0.025}=1.96$，拒绝原假设，即在 0.05 的显著性水平下，可以否认零件的平均重量为 15 克.

例 2　化工厂用自动包装机包装化肥，每包重量服从正态分布，额定重量为 100 公斤. 某日开工后，为了确定包装机这天的工作是否正常，随机抽取 9 袋化肥，称得平均重量为 99.978，均方差为 1.212，能否认为这天的包装机工作正常？($\alpha=0.1$)

解　这是一个方差未知，正态总体的均值检验. 用 t 检验法.

假设 $H_0:\mu=100$. 由题设，$\overline{X}=99.978$，$S=1.212$，$n=9$. 计算统计量 $T=\dfrac{\overline{X}-\mu}{S/\sqrt{n}}$ 的绝对值，得

$$|T_0|=\left|\frac{99.978-100}{1.212/\sqrt{9}}\right|=0.0545$$

查 t 分布表，自由度为 $9-1=8$ 的临界值 $t_{0.05}(8)=1.86$. 因为 $0.0545<1.86$，所以接受原假设，即认为这天的包装机工作正常.

例 3　某炼铁厂的铁水含碳量 X 在正常情况下服从正态分布，现对工艺进行了某些改进，从中抽取 5 炉铁水测得含碳量如下：

4.421，4.052，4.357，4.287，4.683

据此是否可判断新工艺炼出的铁水含碳量的方差仍为 0.108^2？($\alpha=0.05$)

解　这是一个均值未知，正态总体的方差检验，用 χ^2 检验法.

假设 $H_0:\sigma^2=0.108^2$. 对于给定的显著性水平 $\alpha=0.05$，自由度为 $5-1=4$，查 χ^2 分布表经计算得 $\chi^2_{0.975}(4)=0.048$，$\chi^2_{0.025}(4)=11.14$. 经计算得 χ^2 统计量的观测值为 17.8543，因为 $17.8543>11.14$，所以拒绝原假设. 即可判断新工艺炼出的铁水含碳量的方差不是 0.108^2.

【思考与练习】

1. 有一工厂生产一种灯管，已知灯管的寿命 X 服从正态分布 $N(\mu,40000)$，根据以往的生产经验，知道灯管的平均寿命不会超过 1500 小时. 为了提高灯管的平均寿命，工厂采用新的工艺. 为了弄清楚新工艺是否真的能提高灯管的平均寿命，他们测试了采用新工艺生产的 25 只灯管的寿命，其平均值是 1575 小时. 尽管样本的平均值大于 1500 小时，试问：可否由此判定这恰是新工艺的效应，而非偶然的原因使得抽出的这 25 只灯管的平均寿命较长呢？(显著性水平 $\alpha=0.05$)

2. 水泥厂用自动包装机包装水泥，每袋额定重量是 50kg，某日开工后随机抽查了 9 袋，称得重量如下：

49.6　49.3　50.1　50.0　49.2　49.9　49.8　51.0　50.2

设每袋重量服从正态分布，问包装机工作是否正常？($\alpha = 0.05$)

3. 某厂生产的某种型号的电池，其寿命(以小时记)长期以来服从方差 $\sigma^2 = 5000$ 的正态分布. 现有一批这种电池，从其生产情况来看，寿命的波动性有所改变. 现随机取 26 只电池，测出其寿命的样本方差 $S^2 = 9200$. 问根据这一数据能否推断这批电池寿命的波动性较以往有显著的变化？($\alpha = 0.02$)

复 习 题

1. 选择题

(1) 若 A、B 是两个互不相容的事件，$P(A) > P(B) > 0$，则一定有(　　).

(A) $P(A) = 1 - P(B)$　　(B) $P(A \mid B) = 0$

(C) $P(A \mid \overline{B}) = 1$　　(D) $P(\overline{A} \mid B) = 1$

(2) 设 A、B 为两随机事件，且 $B \subset A$，则下列式子正确的是(　　).

(A) $P(A + B) = P(A)$　　(B) $P(AB) = P(A)$

(C) $P(B \mid A) = P(B)$　　(D) $P(B - A) = P(B) - P(A)$

(3) 每次试验成功率为 $p(0 < p < 1)$，进行重复试验，直到第 10 次试验才取得 4 次成功的概率为(　　).

(A) $C_{10}^4 p^4 (1-p)^6$　　(B) $C_9^3 p^4 (1-p)^6$

(C) $C_9^4 p^4 (1-p)^5$　　(D) $C_9^3 p^3 (1-p)^6$

(4) 设 $P(A) = 0.8$，$P(B) = 0.7$，$P(A \mid B) = 0.8$，则下列结论正确的是(　　).

(A) 事件 A 与 B 互不相容　　(B) $A \subset B$

(C) 事件 A 与 B 相互独立　　(D) $P(A + B) = P(A) + P(B)$

(5) 设 $P(A) = a$，$P(B) = b$，$P(A + B) = c$，则 $P(A\overline{B})$ 为(　　).

(A) $a(1-b)$　　(B) $a - b$　　(C) $c - b$　　(D) $a(1-c)$

(6) 设 $P(A) = p_1$，$P(B) = p_2$，$P(A + B) = p_3$，则 $P(A\overline{B}) = $(　　).

(A) $p_1 - p_2$　　(B) $p_3 - p_2$　　(C) $p_1(1 - p_2)$　　(D) $p_2 - p_1$

(7) 10 张奖券中含有 3 张中奖的奖券，每人购买 1 张，则前 3 个购买者中恰有一人中奖的概率为(　　).

(A) $C_{10}^3 \times 0.7^2 \times 0.3$　　(B) 0.3　　(C) $\dfrac{7}{40}$　　(D) $\dfrac{21}{40}$

(8) 每次试验的成功率为 $P(0 < P < 1)$，则在 3 次重复试验中至少失败 1 次的概率为(　　).

(A) $(1-P)^3$　　(B) $1 - P^3$

(C) $3(1-P)$　　(D) $(1-P)^3 + P(1-P)^2 + P^2(1-P)$

(9) 如果 $\xi \sim \varphi(x)$，而 $\varphi(x) = \begin{cases} x, & 0 \leqslant x \leqslant 1, \\ 2 - x, & 1 \leqslant x \leqslant 2, \\ 0, & \text{其他}, \end{cases}$ 则 $P\{\xi \leqslant 1.5\} = $(　　).

(A) 0.875　　(B) $\int_0^{1.5} (2-x)\mathrm{d}x$

(C) $\int_1^{1.5} \varphi(x)\mathrm{d}x$　　(D) $\int_{-\infty}^{1.5} (2-x)\mathrm{d}x$

(10) 任何一个连续型随机变量的概率密度 $\varphi(x)$ 一定满足(　　).

(A) $0 \leqslant \varphi(x) \leqslant 1$　　(B) 在定义域内单调不减

(C) $\int_{-\infty}^{+\infty} \varphi(x) \mathrm{d}x = 1$　　(D) $\varphi(x) > 0$

(11) 设随机变量 $\xi \sim N(1,1)$，概率密度为 $f(x)$，分布函数 $F(x)$，则下列正确的是(　　).

(A) $P\{\xi \leqslant 0\} = P\{\xi \geqslant 0\}$　　(B) $P\{\xi \leqslant 1\} = P\{\xi \geqslant 1\}$

(C) $f(x) = f(-x), x \in \mathbf{R}$　　(D) $F(x) = 1 - F(-x), x \in \mathbf{R}$

(12) ξ 的分布函数为 $F(x)$，而 $F(x) = \begin{cases} 0, & y < 0, \\ y^3, & 0 \leqslant y \leqslant 1, \\ 1, & y > 1, \end{cases}$ 则 $E(\xi) = $(　　).

(A) $\int_0^{+\infty} x^4 \mathrm{d}x$　　(B) $\int_0^1 x^4 \mathrm{d}x + \int_1^{+\infty} x \mathrm{d}x$

(C) $\int_0^1 3x^2 \mathrm{d}x$　　(D) $\int_0^1 3x^3 \mathrm{d}x$

(13) $\xi \sim N(1,1)$，概率密度记为 $\varphi(x)$，则有(　　).

(A) $P\{\xi \leqslant 0\} = P\{\xi \geqslant 0\} = 0.5$　　(B) $\varphi(x) = \varphi(-x), x \in \mathbf{R}$

(C) $P\{\xi \leqslant 1\} = P\{\xi \geqslant 1\} = 0.5$　　(D) $F(x) = 1 - F(-x), x \in \mathbf{R}$

(14) 若总体 $X \sim N(\mu, \sigma^2)$，当 μ 已知时，(X_1, X_2, X_3, X_4) 是总体 X 的一个样本，则不是统计量的是(　　).

(A) $X_1 + 5X_4$　　(B) $\sum_{i=1}^{n} X_i - \mu$

(C) $X_1 - \sigma$　　(D) $\sum_{i=1}^{n} X_i^2$

(15) 在假设检验中，检验水平 α 的意义是(　　).

(A) 原假设 H_0 成立，经检验被拒绝的概率

(B) 原假设 H_0 成立，经检验不能被拒绝的概率

(C) 原假设 H_0 不成立，经检验被拒绝的概率

(D) 原假设 H_0 不成立，经检验不能被拒绝的概率

2. 填空题

(1) 设 A、B 是两个事件，已知 $P(A) = 0.5$，$P(B) = 0.6$，$P(B \mid \overline{A}) = 0.4$，则 $P(\overline{A}B) = $________，$P(AB) = $________，$P(A + B) = $________.

(2) 设 $A \subset B$，$P(A) = 0.1$，$P(B) = 0.5$，则 $P(AB) = $______________，$P(A + B) = $________，$P(\overline{A} + \overline{B}) = $________.

(3) 设 A、B 为两相互独立事件，$P(A + B) = 0.6$，$P(A) = 0.4$，则 $P(B) = $________.

(4) 设 A、B 是两个事件，$P(A) = 0.4$，$P(A + B) = 0.7$，当 A、B 互不相容时，$P(B) = $________，当 A、B 相互独立时，$P(B) = $________.

(5) 设在一次试验中 A 发生的概率为 p，现在进行 n 次独立重复试验，则事件 A 至少发生一次的概率为________________.

(6) A、B、C 中 3 人入学考试合格率分别为 $\frac{2}{3}$，$\frac{1}{2}$，$\frac{2}{5}$，3 人中正好有 2 人合格的概率为________.

(7) 设 $\xi \sim B(n,p)$，且 $E(\xi) = 1.6$，$D(\xi) = 1.28$，则 $n = $________，$p = $________.

(8) 已知随机变量 ξ 的密度函数为 $\varphi(x)=\begin{cases}ax+b, 0<x<1,\\ 0, \quad 其他,\end{cases}$ 且 $P\{x>0.5\}=\frac{5}{8}$，则 $a=$ ________，$b=$ ________.

(9) 设随机变量 $\xi\sim\begin{pmatrix}0 & 1 & 2\\ 0.2 & 0.3 & 0.5\end{pmatrix}$，则 $P(x\leqslant 1.5)=$ ________.

(10) 已知随机变量 ξ 只能取 $-1,0,1,2$ 四个数，其相应的概率依次为 $\frac{1}{2c},\frac{3}{4c},\frac{5}{8c},\frac{2}{16c}$，则 $c=$ ________.

(11) 设 $(X_1,X_2,\cdots,X_n)$ 是总体 X 的一个样本，并且 $E(X)=\mu, D(X)=\sigma$，则 $E(\overline{X})=$ ________，$D(\overline{X})=$ ________.

(12) 设总体 $X\sim N(\mu,\sigma 2)$，样本容量为 n，则 $\frac{\overline{X}-\mu}{\sqrt{\sigma^2/n}}\sim$ ________________，$\frac{\overline{X}-\mu}{\sqrt{S^2/n}}\sim$ ________________.

(13) 若 $X\sim N(10,2^{2)}$，当 σ^2 已知时，均值 μ 的置信区间是 ____________；当 σ^2 未知时，均值 μ 的置信区间是 ____________.

【思考与练习】与【复习题】参考答案

模块一　一元函数微积分学

项目 1

任务 1【思考与练习】

1. (1) $(-\infty,1]\cup[3,+\infty)$；　(2) $(-\infty,-1)\cup[1,+\infty)$；

(3) $[-1,3]$；　(4) $(-\infty,0)\cup(0,3]$.

2. (1) 不同，定义域不同；(2) 不同，定义域不同；(3) 不同，定义域不同.

3. (1) $y=\dfrac{x}{1+x}$；(2) $y=\dfrac{1}{3}\arcsin\dfrac{x}{2}$；(3) $y=\ln\dfrac{1+x}{1-x}$.

4. 略.

5. (1) $[-1,1]$；(2) $\left[2k\pi-\dfrac{\pi}{2},2k\pi+\dfrac{\pi}{2}\right]$，　$k=0,\pm1,\pm2,\cdots$；

(3) $\left[\dfrac{1}{3},\dfrac{2}{3}\right]$.

6. 提示：利用奇偶函数的定义.

任务 2【思考与练习】

1. $a=1$

2. (1) 当 $x\to\infty$ 时，$\dfrac{x+1}{x^2-1}$ 为无穷小，当 $x\to1$ 时，$\dfrac{x+1}{x^2-1}$ 为无穷大；

(2) 当 $x\to\infty$ 时，$\dfrac{x+2}{x^2-1}$ 为无穷小，当 $x\to\pm1$ 时，$\dfrac{x+2}{x^2-1}$ 为无穷大；

(3) 当 $x\to-\infty$ 时，e^x 为无穷小，当 $x\to+\infty$ 时，e^x 为无穷大；

(4) 当 $x\to0$ 时，$\ln(1+x)$ 为无穷小，当 $x\to+\infty$ 或 $x\to(-1)^+$ 时，$\ln(1+x)$ 为无穷大.

任务 3【思考与练习】

1. (1) 2；　(2) -9；　(3) 3；　(4) -1；　(5) $-\dfrac{2}{3}$；　(6) 0；　(7) $\dfrac{1}{5}$；

(8) $\left(\dfrac{3}{2}\right)^{30}$；(9) 2；　(10) 0；　(11) x；　(12) $\dfrac{1}{3}$；　(13) 2；(14) $\dfrac{3}{2}$；

(15) $\dfrac{2}{3}$；　(16) 2；　(17) 2；　(18) $\dfrac{1}{2}$；　(19) e^3；　(20) e^2；(21) 1；

(22) e^{-3}；　(23) e；　(24) e.

2. $a=1,b=-1$.

任务 4【思考与练习】

1.(1)$x=1$ 是第一类可去间断点，$x=2$ 是第二类无穷间断点；

(2)$x=-1$ 是第二类无穷间断点，$x=0$ 是第一类跳跃间断点，$x=1$ 是第一类可去间断点.

2.(1) 连续； (2)$x=1$ 处不连续.

3. $a=1$.

4.(1)$\sqrt{5}$； (2) $\frac{1}{2}$； (3)0； (4)$\cos\alpha$

5. 提示：对函数 $f(x)=x^3-4x^2+1$ 在闭区间[0,1]上应用零点定理.

项目 2

任务 1【思考与练习】

1. $\frac{1}{4}$，$y-2=\frac{1}{4}(x-4)$.

2. $f'(0)$.

任务 2【思考与练习】

1.(1)$y'=6x-4$； (2)$y'=2x+4-\frac{5}{2\sqrt{x}}$； (3)$y'=\frac{1}{2}-\frac{2}{x^2}+\frac{2}{3}x-\frac{6}{x^3}$；

(4)$y'=5\cos x+3\sin x$； (5)$y'=-\frac{1}{2x\sqrt{x}}-7\sin x$； (6)$y'=4x-3$；

(7)$y'=-\frac{1}{2x\sqrt{x}}-\frac{1}{2\sqrt{x}}$； (8)$y'=4-\frac{4}{(x+1)^2}$； (9)$y'=-e^{-x}(x-1)^2$；

(10)$y'=e^x(1+x)$； (11)$y'=2x\sin x+x^2\cos x$； (12)$y'=\frac{\ln x}{2\sqrt{x}}+\frac{1}{\sqrt{x}}$.

2.(1)$y'=10(2x+1)^4$； (2)$y'=\frac{1+e^x}{2\sqrt{x+e^x}}$； (3)$y'=\frac{2}{2x+1}$；

(4)$y'=2\cos 2x+2x\cos x^2$； (5)$y'=e^{\sin x}\cos x$； (6)$y'=\frac{1}{2\sqrt{x}\cdot\sqrt{1-x}}$；

(7)$y'=\frac{1}{x^2\sqrt{1-\frac{1}{x^2}}}$； (8)$y'=\frac{2x}{1+x^4}$； (9)$y'=\frac{1}{2x}+\frac{1}{2x\sqrt{\ln x}}$；

(10)$y'=\frac{1}{\sqrt{1+x^2}}$； (11)$y'=\csc x$；

(12)$y'=\sin 2x\sec x^2+2x\sin^2 x\tan x^2\sec x^2$.

任务 3【思考与练习】

1.(1) $\frac{dy}{dx}=\frac{y^2}{y-xy-1}$； (2) $\frac{dy}{dx}=\frac{e^y}{1-xe^y}$；

(3) $\frac{dy}{dx}=\frac{1}{1-\cos y}$； (4) $\frac{dy}{dx}=(1+\frac{1}{y^2})a^x\ln a$.

2.(1)$y'=x^{\frac{1}{x}-2}(1-\ln x)$； (2)$y'=(\ln x)^x(\ln\ln x+\frac{1}{\ln x})$；

(3)$y'=\frac{xy\ln y-y^2}{xy\ln x-x^2}$；

(4) $y' = \frac{1}{2}\sqrt{\frac{(1+x)e^x}{\arccos x}}\left(\frac{1}{1+x}+1+\frac{1}{\sqrt{1-x^2}\arccos x}\right)$.

3.(1) $\frac{dy}{dx} = -(1+2t)e^{3t}$； (2) $\frac{dy}{dx} = \tan\theta$； (3) $\frac{dy}{dx} = \frac{2\sqrt{1+t}}{1+t^2}$.

任务4【思考与练习】

1.(1) $y'' = 2xe^{-x^2}(2x^2-3)$； (2) $y'' = 4-\frac{1}{x^2}$；

(3) $y'' = 10$； (4) $y'' = -9\sin(3x+1)$.

2.(1) $y^{(n)} = e^x(n+x)$； (2) $y^{(n)} = (-1)^{n+1}\frac{2^n n!}{(2x+1)^{n+1}}$.

任务5【思考与练习】

1.(1) $dy = (-\frac{1}{x^2}+\frac{1}{\sqrt{x}})dx$； (2) $dy = (\sin2x+2x\cos2x)dx$；

(3) $dy = \frac{1}{(x^2+1)^{\frac{3}{2}}}dx$； (4) $dy = -\frac{2\ln(1-x)}{1-x}dx$.

2.(1) -1.44； (2) -0.025.

3.(1)0.875； (2)4.021； (3)0.800； (4)0.050.

项目3

任务1【思考与练习】

1.(1)C;(2)A.

2.略.

3.3个,(1,2),(2,3),(3,4).

4.略.

5.满足 $\xi = 0$.

6.满足 $\xi = \frac{14}{9}$.

7.略.

任务2【思考与练习】

1.(1)2； (2)0； (3) $\frac{1}{3}$； (4) $\frac{9}{2}$； (5)0； (6)3； (7)1； (8) $e^{-\frac{1}{3}}$；

(9) $e^{-\frac{\pi}{2}}$； (10) e^3.

任务3【思考与练习】

1.A.

2.(1)单调减区间 $(-\infty,-1)\cup(0,1)$,单调增区间 $(-1,0)\cup(1,+\infty)$；

(2)单调减区间 $(-\infty,-1)$,单调增区间 $(-1,+\infty)$；

(3)单调增区间 $(-\infty,+\infty)$；

(4)单调减区间 $(-2,-1)\cup(-1,0)$,单调增区间 $(-\infty,-2)\cup(0,+\infty)$；

(5)单调减区间 $(0,+\infty)$,单调增区间 $(-\infty,0)$；

(6)单调减区间 $(-\infty,+\infty)$；

(7)单调减区间 $(0,\frac{1}{2})$,单调增区间 $(\frac{1}{2},+\infty)$；

(8) 单调减区间$(1,2)$，单调增区间$(-\infty,1)\cup(2,+\infty)$.

3. (1) 无拐点，凹区间$(-1,+\infty)$；

(2) 拐点$(0,0)$，凹区间$(0,+\infty)$，凸区间$(-\infty,0)$；

(3) 无拐点，凹区间$(-\infty,+\infty)$；

(4) 拐点$\left(\frac{1}{3},\frac{2}{27}\right)$，凹区间$\left(-\infty,\frac{1}{3}\right)$，凸区间$\left(\frac{1}{3},+\infty\right)$；

(5) 拐点$\left(-\sqrt{3},-\frac{\sqrt{3}}{2}\right)$，$(0,0)$，$\left(\sqrt{3},\frac{\sqrt{3}}{2}\right)$；凹区间$(-\sqrt{3},0)$，$(\sqrt{3},+\infty)$；

凸区间$(-\infty,-\sqrt{3})$，$(0,\sqrt{3})$；

(6) 拐点$(-2,-2e^{-2})$，凹区间$(-2,+\infty)$，凸区间$(-\infty,-2)$.

4. 1.

5. $a=-3$，$b=\frac{9}{2}$.

6. $a=-\frac{3}{2}$，$b=\frac{9}{2}$.

任务 4【思考与练习】

1. D.

2. $a=2$，$f\left(\frac{\pi}{3}\right)=\sqrt{3}$ 为极大值.

3. (1) 极小值 $f(0)=0$；

(2) 极大值 $f(-1)=10$，极小值 $f(3)=-22$；

(3) 极大值 $f(-1)=0$，极小值 $f(1)=-3\sqrt[3]{4}$；

(4) 极大值 $f(0)=0$，极小值 $f(1)=-\frac{1}{2}$；

(5) 极大值 $f(-4)=60$，极小值 $f(2)=-48$；

(6) 极大值 $f(2)=1$.

4. (1) 最小值 0，最大值 $\ln 5$；　(2) 最小值$\sqrt{6}-5$，最大值$\frac{5}{4}$；

(3) 最小值$-\frac{\pi}{2}$，最大值$\frac{\pi}{2}$；　(4) 最小值 4，最大值 13.

5. 5 批.

6. $\sqrt{\frac{ac}{2b}}$ 批.

7. 2 小时.

任务 5【思考与练习】

1. (1) $y=1$，$x=0$；　(2) $x=-1$；　(3) $y=x+2$，$x=1$；　(4) $y=x-5$，$x=-1$.

2. 略.

任务 6【思考与练习】

1. A.

2. (1) $C'(x)=5+\frac{1}{5}x$，$R'(x)=200+\frac{1}{10}x$，$L'(x)=195-\frac{1}{10}x$；

(2) 192.5 元.

3. $Q=\frac{5}{4}$, $L(Q)=\frac{25}{4}$.

4. -3.

5. (1) $Q'=-24$，价格 $P=6$ 时，再上涨一个价格单位（或再下降一个价格单位），需求量将减少（或增加）24 个单位.

(2) 需求弹性为 1.85，当价格 $P=6$ 时，再上涨（或下降）1%，需求量将减少（或增加）1.85%.

(3) 当价格下降 2% 时，总收益将增加约 1.69%.

复习题

1. (1) $(3,5)$； (2) $a=2$； (3) 0,1； (4) $\frac{1}{2}$； (5) $(1,2)\cup(2,+\infty)$；

(6) $\frac{1}{3}$； (7) $2f'(x_0)$, $-f'(x_0)$； (8) $k=1$, $x-y+1=0$；

(9) $2\ln x+3$； (10) 极大值是 $f(0)=7$，极小值是 $f(2)=3$；

(11) 最大值是 $f(-2)=\ln 5$，最小值是 $f(0)=0$；

(12) $|\eta|=0.02$.

2. (1)A；(2)B；(3)A；(4)B；(5)D；(6)B；(7)B；(8)A；(9)B；(10)A.

3. (1) $\sqrt{2}$；(2) -3；(3) 0；(4) $\frac{1}{4}$；(5) e^4；(6) $\frac{1}{e^2}$；(7) e^2；(8) 1；(9) 2；(10) ∞；

(11) 0；(12) 0；(13) ∞；(14) 4；(15) $-\frac{1}{2}$；(16) 0；(17) $e^{-\frac{\pi}{2}}$；(18) e^3；

(19) 0；(20) $\sqrt{2}a$.

4. (1) $2-\frac{4}{x^2}+\ln x$；(2) $\sec^2 x-\frac{1}{2}\csc^2 x$；

(3) $\frac{1+5x^3}{-2x\sqrt{x}}$；(4) $\frac{7}{8\sqrt[8]{x}}$；

(5) $\frac{1}{2\sqrt{x}}\sin 2(1+\sqrt{x})$；(6) $\frac{1}{x\ln x\ln\ln x}$；

(7) $-(3x^2+1)\left[\sin 2(x^3+x)\right]\cos\left[\cos^2(x^3+x)\right]$；(8) $\frac{1}{x(1+\ln^2 x)}$；

(9) $\frac{\sqrt{2x+1}}{(x^2+1)^2 e^{\sqrt{x}}}\cdot\left(\frac{1}{2x+1}-\frac{4x}{x^2+1}-\frac{1}{2\sqrt{x}}\right)$；

(10) $(\sin x)^{\cos x}(-\sin x\ln\sin x+\cos x\cot x)$；

(11) $y'=\frac{y-x^2}{y^2-x}$；(12) $y'=-\frac{y}{1+x+e^y}$；(13) $y'=x^{x^2+1}(2\ln x+1)$；

(14) $y'=\frac{(2x+3)\sqrt[4]{x-6}}{\sqrt[3]{x+1}}\left[\frac{2}{2x+3}+\frac{1}{4(x-6)}-\frac{1}{3(x+1)}\right]$.

5. $x_1=0$ 是第二类无穷间断点，$x_2=1$ 是第一类跳跃间断点.

6. $a=-4$, $b=10$.

7. $a=2$, $\sqrt{3}$.

8. $y=-x^3+3x$.

9. $Q=200$, $L=300$.

10.(1)$C=900+4Q, R=10Q, L=6Q-900$;(2)$Q=150$ 件；
(3)$C'(Q)=4$ 元/件，$C'(10)=4$ 元/件.

11.(1)$-6, -10, 0.5, 2.5$;(2)增加0.5%，减少；(3)当 $p=\sqrt{15}$ 时总收益最大.

项目4

任务1【思考与练习】

1.(1) $-\frac{1}{2x^2}+C$;　　(2) $\frac{3}{7}x^{\frac{7}{3}}+C$;

(3) $\frac{2}{5}x^{\frac{5}{2}}+\frac{2}{3}x^{\frac{3}{2}}-4x^{\frac{1}{2}}+C$;　　(4) $\frac{x^4}{4}+x^2+\ln|x|+C$;

(5) $\frac{3^x}{\ln3}+2e^x+C$;　　(6) $\frac{3}{4}x^{\frac{4}{3}}+3\ln|x|+C$;

(7) $\frac{5^x}{\ln5}-\arcsin x+C$;　　(8)$3x+\frac{2e^x}{2^x(1-\ln2)}+C$;

(9) $\frac{1}{36}at^3+C$;　　(10) $\frac{1}{2}\tan x+C$;

(11) $\frac{1}{4}\sec x+C$;　　(12)$\sin x+x+C$;

(13) $-\frac{1}{x}-\arctan x+C$;　　(14) $\frac{2}{3}x^{\frac{3}{2}}-x+C$.

2. $y=\tan x+\sin x+2$.

任务2【思考与练习】

1.(1) $\frac{1}{3}\sin(3x-2)+C$;　　(2) $\frac{x}{2}-\frac{1}{4}\sin2x+C$;

(3) $-2\cos\sqrt{x}+C$;　　(4) $\frac{1}{a}e^{ax}-\frac{1}{b}\sin bx+C$;

(5) $\frac{1}{2}\ln\left|\frac{1+x}{1-x}\right|+C$;　　(6) $\frac{1}{5}\tan^5 x+C$;

(7) $\sqrt{x^2+a^2}+C$;　　(8) $-2\sqrt{1-\ln x}$;

(9) $-\frac{1}{16}\sin8x+\frac{1}{4}\sin2x+C$;　　(10) $-\frac{1}{2}(\sin x-\cos x)^{-2}+C$;

(11)$2\arcsin\frac{x}{2}-\frac{x}{2}\sqrt{4-x^2}+C$;　　(12)$\arctan(x+2)+C$;

(13)$\arctan e^x+C$;　　(14) $-\frac{1}{2}\ln^2(\cos x)+C$;

(15) $\frac{1}{2}\arcsin\frac{2x}{3}+\frac{1}{4}\sqrt{9-4x^2}+C$;　　(16)$e^{\arcsin x}+C$.

任务3【思考与练习】

1.(1)$-x\cos x+\sin x+C$;　　(2)$-e^{-x}(x+1)+C$;

(3)$x\ln x-x+C$;　　(4) $\frac{x}{4}\sqrt{1-x^2}+\frac{1}{4}\arcsin x(2x^2-1)+C$;

(5) $\frac{1}{5}e^{2x}(2\sin x-\cos x)+C$;　　(6)$x\tan x+\ln|\cos x|+C$;

(7) $\frac{1}{9}x^3(3\ln x-1)+C$;　　(8)$2e^{\sqrt{x}}(\sqrt{x}-1)+C$;

(9) $\frac{x}{2}[\cos(\ln x)+\sin(\ln x)]+C$； (10) $\frac{e^x}{10}(5-2\sin 2x-\cos 2x)+C$.

项目 5

任务 1【思考与练习】

1.(1) $\int_0^1 x\,dx$ 较大； (2) $\int_1^2 x^3\,dx$ 较大.

2.(1) $2ae^{-a^2}\leqslant\int_{-a}^{a}e^{-x^2}dx\leqslant 2a$； (2) $6\leqslant\int_1^4(x^2+1)dx\leqslant 51$.

任务 2【思考与练习】

1.(1) $2x\sqrt{1+x^4}$； (2) $-3x^2\cdot\sin x^6$；

(3) $\frac{3x^2}{\sqrt{1+x^{12}}}-\frac{2x}{\sqrt{1+x^8}}$； (4) $e^{\sin^2 x}\cos x+e^{\cos^2 x}\sin x$.

2.(1)1；(2) $\frac{1}{2e}$.

3.(1) $a(a^2-\frac{a}{2}+1)$； (2) $1-\frac{\pi}{4}$； (3) $\frac{1}{3}$； (4)0； (5) $7+\cos 1+\cos 5$；

(6) $\frac{\pi^2}{72}$； (7)0； (8)0.

任务 3【思考与练习】

1.(1) $2(1-\ln 2)$； (2) $\pi-\frac{8}{3}$； (3) $\sqrt{2}-\frac{2\sqrt{3}}{3}$； (4) $(1-\frac{\sqrt{3}}{2})a$； (5)1；

(6) $\frac{\pi}{4}+\ln\frac{\sqrt{2}}{2}$； (7) $\frac{\pi}{4}-\frac{\ln 2}{2}$； (8) $\frac{\pi}{4}-\frac{1}{2}$； (9) $\frac{1}{2}(e\sin 1-e\cos 1+\frac{1}{2})$

任务 4【思考与练习】

1.(1) 收敛，1； (2) 发散； (3) 收敛，$2\frac{2}{3}$； (4) 发散.

任务 5【思考与练习】

1.(1) $\frac{1}{6}(a+1)^3$； (2) $\frac{3}{2}-\ln 2$.

2.(1) $\frac{4}{3}$，$\frac{4}{3}$； (2) $\frac{\pi^2}{2}$.

3.总收益增加 0.5 百万元，即 $\Delta R=0.5$.

4.应连续开发 8 年，停止开发时，该公司获得的总利润为 16 亿元.

复习题

1.(1) $F(x)+C$； (2) $y=x+3$； (3) $F(x)+Ax+C$； (4) $\arctan f(x)+C$；

(5) $\arcsin\frac{x}{a}+C$； (6) $e^{f(x)}+C$； (7) $-\ln|\ln\cos x|+C$； (8) $>$；

(9) $-e^{2x}\sin x$； (10)0，$a-b$； (11) $e-1$； (12) $\frac{1}{2}(\frac{\pi}{2}-\arctan\frac{1}{2})$；

(13)0； (14)1.

2.(1)D；(2)B；(3)D；(4)C；(5)A；(6)A；(7)C；(8)C.

3.(1) $\frac{1}{3}x^3+\frac{1}{\ln 2}2^x-2\ln|x|+C$； (2) $2x^{\frac{1}{2}}-\frac{4}{3}x^{\frac{3}{2}}+\frac{2}{5}x^{\frac{5}{2}}+C$；

(3) $\tan x - \cot x + C$；(4) $\frac{2}{3}\arctan x + \frac{4}{3}\arcsin x + C$；

(5) $\sin x - \cos x + C$；(6) $\frac{1}{57}(3x+1)^{19} + C$；(7) $-\frac{1}{2(2x-3)} + C$；

(8) $\frac{1}{3}(1+x^2)^{\frac{3}{2}} + C$；(9) $e^{e^x} + C$；(10) $-2\cos\sqrt{x} + C$；

(11) $\arctan(\ln x) + C$；(12) $2\sqrt{\tan x - 1} + C$；(13) $\frac{2}{\sqrt{\cos x}} + C$

(14) $2\sqrt{x+1} - 2\ln|1+\sqrt{x+1}| + C$；(15) $\frac{1}{2}\ln\left|\frac{2-\sqrt{4-x^2}}{x}\right| + C$；

(16) $\frac{1}{2}\arctan x - \frac{1}{2}\cdot\frac{x}{1+x^2} + C$；(17) $\sqrt{x^2-4} - 2\arccos\frac{2}{x} + C$；

(18) $\frac{1}{2}xe^{2x} - \frac{1}{4}e^{2x} + C$；(19) $x\cdot\arccos x - \sqrt{1-x^2} + C$；

(20) $-x\cos(x+1) + \sin(x+1) + C$；(21) $-2\sqrt{x}\cos\sqrt{x} + 2\sin\sqrt{x} + C$.

4. (1) $3(1-e^{-\frac{1}{3}})$；(2) 2；(3) $\frac{1}{3}$；(4) -1；(5) $\frac{5}{2}$；(6) $\frac{2}{375}(3\sqrt{3}-7)$；

(7) $\frac{\pi}{12}$；(8) $\frac{3}{2} + 3\ln\frac{3}{2}$；(9) $\frac{\pi}{12}$；(10) $\frac{\pi}{2}$；(11) $\frac{e^2+1}{4}$；(12) $5-5e^{-4}$.

5. (1) $\frac{4}{3}$；(2) 1；(3) $\frac{9}{2}$；(4) $\frac{3}{2} - \ln 2$.

6. $C(q) = 24e^{0.5q} + 2$.

7. (1) 总成本函数：$\frac{x^3}{3} - 2x^2 + 6x + 100$；总收入函数：$105x - x^2$；

总利润函数：$-\frac{x^3}{3} + x^2 + 99x - 100$；(2) $\frac{1999}{3}$ 万元；

(3) $-\frac{128}{3}$，当产量 $x = 11$ 台时再多生产 2 台，总利润将减少 $\frac{128}{3}$ 万元.

模块二　线性代数

项目 6

任务 1【思考与练习】

1. (1) 1；(2) 7；(3) $ab(b-a)$；(4) 0.

2. (1) 0；(2) 18；(3) 2000；(4) 3.

任务 2【思考与练习】

1. (1) 4；(2) 7；(3) 18；(4) $\frac{1}{2}n(n-1)$.

2. $i=1, j=3, k=5$ 时，符号为负；$i=5, j=3, k=1$ 时，符号为正.

3. $k \neq 1$ 且 $k \neq \pm 2$.

4. -1.

5. (1)24;(2)1;(3) $(-1)^{n-1}n!$;(4)0.

任务 3【思考与练习】

1. (1)6123000; (2)0; (3)0; (4)160; (5)1; (6)8; (7)91; (8)74; (9) -48; (10)$abcd$; (11)$4abcdef$; (12)$(a_4-a_3)(a_4-a_2)(a_4-a_1)(a_3-a_2)(a_3-a_1)(a_2-a_1)$.

2. a^4.

3. (1)2;(2)16.

任务 4【思考与练习】

1. 4,0.

2. -15.

3. (1) $(a^2-1)^{\frac{n}{2}}$; (2)$(-2)(n-2)!$; (3)$b_1b_2\cdots b_n$; (4)$n!$; (5) $(-1)^n(n+1)a_1a_2\cdots a_n$; (6)$x^n+(-1)^{n+1}y^n$.

任务 5【思考与练习】

1. (1)$x=3,y=-1$; (2)$x=3,y=2$; (3)$x=1,y=2,z=3$; (4)$x_1=3,x_2=4,x_3=5$; (5)$a=3,b=-4,c=-1,d=1$; (6)$x_1=0,x_2=2,x_3=0,x_4=0$.

2. $k=-1$ 或 $k=4$.

3. $D=-30$,有非零解.

项目 7

任务 2【思考与练习】

1. (1)$\begin{pmatrix}-1 & 6\\16 & 9\end{pmatrix}$ (2)$\begin{pmatrix}2\\28\end{pmatrix}$ (3)$\begin{pmatrix}-1 & -5\\64 & -4\end{pmatrix}$ (4)$\begin{pmatrix}-1 & -5\\64 & -4\end{pmatrix}$

2. (1)$\begin{pmatrix}4 & 5 & 1 & 0\\1 & 2 & 0 & 3\\2 & -1 & 3 & 2\end{pmatrix}$ (2)37 (3)$\begin{pmatrix}6 & 15 & 9\\10 & 25 & 15\\4 & 10 & 6\end{pmatrix}$

(4) $a_{11}x_1^2+a_{22}x_2^2+a_{33}x_3^2+(a_{12}+a_{21})x_1x_2+(a_{13}+a_{31})x_1x_3+(a_{23}+a_{32})x_2x_3$

(5)$\begin{pmatrix}0 & 0\\0 & 0\end{pmatrix}$ (6)$\begin{pmatrix}1 & n\\0 & 1\end{pmatrix}$ (7)$\begin{pmatrix}a^n & 0 & 0\\0 & b^n & 0\\0 & 0 & c^n\end{pmatrix}$ (8)$\begin{pmatrix}0 & 0 & 0 & 0\\0 & 0 & 0 & 0\\0 & 0 & 0 & 0\\0 & 0 & 0 & 0\end{pmatrix}$

3. (1)$\begin{pmatrix}a_{11} & a_{12} & a_{13} & a_{14}\\a_{21} & a_{22} & a_{23} & a_{24}\\a_{31} & a_{32} & a_{33} & a_{34}\end{pmatrix}$ (2)$\begin{pmatrix}a_{31} & a_{32} & a_{33} & a_{34}\\a_{21} & a_{22} & a_{23} & a_{24}\\a_{11} & a_{12} & a_{13} & a_{14}\end{pmatrix}$

(3)$\begin{pmatrix}a_{11} & a_{12} & a_{13} & a_{14}\\a_{31} & a_{32} & a_{33} & a_{34}\\a_{21} & a_{22} & a_{23} & a_{24}\end{pmatrix}$ (4)$\begin{pmatrix}a_{11} & a_{12} & a_{13} & a_{14}\\a_{21} & a_{22} & a_{23} & a_{24}\\a_{31} & a_{32} & a_{33} & a_{34}\end{pmatrix}$

(5)$\begin{pmatrix}a_{11} & a_{12} & ka_{13} & a_{14}\\a_{21} & a_{22} & ka_{23} & a_{24}\\a_{31} & a_{32} & ka_{33} & a_{34}\end{pmatrix}$ (6)$\begin{pmatrix}a_{11} & a_{12} & a_{13} & a_{14}\\la_{11}+a_{21} & la_{12}+a_{22} & la_{13}+a_{23} & la_{14}+a_{24}\\a_{31} & a_{32} & a_{33} & a_{34}\end{pmatrix}$

任务 3【思考与练习】

1. 略

任务 4【思考与练习】

1. $(\boldsymbol{AB})^{-1}=\begin{pmatrix}2&5&5\\0&2&9\\-1&1&11\end{pmatrix}$，$(\boldsymbol{A}^{\mathrm{T}}\boldsymbol{B})^{-1}=\begin{pmatrix}4&1&4\\4&5&7\\5&6&8\end{pmatrix}$，$(\boldsymbol{A}^{\mathrm{T}}\boldsymbol{B})^{-1}=\begin{pmatrix}2&0&-1\\5&2&1\\5&9&11\end{pmatrix}$

2. (1) $\boldsymbol{A}^{-1}=\begin{pmatrix}-\frac{1}{5}&\frac{2}{5}\\\frac{4}{5}&-\frac{3}{5}\end{pmatrix}$　(2) 因为 $|\boldsymbol{A}|=0$，所以 $\boldsymbol{A}$ 不可逆.

(3) $\boldsymbol{A}^{-1}=\begin{pmatrix}1&0&0\\\frac{1}{2}&\frac{1}{2}&0\\\frac{1}{3}&\frac{1}{3}&\frac{1}{3}\end{pmatrix}$　(4) $\boldsymbol{A}^{-1}=\begin{pmatrix}1&0&-8\\0&1&0\\0&0&1\end{pmatrix}$　(5) $\boldsymbol{A}^{-1}=\begin{pmatrix}1&-4&-3\\1&-5&-3\\-1&6&4\end{pmatrix}$

3. (1) $\boldsymbol{X}=\begin{pmatrix}\frac{2}{3}&-7\\\frac{1}{3}&3\end{pmatrix}$　(2) $\boldsymbol{X}=\begin{pmatrix}-\frac{1}{10}&-\frac{11}{10}\\\frac{22}{10}&\frac{12}{10}\end{pmatrix}$

任务 5【思考与练习】

1. (1) $\begin{pmatrix}1&0&0\\\frac{1}{2}&\frac{1}{2}&0\\\frac{1}{3}&\frac{1}{3}&\frac{1}{3}\end{pmatrix}$ (2) $\begin{pmatrix}-1&-\frac{1}{3}&\frac{8}{3}\\1&\frac{1}{3}&-\frac{5}{3}\\0&\frac{1}{3}&-\frac{2}{3}\end{pmatrix}$ (3) $\begin{pmatrix}-\frac{1}{2}&-\frac{3}{2}&-\frac{5}{2}\\\frac{1}{2}&\frac{1}{2}&\frac{1}{2}\\0&1&1\end{pmatrix}$

(4) $\begin{pmatrix}0&0&0&1\\0&0&1&-1\\0&1&-1&0\\1&-1&0&0\end{pmatrix}$ (5) $\begin{pmatrix}1&2&3&4\\2&3&1&2\\1&1&1&-1\\1&0&-2&-6\end{pmatrix}$ (6) $\begin{pmatrix}1&a&a^2&a^3\\0&1&a&a^2\\0&0&1&a\\0&0&0&1\end{pmatrix}$

2. 证明略.

任务 6【思考与练习】

1. (1) $r(\boldsymbol{A})=3$　(2) $r(\boldsymbol{A})=3$　(3) $r(\boldsymbol{A})=3$　(4) $r(\boldsymbol{A})=2$

2. 当 $\lambda=\frac{9}{4}$ 时，$r(\boldsymbol{A})=2$.

项目 8

任务 1【思考与练习】

1. (1) $x_1=-\frac{2}{3},x_2=\frac{5}{3},x_3=\frac{7}{3}$　(2) 无解

(3) $\begin{cases}x_1=\frac{1}{2}+c_1\\x_2=c_1\\x_3=\frac{1}{2}+c_2\\x_4=c_2\end{cases}$　(4) $\begin{cases}x_1=c+1/2\\x_2=1/2\\x_3=c+1\\x_4=c\end{cases}$

2. (1) $r(\boldsymbol{A}) = r(\bar{\boldsymbol{A}}) = 2 < 4 = n$，有无穷多解.

(2) $r(\bar{\boldsymbol{A}}) = 3 \neq 2 = r(\boldsymbol{A})$，无解.

(3) $r(\bar{\boldsymbol{A}}) = r(\boldsymbol{A}) = 3 = n$，有唯一解.

任务 2【思考与练习】

1. $(6, -1, 0, -2)$

2. (1) $(-4, 0, -5, -9)$　(2) $(7, -5, \frac{11}{2}, \frac{27}{2})$

3. $\boldsymbol{\beta} = \frac{5}{4}\boldsymbol{\alpha}_1 + \frac{1}{4}\boldsymbol{\alpha}_2 - \frac{1}{4}\boldsymbol{\alpha}_3 - \frac{1}{4}\boldsymbol{\alpha}_4$

4. (1) 线性相关　$3\boldsymbol{\alpha}_1 - 2\boldsymbol{\alpha}_2 + \boldsymbol{\alpha}_3 = 0$　(2)、(3) 线性无关　(4) 线性相关

$2\boldsymbol{\alpha}_1 - \boldsymbol{\alpha}_2 + 3\boldsymbol{\alpha}_3 + 3\boldsymbol{\alpha}_4 = 0$

任务 3【思考与练习】

1. (1) $\boldsymbol{\alpha}_4 = 2\boldsymbol{\alpha}_1 - \boldsymbol{\alpha}_2 + 3\boldsymbol{\alpha}_3$　(2) $\boldsymbol{\alpha}_4 = \boldsymbol{\alpha}_1 + 2\boldsymbol{\alpha}_2 - 4\boldsymbol{\alpha}_3$

2. (1) $\boldsymbol{\alpha}_1, \boldsymbol{\alpha}_2$　(2) $\boldsymbol{\alpha}_1, \boldsymbol{\alpha}_2$

3. (1) $r(\boldsymbol{\alpha}_1, \boldsymbol{\alpha}_2, \boldsymbol{\alpha}_3) = 3$，线性无关　(2) $r(\boldsymbol{\alpha}_1, \boldsymbol{\alpha}_2, \boldsymbol{\alpha}_3, \boldsymbol{\alpha}_4) = 3$，线性相关

任务 4【思考与练习】

1. (1) $\boldsymbol{\alpha} = \begin{pmatrix} 0 \\ 2 \\ 1 \\ 0 \end{pmatrix}$　(2) $\boldsymbol{\alpha}_1 = (-1, 1, 0, 0, 0)^{\mathrm{T}}$　$\boldsymbol{\alpha}_2 = (-1, 0, -1, 0, 1)^{\mathrm{T}}$

2. (1) $\boldsymbol{x} = \begin{pmatrix} 11 \\ -4 \\ 1 \\ 0 \end{pmatrix} + C\begin{pmatrix} -3 \\ 0 \\ 1 \\ 1 \end{pmatrix}$　(2) $\boldsymbol{x} = \begin{pmatrix} \frac{6}{7} \\ -\frac{5}{7} \\ 0 \\ 0 \end{pmatrix} + C_1\begin{pmatrix} \frac{1}{7} \\ \frac{5}{7} \\ 1 \\ 0 \end{pmatrix} + C_2\begin{pmatrix} \frac{1}{7} \\ -\frac{9}{7} \\ 0 \\ 1 \end{pmatrix}$

复习题

1. (1)B　(2)A　(3)C　(4)C　(5)D　(6)B　(7)C　(8)C　(9)B
(10)C　(11)B　(12)D　(13)B　(14)C　(15)D　(16)D　(17)B

2. (1) -12　(2) $a = 0$ 或 ± 2　(3) 16　(4) $\begin{pmatrix} -1 & -1 & -1 \\ 1 & 1 & 0 \\ 1 & 0 & 1 \end{pmatrix}$

(5) $\begin{pmatrix} a_{13} & a_{12} & a_{11} \\ a_{23} & a_{22} & a_{21} \\ a_{33} & a_{32} & a_{31} \end{pmatrix}$　(6) $\lambda = 3$　(7) $\lambda = 1$ 或 $\lambda = -2$　(8) -1

(9) 3　(10) $\boldsymbol{\alpha} = \boldsymbol{\alpha}_1 + \boldsymbol{\alpha}_2 - \boldsymbol{\alpha}_3$　(11) 1/4

模块三　概率论与数理统计初步

项目9

任务1【思考与练习】

1.略

2.略

任务2【思考与练习】

1.0.083

2.$\frac{3}{7}$

3.(1)0.48　(2)0.216　(3)0.096　(4)0.488

4.0.25

5.(1)0.5　(2)0.33　(3)0.16

6.0.856,0.138,0.006,0.000

7.0.53

8.(1)0.25　(2)0.375

9.0.96

10.(1)0.3　(2)0.07　(3)0.73　(4)0.14　(5)0.9
　(6)0.1　(7)0.83

11.(1)3/10　(2)1/6

12.0.5

任务3【思考与练习】

1.1/3

2.略

3.0.93

4.0.455

5.0.367

6.0.417

7.白球的可能性较大

8.25/69　28/69　16/69

任务4【思考与练习】

1.0.75

2.(1)0.56　(2)0.24　(3)0.14

3.0.6

4.0.104

项目 10

任务 2【思考与练习】

1. $\begin{pmatrix} 1 & 2 & 3 \\ 6/10 & 3/10 & 1/10 \end{pmatrix}$

2. $\begin{pmatrix} 0 & 1 & 2 \\ 22/35 & 12/35 & 1/35 \end{pmatrix}$

3. $F(x)=\begin{cases} 0, & x<0, \\ 1/3, & 0\leqslant x<1, \\ 1/2, & 1\leqslant x<2, \\ 1, & x\geqslant 2. \end{cases}$

4.

X	1	2	3
p_i	9/19	6/19	4/19,

5. 1/4, 1/2, 0

任务 3【思考与练习】

1. $b=\mathrm{e}$

2. (1) $a=\dfrac{1}{2}$ (2) 0

3. (1) 0.9772 (2) 0.0392 (3) 0.2177 (4) 0.8788 (5) 0.0124

4. (1) $P(2<X\leqslant 5)=0.5328$, $P(-4<X\leqslant 10)=0.9996$, $P(|X|>2)=0.6977$, $P(X>3)=0.5$ (2) $c=3$

5. 0.1

6. $a=\dfrac{1}{2}$, $b=-1$

7. 0.53

任务 4【思考与练习】

1.

$2X$	-2	0	2	4	5
p_i	2/5	1/10	1/10	1/10	3/10

任务 5【思考与练习】

1. (1) 0.875 (2) 7/4 (3) 3/80

2. $n=6$, $p=0$

3. $(9/2-4\pi^2)\pi^2$

4. $E(X)=\dfrac{1}{p}$, $D(X)=\dfrac{1-p}{p^2}$

项目 11

任务 1【思考与练习】

1. 3.6, 2.88.

2. (1) $\overline{X} \sim N(10, \frac{3}{2})$；(2) 约为 0.2061.

3. 0.253, 0.8416, 1.28, 1.65.

4. 1.145, 11.071, 2.558, 23.209.

5. 2.353, 3.365, 1.415.

任务 2【思考与练习】

1. (77.6, 82.4).

2. (75.05, 84.95).

3. (9.74, 15.80).

4. $\frac{1}{15}$.

任务 3【思考与练习】

1. 接受备择假设 H_1，认为新工艺提高寿命.

2. 接受 H_0，认为工作正常.

3. 拒绝 H_0，认为波动性有显著变化.

复习题

1. (1)B,D　(2)A　(3)B　(4)C　(5)C
   (6)B　(7)D　(8)B　(9)A　(10)C
   (11)B　(12)D　(13)C　(14)C　(15)A

2. (1)0.2　0.4　0.7　(2)0.1　0.5　0.9　(3)1/3
   (4)0.3　0.5　(5) $1-(1-p)^n$　(6)2/5
   (7)0.2, 8　(8) $a=1, b=0.5$　(9)0.5
   (10) $c=2$　(11) $\mu, \frac{\sigma^2}{n}$　(12) $N(0,1), t(n-1)$
   (13) $\left(\overline{X}-\frac{\sigma\mu_\alpha}{\sqrt{n}}, \overline{X}+\frac{\sigma\mu_\alpha}{\sqrt{n}}\right), \left(\overline{X}-\frac{st_\alpha}{\sqrt{n}}, \overline{X}+\frac{st_\alpha}{\sqrt{n}}\right)$

附录 1　　基本初等函数表

函数		定义域及值域	图像	特性
幂函数	$y = x$	$x \in (-\infty, +\infty)$ $y \in (-\infty, +\infty)$	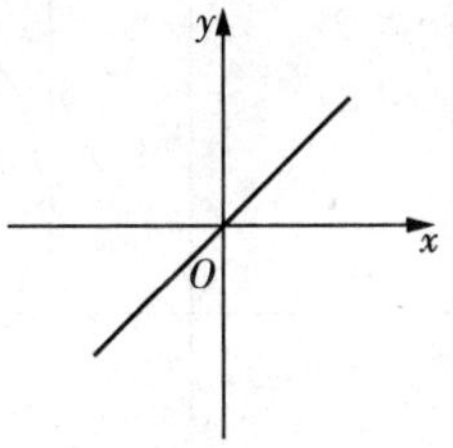	奇函数 单调增加
	$y = x^2$	$x \in (0, +\infty)$ $y \in (-\infty, +\infty)$	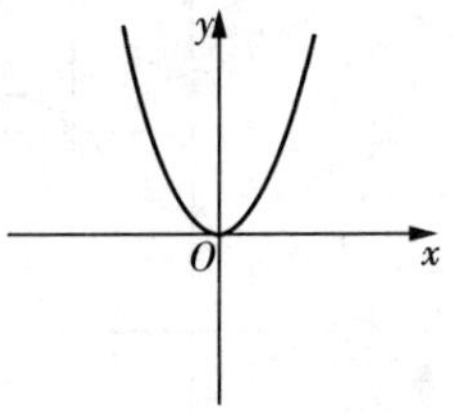	偶函数 在$(-\infty, 0)$内单调减少 在$(0, +\infty)$内单调增加
	$y = x^3$	$x \in (-\infty, +\infty)$ $x \in (-\infty, +\infty)$	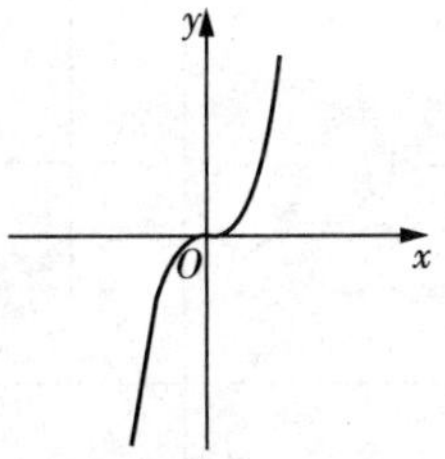	奇函数 在$(-\infty, +\infty)$ 内单调增加
	$y = x^{-1}$	$x \neq 0, x \in \mathbf{R}$ $y \neq 0, y \in \mathbf{R}$	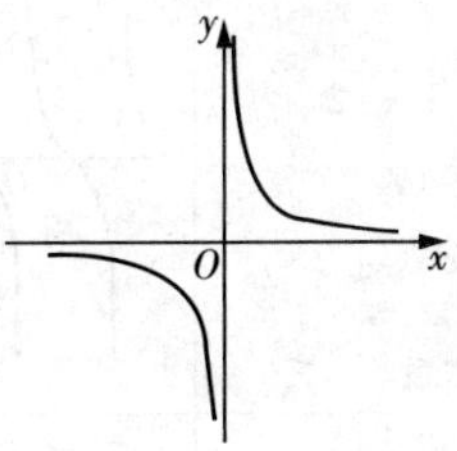	奇函数 单调减少
	$y = x^{\frac{1}{2}}$	$x \in [0, +\infty)$ $y \in [0, +\infty)$	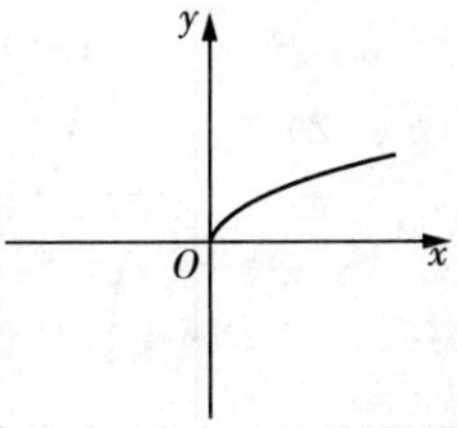	非奇非偶函数 单调增加

（续表）

<table>
<tr><th colspan="2">函数</th><th>定义域及值域</th><th>图像</th><th>特性</th></tr>
<tr><td>指数函数</td><td>$y=a^x$
$(a>1)$</td><td>$x\in(-\infty,+\infty)$
$y\in(0,+\infty)$</td><td>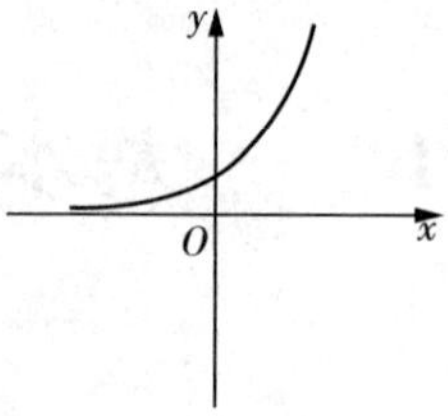
</td><td>$a>1$，单调增加
（$0<a<1$ 时
单调减少）</td></tr>
<tr><td>对数函数</td><td>$y=\log_a x$
$(a>1)$</td><td>$x\in(0,+\infty)$
$y\in(-\infty,+\infty)$</td><td>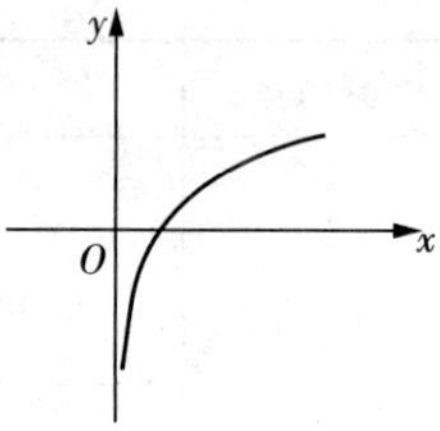
</td><td>$a>1$，单调增加
（$0<a<1$ 时
单调减少）</td></tr>
<tr><td rowspan="4">三角函数</td><td>$y=\sin x$</td><td>$x\in(-\infty,+\infty)$
$y\in[-1,1]$</td><td>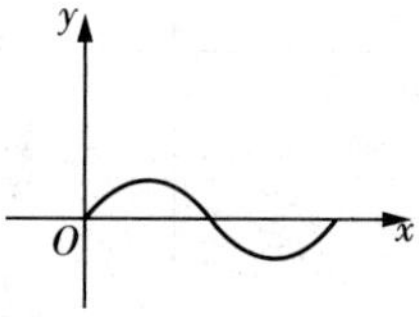
</td><td>奇函数，周期 2π
图形界于$[-1,1]$之间</td></tr>
<tr><td>$y=\cos x$</td><td>$x\in(-\infty,+\infty)$
$y\in[-1,1]$</td><td>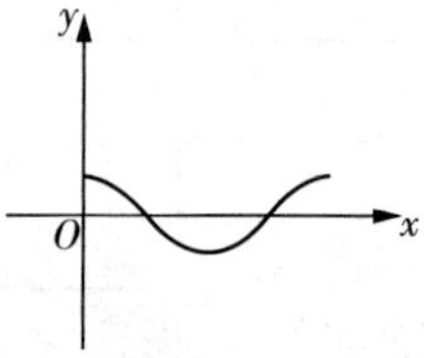
</td><td>偶函数，周期 2π
图形界于$[-1,1]$之间</td></tr>
<tr><td>$y=\tan x$</td><td>$x\neq k\pi+\frac{\pi}{2}$
$k\in\mathbf{Z}$
$y\in(-\infty,+\infty)$</td><td>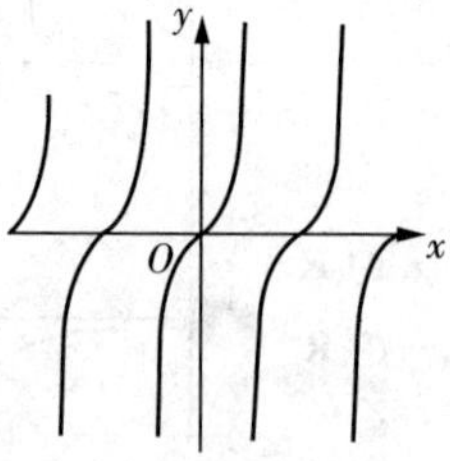
</td><td>奇函数，周期 π
在$(k\pi-\frac{\pi}{2},k\pi+\frac{\pi}{2})$
内单调增加</td></tr>
<tr><td>$y=\cot x$</td><td>$x\neq k\pi(k\in\mathbf{Z})$
$y\in(-\infty,+\infty)$</td><td>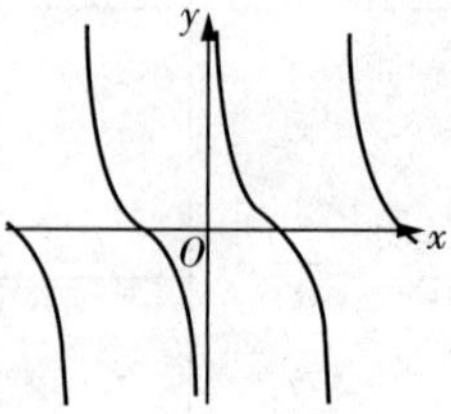
</td><td>奇函数，周期 π
在$(k\pi,k\pi+\pi)$
内单调减少</td></tr>
</table>

（续表）

函数		定义域及值域	图像	特性
反三角函数	$y=\arcsin x$	$x\in[-1,1]$ $y\in\left[-\frac{\pi}{2},\frac{\pi}{2}\right]$	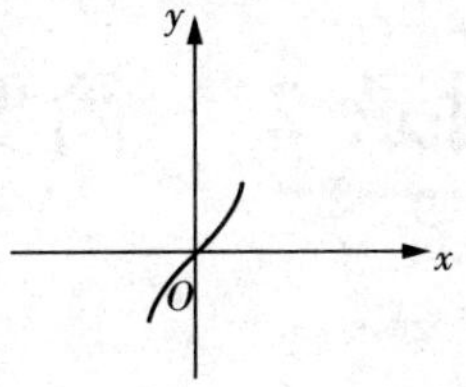	奇函数，单调增加，有界
	$y=\arccos x$	$x\in[-1,1]$ $y\in[0,\pi]$	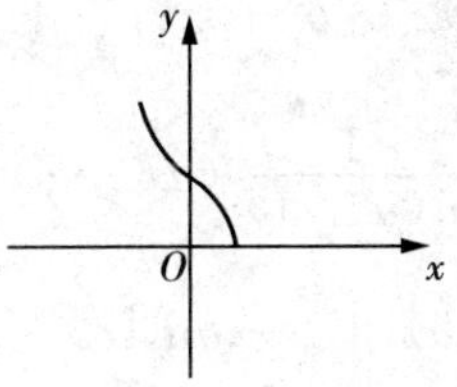	单调减少，有界
	$y=\arctan x$	$x\in(-\infty,+\infty)$ $y\in\left(-\frac{\pi}{2},\frac{\pi}{2}\right)$	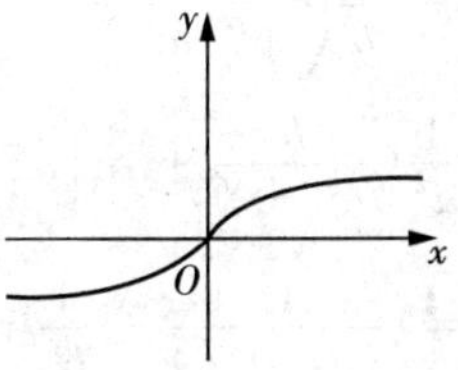	奇函数，单调增加，有界
	$y=\text{arccot}\,x$	$x\in(-\infty,+\infty)$ $y\in(0,\pi)$	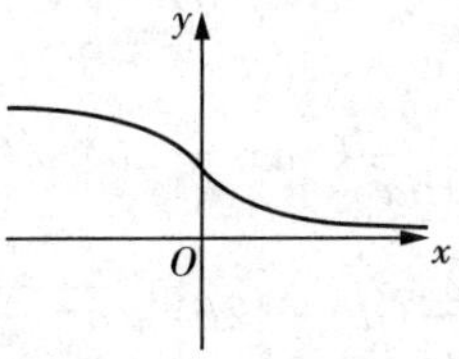	单调减少，有界

附录 2　简要积分表

(1) $\int \frac{\mathrm{d}x}{ax+b}=\frac{1}{a}\ln|ax+b|+C$；

(2) $\int (ax+b)^{\mu}\mathrm{d}x=\frac{1}{a(\mu+1)}(ax+b)^{\mu+1}+C$；

(3) $\int \frac{x}{ax+b}\mathrm{d}x=\frac{1}{a^2}(ax+b-b\ln|ax+b|)+C$；

(4) $\int \frac{1}{x(ax+b)}\mathrm{d}x=-\frac{1}{b}\ln\left|\frac{ax+b}{x}\right|+C$；

(5) $\int \frac{x}{(ax+b)^2}\mathrm{d}x=\frac{1}{a^2}(\frac{b}{ax+b}+\ln|ax+b|)+C$；

(6) $\int \frac{1}{x(ax+b)^2}\mathrm{d}x=\frac{1}{b(ax+b)}-\frac{1}{b^2}\ln\left|\frac{ax+b}{x}\right|+C$；

(7) $\int \sqrt{ax+b}\,\mathrm{d}x=\frac{2}{3a}\sqrt{(ax+b)^3}+C$；

(8) $\int x\sqrt{ax+b}\,\mathrm{d}x=\frac{2}{15a^2}(3ax-2b)\sqrt{(ax+b)^3}+C$；

(9) $\int \frac{x}{\sqrt{ax+b}}\mathrm{d}x=\frac{2}{3a^2}(ax-2b)\sqrt{ax+b}+C$；

(10) $\int \frac{x}{ax^2+b}\mathrm{d}x=\frac{1}{2a}\ln|ax^2+b|+C$；

(11) $\int \frac{1}{x(ax^2+b)}\mathrm{d}x=\frac{1}{2b}\ln\frac{x^2}{|ax^2+b|}+C$；

(12) $\int \frac{x}{\sqrt{x^2+a^2}}\mathrm{d}x=\sqrt{x^2+a^2}+C(a>0)$；

(13) $\int \frac{\sqrt{x^2+a^2}}{x}\mathrm{d}x=\sqrt{x^2+a^2}+a\ln\frac{\sqrt{x^2+a^2}-a}{|x|}+C(a>0)$；

(14) $\int \frac{1}{x\sqrt{x^2+a^2}}\mathrm{d}x=\frac{1}{a}\ln\frac{\sqrt{x^2+a^2}-a}{|x|}+C(a>0)$；

(15) $\int \frac{x}{\sqrt{x^2-a^2}}\mathrm{d}x=\sqrt{x^2-a^2}+C(a>0)$；

(16) $\int \frac{\sqrt{x^2-a^2}}{x}\mathrm{d}x=\sqrt{x^2-a^2}-\arccos\frac{a}{|x|}+C(a>0)$；

(17) $\int \frac{1}{x\sqrt{x^2-a^2}}\mathrm{d}x = \frac{1}{a}\arccos\frac{a}{|x|} + C(a>0)$；

(18) $\int \frac{x}{\sqrt{a^2-x^2}}\mathrm{d}x = -\sqrt{a^2-x^2} + C(a>0)$；

(19) $\int \frac{\sqrt{a^2-x^2}}{x}\mathrm{d}x = \sqrt{a^2-x^2} + a\ln\frac{a-\sqrt{a^2-x^2}}{|x|} + C(a>0)$；

(20) $\int \frac{1}{x\sqrt{a^2-x^2}}\mathrm{d}x = \frac{1}{a}\ln\frac{a-\sqrt{a^2-x^2}}{|x|} + C(a>0)$；

(21) $\int x\sin ax\,\mathrm{d}x = \frac{1}{a^2}\sin ax - \frac{1}{a}x\cos ax + C$；

(22) $\int x\cos ax\,\mathrm{d}x = \frac{1}{a^2}\cos ax + \frac{1}{a}x\sin ax + C$.

附录3　标准正态分布函数数值表

$$\Phi(x)=\int_{-\infty}^{x}\frac{1}{\sqrt{2\pi}}\mathrm{e}^{-\frac{t^2}{2}}\mathrm{d}t$$

x	0.00	0.01	0.02	0.03	0.04	0.05	0.06	0.07	0.08	0.09
0.0	0.5000	0.5040	0.5080	0.5120	0.5160	0.5199	0.5239	0.5279	0.5319	0.5359
0.1	0.5398	0.5438	0.5478	0.5517	0.5557	0.5596	0.5636	0.5675	0.5714	0.5753
0.2	0.5793	0.5832	0.5871	0.5910	0.5948	0.5987	0.6026	0.6064	0.6103	0.6141
0.3	0.6179	0.6217	0.6255	0.6293	0.6331	0.6368	0.6404	0.6443	0.6480	0.6517
0.4	0.6554	0.6591	0.6628	0.6664	0.6700	0.6736	0.6772	0.6808	0.6844	0.6879
0.5	0.6915	0.6950	0.6985	0.7019	0.7054	0.7088	0.7123	0.7157	0.7190	0.7224
0.6	0.7257	0.7291	0.7324	0.7357	0.7389	0.7422	0.7454	0.7486	0.7517	0.7549
0.7	0.7580	0.7611	0.7642	0.7673	0.7703	0.7734	0.7764	0.7794	0.7823	0.7852
0.8	0.7881	0.7910	0.7939	0.7967	0.7995	0.8023	0.8051	0.8078	0.8106	0.8133
0.9	0.8159	0.8186	0.8212	0.8238	0.8264	0.8289	0.8355	0.8340	0.8365	0.8389
1.0	0.8413	0.8438	0.8461	0.8485	0.8508	0.8531	0.8554	0.8577	0.8599	0.8621
1.1	0.8643	0.8665	0.8686	0.8708	0.8729	0.8749	0.8770	0.8790	0.8810	0.8830
1.2	0.8849	0.8869	0.8888	0.8907	0.8925	0.8944	0.8962	0.8980	0.8997	0.9015
1.3	0.9032	0.9049	0.9066	0.9082	0.9099	0.9115	0.9131	0.9147	0.9162	0.9177
1.4	0.9192	0.9207	0.9222	0.9236	0.9251	0.9265	0.9279	0.9292	0.9306	0.9319
1.5	0.9332	0.9345	0.9357	0.9370	0.9382	0.9394	0.9406	0.9418	0.9430	0.9441
1.6	0.9452	0.9463	0.9474	0.9484	0.9495	0.9505	0.9515	0.9525	0.9535	0.9535
1.7	0.9554	0.9564	0.9573	0.9582	0.9591	0.9599	0.9608	0.9616	0.9625	0.9633

（续表）

x	0.00	0.01	0.02	0.03	0.04	0.05	0.06	0.07	0.08	0.09
1.8	0.9641	0.9648	0.9656	0.9664	0.9672	0.9678	0.9686	0.9693	0.9700	0.9706
1.9	0.9713	0.9719	0.9726	0.9732	0.9738	0.9744	0.9750	0.9756	0.9762	0.9767
2.0	0.9772	0.9778	0.9783	0.9788	0.9793	0.9798	0.9803	0.9808	0.9812	0.9817
2.1	0.9821	0.9826	0.9830	0.9834	0.9838	0.9842	0.9846	0.9850	0.9854	0.9857
2.2	0.9861	0.9864	0.9868	0.9871	0.9874	0.9878	0.9881	0.9884	0.9887	0.9890
2.3	0.9893	0.9896	0.9898	0.9901	0.9904	0.9906	0.9909	0.9911	0.9913	0.9916
2.4	0.9918	0.9920	0.9922	0.9925	0.9927	0.9929	0.9931	0.9932	0.9934	0.9936
2.5	0.9938	0.9940	0.9941	0.9943	0.9945	0.9946	0.9948	0.9949	0.9951	0.9952
2.6	0.9953	0.9955	0.9956	0.9957	0.9959	0.9960	0.9961	0.9962	0.9963	0.9964
2.7	0.9965	0.9966	0.9967	0.9968	0.9969	0.9970	0.9971	0.9972	0.9973	0.9974
2.8	0.9974	0.9975	0.9976	0.9977	0.9977	0.9978	0.9979	0.9979	0.9980	0.9981
2.9	0.9981	0.9982	0.9982	0.9983	0.9984	0.9984	0.9985	0.9985	0.9986	0.9986
3.0	0.9987	0.9990	0.9993	0.9995	0.9997	0.9998	0.9998	0.9999	0.9999	1.0000

附录 4　χ^2 分布的临界值表

$$P(\chi^2 > \chi_\alpha^2) = \alpha$$

n	P												
	1	0.99	0.975	0.95	0.9	0.75	0.5	0.25	0.1	0.05	0.025	0.01	0.005
1	…	…	…	…	0.02	0.1	0.45	1.32	2.71	3.84	5.02	6.63	7.88
2	0.01	0.02	0.02	0.1	0.21	0.58	1.39	2.77	4.61	5.99	7.38	9.21	10.6
3	0.07	0.11	0.22	0.35	0.58	1.21	2.37	4.11	6.25	7.81	9.35	11.34	12.84
4	0.21	0.3	0.48	0.71	1.06	1.92	3.36	5.39	7.78	9.49	11.14	13.28	14.86
5	0.41	0.55	0.83	1.15	1.61	2.67	4.35	6.63	9.24	11.07	12.83	15.09	16.75
6	0.68	0.87	1.24	1.64	2.2	3.45	5.35	7.84	10.64	12.59	14.45	16.81	18.55
7	0.99	1.24	1.69	2.17	2.83	4.25	6.35	9.04	12.02	14.07	16.01	18.48	20.28
8	1.34	1.65	2.18	2.73	3.4	5.07	7.34	10.22	13.36	15.51	17.53	20.09	21.96
9	1.73	2.09	2.7	3.33	4.17	5.9	8.34	11.39	14.68	16.92	19.02	21.67	23.59
10	2.16	2.56	3.25	3.94	4.87	6.74	9.34	12.55	15.99	18.31	20.48	23.21	25.19
11	2.6	3.05	3.82	4.57	5.58	7.58	10.34	13.7	17.28	19.68	21.92	24.72	26.76
12	3.07	3.57	4.4	5.23	6.3	8.44	11.34	14.85	18.55	21.03	23.34	26.22	28.3
13	3.57	4.11	5.01	5.89	7.04	9.3	12.34	15.98	19.81	22.36	24.74	27.69	29.82
14	4.07	4.66	5.63	6.57	7.79	10.17	13.34	17.12	21.06	23.68	26.12	29.14	31.32
15	4.6	5.23	6.27	7.26	8.55	11.04	14.34	18.25	22.31	25	27.49	30.58	32.8
16	5.14	5.81	6.91	7.96	9.31	11.91	15.34	19.37	23.54	26.3	28.85	32	34.27
17	5.7	6.41	7.56	8.67	10.09	12.79	16.34	20.49	24.77	27.59	30.19	33.41	35.72

（续表）

n	P												
	1	0.99	0.975	0.95	0.9	0.75	0.5	0.25	0.1	0.05	0.025	0.01	0.005
18	6.26	7.01	8.23	9.39	10.86	13.68	17.34	21.6	25.99	28.87	31.53	34.81	37.16
19	6.84	7.63	8.91	10.12	11.65	14.56	18.34	22.72	27.2	30.14	32.85	36.19	38.58
20	7.43	8.26	9.59	10.85	12.44	15.45	19.34	23.83	28.41	31.41	34.17	37.57	40
21	8.03	8.9	10.28	11.59	13.24	16.34	20.34	24.93	29.62	32.67	35.48	38.93	41.4
22	8.64	9.54	10.98	12.34	14.04	17.24	21.34	26.04	30.81	33.92	36.78	40.29	42.8
23	9.26	10.2	11.69	13.09	14.85	18.14	22.34	27.14	32.01	35.17	38.08	41.64	44.18
24	9.89	10.86	12.4	13.85	15.66	19.04	23.34	28.24	33.2	36.42	39.36	42.98	45.56
25	10.5	11.52	13.12	14.61	16.47	19.94	24.34	29.34	34.38	37.65	40.65	44.31	46.93
26	11.2	12.2	13.84	15.38	17.29	20.84	25.34	30.43	35.56	38.89	41.92	45.64	48.29
27	11.8	12.88	14.57	16.15	18.11	21.75	26.34	31.53	36.74	40.11	43.19	46.96	49.64
28	12.5	13.56	15.31	16.93	18.94	22.66	27.34	32.62	37.92	41.34	44.46	48.28	50.99
29	13.1	14.26	16.05	17.71	19.77	23.57	28.34	33.71	39.09	42.56	45.72	49.59	52.34
30	13.8	14.95	16.79	18.49	20.6	24.48	29.34	34.8	40.26	43.77	46.98	50.89	53.67
40	20.7	22.16	24.43	26.51	29.05	33.66	39.34	45.62	51.8	55.76	59.34	63.69	66.77
50	28	29.71	32.36	34.76	37.69	42.94	49.33	56.33	63.17	67.5	71.42	76.15	79.49
60	35.5	37.48	40.48	43.19	46.46	52.29	59.33	66.98	74.4	79.08	83.3	88.38	91.95
70	43.3	45.44	48.76	51.74	55.33	61.7	69.33	77.58	85.53	90.53	95.02	100.42	104.22
80	51.2	53.54	57.15	60.39	64.28	71.14	79.33	88.13	96.58	101.88	106.63	112.33	116.32
90	59.2	61.75	65.65	69.13	73.29	80.62	89.33	98.64	107.56	113.14	118.14	124.12	128.3
100	67.3	70.06	74.22	77.93	82.36	90.13	99.33	109.14	118.5	124.34	129.56	135.81	140.17

附录5　t 分布的临界值表

$$P\{|t|>t_\alpha\}=\alpha$$

n	$\alpha=0.500$	0.200	0.100	0.050	0.020	0.010	0.0050
1	1	3.078	6.314	12.706	31.821	63.657	127.321
2	0.816	1.886	2.92	4.303	6.965	9.925	14.089
3	0.765	1.638	2.353	3.182	4.541	5.841	7.453
4	0.741	1.533	2.132	2.776	3.747	4.604	5.598
5	0.727	1.476	2.015	2.571	3.365	4.032	4.773
6	0.718	1.44	1.943	2.447	3.143	3.707	4.317
7	0.711	1.415	1.895	2.365	2.998	3.499	4.029
8	0.706	1.397	1.86	2.306	2.896	3.355	3.833
9	0.703	1.383	1.833	2.262	2.821	3.25	3.69
10	0.7	1.372	1.812	2.228	2.764	3.169	3.581
11	0.697	1.363	1.796	2.201	2.718	3.106	3.497
12	0.695	1.356	1.782	2.179	2.681	3.055	3.428
13	0.694	1.35	1.771	2.16	2.65	3.012	3.372
14	0.692	1.345	1.761	2.145	2.624	2.977	3.326
15	0.691	1.341	1.753	2.131	2.602	2.947	3.286
16	0.69	1.337	1.746	2.12	2.583	2.921	3.252
17	0.689	1.333	1.74	2.11	2.567	2.898	3.222
18	0.688	1.33	1.734	2.101	2.552	2.878	3.197
19	0.688	1.328	1.729	2.093	2.539	2.861	3.174
20	0.687	1.325	1.725	2.086	2.528	2.845	3.153
21	0.686	1.323	1.721	2.08	2.518	2.831	3.135
22	0.686	1.321	1.717	2.074	2.508	2.819	3.119
23	0.685	1.319	1.714	2.069	2.5	2.807	3.104
24	0.685	1.318	1.711	2.064	2.492	2.797	3.091

（续表）

n	$\alpha=0.500$	0.200	0.100	0.050	0.020	0.010	0.0050
25	0.684	1.316	1.708	2.06	2.485	2.787	3.078
26	0.684	1.315	1.706	2.056	2.479	2.779	3.067
27	0.684	1.314	1.703	2.052	2.473	2.771	3.057
28	0.683	1.313	1.701	2.048	2.467	2.763	3.047
29	0.683	1.311	1.699	2.045	2.462	2.756	3.038
30	0.683	1.31	1.697	2.042	2.457	2.75	3.03
31	0.682	1.309	1.696	2.04	2.453	2.744	3.022
32	0.682	1.309	1.694	2.037	2.449	2.738	3.015
33	0.682	1.308	1.692	2.035	2.445	2.733	3.008
34	0.682	1.307	1.091	2.032	2.441	2.728	3.002
35	0.682	1.306	1.69	2.03	2.438	2.724	2.996
36	0.681	1.306	1.688	2.028	2.434	2.719	2.99
37	0.681	1.305	1.687	2.026	2.431	2.715	2.985
38	0.681	1.304	1.686	2.024	2.429	2.712	2.98
39	0.681	1.304	1.685	2.023	2.426	2.708	2.976
40	0.681	1.303	1.684	2.021	2.423	2.704	2.971
50	0.679	1.299	1.676	2.009	2.403	2.678	2.937

参考文献

[1] 赵树源.微积分(修订版)[M].北京:中国人民大学出版社,1988.

[2] 袁荫棠.线性代数(修订版)[M].北京:中国人民大学出版社,1988.

[3] 袁荫棠.概率论与数理统计(修订版)[M].北京:中国人民大学出版社,1989.

[4] 顾晓夏.经济数学[M].北京:北京理工大学出版社,2009.

[5] 杨敏华.商务数学[M].大连:东北财经大学出版社,2002.

[6] 钱椿林.线性代数[M].北京:高等教育出版社,2000.

[7] 曹定华.微积分[M].上海:复旦大学出版社,2011.

[8] 张兆丰.计量经济学基础[M].北京:机械工业出版社,2013.

[9] 顾静相.经济数学基础[M].北京:高等教育出版社,2000.

[10] 李凤香.新编经济应用数学[M].大连:大连理工出版社,2002.

[11] 上海交通大学数学系.高等数学(第三版)[M].上海:上海交通大学出版社,2012.

[12] 宋振新,何鹏.经济数学基础(上、下)[M].北京:经济日报出版社,2004.